KB020221

육식의
성정치

출간
25주년
기념판

육식의 성정치

여혐 문화와 남성성 신화를 넘어
페미니즘-채식주의 비판 이론을 향해

캐럴 제이 애덤스 지음 | **류현** 옮김

이매진

[이매진 컨텍스트 68]

육식의 성정치

여험 문화와 남성성 신화를 넘어
페미니즘-채식주의 비판 이론을 향해

1판 1쇄 2018년 10월 26일 **1판 2쇄** 2020년 3월 20일 **지은이** 캐럴 제이 애덤스 **옮긴이** 류현 **펴낸곳** 이매진 **펴낸이** 정철수 **등록** 2003년 5월 14일 제313-2003-0183호 **주소** 서울시 은평구 진관3로 15-45, 1018동 201호 **전화** 02-3141-1917 **팩스** 02-3141-0917 **이메일** imaginepub@naver.com **블로그** blog.naver.com/imaginepub **인스타그램** @imagine_publish **ISBN** 979-11-5531-101-1 (03300)

• 환경을 생각해 재생 종이로 만들고, 콩기름 잉크로 찍었습니다. 표지 종이는 앙코르 190그램이고, 본문 종이는 그린라이트 70그램입니다.
• 값은 뒤표지에 있습니다.
• 이 도서의 국립중앙도서관 출판시도서목록(CIP)은 서지정보유통지원시스템 홈페이지(http://seoji.nl.go.kr)와 국가자료공동목록시스템(http://www.nl.go.kr/kolisnet)에서 이용하실 수 있습니다(CIP 제어 번호: CIP2018033112).

The Sexual Politics of Meat: A Feminist-Vegetarian Critical Theory
by Carol J. Adams

560억 년,
1억 5340만 일,
640만 시간,
10만 6546분을 기념하며.

지금 내게 포기라는 말은 존재하지도 결코 존재할 수도 없어.
내가 예전에 일찌감치 포기했다면 문학을 하는 데에도 도움이 되지 않았을 거야.*
지금 세대는 다음 세대가 평온하게 살아갈 수 있게 자기 목을 비틀어야만 해.
내가 이렇게 거칠게 말하는 이유는 우리가 아무것도 성취할 게 없다고 한 네 말에 동의하기 때문이야.
지금껏 내가 성취한 것은 기껏 몇몇 단편, 단락, 어쩌면 한 쪽. 결코 그 이상은 아니야. ……
인간의 영혼은 가끔 다시 태어나야 하는 운명을 짊어진 듯해.
지금 이 순간도 그래.
따라서 누구도 그것을 온전하게 볼 수는 없어.
사람들은 대부분 자기 몸에서 눈에 잘 보이지 않는 코나 어깨, 그 밖에 다른 어떤 곳을 힐끔 보고는 하지.
내게는 이렇게 힐끔 쳐다보는 일이 다른 어떤 것보다 더 중요한 듯해.
— 버지니아 울프가 제럴드 브레넌에게 보낸 편지, 1922년 크리스마스

우리는 죽은 동물의 살점을 사용하는 방법을 배웠듯이 화를 다루는 방법도 배웠다.
상처를 입고, 두들겨 맞고, 변화하면서, 우리는 살아남았고, 성장했다.
앤젤러 윌슨의 말처럼 우리는 진화하고 있는 것이다.
— 오드리 로드, 《화의 용도들 — 인종주의를 거부하는 여성들》

스텔라, 말해요.
당신이 스위프트의 다음 시를 모방한다고 합시다.
스위프트의 시를 그대로 모방할 수 있어요?
— 《걸리버 여행기》(1726)를 쓴 조너선 스위프트가 자기가 쓴 시를 수집하고 모방한 연인 스텔라에게

* 이 편지를 쓴 1922년은 울프가 《야곱의 방(Jacob's Room)》을 출간한 해다. 울프는 서른세 살인 1915년 《항해(The Voyage Out)》로 문단에 등장한다. 그동안 울프는 정신 질환에 시달렸다. 여기서 포기라는 말은 젊은 시절의 어려운 삶을 빗대어 말한 듯하다. 《야곱의 방》을 출간한 뒤 울프는 1929년 《자기만의 방(A Room of One's Own)》까지 열정적으로 저술 활동을 한다.

차례

그림 차례

20주년 기념판 서문

상상해보자. 거리를 지나가는 여성들이 성희롱을, 스토킹을, 혐오 공격을 당하지 않는 날을. 상상해보자. 우리가 여성들의 피난처에 가 꽉 닫힌 문을 때려 부술 필요가 없는 날을. 상상해보자. 우리 문화에서 가장 상습적인 대량 학살자가 제 가족을 죽이지 않는 날을.

더 좋은 상상을 해보자. 여성이 어디에 있든 안전하고, 가족들이 집 안에서 편안히 지내고, 우리 사이에 대량 학살자가 없는 세상에서 살아가는 날을.

상상해보자. "그런데 아침에는 소시지를 꼭 먹어야 해." 이렇게 말하는 사람에게 다른 이들이 저렇게 대답하는 날을. "응, 맞아. 20세기에는 그랬지. 너도 알다시피 맨 처음에 기후 변화를 이야기한 사람들은 환경 파괴와 축산업의 연결 관계를 이해한 동물권 활동가들이야."

더 좋은 상상을 해보자. 사람들이 더는 아침 밥상에 '소시지'가 꼭 올라와야 한다고 느끼지 않는 날을.

상상해보자. 여성과 어린이들이 성 노예나 성 판매자나 포르노그래피의 대상으로 팔리지 않는 날을.

더 좋은 상상을 해보자. 지배보다는 평등이 섹시해지는 날을.

평등은 관념이 아니다. 평등은 실천이다. 우리는 다른 사람이나 다른 동물을 대상으로 다루지 않을 때 평등을 실천한다. 우리는 무슨 일을 겪고 있느냐고 묻고, 나아가 어떤 사람들이 경험하는 일이 우리 전부에게 아주 커다란 관계가 있기 때문에 그런 물음을 던진다는 사실을 이해할 때 평등을 실천한다.

옛날 옛적에 사람들은 채식 음식이 맛이 없으며 페미니스트들은 청교도라고 생각했다. 《육식의 성정치The Sexual Politics of Meat》에 담긴 논리를 받아들인다는 말은 삶에서 뭔가를 포기해야 하며 어떤 '희생'을 치러야 한다는 뜻이라고 사람들은 생각했다. 육식의 성정치에 담긴 온전한 핵심은 이런 억압 문화의 다른 측면에 관련된 어떤 요소가 있다는 사실이다. 우리 자신에게 더 좋은, 환경에 더 좋은, 관계에 더 좋은, 동물에 더 좋은, 더 좋은 어떤 요소 말이다.

10주년 기념판 서문에서 설명한 대로, 《육식의 성정치》는 행동주의 덕에 존재한다. 이 책은 이론에 관여하며, 그 이론은 당연한 것을 향한 분노에서 생겨난다. 이론은 가능한 것을 마음속에 그린다. 관여 이론은 변화를 가능하게 한다. 관여 이론은 저녁 식탁에서 당신 옆에 앉아 딱 잘라 이렇게 묻지는 않는다. "무엇을 먹을지를 선택하면서 당신이 어디에 한몫하는지 알고 있습니까?" 또한 그 이론은 이렇게 말한다. "죽은 동물을 햄버거나 돼지고기 등심스테이크로 먹는 일보다 더 흥미롭고, 더 만족스럽고, 더 정직한 뭔가가 있습니다." 그 이론은 단순한 비판, 곧 동물권 행동주의나 채식주의 스트립 클럽을 옹호하는 성차별 광고, 또는 버거킹이나 '신사들의' 스테이크 클럽이 내보내는 여성 혐오 광고를 비판하는 데 그치지 않는다. 그 이론은 딱 잘라 말한다. "여성의 평등을 인식할 때 당신은 비로소 완전한 삶을 살아낼 수 있다." 관여 이론은 감춰진 문제들을 드러내지만, 해결책도 내놓는다.

관여 이론은 저항에 권력을 부여한다. 우리는 새로운 문화를 만들고 있다. 하향식 사고와 하향식 행동의 문화가 아니다. 우리는 원칙을 포기하는 '결정자'가 필요하지 않다. 우리는 모든 일이 다 연결돼 있다는 사실을 이해하는 '관여자'가 필요하다.

《육식의 성정치》는 연결의 형성에 관한 이야기다. 만물에 해롭고 우리를 제한하는 믿음에서 벗어나는 해방에 관한 이야기다.

지난 20년 동안 《육식의 성정치》는 독자들의 삶을 바꿔왔다. 독자들은 이 책을 읽고 억압의 또 다른 측면에 기반하는 세계의 가능성을 납득했다. 그리고 이 세계를 존재하게 하는 행동주의의 중요성을 이해했다.

몇몇 사람에게 《육식의 성정치》는 여성, 동물, 환경을 위한 오랜 실천에 새로운 의미를 부여한 책이었다. 또 다른 사람들에게는 우리가 살아가는 세계가 그토록 소외돼온 이유를 깨달을 수 있는 새로운 생각을 소개해줬다. 우리들의 삶이 지닌 의미를 이해시킨 셈이다.

나는 《육식의 성정치》에 담긴 생각들에 사람들이 응답하는 모든 방식을 사랑해왔다. 이 책에서 영감을 받은 책이라면 아나키스트, 근본주의 페미니스트 채식주의자, 10대 채식주의 늑대인간(그중 하나는 내가 편집했다) 등 어떤 형태의 동인지든 사랑한다. 또한 나한테 오는 모든 편지를 사랑한다. 편지에는 이런 말들이 담겨 있다. "어느 날 사촌이 선생님께서 쓴 책을 빌려가더니, 제가 책을 다 읽자 엄마가 읽고, 지금은 여동생이 읽고 있어요." 《육식의 성정치》가 동물 학대에 저항하다가 체포돼 심문 기일을 기다리는 사람들 덕에 교도소에서 읽히는 현실도 사랑한다.

나는 여성들이 《육식의 성정치》에서 따온 문구를 자기 몸 곳곳에 똑같이 새기는 모습을 사랑한다. 독자들이 이 책에서 자기에게 필요한 뭔가를 찾고, 여기에서 영감을 얻어 새로운 관계를 만들어가는 과정을 사랑한다. 사랑에 빠진 어느 여성이 자기하고 결혼하려면 먼저 이 책을 읽어야 한다고 연인에게 요구한 사연을 들려주는 시간을 사랑한다. 그 남성은 연인이 요구하는 대로 따라했다. 이 책이 담고 있는 의미를 납득했고, 미국을 가로질러 날아갔으며, 결혼식에서 세상에서 가장 달콤한 채식 초콜릿 케이크를 맛보았다(두 사람은 내게 레시피를 보내줬다).

《육식의 성정치》에 담긴 생각을 처음 소개받은 젊은 사람들이 몇 해가 지나 가끔씩 이것저것을 보거나 들은 뒤 이 책에 실린 분석을 현실에서 확인하게 됐다는 말을 듣는 순간을 사랑한다. 그 젊은이들은 그런 생각을 함께 나누려고 편지를 보내왔다.

부모는 아이에게 이 책을 사줬고, 아이는 부모를 위해, 조부모는 손주를 위해, 연인은 사랑하는 파트너를 위해, 학생은 선생님을 위해 지갑을 열었다.

나는 이 책이 그저 내 안에서 바깥을 향해 나아간다고 알고 있다. 나는 이런 책을 써야 한다는 요구를 받은 어떤 연결 관계를 직관적으로 훑어보고 이해하려 시도한 때부터 이 책을 알고 있다. 처음에는 책 한 권이 내 삶을 아주 통째로 바꾸게 되리라는 사실을 알 수 없었다. 이 책이 출간된 뒤 사람들은 이런 저런 이미지, 광고, 식당 메뉴판, 종이 성냥, 신문 기사를 보내왔다. 나는 내가 육식의 성정치라는 개념을 설명하는 슬라이드 쇼를 만들어 이 이미지들을 이해하기 위한 끊임없는 여정에 나서게 되리라는 사실을, 결국에는 이 개념을 주제로 토론하고 이 이미지들을 보여주느라 미국 곳곳과 전세계를 여행하게 되리라는 사실을 알 수 없었다. 다만 직관적으로 깨달은 바를 이해할 수 있는 길을 찾아내지 못하면 나는 나 자신하고 함께 살아갈 수 없다는 사실을 알았다. 내가 설명을 할 때까지 그 개념은 나를 놓아주지 않았다. 여기저기서 밀려든 해석이 필요한 이미지들 때문에, 아니 독자들에 등 떠밀려 《육식의 성정치》의 자매편이자 이미지에 기반을 둔 《고기의 포르노그래피The Pornography of Meat》를 쓰지 않을 수 없었다.

사람들은 《육식의 성정치》가 자기 삶을 어떻게 바꿨는지 말하는 편지를 써서 보냈고, 나는 바깥에서 내 안으로 향해 나아가면서 이 책이 지닌 의미를 알게 됐다. 또한 한 사람의 삶을 좌우하는 결정에 관계된 사실, 그리고 우리 문화에서 별개의 사안이라고 여겨지던 요소들(페미니즘과 채식주의)이 서로 깊이 연결된 사실을 《육식의 성정치》가 어떻게 확인해주는지를 알게 됐다.

나는 《육식의 성정치》가 동물권 옹호에 관련해 정당화의 근거를 새롭게 마련했다고 알고 있다. 이 책은 변화에, 대상화에 맞선 도전에, 죽음과 폭력에 기초한 문화에 맞선 도전에 헌신하는 활동가의 삶에 필요한 이론을 제공했다.

내게 편지를 쓴 학자들에 관해 말하자면, 《육식의 성정치》는 동물 연구와 생태 비평ecocriticism 분야의 탄생을 도와서 동물을 학문의 중심에 자리잡게 하는 모델을 제공한 여러 책 중 하나가 된 듯하다.

저자와 독자 사이에 늘 있는 간극을 메울 방법을 정확히 알기는 어렵지만, 나는 이런 점이 《뉴욕 타임스》가 《육식의 성정치》를 '채식주의 공동체의 경전'이라는 부른 여러 이유의 하나라고 생각한다. 평등이 널리 퍼져가는 날을 모두 똑같이 상상하기 때문에 《육식의 성정치》는 사람들에게 이야기를 건넨다.

1974년을 기준으로 보면, 나는 제한되고 억압된 신념에서 해방된 미래를 상상하는 유일한 사람은 아니었다. 나는 어떤 공동체의 일원이었다. 우리는 오랜 세월 동안 전쟁에 항의해왔으며(익숙하게 들리기도 한다), 대안적 제도들을 계속 만들어냈다. 우리는 우리가 살고 있는 세계하고 다른 세계를 상상했다. 우리가 온 힘을 쏟은 일들 중 몇몇은 현실이 됐다. 1970년대 급진 페미니스트들이 한 노력 덕에 성희롱이 법적 처벌의 대상으로 인정받았고, 가정 폭력 피해자 쉼터가 만들어져 기금을 모았고, 강간 피해자 보호법(방패법)이 의회를 통과했다. 폭력을 끝내려고 시도하는 동안 우리는 폭력의 희생자들을 보호하려는 노력도 했다.

'육식의 성정치'란 무엇일까? 여성을 동물화하고, 동물을 성애화하고 여성화하는 태도이자 행동이다. 2008년에 우리는 제9차 순회 항소법원의 법원장에 관해 알게 됐다. 근엄한 법원장은 소처럼 보이는 벌거벗은 여성의 사진을 그려 넣은 카드놀이 세븐업용 카드 이미지와 가릴 데만 가린 남자가 성적으로 자극받은 가축들하고 관계하는 동영상을 웹사이트에 올린 사람이었다.* 여성은 동물화됐고, 동물은 성애화됐다. 바로 육식의 성정치다.

육식의 성정치는 또한 남성은 고기가 필요하며 고기를 요구할 권리를 갖고 있다는 가정, 그리고 고기를 먹는 행위는 사내다움에 연관된 남성적 행위라는 가정이기도 하다. 요즘 눈에 띄는 사례는 '닭고기 음식'(아스파라거스 키쉬)을 배경으로 한 버거킹 광고다. 고기를 먹을 권리를 선언한 남자들이 자기의 남성다움을 확인하려고 트럭을 고가도로로 던져버린다. 또 다른 예는 미국 군대의 신병 환영 의식이다. 이 의식의 마지막 순서는 신병의 새로운 '아버지'인 고참 사병이 대접하는 스테이크 만찬이다.** 마찬가지로 이런 사례가 바로 육식의 성정치다.

나는 우리 시대의 문화가 《육식의 성정치》에 실릴 사례를 풍부히 제공하지 않기를 바랐다. 10주년 기념판이 나온 뒤, 조지 부시 대통령의 재임 기간이자 21세기의 첫 10년 동안의 대부분에 걸친 공화당 집권기는 숱한 사례를 제공했다. 부시가 연방 대법원 덕에 대통령 자리에 앉은 뒤 워싱턴에서는 스테이크 레스토랑이 다시 인기를 끌었다. 마초 '결정자'라는 페르소나를 창조하는 과정에서 '목장 주인/카우보이'라는 부시의 세련된 이미지는 모든 것을 압도했다.

이라크에서 가장 악명 높은 감옥이 있던 아부그라이브에서 미국 군인들은 이라크 사람들을 동물의 지위로 떨어트렸고, 그 사람들을 모욕하고 저항을 분쇄하는 데 남성-여성 역할을 이용했다. 이런 사례들을 보면 부시 집권기는 새로운 수준의 육식의 성정치를 각인시킨 시기였다.

《테러의 꿈The Terror Dream》에서 수잔 팔루디Susan Faludi가 보여준 대로, 9·11 뒤 미디어는 존 웨인식 남성성, 슈퍼맨식 남성 권력, 구조자와 정치가라는 극대화된 사내다움을 과장해 부추겼다. 따라서 세계무역센터가 무너진 뒤 루돌프 줄리아니 뉴욕 시장이 게걸스럽게 먹은 첫 아침은 '땀나는 고기'***로 만든 샌드위치였다. (열망하는) 사내다움이 자리한 곳에서 우리는 육식을 찾아낼 수 있다.

2006년 인기 있는 지프인 허머가 내보낸 광고에는 슈퍼마켓에서 두부를 사는 한 남자가 등장한다. 그 남자 뒤에는 다른 한 남자가 '땀나는 고기'를 잔뜩 사고 있다. 자기 뒤에 서서 계산할 차례를 기다리는 고기를 잔뜩 든 남자를 보고 그 남자의 사내다움에 정신이 바짝 들어 차를 사고 싶은 열망에 몸이 달아오른 두부 사는 남자는 가게를 서둘러 빠져나와 허머 판매 대리점으로 곧장 달려간다. 남자는 신형 허머를 산 뒤 행복한 모습으로 당근을 우적우적 먹으면서 차를 몰아 사라진다. 광고의 마지막을 장식하는 문구는 '당신의 사나이다움을 되찾아라'****다. 육식의 성정치다.

부시가 내세운 정책과 줄리아니 같은 정치꾼들을 둘러싼 미디어의 과장된 부추김이 육식의 성정치를 폭로하는 새로운 긴급성을 만들어냈다면, 우리 페미니스트 채식주의 활동가들은 생각하지 못한 곳에서 도움을 받았다. 바로 저명한 프랑스 철학자 자크 데리다Jacques Derrida다. 《육식의 성정치》의 초판이 출간된 바로 그때 데리다가 쓴 〈잘 먹어야 한다Eating Well〉가 영어로 출판됐다. 이 글에서 '육식-남근로고스중심주의carno-phallogocentrism'라는 개념이 소개됐다.

나는 대륙철학과 동물권 이론 전문가인 매튜 칼라코Matthew Calarco에게 데리다의 개념과 《육식의 성정치》 사이의 교차점에 관해 어떻게 생각하는지 알고 싶다고 물었다. 칼라코는 이런 답을 보냈다.

제 생각에는 당신이 쓴 책과 데리다의 글 사이에서 가장 명확하게 드러나는 연결

---

* Scott Glover, "9th Circuit's Chief Judge Posted Sexually Explicit Matter on His Website," *Los Angeles Times*(June 11, 2008). Available at http://www.latimes.com/news/local/la-me-kozinskil2-2008junl2,0,6220192.story.

** Abigail E. Adams, "Dyke to Dyke: Ritual Reproduction at a US Men's Military College," *Anthropology Today* 9, no. 5(October 1993), pp. 3~6. 주의를 환기해준 조 헤인즈에게 감사한다.

*** Susan Faludi, *The Terror Dream: Fear and Fantasy in Post-9/11 America*(New York: Henry Holt and Company, 2007), p. 49.

**** Seth Stevenson, "Original SUVs for Hippies? Hummer courts the tofu set," Slate(August 14, 2006). Available at http://www.slate.com/id/2147657/.

관계는 육식하는 사람을 주체 되기의 중심 요소로 이해하는 방식에 관련됩니다. 두 사람 모두 고전적인 주체성 개념, 특히 남성 주체성 개념의 핵심에 자리한 육식주의carnivorism에 관해 뚜렷하게 주의를 환기시킵니다. 당신은 이 점을 충분히 책 속에 배치하지만, 데리다는 자기 글에서 그저 개략적이고 불완전한 방식으로 제기할 뿐입니다.

육식-남근로고스중심주의라는 데리다의 용어는 서구 사회에서 진정한 주체로 되기와 주체로 유지되기가 시작되는 원초적인 사회적, 언어적, 물질적 습속에 이름을 부여하려는 시도입니다. 데리다는 완전한 주체로 인정받으려면 육식하는 사람, 남자, 권위를 지니고 말할 수 있는 자아가 돼야 한다고 주장합니다. 물론 완전한 주체로 인정받는 다른 필요조건들이 있기는 하지만, 데리다는 이 세 가지 조건을 잇달아 제시한 뒤 서로 긴밀한 관계 아래에 두고 이름을 부여합니다. 아마도 이 세 가지가 인정의 세 가지 원초적 조건이기 때문일 겁니다.

《육식의 성정치》가 지닌 커다란 장점은 이런 데리다의 시각하고 정확히 똑같은 통찰이 중심에 자리하고 있다는 사실이었습니다. 사내다움과 육식에 관해 다루는 시작 부분에서 이 책은, 육식이 단순하고 중립적인 현상이 아니라 복합적인 물질적, 이데올로기적, 상징적 경향을 따라 우리의 문화에서 남성성에 환원 불가능하게 연계돼 있다는 강력한 목소리를 들려줍니다. 1980년대와 1990년대에 걸쳐 데리다가 동물 문제에 관해 쓴 글은 남성성과 육식주의 사이에서 드러나는 이런 관계를 제기하려 시도하지만, 당신은 그 관계에 관해 자세히 쓰는 한편으로 그 안에 담긴 함의를 더욱더 세세하게 발전시키고 있었습니다.*

데리다(와 칼라코의 도움) 덕에 우리는 동물권 단체들이 육식하는 사람들에게 다가가려고 포르노그래피를 채택한 광고를 활용하기로 선택할 때 나타나는 문제점을 파악할 수 있었다. 그 사람들은 남성 주체에게 말하고 있었고, 그 남성은 기본적으로 바뀔 수 없었다. 육식의 성정치에 이의를 제기하는 우리는 더 좋은 무엇을 상상한다. 우리는 남성 주체가 진정으로 바뀔 수 있다는 상상을 한다.

우리는 살아 있는 존재들이 대상으로 변형되는 시대가 끝나는 순간을 상상한다. 약탈적 소비가 끝나는 순간을 상상한다. 우리는 평등을 상상한다.

우리는 알고 있다. 이상과 신념은 이런저런 결과를 가져온다는 사실을 말이다. 이상과 신념은 지배를 매개로 하거나 평등을 통해서 특정한 방식으로 행위하는 주체를 창조해내며, 이런 행위들은 이런저런 결과를 가져온다. 1970년대의 페미니스트 활동가들은 '개인적인 것은 정치적인 것이다'는 새로운 문구를 만들어냈고, 우리 문화가 그동안 꽉 묶여 있던 대의와 결과들을 끌어올린 점을 인식했다. 지배는 단절과 분열의 문화 속에서 가장 잘 기능한다. 페미니즘은 연결을 인식한다.

상상해보자. 우리 문화에서 육식의 성정치에 관한 내 주장이 더는 옳다고 증명되지 않는 시간을. 활동가들은 그런 세계를 그저 상상하는 데 그치지 않는다. 우리는 우리가 상상하는 세계를 탄생시키려 노력한다.

---

* 《육식의 성정치》 20주년 기념판이 출간된 뒤, 칼라코와 나는 데리다의 육식-남근로고스중심주의 개념과 《육식의 성정치》에 담긴 생각에 관해 계속 대화를 나눴다. 그 대화는 "Derrida and *The Sexual Politics of Meat*," in *Critical Perspectives on Meat Culture*, ed. Annie Potts, as part of Brill's Human-Animal Studies로 출판될 예정이다.

10주년 기념판 서문

"내가 채식주의자가 된 일은 겉보기에는 페미니즘하고 거의 관련이 없었다. 아니 나는 그렇게 생각했다." 이미 이 책을 읽은 독자라면 기억할 테지만, 1990년 《육식의 성정치》 초판 서문에 쓴 첫 문장이다. 이 문장은 1975년에 메리 데일리Mary Daly의 페미니스트 윤리학 수업 시간에 제출한 과제물의 첫 문장으로 처음 썼다. 그 뒤 나는 페미니즘-채식주의 이론feminist-vegetarian theory에 관심을 두기 시작했고, 이 이론에 전념하려는 마음으로, 나아가 일찍이 내 연구에 관심과 지원을 아끼지 않은 메리 데일리를 존중하고 그분의 생철학적 전망이 성공을 거두기를 바라는 심정으로 이 문장을 다시 썼다. 이 두 시기 사이에 무슨 일이 있었을까? 이 의문은 완곡하게 표현해서 지난 10여 년 동안 내가 가장 자주 받은 질문, 곧 "당신이 《육식의 성정치》를 쓴 계기는 무엇입니까?"하고 어느 정도 통한다. 따라서 이제 이 질문에 짧게 답하려 한다. 물론 여기에는 지금까지 내가 살아온 삶에서 17년이라는 시간과 이 책을 쓰는 과정에서 겪은, 한편으로는 고통스럽고 다른 한편으로는 즐겁기도 한 기나긴 탐구의 여정도 함께 들어 있다.

페미니즘은 젠더 이원론에 도전한다. 그러나 페미니즘은 인간과 그 밖의 다른 동물들 사이에 존재하는 관계의 사회적 구조를 밝히는 분석 도구이기도 하다. 나는 이 책 9장에서 페미니스트 철학자인 샌드라 리 바트키가 한 말을 인용했다. 바트키는 페미니스트들이 페미니스트가 아닌 사람들보다도 사물이 서로 다르다는 점을 잘 인식하지 못한다고 지적한다. 그러나 반대로 "페미니스트들은 똑같아 보이는 사물이 똑같지 않다는 사실을 알고 있다. 따라서 페미니스트의 의식은 모험일 수도 있고, '사실'을 '모순'으로 바꾸는 일일 수도 있다"(Bartky 1977, 26).

나는 페미니스트였고, 1973년에 햄버거를 먹은 뒤로 오랫동안 육식을 즐겼다. 그렇지만 나는 그 이전부터 표면상 개인적인 것으로 보이는 행동이 어떤 정치적 함의를 지니는지를 둘러싸고 나름대로 의식을 키워왔다. 따라서 이런 의식적인 행위가 내 식습관에도 당연히 영향을 미쳤다. 그렇다면 내가 동일한 것, 곧 육식을 동일하지 않은 것으로 볼 수 있게 된 계기는 무엇이었을까? 어떤 계기에서 나는 사실을 모순으로 바꾼 걸까?

예일 대학교 신학대학원에서 보낸 첫해가 끝나고 고향인 포레스트빌에 돌아온 때였다. 집에 도착해 짐을 풀고 있는데 밖에서 누군가 다급히 문을 두드렸다. 문밖에는 잔뜩 상기된 이웃 사람이 서 있었다. "어떤 놈이 네 말을 총으로 쐈어!" 이 고함소리가 페미니즘-채식주의 이론을 향한 정치적이고 정신적인 여정의 출발점이었다. 물론 이 여정을 위해 어린 시절의 추억이 서린 이 작은 마을 밖으로 나갈 필요는 없었다. 지금은 그 마을을 떠나 있지만, 우리 집 헛간 뒤편에 있는 목장에도 올라갔고, 사랑하던 말이 묻힌 무덤도 둘러봤다. 맨발로 가시밭을 걷기도 했고, 오래된 사과 과수원의 거름독에 빠져 죽으려 한 기억도 있다. 사랑하는 말의 죽음을 잊지 못하던 어느 날 저녁, 나는 햄버거를 먹다가 갑자기 멈춰야 했다. 나는 하나의 죽은 동물이 다른 죽은 동물을 먹고 있는 광경을 상상하고 있었다. 죽은 소와 내가 땅에 묻어준 말 사이에 무슨 차이가 있을까? 그 여자*에 관해 아는 것이 없기 때문에 나는 머릿속에서 그 여자를 지워버리려 하는 나 자신을 윤리적으로 정당화할 수 없었다. 그때 나는 고기를 다르게 보게 됐다.

의식의 변화는 곧바로 일어나지 않았다. 나는 육식 문화가 얼마나 강력한지를 안다. 그 뒤에도 몇 년 동안 육식을 했다. 필라델피아의 어느 가족 공동체에서 잠깐 산 적이 있다. 먹을거리와 금전 문제도 있었지만, 나는 음식을 할 줄 몰라서 수동적이고 모순된 육식인의 삶을 고수할 수밖에 없었다. 그렇지만 다음에 이사하게 되면, 반드시 채식주의자 가족 공동체로 옮길 결심을 하고 있었다. 다음해에 곧바로 그런 기회가 왔고, 나는 보스턴으로 이사했다. 보스턴으로 오자마자 케임브리지 여성센터가 운영하는 게시판의 주거 정보란에서 페미니즘-채식주의 동료 두 명을 알게 돼 같이 살았다.

이때가 1974년 가을이었다. 일상은 페미니즘으로 가득차 있었다. 하버드대학교 신학대학원에서 꼭 듣고 싶던 메리 데일리의 강의, 여성사와 미국 종교사, 여성사 이론 등을 수강했다. 메리 데일리의 페미니스트 윤리학 강의에서 기억에 남는 책은 엘리자베스 굴드 데이비스Elizabeth Gould Davis가 쓴 《제1의 성The First Sex》(1971)이었다. 같은 시대를 살아간 학자들은 신뢰하지 않았지만, 그 책은 하나의 신화시mythopoesis이면서 가부장제 세계라는 주어진 현실을 다시금 생각하게 하는 탁월한 저술이었다.

마지 피어시Marge Piercy가 쓴 《작은 변화들Small Changes》(1973)도 읽었다. 이 책을 읽고 저자의 모습을 상상하면서 하버드 광장 쪽으로 걸어 내려오던 일이 기억난다. 피어시도 보스턴에 산 적이 있었다. 피어시는 책을 읽고 난 뒤 상상한 모습하고 정말 비슷해서 만나자마자 쉽게 알아볼 수 있었다. 그때 재혼한 피어

* 소. 애덤스는 특별한 경우가 아니면 동물을 '그 여자'로 부른다 — 옮긴이.

시는 남편이 임신을 강요해서 힘들어했다.* 나는 피어시가 마주한 곤경을 곁에서 직접 지켜봤다. 7장에서 살펴보는 대로 그 사람의 일탈은 죽은 동물에 관련이 있었고(《작은 변화들》을 쓴 뒤 정원에서 채소, 과일, 허브, 꽃을 키우고 여성운동에도 참여하기 시작한다. 그 뒤에 쓴 시와 소설의 주제도 생명과 여성으로 바뀐다), 피어시는 이 일을 계기로 온혈 동물을 먹는 행위를 멈췄다. 나는 페미니스트의 맥락에서 채식주의를 사고하기 시작했다. 육식 가부장제가 채식주의 모계제를 전복했다는 굴드 데이비스의 주장, 채식주의자인 19세기의 숱한 페미니스트들, 이를테면 샬롯 퍼킨스 길먼Charlotte Perkins Gilman이 쓴 《여자만의 나라Herland》(1915) 같은 소설들을 통해 채식주의를 생각해봤다. 그때 이 모든 요소를 하나로 연관시킬 만한 직관이 페미니스트적 맥락에서 머릿속에 맴돌기는 했지만 아직 분명하게 의식하지는 못했다. 그런데 슬롯머신에서 째깍 소리를 내며 하나둘씩 멈추는 버찌 그림처럼, 페미니즘-채식주의 관련 문헌들이 갑자기 한 줄에 놓인 듯 보이기 시작했다. 서로 연관성이 있었다! 나는 발걸음을 재촉했고, 이곳저곳에서 이미 읽은 글들을 다시 꺼내어 읽기 시작했다.

케임브리지에서 지낸 시간은 커다란 행운이었다. 메리 데일리는 강의 시간에 이 문제의식을 과제물로 다뤄도 좋다고 허락했고, 페미니스트 관련 도서를 전문으로 취급하는 뉴워즈 서점의 여성 직원은 필요한 참고 문헌이 실린 여러 저술을 직접 찾아줬다. '아서 슐레징어와 엘리자베스 슐레징어 여성사 도서관'(슐레징어 여성사 도서관)에서는 20세기 초에 활동한 페미니스트-채식주의자인 아그네스 라이언Agnes Ryan이 쓴 원고를 열람할 수 있었다. 하버드에서 메타역사meta-history 강의를 함께 들은 여성 동료들은 내가 하는 논문 발표를 경청했고, 자기 견해를 스스럼없이 제시했다. 내가 수집한 관련 문헌들이 밀접한 연관을 맺기 시작했고, 이 연관들이 결합돼 하나의 이론으로 틀을 잡기 시작했다. 채식주의자 집단인 '보스턴-케임브리지 공동체Boston-Cambridge community'에 속한 페미니스트 40명을 인터뷰했다. 초창기의 레즈비언-페미니스트 저널인

《계간 아마존Amazon Quarterly》이 메리 데일리가 이끈 강의에 낸 논문을 싣고 싶다는 연락을 해왔고, 그 글은 1975년에 《레즈비언 독본The Lesbian Reader》이라는 논문 선집으로 출간됐다.

1976년이 돼서야 나는 페미니스트와 채식주의 사이에 연관성이 있다는 사실을 깨달았다. 많은 페미니스트들이 이런 내 생각에 다양한 반응(긍정적 반응과 부정적 반응 모두)을 보였다. 어떤 작은 출판사는 논문 분량을 늘려 책자 형태로 출간하자고 제안했고, 나는 논문을 발전시켜 《음식 콤플렉스Oedible Complex》(1976)를 출간했다. ('보스턴 여성 건강서 공동체Boston Women's Health Book Collective'는 《우리 몸, 우리 자신Our Bodies, Ourselves》이라는 책에서 《음식 콤플렉스》를 페미니스트 필독서로 여러 번 소개했다.) 그러나 고민거리가 없지는 않았다. 페미니즘과 채식주의 사이에 연관성이 있다고 주장할 절호의 기회가 왔다고 생각은 했지만, 1976년에 낸 《음식 콤플렉스》는 아직 그럴 준비가 돼 있지 못했다. '완성된 음식'은 아직 아니었다. 얼마나 정확하게 둘 사이의 연관성을 설명할 수 있을까? 내 이론이란 도대체 뭘까? 물론 이런 지적 한계가 연구 초반에 쏟아부은 열정이 사그라지게 된 유일한 이유는 아니었다. 이런 주제에 부정적인 반응을 보이는 사람도 상당히 많다는 현실을 알고 있었고, 누구보다 스스로 내가 쓴 책의 취약점을 잘 알고 있었다. 책은 준비되지 못했고, 나도 준비되지 못했다. 나는 보스턴을 떠났고, 연구도 멈췄다. 친구들이 경고했다. "너 아니면 누가 이런 책을 쓸 수 있겠니. 네가 이 책을 포기하면 다른 사람이 너를 앞질러 갈 게 뻔하잖아."

"기회가 오겠지." 나는 대답했다. "아직 때가 아니야."

이 무렵에는 하고 싶은 일들이 많았다. 오스트레일리아에서 특별 연구원 제

---

* 결국 피어시는 1976년 이혼한다. 1982년 극작가인 이라 우드(Ira Wood)하고 다시 결혼하는데, 두 사람은 결혼 전에 《마지막 백인 계급(The Last White Class)》(1979)이라는 희곡을 같이 썼다 — 옮긴이.

의도 들어왔고, 세계 여행도 하고 싶었다. 이 모든 일을 뒤로한 채 업스테이트 뉴욕으로 돌아와 사회적 행동주의에 관여했다. 파트너인 제인 애덤스Jane Adams 하고 함께 '매맞는 여성 상담 서비스Hotline for Battered Women'(1978)를 시작했고, 폭력 피해 여성들이 밤에 숙소로 쓸 수 있게 우리집을 개방했다. 또한 지금 기억으로는 생소하고, 잔인하고, 무기력하고, 진력이 나는 공정한 주거를 위한 투쟁에도 깊이 관여했다. 우리는 닭고기 수프와 중고 옷 가게를 운영했다. 그리고 나는 서비스 센터와 주거 용도로 쓸 낡은 건물을 사들이고 용도 변경에 필요한 서류들을 직접 작성했다. 나는 마리오 쿠오모 주지사 직속 '가정폭력 방지위원회Commission on Domestic Violence'(1984~1987) 위원으로 임명돼 '무주택자 주택 공급위원회' 의장을 맡았으며, 무주택자 대상 주택 공급 정책 지지자와 매맞는 여성 지지자를 연결하는 혁신을 시도하려 노력했다. 그때 내 삶은 행동주의 자체였다.

회의, 전화 상담, 보고 마감 시간, 조직화 등으로 밤낮없이 바빴지만, 이 책을 쓰고 싶은 욕구도 상당히 컸다. 참기 힘들 만큼 강렬한 욕망이었다. 이 욕망은 이 책을 쓰는 데 그만큼 고통과 아픔을 가져다줬다. 내 하루 일과는 당장 필요한 일들에 대응하고, 쌓여가는 자료들을 정리하고, 선동을 조직하고, 교육하는 일들로 꽉 차 있었다. 책을 쓸 여유가 언제 생길까? 시간이 지나면서 나는 이제 막 시작해 뭔가를 기대하게 만드는 이런 사회적 행동주의에 충실히 임할 수 없을지도 모른다는 불안감이 들기 시작했다. 그리고 저술가가 될 수 있다는 자신감도 없는 탓에 더욱 혼란스러웠다. 그러나 이런 생각은 그리 오래가지 않았다.

나는 끊임없이 참고 서적과 관련 자료를 수집했다. 추리 소설에서 여성의 역사herstories에 관련된 서적들, 구타 근절을 위한 지침서에서 페미니스트 문학 비평까지, 내가 접한 모든 자료들은 의미가 솟아나는 샘이 됐다. 그러나 나는 채식주의와 페미니즘의 연관성보다는 단절을 경험해야 했다. 햄버거를 먹으면서 가정 평화를 이야기하는 매맞는 여성들의 지지자, 채식주의를 자기 활동의 주제로 인식하지 못하는 페미니스트, 죽은 동물로 만든 음식을 내놓는 평화 활동가 등을 만났다. 감당하기 어려운 부담이 어깨를 짓눌렀다. 내적 연관성을 쉽게 밝혀낼 수 있다고 생각했지만, 예상한 시한을 훌쩍 넘겨도 책을 완성할 수 없었다. 이런 내게 화가 났고, 소외감과 능력의 한계도 느꼈다.

이 책을 끝마치려 여러 번 시도했다. 한 번 시도했고, 두 번 시도했고, 많은 오류가 드러났고, 초고를 여러 번 고쳐 쓰기도 했다. 레이건 정부 시절에는 줄곧 이 작업을 반복했다. 하던 일을 모두 중단하고 자료 조사와 집필에 온 시간을 집중했다. 다양한 분야에서 역사적, 문학적, 사회적 연관성을 시사하는 단초들을 모았다. 그러나 이런 단초들을 하나로 엮을 이론이 없다는 현실 때문에 난감해졌다.

1987년에는 남편하고 함께 댈러스로 이사했다. 이곳에서 남편은 홈리스를 위해 봉사할 업무를 찾았고, 나는 이 책 《육식의 성정치》를 쓰고 아이를 키우는 데 모든 시간을 쏟을 수 있었다. 댈러스로 이사 오던 길에 이틀째 밤을 아칸소 주에서 묵었다. 그날 밤 나는 마거릿 호만스Margaret Homans가 쓴 《여성, 단어를 낳다Bearing the Word: Language and Female Experience in Nineteenth-Century Women's Writing》(1986)를 읽고 있었는데, 이 책의 처음 몇 쪽에서 부재 지시 대상absent referent이라는 개념을 발견했다. 잠시 독서를 멈추고 책을 내려놓은 채 이 개념을 곰곰이 생각했다. 부재 지시 대상이라는 이 개념은 고기를 먹는 동물, 곧 인간을 의미했다. 다음날 나는 이 부재 지시 대상이라는 개념이 여성과 동물에게 동시에 가해지는 학대를 서로 연결시킬 수 있는 개념이라는 사실을 깨달았다.

모든 육식의 이면에 부재하는 것은 고기를 남기고 죽는 동물의 죽음이다. '부재 지시 대상'은 육식인을 동물에서 분리하고, 동물을 그것의 최종 생산물에서 분리하는 개념이었다. 부재 지시 대상의 기능은 우리가 먹는 '고기'를 그 남자 또는 그 여자가 한때 살아 있는 동물이었다는 생각에서 분리시키는 것이자, '음매' 또는 '꼬꼬댁' 또는 '매애' 같은 울음소리를 고기에서 분리시키는 것, 어떤 것what을 어떤 사람who으로 간주되는 존재(동물과 여성)에서 분리시키는 것이다. 고기의 현존이 '고기'를 만들기 위해 죽은 동물의 존재에서 분리되는 순간에 고기는 그것의 원래 지시 대상(동물)에서 떨어져 나와 자유롭게 움직이는 이미지가 되고, 이 이미지는 여성의 상태뿐 아니라 동물의 상태를 지시하는 데 자주 이용된다. 동물은 육식 행위에서 부재하는 지시 대상이다. 한편 동물은 도살되고, 파편화되고, 소비되는 여성의 이미지를 나타내는 부재 지시 대상이 된다. 댈러스에 도착한 때 나는 이 책을 쓸 시간도, 페미니스트와 채식주의의 연관성을 설명할 만한 이론도 갖고 있지 못했다. 두서없이 써놓은 초고들을 가차없이 찢어버렸다. 이미 수집해놓은 자료도 없애버렸다. 이런 일을 겪고 나서, 2년 뒤에 이 책을 끝낼 수 있었다.

《육식의 성정치》를 정식으로 출간하는 데에는 관련된 아이디어를 얻고 나서 초기 집필 계획을 완전히 폐기한 뒤 거의 15년이나 걸렸다. 나는 이 책이 불러일으킨 즉각적인 반응에 깜짝 놀랐다. 이 책을 읽고 내용에 공감한 사람들이 그 연관성을 밝혀주는 새로운 증거들을 보내오기 시작했다. 이 사람들의 도움 덕에 성냥갑, 식당 메뉴판, 광고, 광고판 사진, 여성 학대와 동물 학대 사이의 연관성을 입증하는 자료를 수집할 수 있었다. 이 자료들을 이용해 육식의 성정치에 관한 슬라이드를 만들었고, 그 슬라이드를 들고 여러 나라를 돌아다니며 강연을 했다.

다른 한편 '정치적 올바름'을 입증할 만한 적절한 사례를 갈망하던 출판 기자들과 비평가들이 《육식의 성정치》에 관심을 가졌다. 그해의 우수 학술 도서로 선정되기도 했다. 그러나 나는 학술 관련 전문가가 아니다. 단지 문화를 연구하고 발전시키는 데 관심을 두고 공부하는 사람일 뿐이다. 잠시 퍼킨스 신학교에서 강의를 맡기도 했지만, 그런 경험이 나를 학술 전문가로 만들어주지는 않았다. 나는 이 자리를 빌려 이 10주년 기념판이 내 행동주의에서 발전한 결과물이라는 점을 확실히 하고 싶다. 물론 내가 이론에 빠진 활동가라는 점은 잘 알려진 사실이다. 상이군인들과 낙태 반대자들이 우리집을 둘러싸고 시위를 벌이고, 라디오 프로그램에서 나와 남편을 두고 인종 차별 발언이 오가는 소리를 들었지만, 나는 여전히 학대받는 여성을 위해 피난처를 제공하고 그 여성들을 만나 직접 상담하는 활동가다.

7장에서 나는 '육식의 상징성은 결코 중립적이지 않다'고 주장하는 메리 미글리Mary Midgley라는 철학자의 말을 인용한다. 육식인은 자기가 '생명을 먹고 있다'고 생각한다. 그러나 채식주의자는 육식인이 '죽음을 먹고 있다'고 생각한다. 미글리는 이렇게 주장했다. "이 두 주장 사이에는 서로 의사를 교환할 수 없으며 이런 문제에 관해 서로 진영을 형성하지 않고는 이의조차 제기하기 어려운 하나의 게슈탈트 전환gestalt-shift이 있다."* 《육식의 성정치》를 향한 반응은 게슈탈트 전환의 양상을 띠었다. 주제에 공감하는 사람들에게는 이 책이 그 사람들만의 세계관을 확립하고 행동주의로 발전시키는 초석이 됐다. 바로 이런 이유에서 몇몇 사람이 이 책을 '전위 운동의 고전'이라고 부르면서 조금 역설적인 평가를 한 듯하다. 그 밖의 사람들에게는 이 책의 내용이 지나친 비약으로 보일 수 있다. 영국 《선데이 텔레그래프Sunday Telegraph》에 실린 평론가이자 비평가인 오버론 보우Auberon Waugh의 긴 서평이 좋은 예가 될 듯하다. 보우는 책의 내용은 물론 저자와 저자의 가족을 비웃었는데, 미친 여자(내가!)인 척하는 동유럽에서 이주한 어느 남자 교수가 꾸며낸 이야기쯤 된다고 생각했다. 또한 《육식의 성정치》가 좌파들은 여전히 유머 감각이 떨어진다는 현실을 보여주

---

* 게슈탈트는 독일어로 형태 또는 형상을 뜻한다. 비트겐슈타인(L. Wittgenstein)은 오리-토끼 형상에 관한 논의에서 동일한 형상이 우리가 어떻게 보는지에 따라, 곧 눈의 망막에 비친 상이 아니라 우리 삶의 사회적이고 문화적인 가치에 맞게 사물을 바라보는 방식에 따라 토끼의 형상 또는 오리의 형상으로 보인다고 주장했다. 이것을 비트겐슈타인은 게슈탈트 전환이라고 말했다. 《과학 혁명의 구조》로 잘 알려진 토마스 쿤(Thomas S. Kuhn)도 과학 혁명이란 기성 질서(낡은 패러다임)하고 단절하고 사물을 새롭게 보는 방식이라고 말하면서, 이것을 게슈탈트 전환(종교적 개종이라는 표현을 쓰기도 했다)이라고 불렀다.

는 실례라고 평가하는 비평가들의 글을 읽고 웃어넘길 수밖에 없었다. 내 유머 감각이 뒤떨어진다는 비평가들의 말은 내 책이 자기들 비위에 거슬린다는 뜻이 되겠다.

1976년부터 지금까지 나는 이 책을 쓸 만한 자격도, 이 책에 쏟아지는 갖가지 반응에 대응할 만한 능력도 갖추지 못한 사람이었다. 러시 림보Rush Limbaugh가 자기가 진행하는 라디오와 텔레비전 프로그램에서 《육식의 성정치》에 관해 말할 때도, 나는 내 책이 순수한 이론적 고찰의 대상이라는 데 별반 의심이 없었다. 그리고 사람들이 나를 붙들고 홈리스를 어떻게 생각하느냐거나 매맞는 여성을 어떻게 생각하느냐고 물을 때도, 거창한 이론보다는 고통받는 사람들을 먼저 도와야 하지 않느냐고 추궁하듯 주장할 때도, 나는 이런 질문에 영향을 받아 온정주의 차원에서 행동주의에 가담하지는 않았다. 나는 권리를 빼앗긴 사람들 편에서 채식주의와 동물 행동주의가 연대할 수 있다고 생각한다. 또한 앞의 질문들이 지배 사회에 대응하는 수세적인 태도에서 나온 물음이라는 점, 이런 질문을 던진 사람들이 실제로 그렇게 생각해서 묻는다기보다는 자기가 언짢아하는 문제를 교묘히 은폐하려는 의도를 숨기고 있다는 점도 잘 안다.

다시 말해 이런 질문은 도덕적 우위를 확보하려는 은폐된 시도다. 육식인들만이 이런 문제를 제기한다. 채식주의자이면서 홈리스를 지원하는 사람, 채식주의자이면서 매맞는 여성을 지지하는 사람은 채식주의와 이런 다양한 행동주의가 협력 관계를 맺을 수 있다는 사실을 의심하지 않는다. 게다가 《육식의 성정치》에 담긴 핵심은 이런 다양한 행동주의가 서로 연대해야 하며, 고통받는 인간과 동물이 서로 연결돼 있기 때문에 따로 떼어놓고 고찰해서는 안 된다는 주장이었다.

당신이 한 인간의 신화*에 관해 이러쿵저러쿵 쉽게 논의할 수 없다는 점은 분명하다. 그러나 신화에 관한 어떤 고양되고 의식화된 자각이 있다면, 그런 논의가 불가능한 일만은 아니다. 물론 우리가 말하는 신화는 낯선 무엇이 아니라, 어느 날 갑자기 같은 것을 다르게 볼 수 있는 시각을 갖게 되는 순간까지 살아오면서 의식적이거나 무의식적으로 배운 통념이다. 그러나 같은 것을 다르게 볼 수 있는 시각을 갖게 되는 순간, 사실은 모순이 된다. 다시 말해 《육식의 성정치》는 사실을 모순으로 전환하려는 시도다.

한 사회에서 다른 어떤 것/어떤 존재를 소비될 수 있는 대상, 곧 사물로 간주하게 되는 과정은 눈으로 직접 확인할 수 없다. 이런 비가시성은 그 시각이 지배 문화의 관점하고 일치하기 때문에 생긴다. 이런 과정도 그 과정의 최종 산물, 곧 소비 대상이 어느 곳에서나 쉽게 접할 수 있기 때문에 우리 눈에는 잘 보이지 않는다.

《육식의 성정치》는 우리가 먹는 어떤 것, 더 정확히 말해 어떤 존재가 우리의 가부장제 문화에 따라 결정된다고, 또한 육식에 부여된 의미가 사나이다움의 의미를 함축한다고 주장한다. 우리는 인종주의와 가부장제의 세계에 살고 있다. 그 세계에서는 남성들이 공적 영역(고용과 정치)이나 사적 영역(하루 평균 네 명의 여성이 구타로 사망하는 미국의 가정)에서 여성보다 큰 권력을 행사한다. 《육식의 성정치》에서 하려는 주장은 성정치학이 우리가 살고 있는 세계에서 구조화되는 방식이 우리가 동물, 특히 소비되는 동물을 바라보는 시각에 연관된다는 사실이다. 가부장제는 인간/동물 관계 속에 내재돼 있는 젠더 체계다. 더욱이 이 젠더 구조는 성별에 따라 알맞은 음식을 교육하는 교육 체계도 포함한다. 우리 문화에서 남자라는 존재는 스스로 인정하든 부인하든 여러 가지 정체성을 공유한다. 그 정체성은 '현실의' 남성들이 공유하기도 하고 공유하지 않기도 한다. '현실의' 남성들은 키쉬quiche(감자, 브로콜리, 토마

---

* 여기에서 신화는 그리스 신화나 로마 신화를 말할 때 쓰는 신화의 의미도 포함하지만, '남자에게는 고기가 필요하다'거나 '고기가 황소 같은 힘을 가져다준다'처럼 과거부터 내려오는 지배적인 통념을 말하기도 한다 — 옮긴이.

토, 버섯 등 채소에 대구살, 베이컨, 그뤼예르 치즈를 넣고 오븐에서 구운 프랑스 음식)를 먹지 않는다. 특권의 문제가 아니라 상징의 문제다. 남성다움은 육식에 접근할 권리와 타자의 신체에 관한 통제를 통해 우리 문화에 부분적으로 스며들어 있다.

모든 사람이 육식의 성정치에 영향을 받는다. 우리는 시카고의 한 레스토랑에서 '더블 디 컵 칠면조 가슴살 샌드위치. 이 샌드위치는 성인용입니다'는 문구가 달린 음식을 먹을 수 있다. 아니면 올빼미 눈을 로고로 하는 레스토랑 체인 후터스에서 밥을 먹을 수도 있다. 이 레스토랑의 메뉴에는 '유방'의 속어인 '후터스'라는 이름의 연원이 자세히 적혀 있다. "그때 어려운 일은 …… 레스토랑 이름 짓기였다. 이름은 …… 맥주와 치킨 윙을 눈앞에 두고 때에 따라서 미식축구 우승에 감격해 마지않는 선수의 강렬한 눈빛이 떠올라야 했다. 그래서 후터스는 강렬한 눈빛을 내뿜는 올빼미의 눈에서 따온 이름이다." 또는 2장에 실린 '우르술라 햄드레스Ursula Hamdress'의 그림을 보면 알 수 있다. 이 그림은 지금도 대형 서점에서 팔리는 《플레이보어 — 암퇘지 농부의 '플레이보이'Playboar – The Pig Farmer's "Playboy"》라는 책에 실렸다. 이런 예는 겉보기에는 동물을 대상으로 삼지만, 부재 지시 대상은 다름 아닌 여성이다.

육식의 성정치를 통한 이런 이미지의 소비는, 이 이미지가 어떻게 작용하는지 의식하지도 못하면서 여성의 대상화에 관해 공공연히 농담을 주고받는 우리 문화의 한 방식이다. 이 방식은 남성들이 의식하든 의식하지 못하든 여성혐오로 전환될 수 있다. 여성의 지위 하락은 하나의 입심거리나 해롭지 않은 '순전한' 농담의 소재로 보이게 된다. 그렇기 때문에 모든 사람이 여성의 지위하락을 거리낌없이 즐길거리로 삼을 수 있게 된다. "돼지를 보고 있을 뿐이야", "샌드위치일 뿐이야", "후터스에서 밥 먹을 뿐인데" 등등.

이런 상황은 언제나 '우리 눈앞에서' 일어난다. 우리의 지배 문화가 이런 태도들을 여과 없이 반영하고 있다는 현실에 익숙해진 탓에, 우리는 이런 상황이 문제가 될 수 있다는 점을 의식하지 못한다. 우리는 부재 지시 대상의 구조에 따라 형성되며, 그 구조에 무의식적으로 참여한다. 육식의 성정치는 또 다른 수준에서, 곧 고기란 힘을 주는 음식이고 남성은 고기가 필요하다는 미신에도 작용한다. 지난 10여 년 동안 부재 지시 대상으로서 여성과 동물의 이미지가 확산되면서 고기가 남자다움에 밀접히 연관된다는 '고기를 향한 광기'도 기승을 부렸다. 《육식의 성정치》가 출간된 뒤 《뉴욕 타임스》에는 〈스카치 위스키와 고기가 우리 몸에서 새로운 뼈와 살이 된다〉는 기사가 실렸다. 그 기사에는 이런 구절이 있다. "밤을 지배하는 강한 남성성을 대표하는 음식으로는 오르되브르(전채)hors d'oeurves가 그만이다. 로스트비프, 가루 반죽을 입혀 튀긴 두툼한 치킨 조각 등. 아스파라거스나 오이 등은 전혀 맞지 않다." 잡지 《코즈모폴리턴Cosmopolitan》은 점심 특선으로 '남성이 선호하는' 메뉴가 '4컵 분량의 소고기'라고 쓰고 있다. 1996년에 잡지 《뉴 우먼New Woman》에 실린 글 〈사랑, 섹스, 그리고 플랭크 스테이크Love, Sex, and Flank steak〉는 캐묻는다. "남성들은 뭘 원할까?" 여기에 《뉴욕 타임스》의 기자이자 저술가인 한 사람이 대답했다.

> 내 경험에 따르면 남성들은 짜릿한 섹스와 커다란 스테이크를 원합니다. 반드시 이 순서에 따를 필요는 없지만 말입니다. 물론 돈과 권력도 원하지만, 그런 요소는 섹스와 스테이크를 얻으려는 수단에 지나지 않죠. 섹스와 스테이크는 육체적 쾌감에 밀접히 연관됩니다. 이 둘이 서로 자극한다고 할 수 있습니다. 붉은 피가 흘러내리는 스테이크나 두툼한 햄버거를 먹으면서 남자들은 행복과 자신감을 얻죠. 특히 이런 음식은 소고기를 가장 남성다운 음식으로 인정하는 이 나라에 가장 잘 어울린다고 할 수 있겠습니다.

이 글을 액면 그대로 읽으면 남성에 관한 기본 전제가 여성에 관한 기본 전제만큼이나 모욕적인 언사로 구성된 사실을 알 수 있다. 육식의 성정치는 모든 사람, 소비되는 대상으로 가정되는 '그 사람', '당신', 동물을 옭아맨다.

25년 전의 통찰을 토대로 쓴 책이라면 그 통찰이 지금도 유효하다고 생각하느냐는 질문을 받는 일은 어쩌면 당연하다. 물론 나는 그렇다고, 아니 그 이상이라고 대답한다. 지난 10여 년 동안 육식의 성정치는 나름대로 상당한 문화적 표현을 발견했다. 내가 1장에서 주장한 내용, 곧 고기가 문화적으로 남성 신화의 일부라는 사실은 대중문화의 여러 측면에서 발견할 수 있다. 자기가 육식을 하지 않는다는 사실을 필사적으로 숨기려는 주인공을 코믹하게 그린 〈사인필드Seinfeld〉(아파트, 레스토랑, 가게를 배경으로 하는 일일 시트콤)부터(여기에서 사인필드는 뻔히 '유행에 뒤진 사람'으로 비치게 된다) 앞서 예를 든 《코즈모폴리턴》과 《뉴 우먼》까지, 남성이 육식을 한다는 것, 그리고 고기가 남성성에 밀접한 연관된다는 것에 관련된 다양한 문화적 표현이 나온다. 지난 10여 년 동안 등장한 광고와 식당 메뉴판, 성냥갑, 거리의 광고판에는 내가 2장에서 제기한 육식의 성정치적 측면들, 곧 여성과 비인간 동물non-human animals 사이의 중첩된 억압이 분명하게 드러난다.

이런 사정은 문화적 표현으로 그치지 않는다. 이 상황을 표현하는 방식도 매우 다양하다. 초판을 접한 독자라면 내가 이 책을 미국에서 고기 용도로 도살된 60억 마리에 이르는 동물에 헌정한 사실을 알 수 있다. 지금 그 숫자는 거의 95억 마리로 증가했다. 이 숫자에 매년 미국에서 도살되는 바다 동물의 수를 더하면 어림잡아 217억 마리가 된다.

지난 10여 년 동안 철저한 채식 위주의 식단, 곧 동물 가공 식품에 전혀 의존하지 않는 식단이 건강에 좋다는 사실을 입증하는 조사 결과가 숱하게 쏟아졌다. 저지방, 저콜레스테롤, 고섬유질 식단이 건강에 좋다고 보고됐고, 육식이 '광우병', 대장균, 패혈증을 일으키는 리스테리아균, 장염을 일으키는 캄필로박터균, 식중독을 일으키는 살모넬라균 등을 옮겨 질병에 걸린 사람을 사망하게 할 수 있다는 사실이 보고됐다. 그런데도 아직까지 육식이 우리 식문회에서 중요한 부분으로 남아 있는 이유는 무엇일까? 왜 사람들은 주말마다 이곳 댈러스의 유명한 '스테이크 전문점'에서 고기를 먹으려고 두세 시간씩 차례를 기다릴까?

분명히 지적하지만 육식은 습관이다. 관성은 변화에 저항한다. 그러나 이것만이 유일한 이유는 아니다. 습관은 바꿀 수 있다. 관성이 된다는 말은 육식의 신화다. 우리 문화는 인간들이 건강(건강이 아닌 힘이 세어진다는 의미에서)을 유지하려면 고기가 필요하다는 기본적인 측면을 포함해 육식의 성정치에 관련된 모든 측면을 수용한다. 더욱이 정부가 육식을 공공연히 지지하고 있다는 사실은, 정치인들이 연방 정부가 주는 보조금으로 축산업을 유지하는 '복지 수혜 카우보이 남성cowboy welfare kings'(백인, 부자, 남성 등)이 아니라 '복지 수혜 여성welfare queens'(흑인, 빈민, 여성 등 소수자)에게 성차별적 공격을 퍼붓고 있다는 사실만큼이나 자명하다.

지난 10여 년 동안 공장식 축산이 생태 환경에 미친 커다란 악영향, 동물을 비인간적으로 대우하는 현실, 동물을 비인간적으로 취급하는 감시자들이 사회에 미치는 영향에 관해 우리는 많은 사실을 알게 됐다. 그러나 여전히 육식인들은 자기가 인도주의적인 식사를 한다고 믿는다. 육식인들은 철저한 채식주의자들이 실행하는 동물 가공 식품 제외 식단을 현실에서 실천하지 않으면서 자기는 인도적인 식사를 하고 있다고 믿는 듯하다. 따라서 소규모 가족 농장에서 자유롭게 뛰어노는 동물의 이미지를 이곳저곳에서 많이 볼 수 있지만, 동물을 둘러싼 실상은 정반대다.

우리는 우리 자신이 동물하고 같은 존재라는 사실에 동의하며, 동물도 우리가 자기를 어떻게 대하면 좋겠다고 하는 바람을 갖고 있으리라고 인정한다. 아니면 우리는 동물이 고통을 느끼지 못하거나 그 고통이 우리에게 영향을 미치지 않기를 바라는 듯하다. 장 자크 루소의 말을 바꿔 말하며, 동물은 어디서나 인간에게 속박돼 있지만 우리는 동물이 자유롭다고 생각한다. 이런 부정은 매우 강력하다. 동물이 자유롭다고 하는 생각은 가부장제 문화의 이미지들이 전제하는 또 다른 유형의 자유, 다시 말해 여성의 성에 관련된 소비를 이해할 수 있는 실마리를 제공한다. 따라서 동물과 여성은 현실적으로 그렇지 못하더라도 자유롭게 그려질 뿐 아니라 성적으로 자유롭게 묘사된다. 그 결과가 육식의 성정치다.

처음 쓰기 시작한 지 15년 만에 이 책을 세상에 내놓자, 역설적이게도 몇몇 비평가는 1980년대 후반에 유행한 채식주의에 편승한다고 나를 비판했다. 잠깐 지나가는 '유행' 정도로 치부한 셈인데, 정말 유행이기도 했다. 사실은 서로 무관해 보이는 두 운동, 곧 여성을 위한 정의와 동물에 관한 관심을 결합해 하나의 동등한 의미를 부여하려 한 때문이었다. 처음 의도하고 다르게 채식주의를 정치적 저항 운동으로 다뤘지만, 이 책이 채식주의를 이런 식으로 다룬 최초의 페미니스트 저술은 아니다. 결과적으로 그렇게 되기는 했어도, 나는 동물권 옹호자와 채식주의자에게 성정치에 관련된 자성을 촉구하지도 않았다. 이 책은 여성과 동물 사이의 연관성을 인정하고, 중첩된 억압을 승인하며, 행동주의의 파편화에 도전하는 학술적 관심을 불러일으키려 했다.

《육식의 성정치》를 출간한 뒤, 나는 그전처럼 폭력적이고 모독적인 남성 세계관에 저항하는 학자와 활동가들하고 함께 행동주의에 깊이 관여했다. 1980년대 초에 이미 에코페미니스트들은 여성 억압과 동물 억압이 서로 연관된다고 인정했고, 지난 10여 년 넘게 이 작업을 계속하고 있었다. 이 과정에서 마티 킬Marti Kheel, 로리 그루엔Lori Gruen, 그레타 가르Greta Gaard, 조세핀 도노번Josephine Donovan, 이네스트라 킹Ynestra King, 바버라 노스케Barbara Noske, 카렌 워렌Karen Warren 등 여러 훌륭한 여성을 만난 일을 기쁘게 생각한다. 게다가 이 행동주의자들하고 함께 인간 폭력과 동물 폭력의 관계, 아동 학대와 동물 학대의 관계, 여성 구타와 동물 학대의 관계를 입증하는 공동 연구를 하기도 했다. '동물권을 옹호하는 페미니스트들Feminists for Animal Rights'에 참여하는 여성들, 곧 마티 킬, 바티아 바우먼Batya Bauman, 리자 핀레이Lisa Finlay, 미셸 테일러Michelle Taylor 등하고 함께 전세계 페미니스트들과 동물권 옹호자들에게 힘을 북돋아주려 했다. 또한 '동물권을 옹호하는 페미니스트들'은 가정 폭력과 동물 학대에 관한 정보를 제공하고, 피학대 여성들이 머무는 피난처를 대상으로 반려동물이 쓸 집을 제공하는 프로그램도 개발했다.

《온 더 이슈On the Issues》의 편집을 맡은 멀 호프먼Merle Hoffman, 《동물 의제Animals' Agenda》의 편집을 맡은 킴 스탈우드Kim Stallwood와 로빈 모건Robin Morgan, 《사티야Satya》의 편집을 맡은 마틴 로우Martin Rowe에게 감사한다. 이 사람들은 가부장제 문화에서 여성과 동물의 연관성을 밝히는 작업을 계속하고 있으며, 이 주제에 관련된 저술을 출간하기도 했다. 이 주제에 관련된 대학 내부의 활동주의도 늘어나는 추세다. 여러 대학을 방문하면서 대학 공동체를 키우려고 적극적으로 나서는 학생들을 만날 수 있었다. 그중 하나인 블러드루트 공동체Bloodroot Collective는 지금도 코네티컷 주의 브리지포트 페리스 가 85번지에서 페미니스트-채식주의자 식당을 직접 운영하며 맛있는 채식 음식을 제공한다. 아티스트인 수 코Sue Coe의 〈죽은 고기Dead Meat〉, 영화 제작자인 제니퍼 애보트Jennifer Abbott의 〈식탁 위의 암소A Cow at My Table〉, 루스 오제키Ruth Ozeki의 〈육식의 역사My Year of Meats〉, 언더그라운드 밴드인 콘솔리데이티드Consolidated의 앨범인 《우호적인 파시즘Friendly Fascism》 등은 장르는 서로 다르지만 동물 폭력과 여성 폭력의 연관성을 폭로한다는 측면에서 공통점이 있다.

동물과 종교에 관한 논의는 동물을 둘러싼 철학 논쟁으로 발전하는 중이다. 미국종교학회American Academy of Religion의 회원 중에는 동물과 종교의 연관성을 연구하는 분파도 있다. 동물 관련 문헌 분석이 종교 관련 문헌 문석을 앞질렀다. 메리언 숄트메이저Marian Scholtmeijer가 쓴 《근대 소설과 제물이 된 동물Animal Victims in Modern Fiction》(1993)은 동물을 단지 어떤 목적의 수단으로, 곧 학술적 수단이든 먹기 위한 수단이든 상관없이 수단으로 간주하기를 거부하는 사람들이 이런 흐름에 참여하게 만들었다. '문학을 통한 동물지원 협회A Society for Animal Advocacy Through Literature · SAAL'도 결성됐는데, 이 협회의 구성원들은 동물권을 강하게 옹호하면서 문학을 매개로 동물을 연구하고 가르친다.

《육식의 성정치》가 출간된 뒤 걱정하는 목소리가 들려왔다. 동물권 옹호가 정작 여성 자신의 억압에는 소홀하다는 주장이었다. 나는 이런 걱정을 이해한다. 동물권 옹호 운동을 지지하는 사람의 80퍼센트가량이 여성이다. 나는 동물과 여성이 얼마나 밀접한 연관이 있는지 알기 때문에 이 두 문제를 동시에 제기한 동물권 옹호자들을 자주 만나 교류했다. 조세핀 도노번하고 함께 카렌 데이비스Karen Davis, 브라이언 루크Brian Luke, 수잔 캐플러Susanne Kappeler의 주요 저작과 그 밖의 동물과 여성 사이의 내적 연관성에 대한 흥미로운 연구를 담은 여러 저술을 한데 엮어 두 권의 선집으로 출간하기도 했다.

이 책은 페미니즘과 채식주의의 역사를 다루지 않는다. 다룰 수도 없다. 적어도 아직은 아니다. 초판을 내고 10년이 지난 지금도 이 책은 이 분야에서 가장 먼저 언급되는 기초 연구서다. 대신에 이 책은 남성 지배 관점을 띤 전통적 채식주의와 여성의 역사를 비판한다. 나는 《혼자 하는 채식 요리The Single Vegan》(1989)의 저자이자 사회사가인 레아 렌느만Leah Lenneman이 쓴 채식주의와 영국 여성 참정권 운동에 관한 논문(Lenneman 1997)을 페미니스트 행동주의와 채식주의가 과거에 교류한 방식을 정확히 밝히려는 이 책의 집필 모델로 삼았다.

모든 동물 가공 식품을 먹지 않는 완전 채식주의Veganism란 무엇인가? 이 책에서 상상하는 채식주의는 우유와 달걀조차 먹지 않는 식사다. 《육식의 성정치》는 동물 암컷이 재생산 과정에서 당하는 착취를 표현하는 특수 개념인 '여성화된 단백질feminized protein'을 사용한다(이를테면 우유와 달걀은 암컷의 몸에서만 생산된다). 대부분의 식용 동물은 다 자란 암컷이거나 어린 동물이다. 동물 암컷은 살아 있을 때와 죽은 때에 이중으로 착취당한다. 글자 그대로 고깃덩어리다. 동물 암컷은 자기의 여성성 때문에 억압당하고 대리 유모가 된다.

(재)생산 능력이 퇴화하면 도살돼 동물성 단백질animalized protein 또는 살코기 형태의 단백질로 바뀐다. 지난 10여 년 동안 채식인을 위한 혁신적인 음식 관련 책이 봇물처럼 출간됐다. 그리고 이런 책들은 대부분 하나같이 채식을 대안의 식습관으로 소개하는 데 주저하지 않는다.

이 책은 신체에 관해서 본질주의에 기운 견해를 제기하지 않는다. 나는 채식만이 인간의 신체에 적합하다고 생각하지는 않는다. 인류가 역사적으로 잡식성 동물로 살아온 사실도 알고 있다. 그러나 많은 자료를 수집한 결과 나는 인간이 생리상 채식에 적합하게 태어났다고 생각한다. 그 과정에서 제시된 과학은 아니지만, 수집된 자료는 철저한 채식 위주의 식단이 건강에 전적으로 이롭다는 사실을 입증한다. 그리고 지금 우리가 먹는 음식은 우리 몸보다 더 빠르게 발전하고 있다. 나는 은유적으로 '채식주의 신체vegetarian body'라는 개념을 사용한다. 이 개념은 여성 억압과 동물 억압에 관한 윤리적이고 도덕적인 주장들을 환기하면서 현재 진행되는 과학 연구가 밝히는 채식의 질병 예방 효과를 실체적으로 표현한다. '채식주의 신체'라는 개념은 육식 습관을 포기하고 채식주의자가 된다는 의미도 포함한다. 채식주의자가 되면서 우리와 우리 몸이 맺는 관계도 바뀌며, 하나의 종으로서 인류 전체가 채식주의 신체로 진화하지는 못하더라도 채식주의자들과 채식인들은 채식주의 신체로 진화하는 듯하다. 채식주의자가 되면 최적의 건강과 행복을 누리는 채식주의 신체를 성취할 수 있다.

또한 나는 여성에 관해서도 본질주의적 견해를 제기하지 않는다. 나는 여성이 천성적으로 남성보다 조심스럽다거나 본질적으로 평화주의적이라고 보지 않는다. 그러나 페미니즘-채식주의 관련 자료들은 대부분 이런 믿음을 갖고 있었다. 누군가가 지배 문화에서 권력을 박탈당한 때에는 오히려 이런 권력 박탈이 다른 형태를 띤 권력 박탈의 가능성에 대비할 수 있는 여지를 준다고 나는 믿는다. 특권 의식은 자기반성이라는 태도에 대립적이지만, 박탈이나 배제의 상태는 그렇지 않다. 나는 여성이 본질적으로 남성보다 '주의깊다'고 생각하지 않지만, 여성과 동물의 관계 등 다양한 관계에 관심을 갖고 그런 관계들을 인정하는 태도가 모든 여성의 본질이라고 믿는다.

지난 25년 넘게 이 문제를 고심하면서 여성들의 입에서 한결같은 대답을 들을 수 있었다. "나는 채식주의자지만 남편은 고기를 먹어야 해요." 우스갯소리지만, 이런 대답을 들을 때마다 1974년부터 매번 1달러씩 저축했으면 '동물권을 옹호하는 페미니스트들'에 매년 기부금을 낼 정도로 돈을 모았겠다. 남편에게 고기를 내놓아야 한다고 믿음으로써 여성들은, 남자란 강해지려면 고기가 필요하다고 말하고 저녁 식탁에 뭘 놓을지도 남성이 결정해야 한다고 주장하는 육식의 성정치를 영속화시킨다.

결국 여성에게 육식은 배우자의 욕구를 먼저 생각하는 자기 부정의 또 다른 수단이다. 여성은 자기의 욕구에 관심을 두기보다는 배우자의 필요에 더 신경을 써야 하는 의무를 지닌다고 생각한다. 많은 여성이 남편에게 고기를 준비하지 못했다고 말하는 상황을 두려워한다. 아마 이런 여성의 사고방식을 말로 풀면 다음 같을 듯하다. "남편의 욕구를 충족시키는 일이 제가 할 몫입니다. 남편은 고기를 원하거든요. 고기 음식을 차리지 못하면 저는 남편의 욕구를 채워주지 못하는 셈이 되죠. 남편의 욕구를 충족시켜야 하는데, 저는 제 기본 의무도 다하지 못하는 사람인 거예요. 남편을 소홀히 대하는 행동이겠죠." 이 여성은 자기가 남편을 위해 여성이 해야 하는 구실에 충실하지 못한 사람으로 비춰지기를 원하지 않는다.

이런 의문을 제기할 수 있다. 육식과 가부장제 세계관 사이에 연관성이 있다면, 거꾸로 이런 특성이 페미니즘과 채식주의의 관계를 필연적으로 증명한다고 볼 수 있을까? 페미니즘은 남성 지배 세계를 부정한다는 단순한 이유로 채식주의를 포괄해서는 안 된다. 페미니즘은 진실이기 때문에 채식주의를 포괄해야 하고 표현해야 한다. 사실 채식주의는 철저한 행동주의에 기초하며 여러 형태로 변형될 소지도 있다. 또한 채식주의는 유쾌하다. 정의란 호모 사피엔스라는 종의 장벽에 갇힌 취약한 상품이어서는 안 된다. 나는 착취당하는 인간이 착취당하는 비인간 존재들을 공감하고 도울 수 있다고 확신한다. 프랜 위넌트Fran Winant가 쓴 〈쌀을 먹는 것이 여성을 믿는 것Eat rice have faith in women〉이라는 시는 여전히 내 신조이자 전망이다.

초판 서문

내가 채식주의자가 된 일은 겉보기에는 페미니즘하고 거의 관계가 없었다. 아니 나는 그렇게 생각했다. 그러나 지금은 이 일들이 어떻게, 그리고 왜 밀접한지, 채식주의자가 되는 일이 어떻게 페미니즘의 의미를 반영하는지를 안다. 나는 따로 떨어져 보이던 건강과 윤리에 관한 관심이 페미니즘의 통찰을 통해 서로 연관되고 더 명확해진다는 사실을 발견했다. 나는 여기에서 이런 관계를 구체적으로 다루고, 남성 지배와 육식 사이의 연관성을 살핀다. 이 책은 육식을 하지 말자는 말이 남성 지배의 한 양상을 제거하자는 말하고 똑같다고 본다. 그리고 동물 억압과 여성 억압이 긴밀히 결합된 방식을 밝혀내려 한다.

어떻게 보면 우리는 모두 육식의 성정치를 인정하고 있다. 우리가 남성, 특히 남자 운동선수는 고기를 먹어야 한다고 생각할 때, 또는 부인이 자기는 고기를 안 먹을 수 있지만 남편을 생각해 꼭 식탁에 고기를 내놓는다고 말할 때, 육식과 강인한 남성성 사이의 분명한 연관이 드러난다. 그러나 이런 연관을 정확히 분간하기 어려운 이유는 우리 문화에 깊숙이 내재된 육식과 남성성 사이의 관계가 교묘히 은폐돼 있기 때문이다. 이 책에서 나는 가부장제 문화가 육식을 정당화하는 방식을 살펴보고, 이 과정에서 페미니즘과 채식주의 사이의 밀접한 관계를 확인해 육식과 남성성 사이의 은폐된 연관을 밝혀낼 작정이다.

이 책은 페미니스트 이론에 기여하는 측면도 있지만, 최근 출간된 여러 동물 옹호 이론 중 하나이기도 하다. 육식 문제를 체계적으로 조사하는 일은 육식 자체가 동물을 대상으로 하는 가장 폭넓은 파괴를 의미하기 때문에 동물 옹호 이론의 본질에 속하기도 한다. 그러나 이 책은 가부장제 문화와 동물 억압의 형태 사이의 관계를 분석한다는 점에서 다른 동물 옹호론 텍스트하고 다르다. 채식주의는 침묵을 강요하는 가부장제 문화에서 육식의 의미를 탐구한다. 카토Cato는 "들을 수 있는 귀가 없는 배에 대고서 말하라고 시민들에게 강요하기는 어려운 일"(Giehl 1979, 128)이라고 주의를 줬다. 이런 어려움은 육식을 반대하는 목소리를 내는 사람들이 빠진 딜레마이기도 하다. 고기에 관련된 지배적 신념에 반대하는 일은, 특히 이런 신념이 육식을 즐기는 사람들 때문에 강화되고 자체적인 상징주의에 결부될 때는 더욱더 어려운 과제가 된다.

따라서 채식주의와 페미니즘을 폭넓게 연구하려면 채식주의가 주장하는 내용과 페미니스트들이 채식주의를 받아들이는 방식을 고찰해야 한다. 왜 채식주의는 페미니즘의 통찰이 그렇듯 역사 속에서 거듭 되풀이된 개혁이자 관념인데도 지나가는 유행으로 여겨질까? 여성 작가나 작품에 나타난 채식주의의 일면은 문학 비평에서 왜 자주 무시될까? 나는 이런 의문에 답하기 위해 고기의 텍스트들texts of meat*이 내포한 기본 관념을 분석 대상으로 삼았다.

고기의 텍스트들을 이야기하면서 나는 육식의 의미 생산을 정치적 맥락과 문화적 맥락에 놓으려 한다. 지금까지 어느 누구도 고기의 텍스트들이 내포한 육식의 의미에 관심을 두지 않았다. 우리는 텍스트 자체의 의미만을 고집했을 뿐이다. 육식은 고기를 소비하는 사람에게만 의미가 있으며, 그때의 의미는 개인적일 뿐이다. 그러나 육식을 하는 사람들은 그 개인적 의미가 실제로는 사회적으로 결정된다는 사실을 모른다. 고기의 텍스트들을 살펴보는 일은 육식의 성정치를 밝혀내는 선결 조건이다.

1부 '고기의 가부장제 텍스트들'에서는 이런 고기의 텍스트를 구성하는 확대된 개념들을 다룬다. 고기의 텍스트를 구성하는 요소는 인식 가능한 메시지, 같은 의미를 늘 반복해서 주장하는 의미 불변성, 그 일관성을 드러내는 관계들의 체계다.** 먼저 고기는 인식할 수 있는 메시지를 담고 있다. 고기는 음식의 한 품목이며, 대부분 필수적이고 영양가가 높은 먹을거리다. 고기의 의미는 식사 시간에, 광고를 통해, 대화하는 도중에 언제나 똑같이 되풀이된다. 마지막으로 고기는 음식 생산, 동물을 대하는 다양한 태도, 넓게 보면 동물에 가해지는 허용 가능한 폭력 등에 관련된 관계들의 체계로 구성된다.

우리가 일상에서 가까이하는 고기의 텍스트들은 인간이 동물을 잡아먹어야 하고 고기가 우리 몸에 이롭다는 전망을 내놓는다. 결과적으로 동물을 소비할 수 있는 신체로 간주하는 사고는 동물에 관한 우리의 태도를 지지하는 여러 전제의 하나다. 그러나 이런 태도를 구체적으로 다루는 문화적 텍스트는 거의 없다. 주된 이유는 육식을 지지하는 문화 담론이 가부장제의 본질이기 때문이다. 고기의 인식 가능한 메시지는 고기의 구실과 남성의 구실 사이의 관계도 포함한다. 그리고 이런 관계의 의미는 고정된 젠더 체계 안에서 계속 되풀이된다. 의미 있는 음식 품목으로서 고기가 성취하는 이런 일관성은, 목적이 수단을 정당화하며 폭력이 은폐될 수 있고 은폐돼야 한다고 생각하는 가부장제적 태도에서 생겨난다. 이 모든 것이 육식의 성정치를 구성한다.

1장 '육식의 성정치'에서는 이미 사회적으로 고착된 성역할이 고기의 분배를 결정한다는 사실을 살펴본다. 고기가 제한적으로 공급될 때 고기를 가져

---

* 가부장제와 육식의 연관성을 말하거나 다루는 저술 전반을 가리킬 뿐 아니라 육식을 식품을 넘어 문화 범주에서 이해해야 한다는 의미다 — 옮긴이.

** 이런 내용은 토머스 세벅의 글(Sebeok 1971, 845)에 열거돼 있는 특성을 내 나름대로 해석한 결과다.

가는 쪽은 남성이다. 고기가 남성을 위한 음식이고, 채소가 여성을 위한 음식이라는 가정은 중요한 정치적 결과를 수반한다. 본질적으로 육식이 남성 문화와 개인주의 문화의 척도이기 때문에 우리 사회는 채식주의를 거세나 여성성하고 동일시한다.

육식의 성정치의 또 다른 측면은 제우스가 지혜의 여신 메티스를 소비하는 신화에서도 드러난다. 가부장 중의 가부장인 제우스는 메티스를 갈망한 나머지 뒤를 쫓아 감언이설로 꼬드겨서 강제로 굴복시키고 성폭행한 뒤에 삼켜 버린다. 그러고 나서 제우스는 뻔뻔스럽게 자기 뱃속에 있는 메티스에게 조언을 얻는다고 주장한다. 이 신화에서 성폭력과 육식의 문제는 누락돼 있다. 이 점은 2장 '동물 성폭행, 여성 도살'에서 구체적으로 다룬다. 이 신화는 여성적 언어의 남성적 소비에 관련된다. 고기에 관해 논의하면서 우리는 고기/여성의 소비에 관련된 가부장제 언어의 문제에 관심을 둔다. 이 문제는 3장 '은폐된 폭력, 침묵의 목소리들'에서 다룬다.

사람들은 자기가 하는 육식을 신중하게 생각하지 않는다. 이런 태도는 지배적 질서에서 무엇이 의미 있는 대화이고 비판인지를 결정하는 이들이 갖는 특권 의식의 한 예다. 결국 진정한 채식주의자는 이런 세계관에 갇히게 된다. 채식주의자는 육식인을 채식주의자로 전환시키려 할 때는 육식이 일으키는 많은 문제, 곧 건강 악화, 동물의 죽음, 생태 파괴를 고발하기만 하면 된다고 생각한다. 그러나 육식 문화에서는 이런 일들이 절대 문제되지 않는다는 점을 의식하지 못한다. 이 딜레마는 4장 '말이 살이 되어'에서 다룬다.

2부 '제우스의 복부에서'는 영국과 미국을 무대로 삼아 1790년부터 지금까지 채식주의 페미니스트 역사를 새롭게 구성한다. 이런 논의는 채식주의의 의미를 육식의 성정치에서 자유롭게 하고 여성의 목소리를 가부장제적 해석에서 자유롭게 해 제우스의 배에서 메티스를 풀어주려는 시도다. 2부에서는 이 시기의 문화 전반을 포괄적으로 분석하지 않고 문학 텍스트를 중심으로 채식주의에 미친 영향을 분석하려 한다. 그러나 이 장의 문학-역사적 분석 방법은 1부에서 소개한 개념인 부재 지시 대상, 고기의 텍스트들, 여성화된 단백질 등을 기초로 한다. 따라서 2부는 이런 질문에서 시작한다. "육식의 성정치에 저항하는 텍스트의 특징은 무엇인가?" 5장 '해체된 텍스트들, 분해된 동물들'에서 다루는 '채식주의 단어 낳기bearing the vegetarian word'라는 개념은 이 질문에 관한 하나의 답변이다. 이런 생각은 여성 저술가들이 쓴 텍스트와 채식주의의 역사가 맺고 있는 관계를 손쉽게 해석하는 데 도움이 된다.

6장 '빅터 프랑켄슈타인이 창조한 채식주의자 괴물'에서 나는 채식주의 단어를 낳은 페미니스트 작가 메리 울스턴크래프트 셸리Mary Wollstonecraft Shelly가 쓴 《프랑켄슈타인Frankenstein》(1818)에 나타난 채식주의의 의미를 탐구한다. 물론 《프랑켄슈타인》을 채식주의자를 위한 '전범典範'으로 축소하려는 의도는 없다. 당연히 이 책은 그렇지 않다. 그러나 이 책 전반에서 찾아볼 수 있는 채식주의의 뉘앙스는 줄거리를 구성할 때 무시할 수 없는 중요한 구실을 한다.

1차 대전 뒤에 출간된, 육식과 남성 지배, 전쟁 사이의 연관성을 다룬 몇몇 여성 작가의 대표 텍스트도 다룬다. 7장의 제목인 '페미니즘, 1차 대전, 현재의 채식주의'는 폴 퍼셀Paul Fussell의 《1차 대전과 근대의 기억The Great War and Modern Memory》(1975)에서 따왔다. 여기서는 1차 대전 시기에 정형화돼 20세기를 거치며 발전한 페미니즘, 채식주의, 평화주의의 황금시대라는 관념을 추적한다.

물론 육식을 비판한 사람이 모두 여성은 아니다. 채식주의를 내거는 텍스트를 읽어보면, 이런 비판 작업에 여성은 거의 관여하지 않은 사실을 금세 알 수 있다. 반면 여성 저술가가 쓴 텍스트를 읽어보면 육식은 전혀 논쟁의 여지가 없어 보인다. 대표적인 역사책들을 봐도 채식주의는 일시적 유행 말고는 아무것도 아니다. 그러나 채식주의 이론이 토대도 없고 중심도 없다는 말은 아니다. 페미니즘 이론처럼 채식주의 이론도 '포괄적'이고 '누적적'이면서 역사의 각 단계마다 선행자들이 남긴 업적과 한계를 '공유'한다고 볼 수 있다(Cook et al. 1984, xxiv). 역사적으로 채식주의자 중에서 많은 수가 페미니스트였다.

20세기 후반 고기 생산의 비약적 발전에 따른 분석을 예외로 하면, 오늘날 우리가 자주 들어 알고 있는 채식주의의 기본 주장은 프랑스 혁명 이후 1790년대에 이미 제기된 내용이다. 채식주의 관련 저술은 똑같은 주제와 이미지를 반복해서 주장하는 자의식이 강한 저항 전통에서 출현한다. 그런데도 이런 저술들은 포괄적이지도 않고 누적적이지도 않으며, 저항 문학의 형태를 띠지도 않았다. 이때 부족한 포괄성은 채식주의의 부적절함을 반영하기보다는 고기에 관한 우리의 문화 담론이 역사적으로 정체돼 있는 현실을 반증한다.

이 책은 그동안 의식하지 못하고 지나친 채식주의의 포괄적이면서 누적적인 성격을 분명히 밝혀내려고 여러 분야에 걸쳐 조사를 진행한다. 나는 채식주의 문학과 역사에서 새롭고 혁신적인 주장을 펼치려 하지는 않는다. 이 책은 단지 그런 역사의 기록일 뿐이다. 그러나 채식주의를 하찮은 요소로 폄하하는 경향은 이런 기록이 무시되는 현실을 반증한다. 사실 음식 선택이라는 점에서 볼 때 채식주의자는 육식인만큼이나 편향된다. 그러나 육식인의 편향이 지배 문화의 승인을 받는 반면 채식주의자의 편향은 아무런 이득이 없다.

여성 억압과 동물 억압이 서로 의존적이라는 기본 주장에서 볼 때, 나는 성차별 문제와 육식의 문제가 서로 결부돼 있다는 사실을 페미니스트들이 인식하지 못하는 현실이 안타깝다. 그러나 한편으로는 도움이 된다. 나는 페미니즘이 육식의 성정치에 긴밀히 연관된 현실을 보여주면서, 동시에 우리 모두 정신적으로 고기의 텍스트들에 포박돼 있다는 사실을 입증한다. 역설적이게도 페미니스트 담론은 이 문제에 관해서는 가부장제적 사고방식을 스스로 재생산한다. 3부 '쌀을 먹는 것이 여성을 믿는 것'에서 나는 채식주의가 여성이 자율적인 존재라는 사실을 보여주는 징표이자 남성 지배와 폭력에 맞선 거부의 신호라고 주장하면서 이런 한계를 밝히려 한다.

페미니즘 이론이 채식주의의 통찰을 통해 보완될 필요가 있듯이, 동물권 이론은 페미니즘의 원칙을 수용해야 한다. 고기는 보이지 않지만 언제나 존재하는 상징, 곧 동물에 관한 가부장제적 통제다. 궁극적으로 자기가 지배 문화와 침묵의 대화를 나누고 있다는 사실을 깨닫는 경험은 여성이 동물 억압을 통찰할 수 있는 전제 조건이다. 페미니스트 사전에 수록된 주요 인물, 곧 아프라 벤Aphra Behn, 메리 울스턴크래프트 셸리, 샬롯 퍼킨스 길먼, 앨리스 워커Alice Walker, 마지 피어시, 오드리 로드Audre Lorde 같은 여성 작가들은 육식의 성정치를 비판하는 책을 썼다. 물론 나는 채식주의와 여성 사이의 연관을 확립하려는 노력이 채식주의가 오직 여성만을 위한 것이라는 주장으로 비춰지기를 바라지 않는다. 앞으로 살펴보겠지만, 여성의 권리를 인정하는 많은 남성이 채식주의를 수용했다. 여성만 육식을 중단하면 된다는 주장은 육식의 성정치를 강화한다. 나는 페미니스트 이론이 논리적으로 인식하지 못하고 간과한 채식주의적 비판, 곧 채식주의가 암묵적으로 가부장제 사회를 향한 저항을 내포하고 있다는 사실에 더 관심이 많다.

루이자 메이 올콧Louisa May Alcott의 아버지인 브론슨 올콧Bronson Alcott은 페미니즘 없는 채식주의가 얼마나 불완전한지를 잘 보여준다. 브론슨 올콧도 가부장제적 태도를 재생산한다. 아버지는 공동체형 농장인 '프루트랜드Fruitlands'로 가족을 데리고 이사했다. 이 농장은 땅에서 나오는 결실에 의지해 살아가고 어떤 동물도 잡아먹거나 농업에 이용하거나 예속하지 않는 삶을 지향하는 희망 공동체였다. 그러나 아버지는 육체노동을 할 마음이 없을 뿐 아니라 자기의 신념을 몸소 실천하기보다는 추상적인 논의에 더 관심이 많은 탓에 '프루트랜드'를 떠나 있을 때가 많았다. 수확기에도 부인과 딸에게 힘든 농사일을 맡겨놓은 채 프루트랜드를 떠나 있었다. 결국 이 유토피아에서 '짐 나르는 짐승들'은 여성의 몫이었다. 동물을 존중하지만 여성을 존중하지 않는 태도는 이론과 실천의 분리나 마찬가지며, 말과 삶의 분리나 다름없다.

우리는 이 세상에 숨어 있는 대부분의 사람들이 기본적으로는 채식주의자라고 주장할 수 있다. 그러나 이 채식주의는 단지 인간과 동물 사이에 어떤 연관 관계가 있다는 시각에서 유래하지는 않았다. 굳이 그렇다고 해도 세상에 숨어 있는 대부분의 사람이 기본적으로 채식주의자라는 주장은 매우 중요하다. 만약 콩과 곡물 식사가 지금까지 세계 인구의 다수가 생계를 유지하는 토대라면, 고기는 본질적이지 않은 음식이 되기 때문이다.* 오늘날 다양한 문화가 채식주의에 의존하고 있다는 사실이 밝혀지면 서구 문화의 고기 중심성을 벗어나는 데 도움이 될 수 있다지만, 오히려 우리의 문화 담론에 가장 큰 위협으로 작용할 수 있는 요소는 고기가 넘쳐나는 육식 문화에 그것 자체로 수용된 채식주의다.

이 책의 주된 관심사는 윤리적 채식주의다. 육식을 다른 동물을 대상으로 하는 부당한 착취로 여기는 윤리적 결정에 따른 채식주의다. 그러나 이런 의식에서 채식주의를 수용한 예는 우리 문화에서 거의 찾아볼 수 없다. 대신에 채식이 건강에 좋다는 믿음은 많은 사람이 남몰래 채식주의를 즐기도록 부추겼다. 이런 채식주의는 동물을 향한 관심하고는 전혀 관련이 없다. 사실 유기체인 고기에 문제의식을 품은 사람은 많지 않다. 나는 윤리적 결심에 따라 채식주의자가 되는 선택이 자기 자신의 건강에 공명한다는 점, 다시 말해 윤리적 이유 때문에 채식주의자가 되더라도 일단 채식주의자만 되면 현대 문명이 불러일으키는 여러 질병, 특히 심장병과 암 발병의 위험을 줄일 수 있다는 사실이 이루 말할 수 없이 기쁘다. 이 문제는 8장 '채식주의 신체에 관한 왜곡'에서 다룬다. 마지막으로 9장 '페미니즘-채식주의 비판 이론을 위하여'에서는 내가 채식주의 탐색 과정으로 설정하는 윤리적 채식주의의 수용 양상을 살펴본다. 채식주의 탐색이란 고기의 무의미성에 관한 고발, 인간이 동물하고 맺는 관계를 둘러싼 명명, 마지막으로 육식과 가부장제 세계를 향한 비판으로 구성된다.

이런 채식주의 탐색에 착수하면서 나 스스로 열렬한 채식주의자가 되지 않았으면 이 책은 세상에 나올 수 없었다. 지배 문화에서 소수자의 의견에 관심을 두는 태도는 매우 바람직하다. 육식인들이 채식주의에 보인 반응의 양상은 육식에 관련된 논의를 이론적 저항으로 제한하는 데 많은 도움이 됐다. 아래에서 출발해 문화적 합의에 접근하는 과정에서 고기에 관한 지배 문화의 태도가 얼마나 공고한지 드러났다. 그리고 이 책을 쓰는 동안 내내 채식주의 말고도 가정 폭력, 반인종주의, 빈곤 퇴치 운동 등에 관여한 경험이 많은 도움이 됐다. 여성의 삶이라는 현실을 배우고 그 실상을 드러내놓고 발언하면서, 나는 우리가 한덩어리로 뭉친 텍스트가 아니라 고기의 텍스트들에 관해 함께 토론해야 한다는 생각을 굳히게 됐다. 육식은 구성적이고, 강제적이고, 경제적인 실체이며, 매우 현실적인 인간의 문제다.

지배 문화의 억압에 맞선 일상적인 투쟁에 관여하면서, 나는 이 주제에 관련된 책을 쓰려던 계획의 중요성을 스스로 경시하고 있다는 사실을 깨달았다. 여전히 많은 사람이 문맹인 시대에, 어떻게 나는 이런 저술 작업에 시간을 투자할 수 있을까? 여전히 많은 사람이 음식이라면 앞뒤 가릴 일 없이 아무것이나 필요로 하는 때에, 어떻게 나는 음식 선택이라는 문제를 주장할 수 있을까? 남성 폭력에 희생된 여성에게 피난처가 필요한 때에, 어떻게 동물을 대상으로 하는 폭력을 논의할 수 있을까? 밀려드는 이런 의문들을 억누르면서 채식주의를 상대적으로 경시하는 고기의 텍스트들에 깊이 파고들었다. 그러나 나는 나 자신을 억누르면서 내가 해체하려 하던 지배적 담론을 승인했다.

육식의 성정치를 고찰하는 작업은 지나간 시대의 일일 수도 있다. 왜냐하면 우리 시대의 다른 절박한 쟁점들에서 외따로 분리될 수 없기 때문이다.

---

* 프랜시스 무어 라페가 한 주장을 예로 들 수 있다. "사실상 모든 전통 사회에서 식사의 목적은 단백질 섭취에 있다. 사람들은 단백질과 에너지의 주된 원천으로 곡물과 콩을 함께 먹었다"(Lappe 1982, 161). 아론 얼트셜은 1965년에 "극동 지역에서는 보통 한 사람이 하루에 단백질 50그램을 섭취하는데, 그중 39그램은 채소류에서 얻는다. 반면 북유럽 사람들의 일일 단백질 섭취량은 평균 95그램으로, 그중 53그램을 육류에서 얻는다"고 주장했다(Altschul 1965, 13). 제인 브로디는 인간의 역사에서 대부분의 인류는 거의 채식 위주 식사를 해왔다는 미국영양학회의 주장을 인용했다(Brody 1981, 438; Barer-Stein 1979).

넬리 맥케이가 쓴 서문

페미니스트는 유머 감각이 없다

어떤 사람 둘이 사막을 건너가고 있었는데, 이삼일이 지났다. 두 사람은 지치고 배고팠다. 프레드가 해리에게 말한다. "너도 알 테지만, 진짜 여자랑 하고 싶어." 그러자 해리가 말한다. "걱정하지 마. 오늘 밤 낙타 행렬이 지나갈 테고, 까짓거 그냥 해치우면 돼." 얼마 뒤 두 사람은 잠이 들고, 먼 곳에서 들리는 딸랑딸랑 방울 소리에 깨어난다. "일어나, 프레드!" 해리가 소리치면서 바지를 입더니 소리가 들리는 곳으로 달려간다. "오고 있다고!" 프레드가 입을 크게 벌린 채 하품을 하면서 묻는다. "뭘 그렇게 서둘러?" 해리가 뒤돌아보며 말한다. "너도 못생긴 낙타랑 하고 싶지는 않지. 그렇지?"

수전 보일은 키스 경험만 없을 뿐이지 전문적인 성매매 여성이다.

230킬로그램(500파운드)짜리 아가씨가 무슨 말을 했을까? 자, 바람둥이 아가씨.

백열전구를 갈아 끼우는 데는 얼마나 많은 동물권 활동가들이 필요할까? 입 닥치고 정신 차려.

—

나는 1980년대와 1980년대의 동물권 운동 속에서 어른이 됐다. 육류 대용품과 두유가 건강식품 판매점의 필수 품목이 되고 시민 4000명이 5번가에서 모피 산업의 동물 학대에 항의하는 시위 행진을 벌인 때였다. 네 살 되던 해에 나와 어머니는 결국 맨해튼 114번가에 자리한 아파트에 둥지를 틀었다. 창문 밖으로 가난의 아름다움과 추함을 볼 수 있었다. 가난한 노파는 길고양이와 비둘기들에게 날마다 먹이를 줬고, 젊은 남자는 밤이 되면 핏불 테리어를 시켜 길고양이를 괴롭혔다. 4학년 때는 화장품 동물 실험부터 푸아그라까지 모든 주제를 다루는 팸플릿을 나눠줬다. 학교 친구들에게 동물 보호 단체 페타People for the Ethical Treatment of Animals · PETA가 발행한 소식지에 나온 그림을 보여줬고, 초등학생 동물권 옹호 동아리를 만들었다(처음에는 반대한 여성 선생님 한 분도 연말에는 6달러 25센트의 회비를 냈다).

어릴 때 봉사 활동으로 벌인 이런 운동은 육식이라는 전통과 육식이 주는 쾌락을 공격하는 시도라고 여겨졌다. 시민에게 더 많은 권력이 부여될수록(이때 거의 만장일치의 육식인 왕국의 일원이 됨으로써), 사람들은 더 대담해져서 문제 의식을 느낀 공격자를 침묵시켜야 한다고 느낀다. 좌파의 아성인 뉴욕에서도 동물권은 진보의 마지막 남은 미개척지다. 그때는 주위의 모든 사람이 마이클 듀카키스 지지 배지를 달고 있었고, 인종 차별 반대 운동에 참여했지만, 채식주의가 인정받는 미래는 여전히 한마디 농담일 뿐이었다.

1982년에 뱃속에 나를 품고 있던 어머니는 영국에서 〈애니멀스 필름The Animals Film〉이라는 다큐멘터리를 봤지만, 아직은 영화로 접한 공포와 육식 위주 식단 사이의 연결 관계를 깨닫지는 못했다. 뉴욕에서 어머니는 구세군이 파는, 피터 싱어Peter Singer가 쓴 《동물 해방Animal Liberation》을 샀지만, 한쪽에 밀어놓고 있었다. 그 책이 자기 삶에 불편한 변화를 요구하리라는 사실을 느낀 때문이었다. 싱어의 책은 일종의 계시였다. 책을 다 읽자마자 어머니는 커피숍에서 우리 아버지를 만났고, 스스로 얻은 통찰을 전달하려 노력하는 한편으로 식당 메뉴판에 적힌 거의 모든 품목이 고통의 산물을 포함하고 있다는 사실을 깨달았다. 우리 아버지가 보인 첫 반응은 고기가 없으면 몇몇 가난한 사람들은 먹을거리를 구하지 못한다는 말이었다. 어머니를 처음 괴롭힌 불안은 참치를 둘러싼 문제였다. 참치는 값싸고, 맛있고, 아마도 영양가가 높다고 여겨지지만, 통조림 캔에는 '돌고래 안전dolphin safe'*이라는 라벨이 인쇄되기 시작했다. 어머니는 참치라는 생명 자체를 생각하지 않을 수 없었다.

네 살 생일날, 어머니는 나를 데리고 뉴욕 대학교 영장류 실험실에 항의하는 행진과 시위에 참가했다. 우리 두 사람이 처음으로 함께한 집회였다. 나는 두개골을 관통하는 나사못에 찔린 채 우리 속에 갇혀 있는 동물들을 찍은 사진을 보고 직접적이고 본능적인 반응을 나타냈다. 제도화된 고문과 동물 학대를 상징하는 이미지였다. 이런 충격은 공장식 축산 농장과 모피 동물 사육장을 본 뒤 내가 드러낸 반응에 투영됐다. 나는 항의 편지에 답장이랍시고 보내오는 겉만 번지르르한 기업 홍보물만큼이나 '농장'이라는 단어를 불신하게 됐다. 부모님이 고기를 끊고 나서 얼마 지나지 않아, 나는 학교 점심시간에 먹는 꺼림칙한 햄버거를 포기하고 채식주의자 대열에 합류했다.

네 살배기가 이해한 세계는 그 뒤 내내 충격으로 다가왔다. 동물 착취는 우리가 이런 잔인함을 정상적이고 이성적이며 일상적인 일로 받아들이게 하는 조건이 됐다. 이런 상황은 여러 성별과 피부색과 계급으로 나뉜 사람들이 연결되고 분리되는 우리 사회의 모든 영역에서 벌어진다. 이 책을 비롯해 다른 여러 책을 보여주면서 어머니는 페미니즘을 소개했고, 여러 형태의 억압 사이

---

* 돌고래가 근처에 없을 때 잡은 참치라는 증명. 참치잡이 그물에 해마다 돌고래 10만 마리가 희생됐는데, 미국 연방법에 따라 이 제도를 시행한 뒤 그 수가 3000마리로 줄었다 — 옮긴이.

를 연결해줬다. 성차별의 '무해함'은 상품화된 살아 있는 존재들, 달리 말해 존재 자체로 충분하지 않고 지배 계급의 변덕에 맞춰 장식되고/전시되고/해체되는 존재들의 문화를 지탱하고 있다. 그 시절을 겪은 뒤 나는 이따금 《육식의 성정치》를 들춰 보는데, 그때마다 이 책이 여전히 중요한 의미를 지니고 있다는 점에, 그리고 이 책이 제기한 막연한 불쾌함이 눈에 띄지 않을 만큼 우리 삶에 깊이 스며들어 있다는 점에 깜짝 놀란다. 나는 어머니가 갖고 있던 책을, 마침 내 이야기를 《뉴욕 타임스 매거진》에 연재하고 있던 랜덤하우스 출판사의 편집장에게 건넸다. 편집장은 어리벙벙한 표정으로 책장을 훌훌 넘기는 모습으로 응답했고, 자기가 쓰는 기사에 적절한 맥락 없이 (제목을 말하지 않으면서) 책 속의 문장을 인용했으며, 그러는 동안 나는 아파트에서 더 많은 사소한 아이템을 구상했다.

2년 뒤, 브로드웨이 연극에 출연한 나는 (연기에서 드러나는) 과장된 여성 혐오와 (의상에서 드러나는) 동물 학대에 흠뻑 젖은 작품에 휩쓸린 나 자신을 발견했다. 나를 포함한 몇몇 출연진은 모피, 가죽, 깃털을 사용하는 문제와 반여성적 성격 묘사에 이의를 제기했다. 작가와 스타 배우들의 지지를 받은 연출가는 '대립을 불러오는' 이런 비판에 격분하더니 '이 연극에 정치를 끼워 넣고' 있다며 우리를 비난했다. 연극은 베르톨트 브레히트Bertolt Brecht의 작품이었다. 결국 내가 할 수 있는 정도에서 종 차별speciesism을 걷어냈다. 그렇지만 말없는 타협이었고, 여성 혐오는 그대로 남았다. 둘 다 우세한 가치일 수는 없는 탓에 이런저런 대의들 사이에서 선택을 강요받는 공통된 딜레마였다.

동물권과 페미니즘에 맞선 이런 저항, 아마도 '진보liberal' 진영에 속하는 지식인과 예술가들 사이에서 나온 반응에 나는 당황했다. 나는 재활용은 절대 안 하고 채식주의자를 위한 대안은 전혀 배려하지 않는 영화 세트장과 스튜디오에서 일하고 있었다. 전지구적 온난화에서 장애 노동자까지 육류 생산 기반의 파괴가 불러올 사태에 관해 확실히 안다고 말하는 환경주의자와 빈곤층의 대변자는 농담 삼아 내 눈앞에서 고깃조각을 흔들어댔다. 토지 임차인의 처지를 대변하는 사람들은 앞뒤 안 가리는 돌직구 채식주의를 간디식 겸양을 결여한 '엘리트주의'라며 멀리했다. 그렇지만 간디는 생애에서 몇 십 년 동안 채식주의자였다. 동물권 활동가의 압도적 다수는 여성이다. 그렇지만 남성도 외부 세계에 맞서서 운동의 전면에 나서는 사례가 점점 더 많아지고 있으며, 내부에서 진행되는 의사 결정 과정을 지배하는 사례도 늘어나는 중이다.

먼저 시작된 대중운동은 동물권 운동 같은 흐름을 필연적으로 만들어냈다. 민권 운동은 그 뒤를 따라 시작된 반전의 열기를 지원하는 구조를 형성했고, 이 흐름에 참여한 많은 여성은 타인의 권리를 옹호하는 운동의 하부 성원으로 일하는 한편 운동의 방향을 자기의 이해관계를 관철하는 투쟁 쪽으로 자연스럽게 이끌었다. 가부장제와 착취는 동의어이고, 동물과 환경 사이의 관계가 그러하듯 일반적으로 인정된 착취 형태는 존재하지 않는다.

여성의 부차적 지위와 육식은 모두 아주 개인적인 쟁점이다. 앞서 말한 대로 여성은 여러 피억압자 중에서 자기를 억압하는 압제자하고 전체적으로 밀접한 관계를 유지한 채 살아가는 유일한 존재다. 모든 존재들은 음식하고 밀접하게 살아간다. 그리고 폭발적으로 늘어난 다이어트 산업과 비만 유행병이 어떤 징후라면, 지금 인간은 심리적으로 음식에 이전보다 더 의존적인 상태다. 동물 해방이 고기, 우유, 달걀하고 우리 자신의 분리에 의존하기 때문에, 그리고 음식이 유일하지는 않더라도 주요한 감정적 지지물로 계속 남아 있을 테니, 동물권 운동은 거대하고 폭력적인 반발에 직면하게 된다.

페미니즘은 너무 주변화되고, 악마화되고, 조롱당하고, 무시당하는 탓에 사회를 그 핵심에서 뒤흔들지 못한다. 향수는 영혼을 위로하는 '집밥'이다. 그런 기억을 포기하고 모든 인간과 모든 동물을 포함해 역사를 다시 쓰는 작업은 그동안 대중에게 익숙해진 원형(강한 아버지, 조력자 어머니, 영웅적인 기사, 상처받기 쉬운 아가씨)을 부정하는 과정이다. 육식이 그렇듯 여성이 맡는 부차적인 구실은 찬미되고, 결점보다 이점이 더욱더 격찬받는다. 광택지로 만든 잡지를 읽는 일은 달콤한 사탕을 먹어 치우는 짓이나 마찬가지다. 화려하게 치장하는 데 시간을 들이는 행위는 궁극적인 즐거움이다. 급성장하는 청소년기에 불편하게 느껴지던 주위의 시선은 얼마 뒤 여성들에게 없어서는 안 되는 요소로 뒤바뀐다. 여성은 자기를 짓누르는 억압에 공모하게 된다. 권력은 제한된 시간 동안에 겉으로 드러나는 아름다움과 성적 유혹을 통해 획득될 수 있다. 날랜 솜씨는 비백인과 동물을 정복하는 데 적용될 때 더 뚜렷해진다. 행복한 엄마부터 웃음 짓는 육계 암탉까지 폭력의 최종 목표가 되는 대상은, 자기가 마땅히 해야 하는 기능으로 인식된 의무를 이행하는 과정을 기쁘게 받아들이는 존재로 여러 세기에 걸쳐서 그려져왔다.

민권 운동이 폭넓게 받아들여지고 영예를 누리는 동안, 여성과 동물은 역사적 부재와 현대에 겪는 기각 때문에 고통받는다. 착취가 아주 깊게 뿌리박혀 있어서, (사회 속에서 나이든 여성의 비가시성부터 놀리는 말로 '돼지'를 쓰는 관행까지) 우리 자신/그 존재를 바라보는 우리의 관점을 왜곡한 끝없는 경시는 눈에 띄지 않는다. 마틴 루서 킹은 연방 지정 기념일이 있다. 여성 참정권과 노예제 폐지를 주장한 수전 비 앤서니를 새긴 주화는 1999년에 제작을 중단했다. 유튜브 빠른 검색은 비과학적이지만 교훈적이다. '시민권'을 찾으면 1960년대에 벌어진 여러 운동에 바치는 찬사가 화면을 채우는 반면, '페미니즘'을 검색하면 방송 진행자 빌 마어Bill Maher와 코미디언 알리 지Ali G., 그리고 평등에 관한 자기만의 생각을 쏟아내는 '거리의 남자들'이 윗자리를 차지한다. ('여성의 권리'는 이슬람의 여성 혐오를 비판하는 높은 지적 수준을 떠올리게 하지만, 처음 뜨는 동영상은 1899년에 여성 참정권 운동가들이 자기 치마를 벽에 못박는 짧은 장면이다.) '동물권'이라는 단어를 찾으면 코미디 촌극을 왕창 볼 수 있다. 비폭력 개념을 향해 처음 드러내는 반응으로 조롱과 분노가 등장하고, 그런 분위기는 계속 이어진다. 사회적으로는, 특히 동물 사례에서 사람들이 이의를 제기하기를 바라는 문제가 고문과 살해라는 점을 고려하면, 공감하는 동료를 아주 격분한 사람으로 달리 바라보는 일은 이상하게 여겨지는 듯하다. 마찬가지로 반페미니즘은 상상력의 고갈 때문에 자라난다. 손쉬운 해결책이란 없고, 평등이 아주 많은 문제를 제기하는 탓이다. 사람들은 페미니즘을 기각하고는, 임금 평등을 동성 화장실 사용 문제하고 한덩어리로 만든 뒤 주제를 바꿔버린다.

동물권과 페미니즘은 모두 먼 미래의 목적지를 향해 나아가는 붙박이 불침번을 필요로 한다. 만약 두 경우에서 모두 억압의 근원과 목적지가 지배라면, 견실한 행동주의자들은 모든 형태의 무정형 착취에 맞서 싸워야만 한다. 작가 카슨 매컬러스Carson McCullers의 말을 빌리면, 우리가 만진 모든 것은 다른 존재들이 겪은 고통의 결과다.

당신이 들고 있는 이 책은 여성의(인간의) 착취와 동물 사이의 연결 관계를 폭로한다. 처음 출간된 때처럼 지금도 이 책은 선구적인 문제를 제기한다. 캐럴 애덤스는 제도화된 폭력을 받아들이는 우리 삶의 핵심에 다다른다. 동물 학대를 지탱하는 시스템과 그 시스템을 먹여 살리는 논리적 근거 말이다.

감사의 말

이 책을 쓰면서 많은 사람의 도움을 받았다. 이 사람들은 내가 품은 기본적인 생각을 발전시킬 수 있게 용기를 불어넣었으며, 육식의 성정치가 지닌 본질을 연구하는 데도 많은 도움을 줬다. 1974년 페미니스트-채식주의자인 룸메이트를 위해 케임브리지 여성센터를 소개하고 나를 추천해준 캐서린 에이브릴과 매리 슈 헤니핀에게 감사한다. 이 센터가 이 모든 일의 출발점이었다. 나를 만나 페미니즘에 관해 대화를 나누면서 채식주의를 소개한 메리 안 부어, 이 주제에 관련해 처음으로 과제물을 쓸 수 있게 허락한 메리 데일리, 역사 공부를 처음 시작할 때 용기를 준 캐럴 스미스-로젠버그에게 감사한다.

내가 페미니즘과 채식주의에 관해 처음으로 책을 쓴 때가 1976년이다. 《음식 콤플렉스》라는 그 책이 페미니즘과 채식주의의 연관을 입증하기는 해도 불완전하다고 생각해서 출간을 꺼리기도 했다. 《베지테리언 타임스Vegetarian Times》, 《계간 아마존》의 로렐과 지나, 《우먼 스피릿Woman Spirit》의 진 마운틴그로브와 루스 마운틴그로브, 초기 저술을 실은 《제2의 물결 — 새로운 페미니즘 매거진The second wave: a magazine of the new feminism》의 여성 저술가 전집, 이 책을 《우리 몸, 우리 자신》에서 필독서로 선정한 '보스턴 여성 건강서 공동체'에 감사한다. 그때 연극에 푹 빠져 살던 제인 애덤스에게도 감사한다.

특히 내 생각에 활력을 주고 촉매제가 된 《크리티컬 매트릭스 — 프린스턴 여성학 연구 논문집Critical Matrix: Princeton Working Papers in Women's Studies》을 편집한 캐럴 바라시에게 감사한다. 그 덕에 내 페미니즘-채식주의 이론이 구체화될 수 있었다. 수전 스콰이어, 헬렌 쿠퍼, 아드리엔 뮤니치, 《무기와 여성Arms and the Woman》의 편집자들이 보내준 변함없는 성원에 감사를 전한다. 편집자들의 도전 정신은 생각을 다시 가다듬는 자극제가 됐다. 무크지 《이단들Heresies》의 아비스 랑은 이 책의 기본적인 논의 틀을 짜는 과정을 도왔다. 테리사 코리건과 스테파니 호프는 동물권 옹호의 역사에 관해 내가 무엇을 쓸 수 있는지에 관심을 보였다. 8장 '채식주의 신체에 관한 왜곡'은 이 질문에 답하는 과정에서 구체화됐다. 9장 '페미니즘-채식주의 비판 이론을 위하여'에서 다루는 주제는 클레이스 출판사에서 출간한 선집 《그리고 사슴의 귀, 독수리의 노래, 곰의 품위 — 동물들과 여성들 사이의 관계(2권)And a Deer's Ear, Eagle's Song and Bear's Grace: Relationships between Animals and Women(A Second Collection)》에 실은 내용을 수정했다. 유용한 질문을 제기하고 책 작업을 지원한 출판사 관계자들에게 감사한다.

이 책을 쓰는 동안 내 생각을 지지하고 이끌어주고 정신적 지원을 아끼지 않은 부모님과 친구들에게 감사한다. 특히 앞서 말한 두 친구 에이브릴과 헤니핀을 비롯해 마리 포춘, 낸시 프라이와 머브 프라이, 첼리스 글렌디닝, 수지 팍스 그리숌, 메리 헌트, 다이앤 밀러, 켄 리클리, 비나 로빈슨과 데이브 로빈슨, 낸시 투아나, 멜린다 바다스, 앤 벨리언트, 캐시 웰러, 코네티컷 주 브리지포트 페리스 가 85번지에서 채식 전문 식당을 운영하며 페미니즘-채식주의 이론을 실천하고 있는 블러드루트 공동체의 회원들에게 감사한다.

이 책을 읽고 의미 있는 논평을 해준 모린 프라이스, 다이애나 흄 조지, 더들리 길, 수잔 캐플러, 리즈 켈리, 짐 메이슨, 로즈 스보우이언, 더그 셰퍼드에게 감사한다. 이 주제에 관한 연구에 애정을 가져준 게리 포머란츠에게도 심심한 사의를 표한다. 존 오스왈드에 관한 정보를 준 데이비드 어드먼에게도 감사한다. 짐 할라, 폴라 수 헤이예스, 제인 릴리언펠드, 카렌 린지, 세세 퀸란, 수잔 슈바익, 마조리 프록터-스미스, 좋은 참고 서적들을 찾아준 케임브리지 뉴워드 서점의 여성 직원들에게도 감사한다. 농장동물 개혁운동Farm Animal Reform Movement · FARM을 꾸리면서 도살되는 동물 관련 통계를 내는 알렉스 허셰프트, 에이진스 라이언에 관한 내 연구에 격려를 아끼지 않는 고 헨리 베일리 스티븐스, 선구적인 연구 업적을 열람하게 해준 코니 살라몬, 크로스로드/컨티넘 여성학 상Crossroad/Continuum Women's Studies Award에 관한 정보를 알려준 조세핀 도노번, 크로스로드/컨티넘 여성학 상 자문위원회 위원인 캐럴 허드 그린과 엘리자베스 레트샤픈, 동물에 관련된 상투적 언어를 비판한 내게 호의를 보인 부르스 케시데이, 이 책의 편집을 맡은 에반더 롬케에게 감사한다.

이 책을 쓰는 동안 내내 매사추세츠 주 케임브리지, 뉴욕 주 던커크와 프레도니아, 텍사스 주 댈러스 등에 있는 여성 공동체에서 많은 도움을 받았다. 이 도시들을 비롯해 다른 여러 도시의 도서관들 덕에 페미니즘-채식주의 이론을 풍부하게 한 많은 역사 자료를 참고할 수 있었다. 특히 슐레징어 여성사 도서관, 대영 도서관, 뉴욕 공립 도서관, 텍사스 주립대학교 오스틴 캠퍼스의 해리 랜섬 인문학 연구센터, 댈러스 공립 도서관의 담당 직원에게 감사한다. 뉴욕 주립대학교 프레도니아 캠퍼스, 댈러스 공립 도서관, 리처드슨 공립 도서관 사이의 도서관 상호 대차 담당자는 대출자가 해야 할 수고를 덜어줬고, 내가 잘 알지 못하는 최신 저술뿐 아니라 소장하고 있는 18세기 문헌도 소개했다. 이 자리를 빌려 감사드린다.

이 책을 쓰는 데 필요한 재정을 지원한 문화와 동물 재단The Culture and Animals Foundation · CAF과 뒤르피 재단Durfee Foundation에 감사한다. 책을 쓰는 동안 나는 이 두 곳에 많은 빚을 졌다. 문화와 동물 재단을 통해 재정을 지원받을 수 있게 도운 이 재단의 톰 리건과 낸시 리건에게 감사한다. 뒤르피 재단이 준 뒤르피 상에는 상금도 따라왔는데, 그 돈으로 책 쓰는 데 필요한 컴퓨터를 샀다.

이 책을 교정보느라 시간이 없을 때 아서 뷰캐넌과 버지니아 뷰캐넌, 낸시 헤이예스가 육아에 많은 도움을 줬다. 멜린다 바다스와 캐시 웰러는 표지에 쓴 이미지를 찾는 일을 도왔고, 도로시 티어는 자기가 가지고 있는 슬라이드 자료에서 표지 이미지를 찾아줬다. 또한 포르노그래피에 반대하는 페미니스트 네트워크, 특히 포르노그래피 어웨어니스Pornography Awareness, Inc., 포르노그래피에 반대하는 여성들Women Against Pornography, 미디어 폭력에 반대하는 여성들Women Against Violence in the Media, 여성 폭력에 반대하는 여성들Women Against Violence Against Women에게도 감사한다. 이 단체를 통해 '게으른 소의 버릇을 버려라Break the Dull Beef Habit'라는 슬로건이 적힌 '캐틀 퀸Cattle Queen'이라고 불리는 비치 타월에 담긴 상징적 의미를 깨달을 수 있었다. 그리고 대중문화에 스며든 탓에 쉽게 접근하기 어려운 여성 혐오 이미지들을 이해할 수 있었다.

이 책이 내놓는 화두를 하나 꼽자면, 이런 연구를 할 수 있는 가능성이 무궁무진하다는 점이겠다. 나는 여기에 담긴 논의를 페미니즘-채식주의 담론에 관여하면서 갖게 된 초기 문제의식을 입증하는 데 한정했다. 그렇지 않았으면 조지 엘리엇George Elliot이 쓴 소설 《미들마치Middlemarch》(1873)에 등장하는 성직자 에드워드 카소본처럼, 육식의 가부장제적 의미에 관련된 핵심 주장들은 기성 사례에 따라붙는 주석 더미에 지나지 않았을 듯하다. 어떤 측면에서 보면 완성된 생산물일 수 있지만, 오히려 나는 이 책이 지배 문화에 도전하는 분석 과정의 일부라고 생각한다. 여기서 소홀히 다루거나 그저 부분적으로 건드리고, 아마도 부당하게 비약시킨 문제들은 다음에 제대로 살필 기회가 있겠다.

마지막으로 이 주제에 관해 생각하고 책을 쓸 수 있게 시간과 공간을 내어 준 친구 브루스 뷰캐넌이, 그리고 다음 세대는 반드시 육식의 성정치를 거부할 수 있다는 희망을 심어주는 다섯 살배기 더글러스 뷰캐넌이 고맙다.

—

10년이 지난 지금, 여전히 우리는 그 연관성을 구성하려고, 변화의 주체가 되려고 투쟁한다. 내 글쓰기와 내 삶을 지지해준 사람들에게 헤아릴 수 없이 감사한다. 그리고 지난 10년 동안 글을 쓸 수 있게 많은 화젯거리와 관련 사례를 보내준 모든 사람에게 감사한다. 나를 자기가 속한 대학에 초청해 작업할 수 있게 돕고, 육식의 성정치에 관해 대화하는 학생들을 만날 기회를 준 분들에게 정말 감사하게 생각한다. 더 따듯한 사회를 만들고 싶어서 일하는 활동가와 사상가들이 모인 확대된 네트워크의 구성원이 돼 기쁘다. 그 사람들은 정말 고무적이다! 《육식의 성정치》 10주년 기념판을 준비하면서 여러 사람의 도움을 받았다. 마리 포춘, 메리 헌트, 팻 데이비스, 바티야 바우먼, 마틴 로우, 킴 스톨우드, 데비 탠저, 트리샤 램 포어스타인, 에반더 롬케에게 감사한다. 매년 도살되는 지상 동물의 통계에 관해서는 농장동물 개혁운동에 여전히 감사하고 있다. 매년 도살되는 해상 동물의 통계에 관해서는 돈 카를 비롯해 동물 보호 단체 페타에 소속된 연구자들에게 감사한다. 케네스 라이클리의 삶에 감사하고, 믿음직스러운 친구인 브루스 뷰캐넌에게도 감사한다. 뷰캐넌은 어려운 상황에 놓여 있었지만, 이 책을 쓰는 과정에서 시간과 공간에 더해 세심한 배려를 베풀었다. 그리고 여전히 희망을 주는, 이제 열다섯 살이 된 더글러스 뷰캐넌과 열 살이 된 벤저민에게 감사한다.

—

20년이 흘렀고, 우리는 여전히 억압에 저항하고 있다. 그동안 내 책을 지지한 모든 채식 관련 기업과 단체에 감사한다. 특히 채식주의자를 위한 신발을 만드는 무슈즈MooShoes, 스위트 앤드 사라Sweet and Sara, 《베지뉴스VegNews》, 비건 월드 래디오Vegan World Radio, 판게아Pangea, 비건 에센셜스Vegan Essentials, 미국완전채식인협회American Vegan Society, 북아메리카채식인협회North American Vegetarian Society, 토론토채식인연합Toronto Vegetarian Association, 스파이럴 디너Spiral Diner에 감사한다. 페미니스트, 채식 블로거, 활동가에게 감사한다. 그런 이들 덕에 여성을 모욕하는 이미지들이 있다는 사실을 알게 되고 연대가 형성됐으며, 여러 대학의 대학생 활동가와 교수를 만날 수 있었다.

20주년 기념판에 서문을 써준 일, 그리고 이 세계에 태어나 한 모든 일을 떠올리며 넬리 맥케이에게 커다란 포옹과 무한한 감사를 전한다. 그리고 넬리의 어머니와 자매인 로빈에게도 포옹을 보낸다. 20주년 기념판 서문을 쓰는 데 도움을 준 팻 데이비스, 조세핀 도노번, 멜린다 폭스, 매튜 칼라코, 마틴 로우에게 감사한다. 20주년 기념판 출간을 진행한 컨티넘 출판사의 편집장 데이비드 바커에게 감사한다. 《육식의 성정치》에 관심을 가져준 영화 제작자 타미 윌슨과 제니퍼 애보트에게 고마움을 전한다.

내 책에 계속 도움을 준 메리 피넬리, 바티야 바우먼, 에반더 롬케, 메리 헌트, 마리 포춘, 메리 맥스, 낸시 애덤스와 제인 애덤스에게 감사한다. 캐서린 맥키넌, 톰 타일러, 존 저미어, 존 산본마쓰, 캣 클라인, 킴 스톨우드, 로빈 모건, 폴 왈도우, 리사 이셔우드, 로즈마리 래드포드 류터 등의 관여에 감사한다. 그리고 10주년 기념판이 출간된 뒤 내게 이미지와 참고 자료를 보내준 많은 사람들에게 감사한다. 명단은 다음 같다. 리즈 애보트, 톰 에이브럼, 카를라 아네시, 재러드 앨라웨이, 마이클 앵거스, 신티아 안셀모, 니컬러스 애트우드, 제니 아즈만, 줄리안 백커, 알렉산드라 배스, 메간 비비, 에디타 빈크란트, 다이애나 블레인, 라이언 블로젯, 재니스 블루, 패티 브레이트만, 패트릭 브라운, 크리스틴 벌리지, 콜린 바이어스, 그레고리 칼린, 주디 카르멘, 앤서니 카, 사라 캐리어, 앤절라 카터, 애벌론 카튜, 제인 캐트밀, 리즈 치아렐로, 봅 코러시, 리디아 코머, 캐서린 쿡, 마지 크레머, 카렌 데이비스, 카렌 돈, 데이비드 델 프린시페,

켈리 코일 디노르차, 디버리 돌먼, 아네트 덩클먼, 데이브 이튼, 섀넌 엘리엇, 앤디 엘리스, 마거릿 엔드, 캐스 엔스, 앨리슨 이젤, 다이앤 파세타, 조 파솔로, 베스 피테니, 데저리 폰테노, 레슬리 폭스, 제리 프리드먼, 잭 펄롱, 그레타 가드, 에밀리 가더, 스테이시 골드버거, 마이클 그레거, 제프 그린, 조너선 그린델, 아미 햄린, 엘리자베스 하트먼, 조지프 하인스-워딩턴, 새러 헥트, 모리안 헨더슨, 데니스 홀랜바흐, 레슬리 홈스, 카렌 호프먼, 카렌 헐리, 아비탈 아이삭스, 니스타 자잘, 매튜 진스, 패트리스 존스 , 에린 이 아미 카이파이넨, 캐럴라인 케인, 애닐 칸지, 에리카 켈리, 린다 켈슨, 리사 케머러, 제이슨 케톨라, 애나 라페, 에리카 라슨, 르네 로존, 줄리아 레버이, 노아 루이스, 매튜 리브먼, 도나 리토위츠, 브루스 로드, 제인 로더, 브라이언 루크, 실러 마하데반, 랜디 맬러머드, 리처드 마시, 데이브 매크러클린, 매튜 멜닉, 새러 맹, 캐서린 모랄레스, 앨런 먼로우, 파스칼 머피, 뎁 머레이, 비키 머레이, 에이미 타프 닐런드, 벤저민 팔머, 피터 피어슨, 에밀리 페페, 벤저민 퍼스키, 존 필립스, 에릭 표트롭스키, 레베카 피트먼, 바스카 라만, 조애나 랜다조, 매거릿 리건, 파멜라 라이스, 새러 수 로버츠, 비나 로빈슨, 로렌 로빈슨, 팻 리츠, 캐럴린 소여, 카롤 쉐르봄, 주디스 쉬바웃, 민디 슈나이더, 나오미 쇼엔봄, 존 시박, 리사 샤피로, 폴 샤피로, 린제이 스파, 앨리슨 스탠리, 아이린 스타크, 캐서린 스튜어트, 셰릴 스티벨, 카릴 스벤센, 데비 탠저, 캐슬린 트레이시, 호세 바예, 제이슨 반 글라스, 스티븐 웰스, 메이슨 와이즈, 낸시 윌리엄스, 드루 윌슨, 타미 윌슨, 모니 워웨리스, 로렐 자스트로, 티타 지러.

여전히 든든하고, 언제나 앞으로 나아가고, 늘 버팀목이 돼주는 브루스에게 감사한다. 스물다섯 살이 된 더글러스, 그리고 이 책에 담긴 생각들을 계속 발전시킬 수 있게 도움을 주고 훌륭한 채식 조리사까지 된 스무 살 청년 벤저민 덕에 내 바람이 실현됐다.

25주년 기념판 감사의 말

블룸스버리 출판사의 데이비드 아비탈, 데이비드 바커, 마크 리처드슨, 이안 벅에게 감사한다. 세 사람은 '블룸스버리 레벨레이션스Revelations 시리즈'에 《육식의 성정치》를 집어넣고, 육식의 성정치를 보여주는 최근 사례를 담은 새로운 후기를 쓰는 일을 도왔다. 그이들하고 함께 일한 시간은 즐거웠다.

또한 블룸스버리 출판사 미국 지역본부의 출판국장 케빈 오헤가 해준 끊임없는 지원에, 그리고 블룸스버리 아카데믹의 저작권 담당자인 엘리자베스 화이트가 나를 위해 한 일에 고마움을 전하고 싶다. 에반더 롬케, 진 골로글리, 마틴 로우에게 감사한다. 그전에 컨티넘 출판사에서 일하다가 지금은 랜턴 북스에서 일하는 세 사람은 사반세기 동안 이 보잘것없는 저자에게 사려 깊고 충실한 도움을 줬다. 이런 모든 도움이 모여 차이를 만들어냈다! 결정적 순간에는 조-앤 맥아서가 중요한 통찰을 보여줬다.

나는 도저히 믿을 수 없을 만큼 운 좋은 저자다. 독자들은 이 책을 환영했을 뿐 아니라 이 책에 담긴 주제를 확증해주는 이미지와 뉴스에 관해서 나하고 함께 토론하기 시작했다. 25년 동안 공동체에 몸담으면서 나는 서로 연관된 억압과 해방을 위한 노력을 인식하는 도움을 받았다. 채식을 하는 주방장과 조리사 덕에 믿을 수 없을 만큼 다양한 전세계의 채식 음식을 먹어본 경험은 채식 케이크에 광채를 더하려 입힌 설탕옷이나 마찬가지다. 활동가로서 우리는 동물 성분을 쓰지 않는animal-free 음식 조리가 주는 즐거움을 찾아내고 함께 나눴다. 이런 영양 상태와 음식물은 과소평가될 수 없다.

너무 빨리 우리 앞에서 사라진 설리 윌키스-존슨과 마티 킬을 기억한다. 공동 저자이자 공동 편집자인 패티 브레이트만, 버지니아 메시나, 마리 포춘, 조세핀 도노번, 로리 그루엔은 지난 25년 동안 내 생각의 틀을 잡는 데 도움을 줬다. 책을 쓰는 과정에서 그이들이 건넨 교양과 자매애에 신세를 많이 졌다.

지금 여기에서 육식의 성정치를 보여주는 국제적인 사례를 모아 이메일을 보내고, 트윗을 날리고, 페이스북에 포스트를 남긴 여러 사람에게 감사한다. 절로 한숨이 난다. 새로 덧붙인 후기에 쓴 이미지를 제공한 사진가와 단체에 감사한다. 리처드슨 공립 도서관의 담당자들은 정보와 책을 찾아달라는 내(종종 조급해하고 언제나 간절한) 요구를 여전히 끈기 있게 지원한다. 부디 신의 가호가 있기를!

내 아이들, 더글러스와 배우자인 켈리, 그리고 (《육식의 성정치》 초판이 나온 해에 태어나 이제 사반세기를 살아가는) 벤저민에게 한마디만 하고 싶다. 나는 너희들의 페미니스트-채식주의자 엄마가 된 일이 무척 감사하단다. 그리고 내 행동주의와 글쓰기를 여러가지로 늘 도와준 브루스. 당신 덕에 이 일들을 할 수 있었어요.

마지막으로 나는 바로 당신, 지난 사반세기 동안 증쇄를 찍을 수 있게 해준 이 책을 읽은 독자에게 감사하고 싶다. 우리는 그런 공감을 배워 익힐 수 있다는 사실을 안다. 공감은 당연히 전염성이 있으리라! 페미니즘-채식주의 이론과 실천은 당연히 화려하게 피어나리라!

1부

고기의 가부장제 텍스트들

팔려고 내놓은 것은 항상 특수 품목이거나 한정 품목이어야 한다.

잘못된 질문: "뭐 따로 찾는 게 있어요?"
그저 그런 질문: "아침 찬거리 사시려고요?"
가장 좋은 질문: "스미스 부인, 이 햄이 맛있습니다. 아침 찬거리로 그만이죠."

여자의 얼굴을 한번 보고 시큰둥하게 말한다.
"내일 아침 찬거리라면 100퍼센트 살코기로 만든 이 소시지가 제격입니다."

팔려는 품목에 여자의 흥미와 관심을 끌고, 아침 식사에는 반드시 고기가 필요하다는 점을 넌지시 내비치는 방식이다.
— 로버트 힌먼과 로버트 해리스, 《고기 이야기The Story of Meat》

수녀원장은 프랑스 정육 시장에 고기를 납품하는 모든 업자에게 갈고리를 나눠준다.* 원장은 비용이 많이 들더라도 시장에서 사온 고기를 갈고리에 오래 걸어두지 못하게 한다. 물론 그렇게 해도 고기가 상하는 일은 어쩔 수 없다. 당신은 기호에 따라 언제라도 음식을 할 수 있게 준비된 고기를 살 수도 있다. 그러면 조리하느라 고기를 따로 손질할 필요가 없다. 재료를 직접 준비하는 쪽이 당신의 기호에 맞으면 신도들을 위해 어린 양을 잡거나 양고기를 손수 손질할 수 있어야 하는데, 당신의 기호를 맞출 첫째 조건이 바로 이것이기 때문에 언제든 양을 잡을 준비를 갖추고 있어야 한다. 어떤 양은 잘 조리하면 숫처녀**처럼 보일 수 있고, 어떤 양은 멋진 아가씨로 조리할 수도 있으며, 특별 주문에 맞춰 내놓을 수도 있다. 그러나 결코 두 번 내놓는 실수를 하면 안 된다. 물론 상한 고기, 말파리 유충, 비저병, 소가 걸리는 다른 질병은 신도들에게 절대 비밀이다.
— 19세기 매음굴 안내서 《쾌락을 아는 남자의 작은 책The Man of Pleasure's Pocketbook》

---

* 매음굴에서 벌어지는 일을 비유적으로 표현한 구절. 수녀원장은 성매매 여성 또는 포주를, 정육 시장은 성매매 시장을, 고기는 성매매 여성을, 갈고리는 성매매 여성 매매 증서를 뜻한다 — 옮긴이.

** 12세 이하의 소녀. 빅토리아 시대에는 어린 소녀를 상대로 하는 성교를 금지했지만, 병에 걸리지 않을 가능성이 높다는 이유로 선호됐다 — 옮긴이.

육식의 성정치

인류 초기에 남자들과 여자들은 따로 떨어져 살았다. 남자는 주로 동물을 사냥했고, 여자는 주로 식물을 채집하거나 열매를 주워 모았다. 다섯 남자가 있었다. 어느 날 다섯 남자 모두 사냥을 나갔고, 부주의한 존재들이라 불을 꺼트리고 말았다. 반면 주의깊고 질서정연한 여자들은 불이 꺼지지 않게 늘 조심했다. 영양을 사냥했지만 불을 꺼트린 남자들은 고기를 구워 먹을 수단이 없어 혈안이었다. 남자 한 명이 불을 찾아 나섰고, 산과 강을 건너 낟알을 줍고 있던 한 여자를 만났다. 불씨를 약간 얻을 수 있냐고 묻자, 여자는 그 남자를 여자들이 사는 곳으로 데려갔다. 여자가 말했다. "배고프지. 곡물을 빻아 밥을 해야 하니까 잠깐만 기다려." 여자가 죽을 내놓았다. 다 먹고 난 뒤 남자가 말했다. "맛있군. 그래서 말인데 당신들이랑 같이 살면 안 될까." 뒤에 남겨진 남자들은 떠난 남자가 돌아오기를 기다렸고, 걱정도 했다. 영양은 잡아왔지만, 구워 먹을 불이 없었다. 이번에는 둘째 남자가 불을 찾아 나섰다. 그러나 둘째 남자도 여자가 만든 죽을 먹고는 여자들이 사는 곳에 머물기로 했다. 셋째 남자도 마찬가지였다. 남은 두 남자는 두려웠다. 동무들에게 뭔가 무서운 일이 벌어졌다고 의심했다. 넷째 남자가 잔뜩 겁을 집어 먹고 불을 찾아 나섰다. 그렇지만 그 남자도 돌아오지 않았다. 마지막 남자는 너무 두려웠고, 이미 영양은 상해버렸다. 마지막 남자는 활과 화살을 들고 앞선 네 남자하고는 정반대 방향으로 줄달음쳤다.

— 부시맨의 신화에서

대영 도서관에서 1890년대 몇몇 여성이 진행한 페미니스트 연구와 고기 없는 식사를 지지한 노동 계급 신문을 뒤진 시간을 뒤로한 채, 나는 가까운 레스토랑의 카페테리아에 갔다. 채소로 만든 음식을 받아들고 1층으로 내려왔다. 한쪽 벽면에 걸려 있는 헨리 8세의 초상화가 눈에 확 들어왔다. 헨리 8세는 소고기, 송아지 콩팥, 감자 등으로 만든 스테이크 앤드 키드니 파이를 먹고 있었다. 다른 벽에는 헨리 8세의 여섯 부인과 다른 여성들의 초상화가 걸려 있었다. 그런데 여섯 부인은 스테이크 앤드 키드니 파이는 물론 고기로 만든 음식은 아무것도 먹지 않고 있었다. 첫째 부인인 아라곤의 캐서린은 손에 사과 하나를 쥐고 있었다. 마 백작 부인은 순무를, 둘째 부인 앤 볼린은 포도를, 셋째 부인 클리브스의 앤은 배를, 넷째 부인 제인 세이무어는 청포도를, 다섯째 부인 캐서린 하워드는 당근을, 여섯째 부인 캐서린 파는 양배추를 쥐고 있었다.

고기는 늘 권력을 쥔 자가 먹었다. 유럽의 귀족 사회는 온갖 고기로 가득찬 음식을 소비한 반면 노동자들은 합성 탄수화물을 소비했다. 식습관은 계급 구분을 명확히 해주며 가부장제에 기초한 구분도 확실히 한다. 2류 시민인 여성이 먹는 음식, 그러니까 채소, 과일, 곡식 등은 가부장제 문화에서 2류 식품으로 여겨진다. 육식에서 드러나는 성차별은 형식은 다르지만 계급 차별로 되풀이된다. 고기는 남자의 음식이고 육식은 남성적 행동이라는 신화가 모든 계급에 스며들어 있다.

남성 정체성과 육식

육식 사회에서 남성은 그 사회의 음식을 선택하는 과정을 거치면서 정체성을 확보하며, 고기의 텍스트들은 음식 선택과 남성 정체성 사이의 연관을 철저히 승인한다. 《우리가 먹는 고기The Meat We Eat》(1966)는 고기를 '남자의 영양 식품'으로 치켜세우면서 "자유로운 고기 공급은 항상 행복하고 사나이다운 인간에 연관돼 있었다"(Ziegler 1966, 1, 5)고 쓰고 있다. 《고기 기술Meat Technology》(1977)은 "사내다운 오스트레일리아 인종이 진정한 육식인의 전형"(Gerrard 1977, 348)이라고 주장한다. 미식가들은 "통구이 송아지의 대가리에서 직접 골을 떠먹는 경험이 진정한 사내가 되는 과정"(Root and Roodkowsky 1976, 279)이라고 말한다. '사내다운virile'이라는 단어는 성인 남자의 특징을 가리키는데, 이때 접두사 'vir'는 '남자man'라는 의미다. 육식은 개인과 사회의 사나이다움을 재는 척도다.

남성은 고기를 언제나 먹을 수 있지만 여성은 늘 그렇지는 않았는데, 이런 양상은 오늘날 여성을 둘러싼 상황에서도 애처롭게 지켜진다. 여성은 남성에 비교가 안 될 정도로 굶주리고 있다. 라자 레그호른과 메리 루드코프스키는 《누가 정말 굶주리는가? 여성과 전세계적 기아Who Really Starves? Women and World Hunger》(1977)에서 이런 현상을 다뤘다. 결론만 말하면 여성은 자기희생을 해 남성에게 '좋은' 음식을 제공하면서 정작 자기는 굶주리고 있다. 이를테면 "에티오피아에서 모든 계급의 여성과 소녀는 식사를 두 종류로 준비할 의무가 있다. 하나는 남자를 위한 식사고, 다른 하나는 여자인 자기를 위한 식사다. 그러나 여자가 먹을 음식에는 고기는 말할 것도 없고 섭취할 만한 단백질이 전혀 들어 있지 않았다"(Leghorn and Roodkowsky 1977, 21).

사실 남성에게 필요한 단백질의 양은 임산부나 수유 중인 여성에게 필요한 양보다 적다. 단백질의 불균등한 배분은 오히려 여성에게 단백질이 더 필요한 시기에 발생한다. 그리고 이상하게도 우리는 남자 아기를 낳으려면 적어도 임신 6주 전부터는 고기(또는 생선, 채소, 초콜릿, 소금)를 먹어야 한다고 믿는 반면, 여자 아기를 낳으려면 고기는 입에 당겨도 먹어서는 안 되고 우유, 치즈, 땅콩, 콩, 곡물만 먹어야 한다고 말한다(Shearer 1982, 7).

우리는 어린 시절 줄곧 듣는 옛날이야기에서 음식과 성역할의 상관관계를 처음 접한다. 왕은 집무실에서 스물네 마리의 티티새(원래는 장난꾸러기들 스물 네 명)로 만든 파이를 먹고 왕비는 빵에 꿀을 발라 먹는다.* 《잭과 콩나무》의 주인공 잭이 콩나무를 타고 올라가 거인에 맞서 싸우면서 빠르게 깨닫듯이 옛날이야기에서 식인 풍습은 일반적으로 남성이 하는 행위다. 모든 나라의 구전 이야기를 살펴보면 거인은 남자이자 '인간을 잡아먹는 존재'(Baring-Gould and Baring-Gould 1962, 103)로 묘사돼 있다. 가부장제의 눈에 요상한데다가 괴물로 비치는 마녀는 여성의 식인을 대표한다.

고기가 남성의 특권이라는 점은 성서에도 나온다. 엘리자베스 캐디 스탠턴Elizabeth Cady Stanton은 《여성의 시각에서 본 성경The Woman's Bible》에서 《성경》의 〈레위기〉 6장에 나오는 구절을 날카롭게 지적한다. "사제들은 제단 앞에서 깨끗한 옷으로 갈아입고 나무와 숯을 이용해 매우 정성 들여 고기를 조리했다. 여자들은 그 음식을 맛볼 수 없었고, 모세의 형이자 유대교 최초의 제사장인 아론의 아이들 중 사내아이만 고기를 먹을 수 있었다"(Stanton 1974, 91).

금기시되는 음식은 대부분 고기에 관련이 있고, 이런 제약은 남성보다는 여성에게 더 많았다. 보통 여성에게 금기시되는 음식은 닭고기, 오리고기, 돼지고기다. 전근대 문화에서 여성에게 고기를 금지하는 관습은 고기의 위상을 높이는 구실을 한다. 남태평양 솔로몬 제도에 사는 여성은 자기 손으로 돼지를 기르지만 돼지고기를 먹어도 좋다는 허락을 거의 받지 못한다. 여성이 고기를 먹을 수 있는 경우는 남편이 조금 남겨줄 때뿐이다. 인도네시아에서 "고기 음식은 남성의 전유물이다. 여성은 축제나 돼야 고기를 먹을 수 있고, 이때도 남자의 수에 따라 가족 단위로 분배된다. …… 따라서 고기의 분배 체계가 남성의 사회적 위상을 강화한다"(Simoons 1967, 12, 73).

이런 가부장제의 관습은 전세계 어디서나 찾아볼 수 있다. 아시아의 몇몇 문화에서는 여성에게 생선, 해산물, 닭고기, 오리고기, 달걀 등을 먹지 못하게 한다. 아프리카 적도 근처의 여러 문화권도 대개 여자에게 닭고기 섭취를 금지한다. 카메룬의 엠붐크파우족의 경우 여성은 닭고기, 염소 고기, 자고새를 비롯한 그 밖의 잡을 수 있는 새 등을 먹지 않는다. 에티오피아의 쿠파족은 닭고기를 먹은 여자는 노예로 만들며, 왈라모족은 닭고기 섭취 금지를 위반하는 사람은 남녀노소를 가리지 않고 사형에 처했다. 반면 채소 또는 고기 아닌 음식은 여성만 먹는 음식으로 여겨진다. 여성이 남성을 탐탁지 않게 여기는 이유의 하나가 바로 이런 시각이다. 수단의 누어족 남자들은 달걀을 먹는 행동을 사나이답지 못하다고 생각한다. 다른 부족의 남자들도 채소나 달걀을 먹을 때는 여자 음식을 먹는다는 사실을 숨기려고 소스를 곁들인다. "남자들은 밀로 쑨 죽에 고기 소스를 곁들이고 싶어하지만, 채소나 과일로 만든 소스는 여자나 먹는 음식이라며 거들떠보지 않는다"(O'Laughlin 1974, 303).

고기 — 남성만을 위한 음식

정육점에서 잘 팔리는 고기가 반드시 좋은 고기는 아니고, 잘 안 팔리는 고기라고 해서 그렇게 나쁘지도 않다. 대부분의 여성이 고기의 질을 판단하기 어렵다고 느끼고, 다들 고기를 사던 곳에서 믿고 또 사기 때문이다.

— 로버트 힌먼과 로버트 해리스, 《고기 이야기》, 191쪽

* 헨리 8세 때부터 전해오는 〈6펜스의 노래〉에 나오는 이야기. 동요로 불리기도 한다 — 옮긴이.

근대화된 사회에서 음식책은 남자가 고기를 먹는다는 가정을 그대로 증명한다. 서점에 나와 있는 음식책을 무작위로 골라 조사하면, 대부분 바비큐 요리를 남성을 위한 특별 요리로 추천한다는 사실을 알 수 있다. '어머니날 선물'로 추천되는 음식에 고기는 없다. 그러나 아버지날 추천 음식에는 반드시 고기가 들어가며, 저녁 식사로는 소 갈빗살을 구운 스테이크인 런던 브로일London Broil을 추천한다. "스테이크 식사는 아버지들이 좋아하는 음식"(Sunset Books and Sunset Magazines 1969, 139, 140)이기 때문이다. '여성성의 환대'를 다룬 장에서 우리는 여성을 대접할 때 채소, 샐러드, 수프를 내놓는 사실에 눈길을 돌릴 생각이다. 여성지 《맥콜McCall's》이 낸 최신판 음식책도 남자가 가장 선호하는 메뉴로 고기 음식의 하나인 런던 브로일을 꼽는다. '부인들의 오찬'은 치즈 요리와 채소로 구성되며, 고기는 절대 들어가지 않는다. '남성만을 위한 요리'라는 제목이 붙은 어떤 음식책은 남자의 인생에서 고기가 얼마나 중요한지를 크게 부각시키고 있다. 무엇이 남자들만을 위한 음식인가? 런던 브로일, 큐브 스테이크, 소고기로 차린 저녁 식탁(American Oriental Cookery 1962).

20세기에 출판된 음식책은 대부분 시대 상황의 변화를 반영하기보다는 19세기에 형성된 역사적 양상, 곧 영국의 노동 계급이 가족 전체를 부양할 수 있을 정도로 충분한 고기를 살 수 없던 때의 식사 습관을 답습하고 있다. 이 음식책에서 말하는 '남자만을 위한 음식'은 그 무렵 가족이 먹는 식사에서 고기가 나올 때 가장 자주 언급된 구절이다. 고대부터 내려오는 신화(남자는 고기가 필요하다, 고기는 황소 같은 힘을 가져다준다)를 신봉하는 문화에서 고기를 먹는 사람은 실제로 '가장'인 남자였다. 사회사를 전공하는 학자들은 고기의 '대부분'이 남편 차지였다는 역사적 사실을 명확히 지적한다.

그럼 19세기의 여성은 무엇을 먹었을까? 안식일에는 그런대로 구색을 갖춘 식사를 했을 수도 있다. 그러나 다른 요일에는 빵에 버터를 조금 발라 먹거나, 고기를 끓이고 남은 국물, 묽게 끓인 차와 푸딩, 채소 등을 곁들여 먹었다. 1863년에 처음으로 영국 전역에 걸쳐 식생활 습관을 조사한 에드워드 스미스 박사는 "아주 가난한 가정의 아녀자는 대개 그 집에서 가장 질 나쁜 음식을 먹는다"고 보고한다. 또한 한 가족 안에서 식사에 관련된 남성과 여성의 가장 중요한 차별은 고기의 양이라는 사실을 밝혀냈다(Smith 1864, 199). 나중에 나온 한 조사 보고서는 어느 시골에서 여성과 아이들이 "감자를 한입 물고 고기를 쳐다봤다"(Oren 1973, 110; Rowntree and Kendall 1913에서 인용)고 기록하고 있다.

가난한 탓에 고기를 임의로 분배할 수밖에 없는 상황에서 그나마 많이 먹는 쪽은 남성이었다. 많은 여성이 남편을 위해 고기를 남겨둔다고 강조했다. 여성들은 육식과 남성의 구실 사이에 긴밀한 연관이 있다는 점을 분명히 지적했다. "남편을 위해 고기를 남겨둬요. 남편이 고기를 먹어야 하거든요." 런던 남부 지역 노동자들의 기본 식단은 "여분의 고기, 여분의 생선, 여분의 케이크, 또는 남자를 위해 마련한 특별히 질 좋은 고기였다"(Oren 1973, 110; Rowntree and Kendall 1913; Reeves 1979에서 재인용). 여자들은 일주일에 한 번 아이들하고 고기를 먹었지만, 남편들은 "거의 매일" 고기와 베이컨을 먹었다.

20세기 초 런던의 '페이비언 여성협회Fabian Women's group'는 노동 계급 공동체에서 30가구를 골라 하루 동안 생활비로 얼마나 쓰는지를 조사하는 4년간의 장기 연구를 시작했다. 조사 결과는 《1주에 1파운드 정도Round about a Pound a Week》(1979)라는 책으로 출간됐다. 이 책은 육식의 성정치학을 명확히 말하고 있다. "식품에 10센트, 또는 그 정도보다 적게 소비하는 가정은 한 가지 식사만 가능하며, 그것도 집안의 가장을 위한 식사다. 아이들은 가장이 남긴 음식을 먹는다. 안식일에는 그런대로 고기를 먹을 수 있지만, 그렇지 못한 경우에도 남편에게만 고기 음식을 내놓는다. 이런 일상은 대부분의 가정에서 자연스러웠다." 더 간단히 말하면, "남편을 위해서 고기를 사고" 안식일에 먹다 남은 고기는 "다음날 남편이 먹는다"(Reeves 1979, 144, 97). 빈곤도 고기의 분배를 결정하는 요소다. 시슬리 해밀턴이 페이비언 여성협회가 연구한 시기하고 비슷한 시기를 연구한 뒤 밝힌 대로, 여성은 남성에게 먼저 분배된 뒤 고기가 얼마 남지 않은 사실을 알 수 있을 때에야 제 몫을 약간 얻을 수 있었다(Hamilton 1981, 75).

물질적으로 풍요로운 상황에서는 고기의 성역할이라는 전제가 아주 숨김없이 드러나지는 않는다. 영국에서는 부유한 상층 계급에 속한 여성과 남성이 먹는 음식이 다르기는 했지만, 상층 계급 여성과 노동 계급 여성이 먹는 음식에서 나타나는 차이에 견주면 유사성이 더 컸다. 더욱이 고기 공급이 제한된 영국하고 반대로 고기가 풍족한 미국에서는, 공급이 제한될 상황이 아니면 모든 계층의 사람이 고기를 충분히 먹을 수 있었다. 이를테면 미국의 흑인 남성 노예는 날마다 500그램 정도의 고기를 먹었고, 흑인 여성 노예도 하루에 250그램 정도의 고기를 먹었다(Savitt 1978, 91). 게다가 20세기에 두 차례의 대전이 벌어지는 동안에 나타난 고기 소비 양상은 앞서 말한 대로 19세기 영국의 노동 계급 가정에서 보던 모습하고 비슷했다. 이 기간 동안 영국에서 고기를 먹을 수 있는 부류는 전시 생산 체제에 속한 국내의 남성 '노동자'와 전쟁터에 나간 군인뿐이었다. 여성을 포함한 일반 시민은 고기를 구경하기도 어려웠다.

고기의 인종 정치학

미국과 서구 세계의 밥상을 특징짓는 육식은 남성 권력을 상징할 뿐 아니라 인종주의의 지표이기도 하다. 여기에서 말하는 인종주의란 노벨 문학상을 받은 아이작 싱어Isaac Bashevis Singer가 《적 — 사랑 이야기Enemies: A Love Story》(1972)에서 쓴 말처럼 인간과 동물을 구분해서 동물을 인간하고 완전히 다른 별종으로 취급하는 반면 인간은 인간적으로 대우한다는 그런 의미가 아니다. 싱어는 말한다. "헤르만은 자기가 동물과 물고기를 죽이는 살육자라고 자주 말했고, 피조물을 대하는 인간의 태도에서 볼 수 있듯이 모든 인간은 나치하고 다르지 않다고 생각했다. 인간 종이 아닌 다른 종들을 자기가 하고 싶은 대로 할 수 있다고 생각하는 인간의 거만함이 가장 극단적인 인종주의 이론들, 힘이 곧 정의라고 생각하는 원칙을 대변한다고 봤다"(Singer 1972, 257). 반면에 나는 인종주의란 백인이 권력 배분과 관습에서 우위에 자리한다는 데 동의하면서 유색인에게 이런 우월함을 인정하도록 강제하는 수단으로 백인의 육식 습관을 내세우는 사고라고 생각한다.

특히 육식에 관련해 서구 세계의 백인이 인종주의를 수단으로 삼은 이유에는 두 가지 비슷한 신념이 자리하고 있다. 먼저 고기 공급이 제한될 때는 백인이 고기를 먹어야 한다는 신념이고, 다음으로 고기 공급이 풍족할 때는 모든 인종이 고기를 먹을 수 있다는 신념이다. 이런 신념은 육식의 성정치학이 다루려는 본질적인 대상의 하나다. 고기의 단백질을 섭취하는 과정에서 이런 위계 관계의 설정은 인종, 계급, 성의 위계를 강제한다.

19세기에 백인의 인종적 우월성을 지지한 사람들은 고기를 고상한 음식으로 여겼다. 19세기 중간 계급의 질병을 조사한 외과 의사 조지 비어드George Beard에 따르면, '정신노동자'는 주식으로 기름기를 뺀 고기를 먹었지만 사회의 '미개'한 '하층' 계급은 기름기나 영양가가 없는 조잡한 음식에 의지해 살아갈 수밖에 없었다. 비어드는 백인이고, 문명화되고, 중간 계급인 남자들에게 극도의 피로감을 느낄 때는 더 많은 고기를 먹으라고 권했다. 비어드를 비롯해 많은 사람이 볼 때 곡물이나 과일은 진화의 등급에서 고기보다 뒤떨어졌고, 백인 여성과 백인이 아닌 인종에게 적합한 음식으로 여겨졌다. 그리고 백인 여성과 백인이 아닌 인종을 백인 남성에 견줘 진화가 덜 된 존재로 취급한 사실은 두말할 필요도 없다. 인종주의와 성차별주의는 백인 남성의 음식인 고기에 밀접히 연관돼 있다.

찰스 다윈의 진화론에 영향을 받은 비어드는 당연히 음식에 관련해 진화론에 기초한 결론을 내린다. 다시 말해 동물성 단백질이 인간이 하등 동물에서 고등 동물인 인류로 진화하는 데 채소보다 훨씬 중요했다고 본다. 결과적으로 비어드는 주장한다.

> 인류는 문명화나 질병을 통해 신경이 예민해지는 정도에 비례해 곡물과 과일 섭취를 줄여야 한다. 이런 음식은 인류의 진화 정도를 늦추거나 낮춘다. 반대로 고기 섭취량을 늘려야 한다. 이런 사실은 인류의 진화 단계에 밀접한 관련이 있고, 그래서 인류의 진화 과정에서 자연스럽게 받아들여졌다. (Beard 1972, 272~278)

비어드는 이런 인종주의적 분석에서 진화론이 드러내는 명백한 모순도 그대로 받아들인다. "진화론에 근거할 때 이 미개인과 반半미개인이 진화의 단계에서 가장 아래에 자리한 음식에 의존하면서도 살아남을 수 있던 이유는 무엇일까?" 달리 말해 이 미개인들은 동물성 단백질을 다량으로 섭취하지 못한 상황에서도 어떻게 살아남을 수 있었을까? 바로 '미개인들'이기 때문이라고 비어드는 말한다.

> 첫째, '미개인들'이 진화하기 이전 단계인 동물의 일반적 습성을 완전히 벗어나지 못한 때문이다. 미개인은 고도로 문명화된 지식 노동자보다 자기가 잡아먹는 생명체들에 더 가깝다. 따라서 우리 문명화된 지식 노동자에게는 해를 미칠 수 있는 생명체들에 의존해 살아갈 수 있었다. 둘째, 이런 보잘것없는 음식을 먹는 미개인은 개중에 가장 열등한 종족이고, 지적인 면에서 봐도 소고기를 먹는 종족보다 훨씬 더 열등하다.

세계를 지적으로 우수한 육식인과 열등한 채식인으로 나누는 이런 설명은 영국인이 다른 문화를 지배하고 정복하는 행위를 정당화하는 데 이용됐다.*

쌀이 주식인 인도 사람과 중국 사람, 감자가 주식인 아일랜드 농민은 고기가 주식인 영국에 종속돼 있다. 나폴레옹이 워털루 전투에서 패한 핵심 이유는 죽는 그 순간에도 무릎을 굽히지 않을 정도로 강인함을 지닌, 소고기가 주식인 나라를 상대로 싸움을 했다는 사실이다.

이런 사고방식은 20세기에 육식이 서구 전역으로 확대되는 데 크게 기여했다. 1940년대에 어느 육류 기업의 홍보 담당자는 이런 논리를 폈다. "우리는 고기를 먹는 인종이 인류의 진보와 더 높은 지위를 향해 세대를 이어온 투쟁에서 가장 앞서 있다는 사실을 잘 안다"(Hinman and Harris 1942, 1). 그 홍보 담당자는 백인종의 '더 높은 지위를 향한 투쟁'을 말하고 있다. 이런 '더 높은 지위를 향한 투쟁'의 한 단면이 식민지 시대에 등장한 미개인들의 식인 풍습에 쏟아부은 맹비난이다.

'식인 풍습cannibalism'이라는 단어는 '신세계 발견'에 뒤이어 등장했다. 이 단어는 어느 스페인 사람이 카리브 해 연안에 사는 종족의 이름을 잘못 부른 데서 유래했는데, 이 종족의 피부색과 행동거지만 보고 그렇게 불렀다. 유럽인이 북아메리카와 남아메리카 대륙, 아프리카를 탐험하게 되면서 이 지역의 토착 주민은 식인종으로, 오히려 더욱 야만적인 방식으로 공격받아야 했다. 한때 문명화된 서구인이 이 토착 주민을 식인종으로 분류하고, 식민지로 삼고, 노예로 삼지만, 기독교도 백인들이 저지른 만행은 언제나 정당화됐다. 사회인류학자인 윌리엄 아렌스는 이 토착 주민들을 식인종이라고 거세게 비난하는 목소리가 유럽 팽창주의의 부산물이라고 주장한다(Arens 1979).

아렌스는 토착 주민이 식인종이라는 주장을 입증할 믿을 만한 자료를 발

---

* 비어드가 쓴 책의 초판은 1898년에 출간됐다 — 옮긴이.

견하지 못했다. 미심쩍지만 식인을 증명하는 방식으로 가장 잘 알려진 사례도 누가 사람을 잡아먹는 모습을 직접 봤다는 말을 전해 들었다는 식이었다. 더욱이 식인종들에게 잡아먹힐 뻔한 경험을 증언하는 기록에도 그런 위험한 상황에서 빠져나온 방법은 정확히 기록돼 있지 않았다. '미개인들'을 만나 직접 대화한 사실을 증언하는 기록도 있지만, 언어 장벽을 극복한 방법은 설명하지 않았다. 게다가 증언은 앞뒤가 맞지 않았다.

식인 풍습이 생긴 이유의 하나는 부족한 동물성 단백질 섭취량이라고 생각됐다. 그러나 유럽 팽창주의 시기에는 대부분의 유럽인도 동물성 단백질에 날마다 의존할 수는 없었다. 대개 채소와 곡물에서 단백질을 보충했다. 토착 주민을 식인종으로 몰아세운 행위(그리고 자기들은 동물만 죽이지만 토착 주민들은 사람을 잡아먹는다고 생각하면서 야만적인 생활 방식을 고발하려 한 행위)는 식민지를 정당화하는 구실로 이용됐다.

인종주의는 고기가 최상의 단백질 원천이라는 생각 속에 늘 내재돼 있다. 영양 측면에서 동물성 단백질의 중요성을 강조하는 논리는 단백질을 채소와 곡물에서 얻는 대부분의 문화권에서 오랫동안 이어져온 식문화를 왜곡했다. 채소와 곡물 위주 식사가 지니는 역사적 의미에 관한 논의는 지금도 유지되는 육식의 문화적, 정치적 우월 의식 탓에 억눌려 있다.

고기가 왕이다

전쟁 시기에 정부는 대개 남성, 곧 군인이 먹을 고기를 확보하는 데 배급 정책의 초점을 맞춘다. 2차 대전 동안 이런 고기 배급 정책이 일반인에게 미친 영향은 육군과 해군의 일인당 고기 소비량이 민간인 평균의 2.5배에 이른 사실에서 알 수 있다. 저널리스트 러셀 베이커는 2차 대전이 "소고기를 둘러싼 광기

속에 …… 모든 무명 미국인 병사에게 살찐 소고기를 강제로 먹이면서"(Baker 1973, 43) 시작됐다고 지적한다. 그때 복합 탄수화물을 적극 권장한 민간인 대상 음식책들하고 다르게 군인용 음식책에는 다양한 고기 조리법이 실려 있었다. 신병 훈련소 네 곳에서 실시한 조사 보고서에 따르면, 군인은 날마다 일인당 단백질 131그램, 지방 201그램, 탄수화물 484그램을 섭취했다(Altschul 1965, 101). 전쟁을 수행할 군인을 훈련하는 데 들어가는 비용은 식량 공급량을 통해 추산할 수도 있을 듯하다.

음식을 차리는 일은 여성의 몫이다. 물론 음식을 먹는 사람의 입맛에 맞게 고기를 조리해야 한다. 군대 문화가 군인의 '필요'에 맞춰야 하듯이 가부장제 문화에서 부인은 남편의 필요에 맞춰야 한다. 특히 고기는 남편의 입맛에 맞게 조리해야 한다. 앞서 말한 대로 20세기 초 노동 계급 공동체에서 30가구를 골라 하루 동안 쓰는 생활비를 조사한 페미니스트들은 지적한다.

> 힘, 지식, 생활력을 갖춘 여성들은 비좁고 어둠침침한 방에서 살지도 않았고 난관에도 굴하지 않았으며, 남성에게서 경제적으로 자립한 여성들은 얼마 안 되는 돈이나마 영양가 있는 음식을 사는 데 지출한 듯하다. 그러나 이런 영양가 있는 음식을 거부하면서 자기가 옛날부터 좋아한 훈제 연어나 고기 음식을 내놓으라고 할 수 있는 쪽은 돈을 버는 가장 또는 남자였다. (Reeves 1979, 131)

1차 대전 동안에 드러난 전시 영양 공급 체계의 실태를 둘러싸고 벌어진 논쟁에는 실제로 이런 의도가 들어 있었다. 여기에 참여한 모든 사람들이 수긍한 대로 고기를 대체할 만한 음식이 많다는 사실을 입증하는 일이 논쟁을 벌인 주된 목적이었다. "또한 남성들에게 모든 남성은 비프스테이크를 좋아한다는 사실을 각인시키려는 의도도 숨겨져 있었다"(Hunscher and Huyck 1944, 414). 남성의 특권인 육식은 반복되는 하나의 진실, 곧 '고기가 남성 지배의 상징'이라는 사실이 은연중에 표면화되고 가시화되는 행위다.

노동하는 남자가 체력을 보충하려면 고기가 필요하다는 관념은 고대부터 이어져온 통념이다. 비슷한 통념이 또 있는데, 힘센 동물의 고기를 먹으면 그 힘에 비례해 강해질 수 있다는 미신이다. 가부장제 문화의 신화에는 고기가 힘을 강하게 하는 작용을 한다는 믿음이, 남성적 특질은 이런 남자다운 음식을 먹어서 형성된다는 믿음이 숨겨져 있다. 육식을 하는 미식축구 선수, 레슬링 선수, 권투 선수의 머릿속은 온통 이런 등식이 지배한다. 고기 대신 채식을 하는 역도 선수나 다른 종목의 운동선수들이 이런 등식은 성립하지 않는다는 사실을 입증해 보여도, 남자는 강하고 강해야 하며, 따라서 남자에게는 고기가 필요하다는 미신은 여전히 남아 있다. 우리는 글자 그대로 남성 권력이 환기시키는 믿음을 이런 고기의 관념에서 발견할 수 있다.

1906년에 경제학자 어빙 피셔는 육식을 '힘strength'이라고 정의했다. 피셔는 힘은 순발력보다는 지구력에 따라 측정되며, 지구력은 육식을 하는 선수와 채식을 겸하는 선수, 완전 채식만 하는 선수를 비교할 수 있는 척도라고 주장했다. 피셔는 선수들의 지구력을 직접 측정했는데, 측정 방법은 두 손 수평으로 들고 있기, 무릎 구부리고 있기, 누워서 다리 올리기였다. 이 실험을 통해 운동선수든 아니든 상관없이 채식인이 육식인보다 지구력이 아주 좋다는 사실이 밝혀졌다. 피셔는 "심지어 육식인 중에서 가장 높은 지구력 수치가 채식인 평균 지구력의 절반에도 못 미쳤다"(Fisher 1907, 207)고 주장했다.

고기는 왕이다. 고기를 지칭하는 이 왕이라는 명사는 남성 권력을 지시한다. 육식인들이 고기가 아닌 다른 모든 음식을 지칭하는 데 쓰는 단어인 채소는 고기가 남성에 연관되듯 여성에 연관된다. 그리고 이런 상황은 우리의 잠재의식 속에 남아 있는 어떤 시간, 그러니까 여성이 수렵 채집자이던 시절을 떠올리게 한다. 남성이 지배하는 육식 세계에 여성이 종속돼 있기 때문에, 여성이 먹는 음식도 남성 지배에 종속돼 있다. 2류 시민인 여성의 음식은 열등한 단백질로 여겨진다. 고기가 간접적으로는 채소(인간이 먹는 고기의 근간은 풀을 뜯어먹는 초식 동물이다)이고 채소가 고기보다 평균적으로 두 배나 더 많은 비타민과 미네랄을 공급하고 있는데도 여성은 자립적이지 못하다고 여겨지듯이, 우리는 채소가 그것 자체로 식사가 될 수 없다고 생각한다. 고기는 강력하고 둘도 없는 음식으로 추앙된다. 여기에 담긴 메시지는 명확하다. 노예인 채소는 자기가 타고난 운명에 만족해야 하고, 왕인 고기의 자리를 탐내서는 안 된다. 그렇다면 여성이 스스로 왕이 될 수 없을 때, 과연 누가 여성의 음식을 왕위에 앉힐 수 있을까?

육식은 남성의 언어

육식을 멀리하려 하는 남자는 사나이답지 못하다고 놀림을 받는다. 육식을 하지 못하는 남자는 스스로 사내가 아니라고 선언한다. 영양학자인 진 메이어는 말한다. "남자들은 업무에 매달려야 하는 시간이 많을수록 사내다움의 진정한 상징인 피가 흘러내리는 큼지막한 고기를 먹으면서 자기의 남성성을 보장받기를 원한다"(Mayer 1976, 13). 영국의 코미디언이자 배우인 마티 필드만은 주장한다. "우리 사회에서 고기는 남성의 구실에 관련돼 있다. 미식축구 선수는 남자의 술이기 때문에 맥주를 마시고, 남자의 음식이기 때문에 스테이크를 먹는다. 그리고 자기가 먹는 샌드위치가 '특대man-sized portions'나 '초대형hero'이라는 점을 특히 강조한다. 육식이라는 단어는 전반적으로 남성 편향적이다"(Berry, Jr. 1979, 32에서 재인용). 평범한 남성이 갖춰야 할 기본적인 신체 조건은 '강하고 건강할 것, 거칠고 재빠를 것'이다. 소고기 스튜는 '거친 남자Manhandlers'로 불린다. 미식축구 팀의 수석 코치이자 유명 인사이기도 한 마이크 딧카는 스테이크와 촙 같은 "사나이다운 음식"을 내세우는 레스토랑을 직접 운영한 적도 있다.

남성다움은 먹는 음식으로 보장받는다. 1973년 고기 불매 운동이 한창이던 때, 남자들은 아내하고 함께 외식을 하거나 집 안에서 같이 식사를 할 때는 이런 운동에 관심을 보이는 척하며 고기를 멀리하는 듯하다가도 같이 식사하지 않을 때는 런던 브로일이나 다른 고기 음식을 먹었다(《뉴욕 타임스》 1973년 4월 15일자 38면). 워릭 대학교 역사학과 교수인 캐롤린 스티드만은 1995년 크리스마스에 어머니가 "저녁 만찬으로 채소 샐러드를 만들고 있을 때" 아버지가 불평을 터트리며 밖으로 나가버렸다고 쓰고 있다.*

성 불평등/종 불평등

남자는 …… 여자보다 훌륭한 사냥꾼이다. 그렇게 된 이유는 여성이 고기가 아닌 다른 음식을 먹고도 잘 살아갈 수 있다는 사실을 발견한 때문이다.

— 앨리스 워커, 《내 친구의 사원The Temple of My Familiar》, 1989, 50쪽

무엇이 고기를 남성 지배의 상징이자 이 지배를 찬양하는 도구로 이용되게 만들었을까? 이유야 여러 가지일 테지만, 젠더 불평등이 육식이 선포하는 종 불평등에 뿌리를 두고 있다는 사실에서 한 가지 이유를 찾을 수 있겠다. 왜냐하면 대부분의 문화에서 고기를 수중에 넣는 쪽은 남성이기 때문이다. 고기는 가치 있는 경제 상품이었다. 이 상품을 통제하는 사람들이 권력을 획득했다. 그리고 남자들이 여성보다 훌륭한 사냥꾼이기 때문에 이 경제적 재화를 통제하는 일도 남자들의 수중에 들어가게 됐다. 전근대 사회에서 여성의 지위는 고기가 차지하는 사회적 비중하고 반비례 관계에 있었다.

등식은 단순하다. 고기가 삶에서 차지하는 비중이 커질수록 남성의 지배력도 상대적으로 커진다. …… 고기가 조직화된 경제 체계에서 핵심 요소가 되고, 따라서 고기를 분배하는 법칙이 만들어질 때, 남자들은 이미 권력이라는 지렛대를 휘두르기 시작한다. …… 여성의 사회적 지위는 한 사회의 조직이 고기 분배를 중심으로 형성되지 않은 사회일수록 남성하고 거의 동등하다. (Leakey and Lewin 1979, 210~211)

펜실베이니아 대학교 인류학과의 페기 산데이는 100개가 넘는 전근대 문화에 관한 자료를 수집했다. 그 결과 농작물 경작에 토대를 둔 경제와 여성 권력 사이에 상관성이 있고, 가축이나 동물에 기반을 둔 경제와 남성 권력 사이에 상관이 있다는 사실을 밝혀냈다. "동물이나 가축에 의존하는 사회에서 여성은 생산력의 궁극적 원천으로 여겨지지 않는다." 게다가 "큰 동물을 사냥할 때 아버지는 아이를 멀리한다. 아버지는 아이를 자주 또는 보통은 가까이하지 않는다"(Sanday 1981, 65, 66).

동물 소비에 주로 의존하는 경제의 주요 특징은 다음 같다.

- 노동의 성차별. 여성이 남성보다 더 많이 일하지만 여성들이 하는 일은 별로 가치 없다고 여겨짐
- 육아를 책임지는 여성
- 남신 숭배
- 부계 사회

* 스티드먼은 이런 말로 글을 끝맺는다. "나는 아빠가 우리도 같이 데리고 나갔으면 했다" — 옮긴이.

다른 한편 농작물 경작에 토대를 둔 경제에서는 남녀가 좀더 평등한 듯하다. 여성도 과일이나 먹을 수 있는 식물을 채집하는 일에 직접 참여하기 때문이고, 이런 음식물이 농작물 경작에 기반을 둔 문화에서 매우 중요한 식량 자원이기 때문이다. 이런 문화에서는 남성과 여성이 모두 여성의 노동에 많이 의존하는 편이다. 그 덕에 여성은 어느 정도 자율성을 보장받고 자급자족도 할 수 있었다. 그리고 이런 문화에 사는 여성은 식량 분배 과정에서 차별 대우를 받지 않는다. 한 사회에 필요한 단백질 음식의 상당 부분을 공급하는 여성들은 그 일에 합당한 경제적이고 사회적인 지위를 위임받지만, 그 지위를 남용하지는 않는다.

산데이는 남성 권력과 고기 통제를 연관시키는 종족 신화를 소개한다.

> 브라질의 문두루쿠족은 직접 사냥을 할 수 없게 되기 전까지 여자가 세상을 지배했으며, 지금하고 다르게 성역할도 전도된 때가 있었다고 믿는다. 그런 시절에 여자는 성적으로 침략자이고 남자는 성적으로 순종적이었다. 당연히 남자는 (지금의) 여자가 하는 일을 했다. 반대로 여자가 '신성한 나팔'(권력의 상징)과 가정을 통제했다. 신성한 나팔에는 고기를 제물로 바치라고 요구하는 선조들의 영혼이 깃들어 있다. 여자가 사냥을 못하게 되고 고기를 제물로 바칠 수 없게 된 뒤부터 남자가 나팔을 수중에 넣을 수 있었고, 따라서 남성 지배를 확립할 수 있었다. (Sanday 1981, 39)

우리는 동물 사냥꾼이자 고기의 분배자인 남성의 기능이 육식인으로서 남성의 기능으로 대체된다는 사실을 알 수 있다. 그리고 이런 사실이 남성 지배의 상징으로서 고기가 수행하는 기능을 설명한다고 결론지을 수 있다. 그러나 남성 지배의 상징으로서 고기가 하는 기능에는 더 많은 의미가 담겨 있다.

'채소' — 여성 수동성의 상징?

'남성'과 '고기'라는 두 단어는 사전적으로 매우 한정된 의미로 쓰인다. 원래는 포괄적인 의미가 있었지만, 지금은 특정 지시 대상에만 사용된다. 고기는 더는 모든 음식을 의미하지 않는다. 그리고 우리는 '인간man'이라는 단어가 더는 '여성들women'을 포함하지 않는다는 사실을 알고 있다. 《미국 역사 유산 사전 American Heritage Dictionary》에 따르면, 고기는 '무엇의 본질 또는 중요 부분'으로 정의된다. 따라서 우리는 '문제의 본질meat of the matter'이나 '핵심 질문a meaty question'이라는 말을 사용한다. 무엇을 '비프 업beef up'한다는 말은 무엇을 향상시키거나 보강한다는 뜻이다. 반대로 채소는 하찮거나 보잘것없는 무엇을 의미한다. '채소 같다'는 표현은 '수동적인 것, 따분한 것, 단조로운 생활, 활기 없는 것' 같은 뜻이 있다. 고기는 누군가가 맛을 보며 즐길 수 있거나 탁월한 대상을 의미하는 반면, 채소는 무엇도 즐기지 못하는 사람, 곧 단조롭고 수동적인 사람이나 식물인간 같은 의미로 사용된다.

다시 말해 채소라는 단어의 의미가 완전히 전도됐다. 채소의 원래 뜻은 '생기 있고, 활동적인'이다. 그러나 지금은 '우둔한, 단조로운, 수동적인'으로 정의된다. 식물처럼 생활한다는 말은 수동적인 존재가 된다는 뜻이다. 이런 현상은 여성이 수동적인 존재로 인식되는 현실하고 마찬가지다. 여성의 음식으로 인식되는 순간, 채소는 '여성적인 것', 곧 수동적인 존재로 여겨진다.

여성이 먹는 음식에서 자기를 분리하고 싶어 하는 남성의 욕구, 물론 비유지만, 앞서 부시맨의 신화처럼 여성과 여성이 먹는 채소를 뒤로한 채 정반대 방향으로 도망치듯 달아나는 마지막 다섯째 남자는 채소에 관한 성차별적 태도와 채소라는 단어를 경멸적이거나 비판적으로 바라보는 데서 알 수 있듯 이미 제도화된 상태다. 일상 언어에서 채소는 심각한 결함을 지닌 사람 또는 혼수상태에 빠져 있는 사람하고 동의어로 쓰인다. 게다가 채소는 섭취하는 사람의 의식을 흐리게 하고 우둔하게 만들거나 감각을 무디게 하는 경향이 있다고 여겨지며, 그래서 우리는 채소에서 힘을 얻을 수 없다고 생각한다. 당신이 먹는 것에 따라 당신이 어떤 사람인지를 알 수 있다고 말한 브리야 사바랭Jean Anthelme Brillat-Savarin*의 이론 같은 잘못된 발상에 따를 경우 채소를 먹으면 채소처럼 된다. 그리고 이 말을 확대할 경우 채소를 먹으면 여자처럼 된다.

민주당의 마이클 듀카키스 후보와 공화당의 조지 부시 후보가 맞붙은 1988년 미국 대선을 예로 들어보자. 각 진영의 대선 후보들은 채소를 빗대어 서로 비하했는데, 채소를 향한 가부장제적 경멸을 그대로 보여준다. 듀카키스는 "채소 음식처럼 밋밋한 후보"(Grady 1988)로 불렸다. 홍보물 제작업체 노던 선 머천다이징은 '조지 부시, 채소인가 독초인가?'라는 문구를 새긴 티셔츠를 만들어 뿌리기도 했다. 케첩 병을 형상화한 '영양학 퀴즈 — 다음 중 무엇이 채소일까요?'(노던 선 머천다이징사의 카탈로그에서)라는 문구와 로널드 레이건의 초상화를 새겨넣은 티셔츠도 배포했다(1984년 미국 40대 대선에서는 상대 진영이 하는 주장에 대응해 고기를 빗대어 "핵심이 뭐냐?Where's the Beef?"는 말이 자주 오갔는데, 다음 장에서 다루겠다).

채소라는 단어는 여성의 수동성하고 동의어로 사용된다. 여성을 식물하고 똑같다고 생각하기 때문이다. 게오르크 빌헬름 프리드리히 헤겔은 이 점을 분명히 했다. "남성과 여성의 차이는 동물과 식물의 차이하고 같다. 남성은 동물에 대응하며, 한편 여성은 식물에 대응한다. 왜냐하면 여성은 선천적으로 유순하기 때문이다"(Hegel 1942, 263; Tuana 1944에서 재인용). 이런 관점에서 여성과 식물은 남자와 동물보다 진화가 덜된 존재로 여겨진다. 결과적으로 여성은 식물을 먹을 수 있다. 여성과 식물이 서로 유순하기 때문이다. 반대로 활동적이고 유순하지 못한 남성은 고기를 필요로 한다.

고기는 가부장제의 상징

저명한 인류학자인 매리 더글러스는 〈식사의 분석Deciphering a Meal〉(1975)이라는 논문에서 음식을 차리는 순서와 식사할 때 반드시 내놓아야 하는 음식은 우리 문화의 등급화라는 문제를 반영한다고 주장한다. 여기에서 말하는 식사는 차려놓아야 하는 기본 식단 전체를 말한다. 다시 말해 차려진 각각의 음식 항목이 식사 전체를 구성하며, 각각의 음식은 나름대로 가치를 지닌다. 게다가 각각의 음식은 차려지는 순서도 분명히 정해져 있다. 식사는 디저트로 시작하지 않고, 수프를 마지막에 먹지 않는다. 모든 식사는 나오는 순서가 정해져 있고, 주 요리는 언제나 고기다. 이 형태를 따르는 식사는 한 사회의 문화가 안정돼 있다는 사실을 반증한다. 더글러스가 지적하듯이 "주문 체계는 식사에 결부된 모든 질서정연한 체계를 대표한다. 그러므로 그 범주를 넘어서거나 혼란스럽게 하는 요소는 이런 질서정연한 체계의 권력을 위협하는 존재가 된다"(Douglas 1975, 273). 식사 때 주 요리인 고기를 주문하지 않는 만행은 거대한 가부장제 문화의 구조를 위협하는 행동이다.

여성들이 남성이 바라는 모든 요구를 어떻게 충족시켜야 하는지 연구한 안티페미니스트 메러벨 모건은 《여성을 위한 요리책Total Woman Cookbook》(1980)에서 남자에게 염려를 끼칠 수 있는 음식을 내놓을 때는 조심해야 한다고 강조한다. "나는 찰리가 어떤 음식을 걱정하는지 알아냈다. 찰리는 내가 하는 냄비 음식을 수상쩍어 했는데, 내가 음식에다가 자기가 좋아하지 않는 맥아 또는 '몸에 좋다는' 채소 등을 넣는다고 생각했다"(Morgan 1980, 13).

소설가 매리 매카시가 쓴 《아메리카의 새들Birds of America》에는 고기를 거부하

---

* 프랑스의 사법관이자 정치가, 미식가. 《미각의 생리학(Physiologie Du Gout)》(1825)에서 먹는 음식을 기준으로 그 사람의 성격이나 기질을 판단할 수 있다고 주장한다 — 옮긴이.

는 여성에게 으름장을 놓는 한 남성이 등장한다. 채식주의자 여성인 스콧은 추수감사절에 나토에 소속된 한 장군의 집에 초대받는다. 스콧이 저녁 만찬으로 나온 칠면조를 거절하자 장군은 버럭 화를 낸다. 이 거절의 의미를 진지하게 받아들이지 못한 장군은 다른 사람이 먹는 음식에 신경을 쓰는 일이 남성 지배의 당연한 의무라는 듯 자기가 초대한 여성의 접시에 칠면조와 감자 등을 가리지 않고 올리더니 그 위에 고깃국으로 만든 소스까지 끼얹었다. "이렇게 장군은 스콧이 채소마저 못 먹게 했다."

음식을 통해 장군의 행동과 사고방식을 보여준 매카시의 묘사는 군대의 전투 행위에 연관된 전쟁의 풍경을 그대로 반영한다. "장군은 백병전에서 손에 무기를 들고 싸우듯이 고깃국을 뜨는 국자를 손에 확 움켜잡았다. 이런 백병전이 장군을 육군 준장 계급까지 달게 한 점은 의심의 여지가 없다. 적어도 그 비밀은 풀렸다." 계속 전투적으로 행동하던 장군은 후식이 나오자 열여덟 살 젊은 나이에 베트남 전쟁에 참전한 결단에 경의를 표한 뒤 스콧에게 토스트를 권한다. 식사를 마치고 베트남 전쟁을 화제로 설전을 벌이던 스콧이 질문을 던졌다. "민간인에게도 신성한 전쟁이었다고 생각하십니까?" 장군은 당연히 베트남 폭격을 옹호하고 나섰다. 그러나 질문은 영웅의 기분을 망쳐놓았다. 남편의 행동을 대신 사과한 장군의 부인이 남편에게 말했다. "당신이 올려준 음식을 거부하는 여자를 보고 화가 나 있었죠? 벌써 눈치채고 있었어요."(McCarthy 1972, 167, 180, 183).

남성의 호전성은 이런 꾸며낸 군인 이야기에 국한되지 않는다. 여성을 구타하는 남성은 식사 때 고기를 내놓지 않았다는 핑계로 자주 폭력을 행사한다. 물론 부인이 고기를 내놓지 않은 일이 폭력의 직접 원인은 아닐 수도 있다. 그러나 지배력을 행사하는 남성은 매사 그 일을 폭력의 구실로 삼는다. '현실' 지배력을 행사하는 남성이 고기를 먹기 때문에, 남성 구타자는 자기가 여성을 지배한다는 사실을 호도하려고 고기 같은 다양한 문화적 상징을 사용한다.

남편에게 구타당한 어떤 여성이 털어놨다. "사소한 일에 화를 내기 시작했어요. 글쎄, 샌드위치에 고기는 안 넣고 치즈만 넣었다고 화를 내더군요"(Dobash and Dobash 1979, 110).

또 다른 여성도 비슷한 경험을 했다. "한 달 전에 그이가 제게 뜨거운 물을 퍼붓지 뭐예요. 오른팔에 화상을 입었어요. 저녁으로 고기 대신 감자와 채소로 만든 파이를 내놓은 게 이유였죠"(Pizzy 1974, 35).

채식주의자가 된 남자들은 남성이 하는 구실에서 가장 본질적인 부분을 거부한다. 그 남자들은 여성의 음식을 선택한다. 어떻게 그럴 수 있을까? 고기를 거부하는 남자는 사내답지 못한 남자, 곧 '여자 같은 사내sissy'나 '얼치기fruit'를 의미한다. 사실 1836년에 그레이엄주의Grahamism*로 알려진 채식주의 요법에 관해 뭇 남성들은 "남성들의 거세가 그레이엄주의의 첫째 결실"(Whorton 1977, 122)이라며 비난을 퍼부었다.

고기를 거부하는 남성들은 남성으로서 누릴 수 있는 특권의 하나를 거부한다. 《뉴욕 타임스》는 사설에서 육식의 남성성 문제를 다룬 적이 있는데, 대부분의 남성 육식인에게 남성성의 새로운 우상으로 떠오른 인물은 '존 웨인 같은 강한 유형'이 아니라 영화 〈왓 위민 원트What Women Want〉(2000)에 출연한 알란 알다Alan Alda, 영화 〈백야White Nights〉(1985)의 남자 주인공인 미하일 바리시니코프, 토크 쇼 진행자인 필 도나휴Phil Donahue 같은 '연약한 유형'이라고 한다. 이 남자들은 생선과 닭고기는 먹지만 소고기나 양고기 같은 붉은 고기는 전혀 먹지 않는다. 특히 알다와 도나휴는 남자다움을 강조하는 배역을 거부할 뿐 아니라 남자다움을 강조하는 음식도 거부한다.

《뉴욕 타임스》는 이렇게 쓰고 있다. "저를 믿으세요. 사나이다움의 종말은

* 19세기에 채식주의 보급에 앞장선, 수치료법 의사인 실베스터 그레이엄(Sylvester Graham)의 채식주의 이론 — 옮긴이.

마초형 남자meat-and-potatoes man의 종말입니다"(《뉴욕 타임스》 1981년 8월 17일자 사설).
우리는 이런 구절이 함의하는 내용을 아무것도 놓쳐서는 안 된다.

동물 성폭행, 여성 도살

최초의 은유는 동물이었다.

— 존 버거John Berger, 《왜 동물들을 생각할까?Why Look at Animals?》, 1980, 5쪽

그 남자는 내 가슴을 마치 미트볼 다루듯 만지작거렸다.

— 메리 고든Mary Gordon, 《최종 결재Final Payments》, 1978, 119쪽

돼지들의 죽음에 관해 철학적이 되지 않고는, 또한 돼지들의 죽음이 의미하는 상징과 비유를 생각해보지 않고는, 그리고 온 우주를 가득 메우는 돼지들의 비명에 귀를 기울이지 않고는 아무도 돼지들이 죽어가는 광경을 오래도록 지켜보지 못할 것이다.

— 업튼 싱클레어Upton Sinclair, 《정글The Jungle》, 1973, 40쪽

건강미와 섹시함을 겸비한 어느 여성이 마실거리를 주문한다. 그 여성은 비키니 차림에 우아한 레이스로 장식한 깔개에 머리를 기대고 누군가를 유혹하려

는 듯한 자태로 의자에 누워 있다. 주문한 레몬 칵테일이 테이블 위에 놓여 있다. 눈을 감는다. 표정에는 즐거움, 편안함, 유혹이 배어난다. 은근히 자위행위를 하듯 가랑이 사이로 손을 가져간다. 성적 대상, 술, 매혹적인 방, 성적 행동 같은 유혹의 해부. 하나의 완전한 정식. 그러나 여성은 유혹하려 하지 않는다. 돼지는 유혹한다. '우르술라 햄드레스'는 스스로 '암퇘지 농부의 플레이보이'라고 부르는 잡지 《플레이보어》에 나온다(The Beast 1981, 18~19). 이런 외설적인 묘사에 여성 대신 동물을 내세운 까닭은 무엇일까? 그 여자는 자기를 성폭행하라거나 잡아먹으라고 유혹하는 걸까?(**그림 1**을 볼 것)

1987년 나는 '프린스턴 대학교 대학원 여성학회'가 주최한 학술 대회 '페미니즘과 번역Feminism and Its Translations'에 패널로 참가해 우르술라 햄드레스를 다룬 〈성폭력 ― 표상과 실재〉를 발표했다. 그리고 같은 달에 프린스턴 대학교에서 채 100킬로미터도 떨어지지 않은 필라델피아 주에 사는 게리 하이드닉이라는 사람의 집 지하실에 여성 세 명이 감금돼 있다는 사실이 밝혀졌다. 여성으로 보이는 몸통이 부엌의 오븐과 스토브 위에 있던 스튜 냄비, 냉장고 안에서 각각 발견됐다. 사라진 팔과 다리는 잡혀온 다른 여성들에게 강제로 먹인 사실이 밝혀졌다. 생존자인 한 여성은 감금돼 있는 시간 동안 하이드닉이 자기를 여러 번 성폭행했다고 증언했다.*

나는 우르술라 햄드레스의 이미지나 하이드닉의 범행 수법처럼 강간당하고, 살해당하고, 먹히는 여성들이, 서구 문화에서 여성들에게 가해지는 성폭력의 이미지와 자연이나 동물의 신체에 가해지는 파괴나 해체가 서로 중첩되는 과정을 거치면서 서로 연관을 맺고 있다고 생각한다.** 그중에 특별히 관심이 가는 대상은 동물 도살의 문화적 표상이다. 육식은 우리가 동물하고 상호 작용하는 가장 일반적인 방식이기 때문이다.

도살은 육식을 위한 가장 본질적인 행동 방식이다. 육식은 살려고 몸부림치는 동물에 아랑곳없이, 동물을 향한 우리의 시선과 감정을 격리시키면서 글자

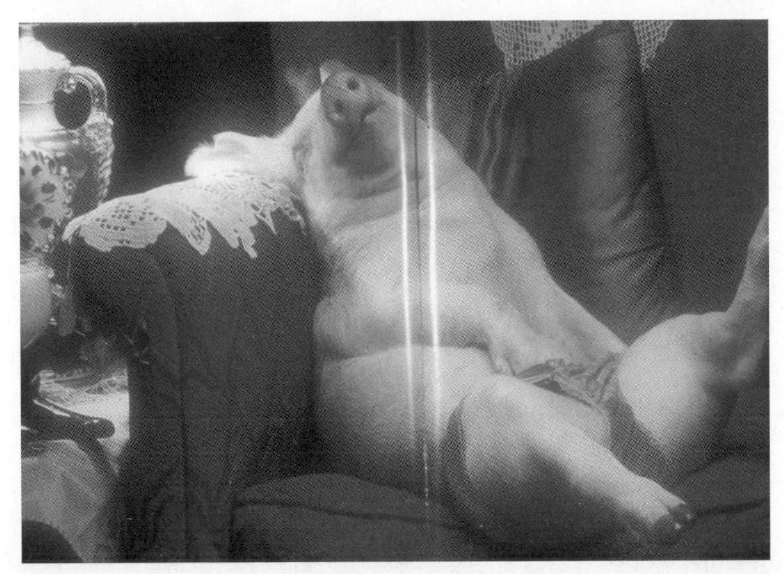

그림 1. 《플레이보어》에 나온 우르술라 햄드레스. 동물권 옹호가인 짐 메이슨이 아이오와 주 박람회에서 벽에 붙어 있는 그림을 찍은 사진이다. 최근 발행된 《플레이보어》는 '우르술라(Ursular)'나 '사랑스러운 태피(Taffy Lovely)'로 이름을 바꿨다.

그대로 동물을 해체하게 만든다. 또한 하나의 패러다임으로서 도살은, 이를테면 우르술라 햄드레스와 여성의 이미지, 성폭행과 자연 파괴와 동물 도살(성폭행)의 이미지 같은 서로 중첩된 다양한 문화적 이미지들의 존재 의미를 정확히 이해할 수 있게 해준다.

* 하이드닉은 일급 살인범으로 두 번, 유괴범으로 여섯 번, 강간범으로 나섯 번, 고의적 폭행으로 네 번, 우발적 성폭행으로 한 번 유죄 판결을 받았다.

** 서구의 과학적 문화가 여성을 취급하는 방식과 일반화된 의미의 자연을 취급하는 방식 사이에 상관성(Merchant 1980)이 있고, 동물과 여성 사이에 조금 특수한 유사성(Griffin 1978)이 있다고 주장한 페미니스트 비평가는 있지만, 성폭행당하는 여성과 도살당하는 동물의 표상이 서로 중첩돼 있다는 사실이 지니는 중요성을 지적한 이는 아무도 없다. 그러나 근대 초기의 과학자들이 사용한 자연의 은유들(이를테면 자연 파괴가 여성 대상 성폭행하고 같다는 식으로 표현하는 방식, 곧 자연 성폭행)에 관한 페미니스트적 분석은 과학자들이 자연과 동물을 성차별적 시각에서 바라본 사실을 폭로하고 있다.

도살을 통해 동물은 부재 지시 대상이 된다. 동물의 이름과 신체는 고기로 존재하는 동물에게는 부재하는 무엇이다. 동물의 생명은 고기에 앞서고, 따라서 고기라는 존재를 가능하게 한다. 살아 있는 동물은 고기가 될 수 없다. 따라서 도살을 통해 죽은 몸이 살아 있는 동물을 대체한다. 동물이 없다면 고기를 먹는 일도 없게 된다. 그러나 동물이 고기라는 음식으로 전환되기 때문에 동물은 고기를 먹는 행동에서 부재하는 무엇이다.

동물이라는 이름은 소비자가 고기를 먹기 전에 죽은 동물의 신체에 다시 이름을 부여하는 언어, 곧 각 부위별 명칭에는 부재하는 무엇이다. 우리 문화는 조리법의 언어, 곧 온갖 음식 명칭을 통해 '고기'라는 용어를 더욱 신비화한다. 여기에서 신비화란 도살된 죽은 동물의 영혼을 불러내는 일이 아니라 음식으로 만들어 먹는 일이다. 따라서 언어는 동물의 이런 부재에 기여하는 측면이 있다. 고기와 고기를 먹는 행동의 문화적 의미는 역사적으로 변해왔지만, 고기의 의미가 지니는 본질, 곧 동물의 죽음 없이는 아무도 고기를 먹을 수 없다는 본질은 바뀌지 않았다. 그러므로 살아 숨쉬는 동물은 고기의 개념에서는 부재하는 지시 대상이다. 부재 지시 대상은 독립된 실체로서 동물을 망각하게 만들고, 그런 동물을 떠올리는 일조차 불가능하게 한다.

동물이 부재 지시 대상이 되는 방법은 세 가지다. 하나는 글자 그대로 이해하기다. 앞에서 말한 대로 육식을 거치는 방법인데, 동물은 도살당한 만큼 글자 그대로 부재한다. 다른 하나는 정의에 따른 방법으로, 우리는 고기를 먹으면서 동물의 명칭을 바꾼다. 이를테면 우리는 고기를 동물이 살아 있을 때 부르던 새끼 송아지, 소, 양이 아니라 송아지고기, 새끼양고기라고 부른다. 육식에 관련된 언어의 문제를 다루는 다음 장에서 구체적으로 살펴보겠지만, 고기라는 단어는 부재 지시 대상으로서 죽은 동물을 가리킨다. 마지막 방법은 은유metaphor다. 동물은 인간의 경험을 묘사하기 위한 은유로 사용된다. 이런 은유적 의미에서 부재 지시 대상의 의미는 동물이 다른 어떤 대상, 특히 여성에 적용되거나 그 대상을 지시할 때 파생돼 나온다.

부재 지시 대상이 하나의 은유로 사용되면 그 은유의 의미는 실제로 지시하는 대상이 가질 수 있거나 드러낼 수 있는 수준보다 '더 추상적'이거나 더 상상적인 기능을 수행한다. 이를테면 성폭행 피해자나 구타당한 여성이 "제 자신이 고깃덩어리 같다고 생각했어요"라고 말하는 데서 이 점을 알 수 있다. 이런 사례에서 고기의 의미는 고기 자체가 아니라 남성 폭력에 희생된 여성이 자기에 관해 느낀 감정을 지시한다. 부재 지시 대상으로 작용하는 고기는 이런 은유적 의미를 발산할 때 좀더 명확히 드러난다. 다시 말해 자기를 정말 고깃덩어리로 생각하는 사람은 없다. 페미니즘 이론가이자 문학 이론가인 테레사 드 로레티스는 "현실적으로 아무도 자기를 움직이지 못하고 볼 수도 없는 대상이나 신체로 간주할 수는 없다"(De Lauretis 1984, 141)고 말한다. 단어의 정의에 따라서 고기는 폭력적으로 모든 감각을 박탈당한 어떤 것을 의미하기 때문에, 실제로 어느 누구도 자기를 고깃덩어리라고 생각할 수는 없다는 말이다. '제가 고깃덩어리 같았어요'라는 문장은 단지 언어의 은유적 체계 안에서 쓸 수 있을 뿐이다.

동물은 자기의 운명이 다른 어떤 존재나 그 존재가 놓인 운명의 은유로 사용되면서 부재 지시 대상이 된다. 은유적으로 부재 지시 대상은 원래 의미가 그 단어하고 전혀 다른 의미를 지닌 위계 관계에 동화되면서 반감되는 무엇일 수도 있다. 이런 경우에 동물의 운명이 지니는 원래 의미는 인간 중심적 위계 관계에 흡수되고 만다. 특히 강간 피해자나 구타당한 여성에 관련해 동물이 경험하는 죽음은 피해 여성의 뼈저린 아픔을 대신 표현하는 데 사용되면서 의미가 반감된다.

부재 지시 대상은 있을 수도 있고 없을 수도 있다. 추측을 통해 존재한다고 말할 수도 있겠지만, 이때도 부재 지시 대상의 의미는 오직 그 단어가 지시하는 대상만을 반영할 뿐이다. 글자 그대로 부재하는 만큼 본래의 지시 대상에 작용하는 독창적인 경험이 여기, 부재 지시 대상에는 없기 때문이다.* 우리는 이 부재 지시 대상의 존재 또는 부재에 관련해서 일치된 견해를 낼 수 없다.

여성과 동물 — 중첩돼 있지만 부재하는 지시 대상들

이 장에서 나는 중첩돼 있지만 부재하는 지시 대상들의 구조가 여성과 동물에 가해지는 폭력에 연결돼 있다고 주장한다. 부재 지시 대상의 구조를 통해 가부장제의 가치들이 제도화된다. 동물의 죽은 몸이 고기에 관련된 우리의 언어에 부재하듯이, 남성의 문화적 폭력에 관한 묘사에서 여성은 부재하는 지시 대상이다. 특히 성폭행이라는 단어는 글자 그대로 여성이 겪은 일을 지시하지만, 또한 폭력적인 유린의 다른 사례들, 1970년대 초반의 생태학 저술에 자주 나온 지구를 대상으로 한 '성폭행'이라는 표현처럼 다른 대상에도 비유적으로 사용된다. 이렇게 여성의 경험은 다른 억압을 묘사하는 매개 수단으로 쓰인다. 여성, 곧 여성의 몸에 가장 빈번하게 가해지는 현실의 성폭행은, 이 성폭행이라는 단어가 다른 대상에 은유적으로 쓰일 때는 부재 지시 대상이 된다. 이런 용어는 '여성' 자신이 아니라 여성이 겪은 '경험'만을 환기시킨다.

나는 '동물 성폭행'이라는 표현을 여성의 성폭행 경험이 또 다른 존재의 억압을 해석할 수 있는 매개 수단으로 될 때만 사용한다. 그러나 이 표현은 적절할까? 억압을 표현하는 몇몇 단어가 어떤 한 집단의 억압에만 특수하게 적용되는 경우가 있다. 다시 말해 그런 단어들이 다른 집단의 억압까지 전유하는 상황은 잠재적 착취라는 말이다. 예를 들어보자. '홀로코스트Holocaust'라는 단어는 나치가 유럽의 유대인 등을 학살한 만행을 가리킬 때만 쓴다. 성폭력이라는 용어를 동물이 아니라 인간인 여성에게 사용하는 데는 나름의 사회적 맥락이 있다. 동물에 사용하는 '도살'이라는 용어도 마찬가지다. 그러나 다른 누구보다 페미니스트들은 도살이라는 단어가 원래 적용 대상인 동물 억압을 의미한다는 사실에 상관없이 여성에 관련된 비유적 표현으로서 도살의 은유들을 전유한다. 이런 부재 지시 대상의 기능을 통해 서구 문화는 폭력의 물질적 실체를 끊임없이 통제되고 통제할 수 있는 은유들로 바꾼다.

성폭력과 육식은 서로 별개의 폭력 형태로 나타나지만, 부재 지시 대상 속에서 교차 지점을 발견한다. 성폭력의 문화적 이미지들과 현실에서 자행되는 성폭력은 종종 동물이 어떻게 인간에게 도살되고 먹히는지에 관련된 우리의 앎에 의존한다. 이를테면 캐시 베리는 소녀 예닐곱 명이 하룻밤에 각각 80명에서 120명 정도의 남자를 접대하는 '갈봇집maisons d'abattage'(그대로 옮기면 도살장)을 이야기한다(Barry 1979, 3). 게다가 변태적 성행위에 사용되는 도구인 체인, 소몰이 막대, 올가미, 개 목걸이, 로프 등은 동물을 대상으로 한 통제를 암시한다. 따라서 여성이 폭력의 희생자라고 할 때 이 말은 여성이 동물하고 똑같은 취급을 받는다는 사실을 환기한다.

비슷하게 동물 도살의 이미지에서 묻어나오는 에로틱한 분위기도 그 이미지에서 부재하는 지시 대상이 여성이라는 점을 암시한다. 동물이 '여성 도살'이라는 표현에서 부재 지시 대상이라면, 여성은 '동물 성폭행'이라는 표현에서 부재 지시 대상이다. 유혹하는 암퇘지의 이미지는 부재하지만 상상 가능한, 곧 매혹적이고 통통한 여성을 의미한다. 우르술라 햄드레스는 이런 여성에 관한 은유이자 익살이다. 우르술라의 충격적인 (또는 익살스런) 효과는 우리가 여성을 그런 식으로 묘사한 관행에 익숙해져 있다는 사실에 근거한다. 우르술

* 문학을 매개로 부재 지시 대상을 설명하는 마거릿 호만스 덕에 나는 부재 지시 대상의 문화적 기능을 이렇게 확대 적용할 수 있게 됐다(Homans 1986, 4).

라의 이미지는 부재하는 무엇, 곧 여성의 신체를 지시한다. 가부장제 문화에서 부재 지시 대상의 구조인 동물 이미지는 언제나 다른 억압받는 집단을 연상시키면서 개개의 다양한 억압을 강화한다.

여성과 동물 사이의 중첩적인 부재 지시 대상의 구조는 서구 문화에 깊게 뿌리내리고 있는 만큼, 그 구조가 개개인에게 영향을 미친다는 점은 부정할 수 없다. 이런 구조에서 개개인은 사회화 과정을 거쳐 남성 지배의 문화적 양식과 관점에 동화되며, 따라서 이 구조하고 떼려야 뗄 수 없는 관계를 맺는 폭력과 지배를 비판할 수 있는 분별력을 갖춘 시각도 상실하게 된다. 결과적으로 여성은 고기를 먹고 도살장에서 일하며, 동시에 다른 여성을 '고기'로 취급하는 한편 남성을 성폭력의 희생자로 만든다. 더욱이 남성뿐 아니라 여성도 육식을 통해 부재 지시 대상의 구조에 참여하고 그 과정에서 이득을 보기 때문에 자기가 그 구조에 기여한다는 사실을 미처 지각하지 못한다. 결국 본래의 현실에서 자행되는 동물 도살의 은유를 만들어내는 동물 억압을 알아채거나 그 구조 속에 숨겨진 함의를 지각할 수 있는 개인적인 거리 두기에 실패하게 된다.

실제로 일어나는 억압 관계와 부재 지시 대상에 의존하는 은유들에 기초한 종속 관계 사이의 상호 작용은, 이 둘 사이의 차이가 무엇이든 상관없이 부재 지시 대상 자체를 우리가 이미 대상화한 어떤 존재에 동일시하면서 우리 스스로 그 대상을 멀리하고 있는 현실을 나타낸다. 이를테면 동물과 인간의 구별은 근대 초기에 인간의 사회성을 강조하면서 도입된 개념이었다. 키스 토머스에 따르면 근대 이전에는 유아, 젊은이, 가난한 사람, 흑인, 아일랜드인, 미친 사람, 여성이 모두 짐승으로 여겨졌다. "짐승으로 한번 인식된 인간이 짐승 취급을 받는 상태에서 빠져나오기는 쉽지 않았다. 인간 지배의 윤리는 인간의 관심 영역에서 동물을 제거했다. 결국 이런 인식은 동물하고 비슷한 상태에 놓여 있는 인간을 학대하는 행위를 정당화했다"(Thomas 1983, 44).

억압받는 집단의 현존과 부재의 변증법은 부재 지시 대상의 구조를 거쳐 나타난다. 부재하는 집단은 다른 집단을 규정하면서 억압받는 한 집단을 배후에서 지시한다. 여기에는 이론적으로 여성과 동물을 대상으로 한 억압뿐 아니라 계급 폭력과 인종 폭력도 포함된다.

나는 여성과 동물에 중첩된 억압에 초점을 두려 하기 때문에, 마저리 슈피겔의 《무서운 비교 — 인간과 동물의 노예 상태The Dreaded Comparison: Human and Animal Slavery》(1989)에서 볼 수 있듯이 부재 지시 대상의 기능을 더 깊이 탐구해야 한다고 생각한다. 슈피겔은 인종 차별과 동물 억압의 상관성을 조사하면서 이 둘 사이의 중첩 관계를 밝혀낸다(Spiegel 1989).

부재 지시 대상의 구조는 동물을 대신 살해하는 소외된 노동 형태를 수행할 대리인들이 필요하다. 살아 있는 온전한 동물은 육식뿐 아니라 모피 거래에서 부재 지시 대상이다. 여기에서 모피 거래가 함의하는 동물 억압과 노예인 흑인을 대상으로 한 억압에 상관성이 있다는 점은 흥미롭다. 미국의 흑인 역사가들은 노예 제도 아래에서 흑인이 원주민보다 더 강압적인 지배를 받은 역사적 원인의 하나로 모피를 얻기 위한 동물 학살을 거론한다.

빈센트 하딩은 《강이 있다 — 미국 흑인의 자유를 향한 투쟁There is a River: The Black Struggle for Freedom in America》(1983)라는 책에서 이렇게 썼다. "북아메리카로 이주한 유럽인들의 중요한 소득 원천의 하나는 인디언을 상대로 하는 모피 거래였다. 따라서 인디언을 노예로 삼는 행위는 위험천만한 짓이었다"(Harding 1983, 7). 북아메리카 원주민과 흑인을 대상으로 삼은 역사적 탄압을 한 가지 사례로 환원할 수는 없지만, 우리는 이 둘의 상호적 억압을 뒷받침하는 요소가 부재 지시 대상인 모피라는 사실을 엿볼 수 있다. 인간 억압을 분석하면서 동물 억압을 간과하면 안 된다는 사실 또한 이해할 수 있다. 그러나 부재 지시 대상은 부재하기 때문에 억압받는 집단들 사이의 상호 연관성을 직접 경험할 수 없게 만든다.

결국 이런 부재 지시 대상의 기능에 주의를 기울이고 육식을 거부할 때, 우리는 동물 억압에 의존하는 은유를 거꾸로 이용해서 이 은유가 지시하는 대상과 은유가 유래한 대상을 동시에 비판할 수 있다. 이를테면 채식주의자이자 시민운동가인 딕 그레고리는 게토*를 도살장에 비교하면서 두 공간을 모두 비판했지만, 이 공간들이 내뿜는 무서운 이미지를 제거하기 위해 부재 지시 대상의 기능을 적절히 사용한다.

동물과 인간은 똑같이 고통을 받으며 죽는다. 당신이 자기가 기른 돼지를 잡아먹기 전에 다른 사람에게 맡기지 않고 직접 죽여야 했으면, 십중팔구 당신은 돼지를 죽이지 못한다. 돼지 멱따는 소리 듣기, 솟구쳐 흘러내리는 붉은 피 지켜보기, 이 광경이 무서워 엄마 뒤로 숨어버리는 아이 바라보기, 동물의 눈에서 죽음의 그림자 보기 등은 당신의 속을 뒤집어놓는다. 그래서 당신은 돼지를 대신 잡아줄 사람을 고용하게 된다. 마찬가지로 게토가 지저분하다고 비웃는 부유한 귀족들이 그 고통에 찬 비명을 들었으면, 배고픔에 서서히 죽어가는 어린아이들을 봤으면, 사람들의 사나이다움과 위엄이 교살되는 장면을 목격했으면, 살인을 계속 저지를 수 없었다. 그러나 부유한 사람들은 이런 공포를 겪을 기회가 없다. …… 만약 당신이 고기를 먹기 위한 동물 살해를 정당화할 수 있다면, 당신은 게토의 이런 실상도 정당화할 수 있다. 그러나 나는 그 어느 쪽도 정당화할 수 없다. (Gregory 1968, 69~70)

여기에서 기본적으로 중첩된 억압의 문제에 관심을 둔다. 부재 지시 대상에서 성폭력과 육식의 교차점을 재접합하려면 흔히 경험할 수 있는 남성 폭력을 살펴보는 일이 도움이 될 듯하다. 보통 폭행범, 강간범, 연쇄 살인마, 아동 성학대자는 동물을 희생시킨다(Adams 1994, 144~161). 이런 범행을 저지르는 이유는 다양하다. 배우자 강간범은 여성을 위협, 포박, 폭행하기 위해 반려동물을 이용하기도 한다. 연쇄 살인마는 종종 동물에게 시험 삼아 폭력을 쓴다. 1990년대 여러 공동체에서 벌어진 살인 사건에서 같은 반 친구를 살해한 남학생들은 동물을 사냥하거나 죽인 경험이 있다고 밝혀졌다. 아동 성학대자는 아이가 순순히 복종하게 만들려고 먼저 반려동물에 위협을 가하는 시범을 보이거나 폭력을 행사한다. 보통 폭행범은 다음 차례가 여자일 수 있다고 경고하는 수단으로 반려동물에게 상처를 내거나 죽여버린다. 그리고 여성을 외부에서 격리해 감금하는 방식, 자기의 힘을 과시하면서 여자의 무력함을 보여주는 방식 등도 마찬가지다. 위험에 직면한 여성이나 아이는 반려동물 살해자에게는 부재 지시 대상이다. 상징적 질서 안에서 이곳저곳 파편화된 지시 대상은 더는 자기 자신을 상기시키지 않는다. 대신 다른 어떤 것을 상기시킨다(Adams 1995). 학대받는 여성이나 아이에게 경고를 주려고 반려동물을 죽이는 이런 사례는 최근 일어난 가정 폭력 사건에서 가져왔지만, 남편이 부인 대신 부인의 반려동물을 죽이는 이야기는 20세기 초에 나온 여러 단편 소설에서도 쉽게 찾아볼 수 있다. 수전 글래스펠이 쓴 소설 《그 여자의 배심원들A Jury of Her Peers》은 이런 부재 지시 대상의 기능과 이 여성의 배심을 맡은 배심원들, 곧 다른 여성들도

---

* 원래는 유대인이 한데 모여 살라고 정해놓은 지역을 가리키는 말이지만, 지금은 흑인 또는 소수 민족이 사는 빈민가를 뜻한다 — 옮긴이.

이런 기능을 인정하고 있다는 사실을 보여준다(Glaspell 1927).

그러나 이미 말한 대로 일반적으로 부재 지시 대상은 부재하기 때문에 억압당하는 집단들 사이의 연관성을 직접 경험할 수 없게 만든다. 도살과 성폭력의 문화적 이미지들은 동물이 부재 지시 대상으로 기능하는 급진 페미니스트 담론에 깊숙이 스며들어 있다. 이런 의미에서 급진 페미니스트 이론은 가부장제 문화에서 밝혀내려 하는 남성 지배의 표상 구조라는 동일한 장치하고 맞물려 있다. 우리는 우리 자신에게 가해지는 폭력을 해석하기 위해서 동물 도살/폭력의 경험을 전유하는 가부장제적 부재 지시 대상의 구조를 떠받치고 있다. 이를테면 우리가 구타당한 뒤 주치의를 찾아간 한 여성을 알고 있다고 하자. 그리고 의사가 그 여성의 다리를 보고 "정육점에 걸린 고깃덩어리 같군요"(Dobash and Dobash 1979, 110)라고 말했다고 하자. 페미니스트들은 이런 표현을 여성 억압을 은유적으로 보여주는 사례로 든다. 페미니스트인 안드레아 드워킨*은 포르노그래피가 여성을 '암코기 덩어리female piece of meat'(Dworkin 1981, 209)로 묘사한다고 지적하며, 칼럼니스트인 제나 코리아는 "갈봇집 여성들은 우리에 가둔 동물처럼 이용당할 수 있다"(Corea 1978, 129)고 말한다. 포르노 스타 린다 러브레이스는 자비에라 홀랜더Xaviera Hollander**를 찾아갔을 때 "자비에라가 소고기의 허릿살을 검사하는 푸주한처럼 나를 쳐다봤다"(Lovelace and McGrady 1981, 96)고 말했다.*** 어떤 여자 배우가 자살을 감행한 뒤 동료 여자 배우는 그 여자 배우와 다른 여자 배우들이 겪어야만 한 딜레마를 떠올렸다. "사람들은 우리를 고깃덩어리로 취급했죠." 이런 진술에 관해 《코르티잔, 매혹의 여인들The Book of the Courtesans》(2002)을 쓴 수전 그리핀은 "이 말은 자기를 고용한 남자들이 자기를 영혼 없는 물건처럼, 그러니까 인간 이하로 취급했다는 뜻"(Griffin 1979, 39)이라고 해석한다.

이런 사례에서 알 수 있듯이 페미니스트는 동물 폭력을 여성 폭력에 은유적으로 사용하며, 이 은유들을 글자 그대로 해석하고 여성화했다. 어떤 사람이 영혼이 없는 물건으로 취급받는다고 할 때, 그 남자/그 여자는 착취의 대상이 되고 은유적으로 차용되는 재료가 된다.****

도살의 이런 비유적 표현에 많이 의존하지만 급진 페미니스트 담론은 글자 그대로 동물 억압을 가부장제 문화에 관한 분석에 통합하지 못하고 있으며, 페미니즘과 채식주의 사이의 강력한 역사적 동맹 관계를 인정하지 않는다. 여성이 자기를 고깃덩어리로 느낄 수 있고 현실에서 고깃덩어리로 취급받을 수도 있지만, 감정적으로 도살되고 물리적으로 구타당하는 동물은 정말 고깃덩어리가 된다. 급진 페미니스트 이론에서 사용되는 이런 은유들은 적극적인 상징적 행위와 글자 그대로 동물의 운명을 무시하는 소극적인 폐쇄, 부정, 생략 행위 사이에서 교차한다. 은유 자체는 억압이라는 겉옷 안에 받쳐 입은 속옷이라고 할 수도 있지 않을까?

대상화, 절단, 소비의 주기

우리에게는 서로 평행선을 그리는 사안들, 곧 여성과 동물에 공통된 억압의 흔적을 추적하고 은유의 문제와 부재 지시 대상의 궤적을 뒤쫓을 수 있는 이론이 필요하다. 나는 대상화, 절단, 소비의 주기를 제안한다. 이 주기가 우리

---

* 《포르노그래피 — 여자를 소유하는 남자들(Pornography: men possessing women)》(1996) 등이 한국어로 나왔다 — 옮긴이.

** 1972년부터 《펜트하우스(Penthouse)》에 섹스를 주제로 한 칼럼을 썼다. 영화화된 《행복한 매춘부(The Happy Hooker)》(1971)라는 책으로 유명하다 — 옮긴이.

*** 이 말은 한 여성이 다른 여성을 '고기'로 보고 있다는 사실을 보여준다.

**** 그리핀을 비롯한 생태 페미니스트들은 물질/영혼의 이원성이 가부장제 문화에 관련된 이원성(인간/동물, 남성/여성을 포함하는)하고 상호 작용한다고 여긴다. 발 플럼우드(Val Plumwood)는 《페미니즘과 자연 지배(Feminism and the Mastery of Nature)》(1993)에 실린 〈이원성 — 식민화의 논리(Dualism: the Logic of Colonization)〉라는 글에서 이런 이원성을 깊이 있게 논의한다. 상호 연결된, 또는 중첩된 폭력 형태라는 측면에서 나는 육체공포증(somatophobia)(또는 신체를 향한 적의)에 관한 엘리자베스 스펠만(Elizabeth Spelman)의 분석을 확장해 육체공포증을 가진 사람은 동물을 늘 자기 신체(물체)하고 동일시하며 이런 동물을 혼(영혼)이 없는 대상으로 간주한다는 주장을 논증한 적이 있다(Adams 1994, 152쪽을 볼 것).

문화에서 동물 도살과 여성 성폭력을 서로 결합한다고 주장할 생각이다. 대상화는 억압자가 또 다른 어떤 존재를 하나의 대상으로 보게 만든다. 억압자는 이 존재를 대상으로 취급하면서 폭력을 행사할 수 있다. 이를테면 '안 돼'라고 말할 수 있는 여성의 자유를 부정하는 성폭행과 살아 숨쉬는 존재인 동물을 죽은 대상으로 전환시키는 도살이 바로 그것이다. 이런 과정은 절단fragmentation, 또는 잔인한 해체dismemberment, 마지막으로 소비로 이어진다. 앞서 예를 든 대로 남성은 글자 그대로 여성을 먹기도 하지만, 우리는 언제나 여성에 관한 가상적 이미지들을 소비한다.* 여기에서 말하는 소비란 억압의 이행이며, 자유 의지와 산산이 조각난 정체성이 완전히 소비돼 사라진다는 의미다. 다시 말해 주체는 우선 은유를 통해 판단되거나 대상화된다. 그리고 절단을 통해 대상화된 대상은 본래의 존재론적 의미에서 분리된다. 마지막으로 소비를 통해 주체는 오직 소비가 표상하는 것에 따라서만 존재할 수 있다. 이 지시 대상의 소비는 그것 자체로 중요한 목적이 되며, 그 대상을 표상하는 것을 완전히 없애버리는, 곧 절멸시키는 반복 과정이다.

가부장제 문화가 여성과 동물을 취급하는 방식을 밝히는 과정이 이 장의 내용이기 때문에, 앞서 살펴본 고기의 이미지가 대상화의 궤적을 따라가는 데 적절한 길잡이가 될 듯하다. 글자 그대로 폭력/도살을 통해 살아 있는 동물을 소비 가능한 죽은 동물로 전환하는 과정은 육식이 지시하는 대상이 바뀌는 과정, 곧 살아 있는 동물에서 고기로 바뀌는 개념적 변환의 과정을 표상한다. 미국과 영국 같은 산업화된 육식 문화에서 살아 있는 동물이 고기의 관념에서 제거되는 현상이 이런 과정의 좋은 본보기가 된다. 동물을 도살하는 물리적 과정은 대상화와 절단이라는 단어를 통해 언어 범주에서 되풀이된다.

실제 존재하는 동물은 전문어뿐 아니라 '음식-생산 단위', '단백질 수확기', '변환기', '농작물', '바이오머신'처럼 그 말 자체만으로 해를 끼치지 않는 단어들에는 부재한다. 육류 산업은 동물을 '먹을 수 있는' 부분과 '먹을 수 없는' 부분으로 구성된 대상이라 보며, 따라서 먹을 수 없는 부분이 먹을 수 있는 부분을 더럽히지 않게 분리한다. 동물은 '분해 라인'으로 옮겨지고, 몸통은 라인을 옮겨가며 부위별로 절단된다. 이런 절단 과정은 동물을 분해할 뿐 아니라 동물을 개념화하는 방식도 달라지게 한다. 따라서 《미국 역사 유산 사전》 초판에 실린 '새끼 양' 항목은 메리의 살아 있는 작은 새끼 양의 이미지가 아니라, 먹는 부위에 따라 몸통을 갈비, 허릿살, 정강이살, 다리 같은 부위로 나누어놓은 이미지로 그려져 있었다(Morris 1969, 734. 3판부터 이 이미지는 수정됐다).

어떤 한 동물이 도살된 뒤 부위별로 절단된 몸통에는 한때 동물이었다는 사실을 감추기 위해 종종 새로운 이름이 붙는다. 죽은 뒤에 소는 로스트비프, 스테이크, 햄버거가 되며, 돼지는 포크, 베이컨, 소시지가 된다.** 문법에서 소유격은 사물에 쓰이기 때문에 동물에는 소유격을 쓰지 않는다. 이를테면 우리는 '양 다리'라고 말하지 '양의 다리'라고 말하지 않고, '닭 날개'라고 말하지 '닭의 날개'라고 말하지 않는다. 우리는 동물의 이름을 먹을 수 있는 부위별 이름으로 바꿀 뿐 아니라 동물의 원래 형태를 숨기기 위해 소스를 바르고, 간을 맞추고, 음식 등을 통해 별 생각 없이 지시 대상을 선택한다.

그다음에 소비가 진행된다. 동물의 실제 소비, 죽음, '고기'라는 용어의 은유적 소비, 그래서 고기는 죽은 동물을 지시하기보다는 음식물만을 지시하게 된다. 가부장제 문화에서 고기는 지시 대상이 없다. 윌리엄 해즐릿이 1826년에 솔직하게 인정한 대로 우리가 원하는 방식은 이것이다. "식용으로 쓰이는 동

---

* 아네트 쿤은 이렇게 말한다. "표상들은 생산적이다. 사진들은 이미 존재하는 세계를 단지 재생산하기보다는 무엇보다도 소비 대상, 곧 보통 글자 그대로 구매 대상은 물론 보는 행위 자체만으로도 소비되는 대상으로 이미지화할 수 있는 것이면 무엇이든 만들어내는 고도로 코드화된 담론을 구성한다. 따라서 이런 사진은 사회적으로 보이는 (그리고 이로운) 많은 사진 형태에서 볼 수 있듯이, 실물의 여성들이 그 이미지를 압도하는 것에는 부합되지 않는다. 사진이 여성들을 주제로 삼는 곳에서, 사진은 '여성'을 의미의 장치로 구성하며 독립적으로 문화적, 경제적 유통 영역에 들여보낸다"(Kuhn 1985, 19; Silverman 1983. 특히 '봉합(Suture)'이라는 장의 194~236쪽을 볼 것).

** 영화 〈꼬마 돼지 베이브〉에서 목장 주인이 기르는 시기심 많은 고양이는 베이브에게 인간이 돼지를 키우는 이유를 아느냐고 묻는다. 고양이는 인간은 돼지를 잡아먹으려고 기르며 '돼지'라는 이름은 살아 있을 때나 붙는 이름일 뿐이라고 말한다 — 옮긴이.

물은 알아차릴 수 없을 만큼 작거나 그 반대다. 우리는…… 우리의 식탐과 잔혹함을 비난하는 자세를 버려서는 안 된다. 나는 다리를 묶어놓은 집토끼나 산 채로 잡아온 산토끼를 보고 싶지 않다"(Hazlitt 1826, 300). 죽은 동물은 문화적으로 고기가 지시한다고 생각되는 것 너머에 있는 지시 대상이다.

고기를 은유적으로 소비하기

고기는 그 지시 대상인 피 흘리며 도살당하는 동물 없이도 자유롭게 부유하는 이미지가 된다. 고기는 의미의 수단일 뿐이지 그것 자체로 고유한 의미가 있다고 여겨지지는 않는다. 그 단어가 지시하는 '동물'은 소비된다. '고기'는 여성 억압을 표현하는 용어가 되며, 여성을 '고깃덩어리'로 부르는 페미니스트들과 가부장제가 이 용어를 똑같은 의미로 사용하게 된다. 은유로서 고기는 그 지시 대상이 부재하기 때문에 아무 대상에나 쉽게 적용될 수 있다. '핵심이 뭐냐?Where's the Beef?' 같은 문장이 마치 억압을 함의하는 '고기'라는 단어를 사용하는 다른 문장들하고 정반대 의미를 발산하는 듯하지만, 이 문장은 '고기'가 여성을 지칭하는 데 사용되는 매우 특수하고 공격적인 방식을 강화하는 한편으로 부재 지시 대상이 유동적일 수 있다는 점을 분명하게 보여준다. '소고기'를 '고기'의 일부로 만드는 일은 소고기를 남성이 아닌 존재로 만드는 일이다. 고기가 권력에 공명한다고 할 때, 그 말이 함의하는 권력은 남성적이다. 때로는 남성의 생식기와 남성의 성욕이 '고기'를 말하면서 함께 등장하기도 한다(물론 개인적 대화에서 거세되지 않은, 곧 정상적인 성인 남성이 속된 말로 씹히는 경우는 거의 없기 때문에 고기를 그런 남성에 관한 비유로 사용하는 방식이 이상할 수 있지만). '고기'는 폭력적 해체 과정을 거쳐 비남성적 존재가 된다. 하나의 이미지로서 가지는 본래 의미는 소비되고 부정되기 때문에, '고기의' 의미는 고기를 둘러싼 환경에 따라 구조화된다.

고기는 서구 문화에서 여성 억압의 은유로 오랫동안 사용됐다. 여성을 강탈한 뒤에 소비하는 과정을 보여주는 예가 바로 서문에서 말한 제우스와 메티스의 신화다. "제우스는 타이탄의 여신 메티스를 간절히 원했다. 메티스는 결국 제우스에게 붙들려 아이를 갖지만, 그때까지 제우스를 따돌리려 다양한 모습으로 위장하고 변장했다." 땅의 여신 가이아는 메티스가 임신하는 둘째 아이는 틀림없이 사내아이인데 제우스를 권좌에서 몰아낼 운명이라고 예언한다. 이 말을 듣고 제우스는 둘째 아이를 임신한 메티스를 삼켜버린다. 그러고는 뱃속의 메티스에게 자기한테 지혜를 달라고 부탁한다. 소비는 남성적인 성적 욕망의 마지막 단계로 나타난다. 제우스는 메티스를 삼켜버리려고 그럴듯한 말로 유혹한다. "잠자리에서 달콤한 말로 메티스를 달래던 제우스는 갑자기 입을 벌려 메티스를 삼켜버렸다. 메티스의 최후였다"(Graves 1955, 46; 원래 이 이야기는 헤시오도스Hesiod의 《신통기》에 기록돼 있다). 남성 중심 문화의 본질적 구성 요소는 이런 제우스의 행동, 곧 성적 욕구의 대상을 소비 가능한 존재로 보는 시각에 기초한다. 그러나 우리는 제우스가 메티스를 소비하는 신화에서 신체 분할에 관해 전해들은 이야기가 전혀 없다. 제우스는 어떻게 정확히 메티스의 임신한 몸, 팔, 어깨, 가슴, 자궁, 넓적다리를 그대로 한입에 삼킬 수 있었을까? 신화는 부재 지시 대상이 어떻게 부재하는지를 알려주지 않는다.

누락된 절단

은유와 지시 대상 사이의 누락된 관계에 평행한 형태로, 고기를 먹는 행위에는 고기의 절단 과정이라는 알려지지 않은 부분이 자리한다. 먼저 우리의 시선을 대상화된 존재에서 소비 가능한 음식으로 옮겨놓자. 고기를 소비하는 과정에서 고기의 도살, 절단, 분해 등은 누락돼 있다. 사실 가부장제 문화는 실제로 자행되는 도살에 침묵한다. 지리적으로 도살장은 격리돼 있다. 우리는 그곳에서 벌어지는 일을 볼 수도 없고 들을 수도 없다.* 결과적으로 소비는 대상화가 일어난 바로 뒤에 일어난다. 왜냐하면 소비 자체가 대상화이기 때문이다.

1907년 생체 해부 실험에 거세게 항의하면서 여성과 노동자의 동맹을 주장한 코럴 랜스베리는 이렇게 주의를 환기시킨다. "도살장을 방문하면 가장 신념에 찬 육식인도 채식주의자로 만들 수 있다는 말이 있었다"(Lansbury 1985, 177). 《도살장 건설 방법How to Build a Slaughterhouse》이라는 책에서 예일 대학교 의대 교수인 리처드 셀저는 도살장에 관련된 지식은 우리가 알고 싶어하지 않는 정보라고 말한다. "도살장을 짓기 전에 현장을 답사하는 행동은 아마도 모르는 편이 나을 수도 있는 생명의 환영, 하데스**로 내려가는 일일 듯하다"(Selzer 1986, 116). 우리는 고기의 절단/해체 과정을 알고 싶어하지 않는다. 왜냐하면 그 과정은 살아 있는 지시 대상이 사라지는 시간이기 때문이다.

절단 #1 — 도구를 이용한 폭력

이곳에 들어온 너희들은 모두 자기 자신을 포기해라. 톱니바퀴처럼 맞물려 돌아가면서 정해진 시간에 통제받는 구성 요소의 일부가 되라.

지옥……. 한 시간에 300번 또는 350번 회전하는 컨베이어에 매달려 춤추듯 흔들거리는 돼지들, 허름한 단을 따라 가죽에 도장을 찍으며 달리고 달리는 메리. 두개골 분쇄기의 진동에 맞물려 유령이 나올 듯한 연무 속에서 모든 사람이 같은 동작을 반복한다. 고기를 토막 내는 칼을 들어올리는 크릭스치, 힘차게 칼을 내려치는 사람. 끊임없이 팔을 돌려 톱질하는 사람들, 내장을 꺼내는 사람들…….

톱니바퀴처럼 맞물려 돌아가는 일들. 죽이는 방. 고리쇠 끼우는 사람, 쇠고랑 채는 사람, 지시 내리는 사람, 백장, 머리 자르는 사람, 톱질하는 사람, 다리 자르는 사람, 톱으로 흉부와 좌골 자르는 사람, 대망막 끄집어내는 사람, 수피 자르는 사람, 둔부 자르는 사람, 그 밖의 부위 자르는 사람, 큰 통에 넣는 사람, 가죽 벗기는 사람, 물 긷는 사람, 털 뽑는 사람.
죽음, 절단, 아무런 해가 없는 피조물들이 완전히 사라져가는 동안 내내 번잡스런 건물들은 …… 온순한, 쾌활한, 난폭한 …… 지옥.
— 틸리 올슨Tillie Olsen, 《요논디오Yonnondio》, 1974, 133~135쪽

도살 제도는 인간 사회에만 있다. 모든 육식성 동물은 자기가 먹는 먹이를 직접 죽이고 소비한다. 먹기 전에 직접 눈으로 죽어가는 모습을 보고 그 먹이들이 내지르는 비명도 듣는다. 여기에서는 죽는 동물 말고는 부재 지시 대상이 없다. 플루타르크Ploutarchos는 〈육식에 관한 에세이Essay on Flesh Eating〉에서 이런 사실을 지도자들에게 가르친다. "(자기가 육식인이라고 생각하면) 먼저 당신은 당신이 잡아먹으려는 대상을 직접 죽여야 한다. 푸주한의 칼이나 도끼, 몽둥이를 쓰지 말고 당신의 선천적인 무기를 써야 한다." 플루타르크는 인간은 죽은 동물의 살점을 직접 뜯어먹을 수 있는 신체 구조를 타고나지 않았다고 지적한다. "굽고 뾰족한 부리도 없고, 날카로운 손톱이나 발톱도 없고, 날카로

* 레슬리 프리드먼 골드스타인(Leslie Friedman Goldstein)이 쓴 《여성의 법적 권리(The Constitutional Rights of Women: Cases in Law and Social Change)》(1979)에서 우리는 역사적인 우연의 일치를 본다. 1868년 미국의 시민, 곧 흑인을 비롯한 모든 시민의 동등한 권리를 인정하는 (그러나 엄밀한 의미에서 여성을 차별하는) 14차 수정 헌법이 발효됐지만, 도살장은 마을에서 떨어진 곳에 지어야 한다는 법조항은 여성이 동등한 법의 보호를 받을 권리가 있다는 점을 부정하는 조항하고 함께 아직 효력이 있었다. '최초의 여성 권리 소송'으로 기록된 1873년의 브레드웰 대 일리노이 주 사건의 심리가 주 대법원에서 열렸다. 미라 브레드웰은 여성에게 변호사 자격증을 부여하지 않고 법정 출입도 금지하는 법조항이 14차 수정 헌법을 위배하는 성차별 조항이라고 항의했다(기혼자인 브레드웰은 법정 출입이 불허됐고, 같은 이유로 소송도 기각됐다). 2주 뒤 도살장 소송에 관한 심의가 열렸다. 도축업자들이 도살장의 위치를 법적으로 제한하는 루이지애나 주 법률에 강력히 항의한 때문이었다. 이 법의 목적은 '도살장을 시내에서 떨어진 곳에 제한해 동물 도살 과정에서 나오는 역겨운 냄새, 소리, 그 밖의 소란에서 시민들을 보호'하는 것이었다. 그러나 사실 이 법은 도살장 독점을 인정하는 구실을 했다. 이런 소송이 제기되기 이전의 사례를 살피면 루이지애나 주 대법원이 시내 도살장 건설을 규제하는 판결을 최초로 내린 사실을 알 수 있다. 사실 14차 수정 헌법은 처음부터 특권과 면책권 조항을 적용하는 데 제한을 뒀다. 그 결과 브레드웰이 위헌 소송을 낸 다음날 통보받았듯이, 14차 수정 헌법은 이미 헌법의 동등한 보호를 받을 수 있는 대상에서 여성을 제외하는 기본적인 법적 틀을 제공한 것이나 다름없다.
** 황천, 곧 죽은 사람의 혼이 있는 곳 — 옮긴이.

운 이빨도 없다”(Willams ed. 1883, 47~48). 인간의 신체에는 잡아먹는 동물을 죽이거나 절단할 수 있는 기관이 없다. 그래서 도구가 필요하다.

도살의 본질은 동물을 소비하는 데 적당한 크기로 잘라내는 일이다. 이때 사용하는 도구는 살점을 물어 찢는 기능을 하는 치아를 닮았고, 잡아 뜯어내는 기능을 하는 발톱을 닮았다. 동시에 도구는 그 지시 대상을 제거한다. 도구는 “해를 끼치지 않는 피조물을 완전히 없애버린다.”

한나 아렌트는 폭력에는 언제나 도구가 필요하다고 주장한다.* 도구를 이용한 폭력 없이 인간은 고기를 먹을 수 없다. 폭력은 도살 행위의 중심에 있다. 날카로운 칼은 마취된 살아 있는 동물을 먹을 수 있는 죽은 고기로 재빠르게 탈바꿈시키는 데 필수다. 여기에서 칼은 힘을 부여하기보다는 오히려 힘을 떼어놓는 장치다. 소규모 농장의 도살자는 이런저런 도구를 갖추고 있어야 한다. 돼지 긁개, 돼지와 송아지용 철제 갈고리, 기절시키는 도구, 커다란 토막용 칼, 작은 토막용 칼, 가죽 벗기는 칼, 뼈 발라내는 칼, 돼지 걸쇠, 고기 써는 톱, 스테이크용 칼, 소금 펌프, 찌르는 칼, 고기 그라인더 등. 대규모 도살장은 용도가 다 제각각인 35가지 이상의 칼을 사용한다. 리처드 셀저는 도살장 노동자들에 관해 이렇게 말한다. “댄서 같고, 무엇보다도 말이 없다. 이야기하고, 수다떨고, 서로 밀치고 하는 일들은 노동자가 쓰는 칼이 대신한다”(Selzer 1986, 120). 동물을 다루는 데 쓰이는 도구는 조지 오웰의 소설 《동물 농장》에서 동물들이 인간을 타도한 뒤에 가장 먼저 부수는 물건의 하나다.

절단 #2 — 도살장

도살장은 비밀리에 자기 일을 수행하고, 당신이 앞으로 직접 보게 될 것을 결정한다. 물론 당신이 봐서는 안 될 것은 숨긴다.

— 리처드 셀저, 《이상적인 도살장 상상Imagining the ideal slaughterhouse》, 1986, 116쪽

우리가 도살장에 취업을 하면, 어떤 작가가 체험을 바탕으로 쓴 글에서 묘사하는 일하고 똑같은 일을 하게 된다. 20세기 초, 업튼 싱클레어는 직접 도살장에 취업해 일을 했다. 싱클레어는 도살장에서 벌어지는 일을 자본주의에서 노동자를 둘러싼 운명의 은유로 여겼다. 《정글》**에서 작가의 분신인 주인공 유르기스는 일자리를 얻으려고 도살장에 들른다. 안내자가 유르기스를 일할 장소로 안내한다. 유르기스는 "밖에서는 전혀 보이지도 않고 주의를 끌지도 못하는, 빛도 기억도 망각된 지하 감옥 같은 곳에서 벌어지는 조금 무서운 범죄 같은 것"을 경험한다(Sinclair 1906, 38~45. 아래 이어지는 인용도 이 책). 아직 다리가 붙은 채인 살아 있는 돼지들이 거꾸로 묶여 꽥꽥 울고, 꿀꿀거리고, 울부짖으면서 자기 몸을 앞으로 운반하는 라인에 매달려 있다. 라인이 앞으로 움직이면서 돼지들의 멱을 따고, 그런 다음 돼지들은 "펄펄 물이 끓는 거대한 통 속으로 첨벙 소리를 내며" 사라진다. 이곳은 도살장이지만, 모두 "이런 돼지의 운명을 생각하지 않을 수 없다. 돼지들은 매우 순진했고, 안심하고 이곳에 들어왔다. 그리고 돼지들의 저항은 매우 인간적이었다. 돼지들에게 부여된 권리로서!"

그다음에 절단. 가죽을 벗기고 목을 자르고 갈비뼈를 자르고 내장 등을 꺼낸다. 유르기스는 각자가 맡은 일을 처리하는 남성 노동자들의 신속함, 자동성, 기계처럼 움직이는 손놀림에 크게 놀란다. 그러고는 자기가 돼지가 아니라는 사실을 천만다행으로 여긴다("끔찍해라, 내가 돼지가 아니라서 참 다행이우!"). 그다음부터 나머지 300여 쪽은 노동자 의식이 고양되는 과정을 기록한다. 그 과정에서 유르기스는 돼지가 정확하게 자기 자신이라는 사실을 깨닫는다. "포장기 앞에 놓인 돼지들의 하나. 자본가는 돼지에게 이윤을 바란다. 그리

---

* "권력, 무력, 또는 힘하고 구별되는 폭력은 늘 도구를 필요로 한다"(Arendt 1970, 4).

** 20세기 초 미국 리얼리즘의 정수로 일컬어지는 소설. 사회주의자이자 소설가인 싱클레어의 경험을 바탕으로 시카고 정육 공장 지대의 부조리와 노동자들이 겪는 비인간적인 현실을 사실에 가깝게 묘사했다 — 옮긴이.

고 자본가는 노동자는 물론 사회에도 이윤을 바란다. 노동자가 그런 상황을 어떻게 생각하는지, 노동자가 어떤 고통을 당하는지는 안중에도 없었다. 노동도 고기를 사는 구매자도, 자본가의 안중에는 없었다"(Sinclair 1906, 311).

싱클레어의 소설을 읽은 독자라면 돼지를 생각하지 않을 수 없을 듯하다. 그 지시 대상, 300쪽이 넘는 책에서 도살 과정을 묘사하는 몇몇 페이지는 그 은유를 압도했다. 이 책을 읽고 고기 생산 과정을 알게 되면서 소름끼쳐 하던 사람들이 새로운 법률을 만들자고 주장했고,* 유머 작가 핀리 피터 듄Finley Peter Dunne이 가공한 인물인 미스터 둘리**가 묘사한 대로 짧은 시간에 많은 사람이 '비기타리언스viggytaryans'(Sinclair 1906, 346)***가 됐다. 싱클레어는 "나는 대중의 마음을 지향했지만, 우연히 대중의 복부를 향하게 됐다"(Sinclair 1906, 349)****고 한탄했다. 도살은 《정글》에서 노동자들의 운명을 상징하는 은유로 기능하는 데 실패했다. 동물이 얼마나 폭력적으로 살해되는지를 알려주는 정보가 너무 많이 담겨 있기 때문이었다.***** 동물이 발로 걷어차이고, 비명을 지르면서 죽어가고, 절단되는 과정을 정확히 묘사해서 부재 지시 대상을 현존하게 만드는 일은 소비를 불가능하게 하며, 은유의 권력을 무용지물로 만든다.

절단 #3 — 모델이 된 분해 라인

자본주의에 반대하지 않으면서 파시즘에 반대하는 사람들, 야만주의를 알지도 못하면서 야만주의를 탄식하는 사람들은 송아지를 잡아본 적도 없으면서 송아지 고기를 먹으려 하는 사람들하고 같다.

— 베르톨트 브레히트, 〈진실 쓰기 — 다섯 가지 어려움Writing the Truth: Five Difficulties〉, 1964, 295쪽

도살장을 근대 자본주의 사회의 노동자들이 직면한 상태에 비유한 사람은

싱클레어만이 아니다. 베르톨트 브레히트는 《도살장의 성 요한나Saint Joan of the Stockyard》라는 희곡에서 '고기 왕' 피어폰트 몰러 같은 거대 자본가의 비인간성을 묘사하기 위해 작품 전반에 걸쳐 도살의 이미지를 차용한다. 이 자본가는 마치 수송아지 다루듯 피고용자를 다룬다. 몰러는 '인간 백정'이다. 배경에 나오는 도살장의 여러 작업들하고 마찬가지로 "현상금cut-throat prices"이나 "내게는 전혀 손해가 없어it's no skin off my back" 같은 구절은 노동자들의 신세 한탄을 동물의 운명에 비유하는 데 쓰인다(Brecht 1971). 도살장을 자본주의의 노동자들이 직면한 비인간화를 보여줄 비유로 고른 선택은 역사의 진실을 말해준다.

사실 자동차 산업에 처음 도입된 장치로 알려진 조립 라인은 헨리 포드가 시카고의 여러 도살장에 들러 동물 분해 라인을 견학하고 얻은 착상이다. 시카고는 업튼 싱클레어가 직접 일한 도살장이 밀집된 도시다. 포드는 조립 라인이라는 아이디어를 도살장의 각각 분리된 작업 공정에서 얻었다고 말한다. "시카고의 포장업자들이 소고기를 포장할 때 천장에 매달아놓고 쓰는 운반기에서 따온 아이디어다"(Ford 1922, 81; Nevins 1954, 471~472에서 인용). 식육 가공 업체의 지원을 받아 쓴, 고기 생산을 다룬 어떤 책은 이 분해 과정을 이렇게 묘사한다. "도살된 동물은 구동 체인이나 컨베이어에 거꾸로 매달려 노동자에서 다음 노동자로 운반된다. 이 노동자들은 각각의 과정에서 몇 가지 특수한 일을 수행한다." 이 책을 쓴 저자들은 자랑스럽게 덧붙인다. "이런 공정이 매우

---

* 《정글》의 영향을 받아 1906년 '식품의약품 위생법(Pure Food and Drug Act)'이 제정됐다 — 옮긴이.

** 아일랜드 사투리를 쓰는 선술집 주인 — 옮긴이.

*** 《정글》의 발문을 쓴 로버트 다운스(Robert B. Downs)가 한 주장이다. 다운스는 소설 말미로 가면서 싱클레어가 "고기가 음식으로서는 불필요하다는 사실이 밝혀졌다. 그리고 고기는 채소보다 생산하기 어렵고, 새료를 준비하고 조리하는 과정도 유쾌하지 않다. 또한 청결하지도 않다"(Sinclair 1906, 337)는 슐리만 박사의 말을 들은 뒤 채식주의를 염두에 두고 글을 쓴 듯하다고 주장한다('비기타리언스'는 '채식주의자들(vegetarians)'을 발음대로 쓴 단어다).

**** 싱클레어가 흑인 노동자에게 공격적 성향을 갖고 있던 점을 지적한 마이클 폴솜은 "싱클레어는 우연히 독자들의 배를 향한 것이 아니었다. 직접 겨눴다"는 결론을 내렸다(Folsom 1979, 295).

***** 브레히트는 뒤에 사회주의자가 된다. 그러나 도살장에서 벌어지는 일들이 노동자의 운명을 상징하는 은유라는 평가하고 다르게 동물권 옹호자가 되지는 않았다 — 옮긴이.

효율적이라고 판명됐고, 다른 많은 산업 분야, 특히 자동차 조립 공정에 채택됐다"(Hinman and Harris 1942, 64~65). 포드의 조립 라인이 생산물의 분리가 아니라 조립과 결합이라는 측면에서 도살 과정의 결과를 뒤집어놓기는 했지만, 달리 보면 포드는 산업 노동과 생산물 사이의 대규모 분할에 크게 기여했다. 인간 신체의 분해가 현대 자본주의의 구성물이라기보다는 오히려 현대 자본주의가 분해와 절단에 기초한 구성물에 다름 아니다.*

도살장의 분해 라인에서 기본적으로 벌어져야 하는 일의 하나는 동물이 살아 숨쉬는 존재가 아니라 죽은 대상으로 취급되는 상황이다. 이런 상황하고 비슷하게 조립 라인에서 일하는 노동자도 활기 없고 생각 없는 대상으로 취급되며, 노동자의 창조적이고 육체적이고 감정적인 욕구는 무시된다. 그래서 도살장의 분해 라인에서 작업하는 노동자는 누구보다도 심하게 자아에 관한 이중 부정을 겪어야 한다. 자기를 부정해야 할 뿐 아니라 자기가 분해하는 동물의 부재 지시 대상을 수용해야 한다. 노동자는 살아 숨쉬는 동물을 도살장 밖 사람들의 시선하고 정반대로, 곧 아직 살아 숨쉬는 동물을 죽은 고기로 바라봐야 한다. 따라서 노동자는 자기 신체뿐 아니라 동물의 신체에서도 소외돼야 한다.** 이런 특징이 "도살장 노동자들 사이의 작업 회전율이 이 나라의 다른 어떤 직업보다 크게 높다"는 사실을 설명할 수도 있다(Robbins 1987, 136).

자동차 산업에 도입된 조립 라인은 곧바로 모든 산업의 노동자들에게 영향을 미쳤다. 노동의 표준화와 노동과 최종 생산물의 분리는 노동자들에게 일상적인 요소가 됐다.*** 그 결과 노동자는 자기가 생산한 생산물에서 소외된다. 자동화는 노동자의 작업을 파편화시켜, 이전에 노동자가 최종 생산물에서 얻던 작업의 완성이라는 성취감을 박탈했다. 《노동과 독점 자본Labor and Monopoly Capital》(1974)에서 해리 브레이버만은 조립 라인의 도입이 처음 가져온 결과를 지적한다. "숙련은 반복되는 지엽적인 조작으로 후퇴했고, 임금률은 모든 노동자에게 동일한 수준으로 표준화됐다." 조립 라인이 도입된 뒤 포드는 노동자를 많이 해고했다. 브레이버만은 "조립 라인이 도입된 뒤 일어난 반발에서 우리는 자연스럽게 노동자들이 이런 새로운 노동에 반감을 품은 사실을 알 수 있다"(Braverman 1974, 148~149)고 지적한다. 포드는 생산성만 강조하면서 노동의 의미를 해체했다. 후기 자본주의에서 인간 신체의 절단, 곧 노동 분업은 절단된 각 부분이 전체를 대표하게 한다. 그러나 도살장의 분해 라인이 포드가 만든 조립 라인에서 일하는 노동자를 정확히 대표하지는 않기 때문에, 노동자도 가부장제 문화에서 부재 지시 대상의 구조가 자기에게 어떤 영향을 미치는지를 깨닫지 못한다.

절단 #4 — 동물 성폭행

"넓적다리에 칼과 포크를 꽂은 닭들이 식탁 위를 날아다닌다." 자기를 먹어달라고 간청하듯.

— 미국의 풍족한 육류 공급에 관해 쓴 19세기 스웨덴의 발라드 작가(Billington 1981, 235)

"그 남자가 나를 끈으로 묶고는 강제로 우리집 반려견하고 성교를 시켰어요. …… 그 남자가 내 몸 위로 올라타서 개를 끌어안고는 성교를 하는 느낌이었어요. 개가 내 몸안으로 페니스를 삽입했습니다"(Walker 1979, 120). 이런 장면에

---

* 제임스 바레트는 지적한다. "역사가들은 식육 가공업자들에게 대량 생산의 개척자라는 정당한 이름을 부여하지 않았다. 합리화된 노동 조직을 상징하는 일관 조립 라인 기법을 개발한 사람이 포드가 아니라 도살업자 구스타프스 스위프트와 필립 아무르이기 때문이었다"(Barrett 1978, 20).

** 해나 마셜은 고기를 분해하는 도제가 되는 일은 이런 이중적 소외를 도살장에서 정육점까지 계속 겪어야 하는 '따분하고 무익한 경험'일 수 있다고 지적한다(Marshall 1972, 35).

*** "지금까지 숙련 노동자는 약간의 물질적 보상만 받고 플라이휠-마그네토(고압 자석발전기) 완성품을 조립했다. 노동자는 하루 9시간 동안 35개에서 40개의 마그네토를 완성했으며, 각 조립 라인의 개당 평균 작업 소요 시간은 20분이었다. 현재 이 조립 라인은 29개의 공정으로 나뉘어 있고, 한 조립 라인마다 노동자 29명이 배치돼 있다. 지금 평균 조립 시간은 13분 30초로 단축됐다." 네빈스는 말한다. "[illegible] 대량 생산이 가능해졌다. 포드의 고전적 정의에 따르면 대량 생산은 힘, 정확성, 속도, 지속성, 그 밖의 대량 표준화된 상품 생산에 이전하고는 다른 원리가 적용되는 특징을 지닌다"(Nevins 1954, 472, 476).

서는 여성뿐 아니라 개도 성폭행을 당한다. 대부분의 성폭행은 동물은 포함하지 않지만, 성폭행 피해자가 심정을 토로할 때 쓰는 표현을 보면 육식 문화에서 동물의 운명이 피해자의 경험을 표현하는 한 잣대라는 점을 알 수 있다. 그럼 여성이 성폭행을 당한 뒤 스스로 고깃덩어리 같았다고 말할 때 여성은 자기의 의지를 거슬러 페니스가 몸속으로 삽입해 들어오는 상황과 사람에게 먹히는 존재 사이에 어떤 연관이 있다고 말하는 걸까? 한 여성이 대답했다. "남편이 저를 고깃덩어리처럼, 생식기처럼 대했어요. 남편은 모든 여자가 생각이 없는 하인, 생식기, 고깃덩어리하고 똑같다고 말했어요"(Walker 1979, 5).

《포트노이의 불평Portnoy's Complaint》(1970)에서 필립 로스는 포트노이 씨가 고기를 가지고 자위행위를 할 때 고기가 남성의 성행위 도구로 사용되는 방식을 다룬다. "컴come, 빅 보이Big Boy,* 어느 날 정육점에 가서 오르가즘의 절정에서 소리치며 발광했을지 모를 간 일부를 샀는데, 믿거나 말거나지만 광고판 뒤에 몰래 숨어 그 간으로 자위행위를 했지"(Roth 1970, 19). 만약 포트노이 씨가 생식기 대용으로 쓴 간이 우리가 일반적으로 먹는 것하고 똑같은 고깃덩어리가 아니라면, 이 성적 대상은 글자 그대로 먹을거리로 소비되지는 않았다. 그렇다면 왜 이런 이중성이 나타날까? 생식기로 쓰이는 것과 먹는 고깃덩어리를 연결하는 요소, 몸속으로 삽입되는 것과 먹히는 것을 연결하는 요소는 무엇인가? 사실 성폭행/폭행/의지에 상관없이 페니스가 몸속으로 삽입되는 것은 먹히는 것하고 비슷하지 않다. 왜 그렇게 느낄까?** 당신이 만약 고깃덩어리라면, 당신은 나이프나 포크 같은 도구를 이용한 폭력에 지배당하기 때문이다.

페니스가 폭행의 도구라는 점에서 성폭행도 도구를 이용한 폭력이다. 당신은 고깃덩어리가 포크에 찔리고 나이프로 잘리듯이 남성의 몸에 제압당한다. 게다가 도살장에서 도살되는 동물과 노동자를 수동적이고 생각 없고 감정 없는 대상으로 다루듯이, 성폭행 과정에서 여성도 자기의 감정이나 욕구에 아랑곳없이 수동적 대상으로 취급된다. 결과적으로 여성은 자기를 고깃덩어리로 느낀다. 여기에 상응해서 우리는 동물의 의지에 상관없이 인공으로 수정시키는 "성폭행의 도구들"을 알고 있다(People for the Ethical Treatment of Animals 1986; Corea 1985, 12~13). 당신이 자기 자신을 고깃덩어리처럼 느낀다는 말은 살아 숨쉬고 감정을 지닌 존재인데도 (또는 그런 존재였는데도) 죽은 대상처럼 취급받는다는 뜻이다.

성폭행 희생자들이 자기 경험을 묘사하기 위해 선택하는 고기의 은유들은 성폭행이 소비, 곧 여성 이미지의 소비와 글자 그대로 고기의 소비를 둘 다 뜻하는 소비하고 동등하거나 관련이 있다는 사실을 시사한다. 성폭행 희생자들이 자기 의지에 상관없이 페니스가 자기 몸속에 삽입될 때, 성폭행당할 때, 시장에서 매매될 때의 아픈 기억을 더듬으려고 '햄버거'라는 단어를 사용하는 모습은 고깃덩어리라는 말이 얼마나 불쾌한지를, 또한 동물이 이런 성폭행의 희생자일 수 있다는 사실을 함축한다. 성폭력 희생자들은 자기 의지에 상관없이 페니스가 자기 몸속에 들어오고, 성폭행당하고, 시장에서 매매된다. 그러나 지배 구조의 문화적 은유들은 마치 이런 중첩된 경험이 여성과 동물의 자기 의지에 따른 결과인 듯 묘사한다.

육식을 정당화하려고 우리는 마치 동물이 스스로 죽기를 바란다는 듯, 고기가 되기를 갈망한다는 듯 말한다. 소설가이자 풍자가인 새무얼 버틀러의 《에레혼Erewhon》(1872)***에 보면 고기는 '자연사'한 동물의 고기가 아니면 먹지 못하게 돼 있다. 다시 말해서 "동물들이 조금 나쁜 환경 탓에 계속 자연사해온 사실은 잘 알려져 있다. …… 몇몇 불행한 동물이 푸줏간에 가까운 곳에서 죽었다고 해서 어떻게 도살장으로 보내질 수 있는지, 반대로 푸줏간에서 멀

---

* '컴'은 '오르가즘' 또는 '정액'의 속어이고, '빅 보이'는 음경의 속어다 — 옮긴이.

** 캐럴 바라시(Carol Barash)가 제기한 문제들이다.

*** '노웨어(nowhere)'를 거꾸로 쓴 말. 19세기 영국 사회 제도를 풍자한 역(逆)유토피아 소설로, 에레혼에서는 모든 것이 현실하고 정반대다. 질병은 죄악으로 처벌받지만 죄인은 병자로 취급해서 따뜻한 치료를 받는다 — 옮긴이.

리 떨어진 곳에서 죽었다고 해서 도살장행을 면할 수 있는지 놀라웠다"(Butler 1970, 230). 강간범들이 철석같이 믿는 미신의 하나는 여성이 성폭행해주기를 간절히 바랄 뿐 아니라 여성도 강간을 즐긴다는 말이다. 그리고 여성이 계속 푸주한의 칼(또는 강간범의 성기)을 원한다고 믿는다. 동물도 광고와 대중문화에서 비슷하게 그려진다. 이를테면 진공팩 참치 찰리Charlie the Tuna* 광고, 만화가 알 캡Al Capp이 만든 캐릭터 슈모Shmoo**는 스스로 잡아먹히기를 바라는 듯이 그려진다. 이런 묘사는 여성과 동물이 기꺼이 자기를 부재하는 존재로 만드는 데 참여한다는 함의를 지닌다.

안티 페미니스트인 메러벨 모건은 《진정한 기쁨Total Joy》(1971)에서 여성과 동물을 햄버거라는 은유를 활용해 하나로 묶는다. 모건은 여성들에게 남편의 식욕을 채워주는 햄버거가 되라고 강조하면서 자기만의 슈모 신드롬을 만들어낸다. "그러나 햄버거처럼 당신도 가끔 남편을 위해 다양한 모습으로 자기를 준비할 수도 있다"(Morgan 1971, 113). 모건의 문장 구조인 '햄버거처럼 당신도 ○○일 수 있다'는 햄버거가 여러 종류이듯이 당신도 마찬가지여야 한다는 주장을 담고 있다. 그러나 햄버거는 모든 여성의 식탁에 올라오기 전에는 다른 어떤 대상을 대신하는 이런 비유로 쓰인 적도 없고, 이런 비유를 위해 준비된 음식도 아니다. 여성/아내로서 '당신'은 햄버거를 지시하고, 햄버거를 대신한다. 여성들은 자기가 '햄버거'하고 연관된 것처럼 대상화되는 어떤 존재, 매개 없이 가부장제 세계에서 소비되도록 준비되고 변형되고 변화돼야 하는 어떤 대상, 곧 '(슈모 같은) 완벽한 여성'으로 준비돼 있어야 한다. 그 지시 대상이 부재할지라도, 여성은 이런 현실을 인정할 수밖에 없다. 그러나 동물이 자기가 먹히는 일을 바라지 않듯이, 여성이 이런 요구를 거부할 때 모건의 문장 구조는 모건 자신의 의도를 도리어 파괴하게 된다.

저항하고 반항하고 두려워하는 주체를 어떻게 고깃덩어리로 바꿀 수 있을까? 주체를 대상으로 전환하려면 마취가 필요하다. 뉴욕 주립대학교 역사학과 교수인 바커-벤필드는 19세기에 자기 부인을 강간하고 싶어한 한 남자를 몰래 도와준 의사에 관해 이야기한다. 이 내과 의사는 일주일에 두 번이나 세 번 "이 불쌍한 부인을 마취시키려고"(Barker-Benfield 1976, 113) 부부가 사는 집에 들렀다. 도살 직전에 하는 동물 마취는 배우자 강간을 위한 남편과 의사의 공모를 연상시킨다. 감마 히드록시부티르산GHB, 로힙놀, 케타민 같은 '강간 약물'의 발달에서 알 수 있듯이, 의식이 완전히 깨어 있거나 몸부림치는 상태에서 제압하기 어려운 대상은 마취 상태라야 쉽게 제압할 수 있다. 여성 성폭행에서 예외적인 방식은 오히려 동물 도살에서 전형적이 된다.

마취는 고기의 대량 생산에 필요한 본질적인 요소다.*** 유혹당한 동물은 푸주한에게 안전하고 작업하기 좋은 조건을 제공하며, 경제적으로도 이득이 더 크고 더 질 좋은 고기를 생산할 수 있게 한다. 방금 죽은 동물의 근육 조직에는 방부제 구실을 하는 젖산을 만드는 글리코겐이 많이 분비돼 있다. 그러나 이 글리코겐은 죽기 직전에 동물이 겪는 육체적이고 정신적인 긴장 때문에 소비돼 없어진다. 따라서 희생자를 진정시키려고 유인해서 마취시키는 행동은 도살의 전주곡에 해당한다. 흥분 상태 또는 초조한 상태에서 죽은 동물은 피를 많이 흘리지 않고, 따라서 이런 동물의 살은 선홍색을 띠거나 맛이 없다. 그저 "구미를 당기지 않는 시체unattractive carcasses"일 뿐이다(Zeigler 1966, 10; Evans and Greene, 107). 영화 제작자 데이비드 린치가 2000년 뉴욕 카우퍼레이드를 맞아

---

* 스타키스트 사가 만든, 캔이 아니라 진공팩에 담긴 참치 상표 — 옮긴이.

** 릴 아브너(Li'l Abner)라는 코믹 캐릭터로 유명한 만화가 알 캡이 1948년에 새로 만든 캐릭터. 슈모는 최고 등급의 달걀을 낳을 뿐 아니라 우유도 준다. 프라이드치킨이 될 수도 있고, 스테이크가 될 수도 있다. 거대한 지구는 우리가 원하는 모든 것을 줄 수 있다는 사실을 보여주려고 슈모를 만들었다고 알 캡은 말한다. 욕심을 부려 죽이지 않는다면 영원히 살면서 원하는 모든 것을 줄, 황금알을 낳는 거위인 셈이다 — 옮긴이.

*** 유대인과 이슬람의 음식물 금기에 따라 죽는 동물은 순간적으로 죽기 때문에 고통을 느끼지 못한다고 생각할 수도 있지만, 이런 가정은 잘못됐다. 피터 싱어는 말한다. "바닥에 메쳐 급살되거나 땅에 부딪쳐 죽는 동물하고 다르게, 미국의 기계화된 도살장에서 도살되는 동물은 뒷다리에 족쇄가 채워지고 공중에 매달려 완전히 살아 있는 채로 작업자가 목을 자르기 직전 2분에서 5분 동안, '도살 라인'에 문제가 생긴 경우에는 좀더 많은 시간이 걸려서 컨베이어 벨트에 매달려 이동한다"(Singer 1990, 154; Kalechofsky 참조).

섬유 유리로 만든 소 조각상인 〈내 두려움을 먹다Eat My Fear〉는 축제 참가가 불허됐다. 마찬가지로 소비자의 식욕을 떨어트리는 이미지를 떠오르게 한다는 이유 때문이었다.

'비육 동물'을 유혹하는 데 쓰이는 진정제는 동물의 몸에 직접 주사하거나 먹이에 섞어 먹인다. 동물은 얼마 지나지 않아 흥분과 불쾌감이 무뎌지면서 이내 몸을 움직일 수 없게 된다. 움직이지 못하게 하려면 기계적, 화학적, 전기적 방법을 쓸 수도 있다. 그러나 이 작업의 목적은 완전한 동물 살해가 아니라, 토머스 하디의 소설 《이름 없는 주드》에서 아라벨라가 주드에게 말하듯이 기절시킨 상태에서 심장 박동을 계속 유지해 피를 몸밖으로 흘러나오게 하려는 데 있다. 희한하게도 육류 산업을 묘사하는 글들을 읽어보면 동물이 완전히 비육돼 도살 단계에 다다를 때 마치 동물이 스스로 기꺼이 도살당하기를 원하는 듯이 묘사한다. 이런 글들은 동물이 도살장에 도착해 마취돼 움직일 수 없게 된 뒤에도, 마치 마취된 동물이 움직일 수 있다는 듯이, 그래서 도살장 안을 이리저리 돌아다닐 수 있다는 듯이, 곧 라인 여러 개가 동시에 마주보면서 '상승'하고 '이동'하는 과정이 순전히 동물들의 의지에 따른 일인 듯이 설명한다(Zeigler 1966, 40~44). 유혹이라는 개념은 이미 다른 분야에서도 자주 쓰인다. 그리고 동물은 자기에게 가해지는 '성폭행'에 맞서 능동적이고 적극적인 의지를 지닌 행위자로 묘사된다.

절단 #5 — 잭 더 리퍼

나는 언제나 그 여자의 순수하고 섹시하지 않은 모습이 좋았다. 여자의 육체는 밝은 마음, 겸손한 자세, 수수하게 차려 입은 옷 이면에 감춰진 듯했다. 여자는 살갗을 내보인 적이 한 번도 없었다. 그런데 어느 날 갑자기 푸주한의 무시무시한 칼이 여자를 찌르고 말았다. 마치 배를 갈라 내장을 꺼낸 다음 갈고리에 매달아놓은 죽은 송아지 같았다. 그런데 난데없이 죽은 그 여자하고 사랑을 나누고 싶은 강렬한 욕망이 솟구쳤다. 아니 좀더 정확히 말해, 그 여자를 강간하고 싶은 강렬한 충동이 일어나는 느낌을 받았다.

— 밀란 쿤데라Milan Kundera, 《웃음과 망각의 책The Book Laughter and Forgetting》, 1985, 75쪽

폭행당하는 여성과 도살당하는 동물의 이미지에서 중첩되는 요소는 1888년에 여성 8명을 연쇄 살인한 잭 더 리퍼*를 향한 반응으로 설명된다. 살인광 잭이 저지른 남성 폭력은 여성 대상 살인으로 그치지 않았다. 죽인 여성의 몸에서 자궁을 제거해 성불구를 만드는 등 강한 집착이 보였다. 살인 도구를 다루는 솜씨는 능수능란했다. 경찰 소속 외과의가 쓴 소견서에는 "칼 다루는 솜씨가 능숙한 사람"(Pearsall 1969, 308)으로 기록돼 있다. 게다가 신체의 특수 부위를 정확하게 도려낸 수법으로 볼 때 여성의 신체 구조를 분명히 잘 알고 있었다. "또한 살인자의 주요 목적은 희생자를 교살하고 목을 자른 뒤에 시체에서 장기 등을 꺼내는 데 있는 듯했다. 시간이 충분하면 자궁과 내부 장기를 제거했고, 그런 다음 여성의 몸속에 모래를 뿌렸다"(Walkowitz 1982, 550). 이를테면 넷째 피해자인 캐서린 에도우스의 시신에는 왼쪽 신장과 자궁이 없었다.

도살당한 동물의 이미지가 이 연쇄 살인을 조사한 사람들의 머릿속에서 지워지지 않았다. 전통적으로 여성의 운명은 동물의 운명하고 같다고 여겨졌다. 첫째, 경찰 소속 외과의가 쓴 소견서에는 살인광 잭 때문에 배가 갈리고 장기가 없어진 여성들에 관해서 일종의 비유지만 이렇게 기록돼 있다. "여자는 마치 고깃간에 매달린 죽은 소처럼 배가 갈려져 있었다"(Pearsall 1969, 308). 잘려 나간 소장과 위의 일부가 여자의 오른쪽 어깨에 널려 있고, 또 다른 위의 일부분

---

* 19세기 영국 런던에서 유명하던 연쇄 살인범. 살인광 잭은 《셜록 홈즈》의 소재로 쓰였고, 《프롬 헬》, 《셜록》 등 드라마, 영화, 뮤지컬로 제작됐다 — 옮긴이.

이 왼쪽 어깨에 걸쳐 있는 희생자를 목격한 한 젊은 경찰은 고기를 입에 댈 수 없었다. "구역질이 계속 나왔습니다. 지금도 고깃간만 생각하면 속이 메스꺼워 미칠 지경입니다"(Walkowitz 1982, 551). 갑자기 고기의 부재 지시 대상은 그 대상이 도살된 여성일 때 현존하는 존재가 됐다.

둘째, 살인광 잭이 살해 도구인 칼을 능숙하게 사용한 사실 때문에 당국은 범인이 푸주한, 사냥꾼, 백정, 외과의 자격증을 가진 의사가 아닐까 의심했다. 경찰 보고서를 보면, "푸주한과 백정 76명을 탐문 조사했고, 이 사람들을 조사하기 위해 비슷한 분야에 종사하는 사람들을 고용했다"(Knight 1977, 59).

셋째, 살인 동기의 하나로 잭이 여자의 자궁에 관심을 둔 점은 여성이 의학 실험 대상 동물처럼 취급받는 현실을 보여준다. 어떤 미국인이 의학 연구를 위해 여자의 자궁을 20파운드에 사들였다는 소문도 있었다. 살인광 잭이 그 미국인에게 여자의 자궁을 공급했다는 입소문이 퍼졌다(Pearsall 1969, 307).

마지막으로, 이런 연쇄 살인이 계속되면서 런던에 사는 성직자인 바네트 신부는 "많은 사람들을 잔인하게 만들고, 아이들을 타락시키는"(Pearsall 1969, 313) 원인이기 때문에 공공 도살장을 없애버려야 한다고 주장했다.

절단 #6 — 여성 도살

추상 명사들이 뇌리에 번뜩이기 시작하면 나는 이내 추잡스러워져.
부엌으로 가서 양배추와 음식에 혼자 말을 걸거든.
사람들이 뭘 하는지 지켜보면서도 애써 기억하려 하지는 않아.
아니, 내 손등만 바라보면서 혼자 중얼거리지.
경제는 척추고, 정치는 살이지
그것들이 누구를 때리는지, 누구를 잡아먹는지 지켜보고 있지.
— 마지 피어시, 〈남자들의 방(들)에서In the men's room(s)〉, 1982, 80쪽

도살당하는 동물의 운명/이미지는 여성을 억압하는 데 부당하게 이용된다. 한편 여성 억압을 근절하려 애쓰는 페미니스트들도 이런 도살당하는 동물의 이미지를 사용한다. 동물은 부재하는 대상이며, 그 운명은 도살의 은유를 통해 계속 소환된다. 도살은 어떤 존재를 고기로 만드는 과정이다. 그리고 은유적 '도살'은 은연중에 폭력적인 동물 도살 행위를 조종하고, 성폭행당한 여성이 자신을 더욱더 '고깃덩어리'로 느끼게 만든다. 안드레아 드워킨은 지적한다. "남성 문화의 가장 큰 자만은 경험이라는 요소가 글자 그대로 뼈가 부서지듯이 산산조각날 수 있다고 간주하는 것, 이런 뼛조각들을 마치 원래 뼈의 일부가 아니었던 것처럼, 또는 이 뼈가 마치 신체의 일부가 아니었던 것처럼 다룬다는 점이다." (우리는 티본스테이크나 닭다리를 마치 소나 닭의 몸의 일부가 아닌 듯이 바라본다.) 문화라는 신체에 관한 드워킨의 이런 해부학적 견해는, 우리가 동물의 이미지를 부재 지시 대상으로 다룰 때 그 의미를 발산한다. "모든 것은 분리된다. 감정 그리고/또는 상상력과 지식이, 결과와 행동이, 실체와 상징이, 신체와 정신이 분리된다. 몇몇 부분은 전체를 구성하고 전체는 일부를 위해 희생된다"(Dworkin 1981, 67). 가부장제 문화에 관한 드워킨의 은유적 묘사는 우리 문화에서 동물이 이런 식으로 도살된다는 경험을 독자하고 공유하고 싶어한다.

도살의 이미지들이 가부장제 문화를 가득 메우고 있다. 뉴저지 주에 있는 한 스테이크 전문점의 이름은 '아담의 갈비뼈Adam's Rip'였다. 사람들은 이곳에서 스테이크를 먹으며 누구를 생각했을까? 외설 잡지의 표제로 사용되기 전에 성매매 여성을 뜻하는 '허슬러The Hustler'는 클리블랜드에 자리한 어느 레스토랑의 상호였다. 그 레스토랑의 메뉴판 겉표지에는 여성의 엉덩이가 그려져 있었고, 이런 메시지가 눈에 띄었다. '이 레스토랑은 이 도시에서 가장 최상급 고기만 씁니다.' 누가? 잡지 《허슬러》가 1978년 6월호 표제로 '결국 고기 문제'를 다뤘듯이 여성은 고기 그라인더에 갈려 사라지는 존재로 비친다. '초이스 컷츠

Choice Cuts'라는 제목이 붙은 어떤 앨범*처럼 여성의 엉덩이에는 '선별 부위'라는 뜻의 '초이스 컷츠'라는 문구가 찍혀 있다. 남성을 대상으로 성적 흥분을 자극하는 요소가 무엇인지 물어보면, 십중팔구 "몸과 분리된 얼굴 없는, 곧 우리 몸의 일부라고 할 수밖에 없는 유방, 다리, 질, 엉덩이 등"(Chesler 1980, 155)이라고 대답한다. 일반 소비자에게 고기는 정확히 머리가 잘려 나간 몸통의 각 부위, 곧 가슴, 다리, 젖통, 엉덩이로 환원된다. 프랭크 퍼듀Frank Perdue**는 닭고기 소비를 촉진하려고 그린 한 포스터에서 성적 도살의 이미지를 활용해 장난을 친다. "당신은 닭의 가슴을 가진 남자인가 아니면 닭의 다리를 한 남자인가?"

보스턴의 헤이마켓 구역에 있는 어느 정육점에는 판매하는 고기의 각 부위를 보여주기 위해 동물 그림 대신 부위별로 표시한 여성의 누드를 그려놓은 포스터가 걸려 있다. 그런 이미지에 관련해 극작가인 다리오 포와 프랑카 라메***는 이런 희곡을 썼다.

> 잡지에는 각 부위별로 나뉜 나체의 여인이 그려져 있죠. …… 그 소고기 정육점에 걸려 있는 포스터처럼 말이에요……알죠? 그리고 모든 성감대는 눈에 잘 띄는 색으로 칠했어요. 이를테면 엉덩이는 선명하고 밝은 핑크색입니다(뭔가 부딪치는 소리, 칼 가는 소리, 웃음소리가 들린다). 그리고 여기 이 부위(손을 등 뒤로 해서 목 아래로 가져가면서) …… 정육점 주인이 목과 어깨살이라 부르죠. 이 부위는 자주색으로 칠했어요. 그리고 필레 살**** …… (잠깐 숨을 돌린다) 요즘 필레 살이 얼마인지 아세요? 엄청 비쌉니다! 여하튼, 그 부위는 오렌지색으로 칠했어요. (Fo and Rame 1981, 15~16)

노마 베니는 《온전한 육체 — 동물의 권리All of One Flesh: The Rights of Animals》(1983)에서, 음악 잡지 《지그재그Zig Zag》 129호(1982년 8월)에 실린 "죽은 동물의 몸통과 고기를 잘라내는 데 쓰는 여러 칼과 토막용 큰 칼이 벽에 걸린 정육점 작업대 위에 팔다리를 벌린 채 사슬에 묶여 있는 어느 나체의 여성을 붉은색 고무로 만든 푸주한용 앞치마를 두른 한 남자가 전기톱으로 자르는 듯한 자세를 취하고 있는 사진"(Benney 1983, 148)을 말한다. 이런 맥락에서 '매력 덩어리piece of ass', '가슴 달린 남자I'm a breast man', '넓적다리를 가진 남자I'm a thigh man' 같은 일상의 구어들은, 이런 표현이 원래는 다른 사람을 향한 공격 성향에서 기인한 사실을 보여준다. (남자를 '호색한stud'이나 '섹시남hunk'으로 부를 수도 있다. 그러나 이런 용어는 부재 지시 대상의 유동성을 재확인하고, '고기'가 여성을 지칭하는 데 사용되는 특수하고 공격적인 방식을 강화할 뿐이다. 이때 남성들은 자기를 '고기'로서 소유하고, 여성들도 소유한다.)

이런 예들은 은유로서 성적 도살의 패러다임을 제기한다. 이런 패러다임의 본질적인 구성 요소는 다음 같다.

- 실질적 또는 은유적으로 선택된 도구로서 칼(포르노그래피에서는 칼 대신 카메라 렌즈가 도구를 이용한 폭력을 대신한다.)
- 희생자의 신체를 지배/소비/모독하는 공격자
- 신체 일부를 대상으로 한 성적 도착
- 도살된 동물의 이미지를 제공하는 육식

은유적 성적 도살은 살해당한 여성의 이미지를 과대 포장하는 문학과 영화에서 반복해 사용된다. 《구약 성서》의 〈사사기〉에도 여성 대상 성폭행과 살해

---

* 스코틀랜드의 5인조 밴드 타나힐 위버스(Tannahill Weavers)가 낸 베스트 앨범 〈컬렉션 — 초이스 컷츠(Collection: Choice Cuts) 1987~1996〉을 말한다 — 옮긴이.

** 현재 세계 2위의 육류업체인 퍼듀의 전 사장 — 옮긴이.

*** 이탈리아의 유명 배우이자 페미니스트, 다리오 포는 프랑카 라메의 남편으로 1997년 노벨 문학상을 받았다 — 옮긴이.

**** 소나 돼지의 연한 허리 고기, 양의 허벅지 살 — 옮긴이.

가 언급된다. 어느 레위족 남자가 이방인들이 자기의 첩을 무참하게 강간하는 행위를 묵인한다. "그놈들이 내 첩을 성폭행하고 밤새도록 고문했다."* 여자는 레위족 남자가 머무는 숙소의 문간에 도착해 쓰러진다. 남자는 살아 있었는지 죽었는지 알 길 없는 여자를 당나귀에 실어 집으로 데려간다. "레위족 남자는 칼을 집어 든 뒤 여자를 꽉 움켜잡는다. 그리고 사지를 차례로 잘라 열두 토막을 내어 이스라엘 전역에 내다 버린다"(사사기 19장 29절; 트리블의 번역본 80).**
데이비드 허버트 로렌스D. H. Lawrence의 소설 《말을 타고 가버린 여인The Woman Rode Away》(1924)에는 한 신여성이 말을 타고 가다가 동굴에 사는 한 무리의 도적에게 백주 대낮에 살해되는 장면이 나온다. 로렌스가 이 장면을 묘사하면서 쓰는 언어는 글자 그대로 이해되는 소비와 성적 소비를 모두 자아낸다. 케이트 밀렛은 이 이야기를 날카롭게 분석한다. "이런 장면은 성적 만행을 묘사하는 정식의 하나다. 칼이 페니스와 강간을 대신하고, 동굴이 자궁, 침대, 범행 장소를 대신한다. 그리고 범행 당사자는 살인을 해서 희생자의 힘을 자기 소유로 만들 수 있다고 믿는 한 계속 살인을 저지른다"(Millet 1970, 292).

성적 도살은 남성의 포르노그래피적인 성적 관심의 기본 요소다. 영화 상영 시간의 마지막 몇 분을 남겨놓고 상대 여자 배역을 실제로 죽여버리는 악명 높은 '스너프 영화snuff movies'***는 여성 살해를 성적 행위로 고양시킨다.

어느 귀엽고 젊은 금발 여성이 제작 보조국에 찾아와 감독에게 자기가(산모가 — 원문) 마지막 진통으로 내뱉는 신음 소리에 얼마나 성적으로 흥분하는지를 이야기한다. 감독이 이 매력적인 여성에게 같이 침대로 가 그 야릇함을 직접 실연해보자고 제안한다. 침대에 올라가 서로 애무하기 시작하고 나서 한참이 지난 뒤에 여자는 감독의 동료가 내내 촬영을 하고 있다는 사실을 깨닫는다. 여자는 저항하면서 나가려 한다. 순간 감독이 침대 위에 놓아둔 단도를 집어 든다. "쌍년, 이제 네가 원하는 대로 해주지." 이제 말로 표현할 수 없는 엄청난 일들이 벌어진다. 남자는 여자를 천천히, 깊게, 완전히 죽여버린다. 감시하고 있던 한 남자는 흐르는 피, 잘려 나간 손가락, 공중에 뻗친 팔, 절단된 다리, 마치 물줄기처럼 죽기 전 입으로 토해내는 피를 보고 속이 뒤집힌다. 그러나 클라이맥스는 여기다. 악마적 본성이 드러나는 순간, 그 여자의 배를 가르고, 극에 다다른 흥분의 도가니 속에서 뱃속의 내용물을 꺼내 머리 위로 치켜든다. (LaBelle 1980, 273~274)****

'스너프' 영화는 은유적인 성적 도살을 미화하며, 이런 미화에 필요한 모든 요소, 곧 살인 도구인 칼, 여성의 희생, 희생된 여성의 신체를 향한 모독과 신체 일부를 대상으로 한 성적 도착 등을 두루 갖추고 있다. 현실의 희생에는 부재하지만, 스너프 영화는 동물에게 늘 일어나는 일들을 떠올리게 한다.

남성이 여성에게 폭력을 행사하는 이야기를 쓰면서, 페미니스트도 자기를 억압하는 남자들이 사용하는 문화적 이미지들을 똑같이 끌어다 활용한다. 페미니스트 비평가들은 이런 폭력이 성욕과 소비를 대신하는 표상들에 내재하는 요소라고 간주하며, 이런 표상들을 서로 결합해 '육식의 거만canivorous arrogance'(시몬 드 보부아르), '대량 학살 같은 식탐gynocidal gluttony'(메리 데일리),

---

* 유니언 신학대학교 교수 필리스 트리블(Phyllis Trible)이 쓴 《공포의 텍스트(Texts of Terror: Literary-Feminist Readings of Biblical Narratives)》(1894)의 76~77쪽에서 번역한 내용이다. 트리블은 성서에 나오는 이런 폭력 장면에 관해 이렇게 말한다. "이런 역사적 기록의 현재성을 인정해야 한다. …… 대상으로서 여성은 여전히 속박, 배반, 강간, 살해, 절단, (사체) 유기되고 있다. 이런 고대의 이야기에 귀를 기울일 수 있을 때, 우리는 그런 상황의 현재성을 인정하는 셈이다." 각주에는 뉴 베드퍼드(New Bedford)라는 갱단이 한 여성을 잔인하게 성폭행한 사건을 언급한다.

** 트리블은 이 구절에서 쓰인 히브리어 동사 'divide'가 "다른 곳에서는 동물에만 적용된다"(90쪽, 주 51)고 지적한다. 앨리스 토머스 엘리스(Alice Thomas Ellis)의 《죄를 먹는 자(The Sin Eater)》(1977)에 관련된 언급이 있다. "어느 여자 등장인물이 〈사사기〉 19장을 손에 넣고 베냐민 지파가 사는 무시무시한 마을로 돌아왔다. 그 여자는 여성의 의지를 거스르며 그 레위족 사내가 토막 낸 첩의 사지들을 어떻게 이어 맞출 수 있었는지 의아해했다. 말하기 거북하지만, 사내는 율법에 따라 첩의 몸을 열두 토막으로 잘랐다. 토막들은 이스라엘을 구성하는 각각의 부족이 됐다. …… 인간의 몸은 있는 그대로 열두 토막을 낼 수 없다. 인간이 분할할 수 있는 한계는 열한 토막이었다. 레위족 사내가 정확한 비율로 토막을 내려 했다면, 그리고 첩이 이 사실을 알고 몸부림쳤다면, 인간의 신체를 정확히 열두 토막으로 자르는 일은 어렵다는 사실이 그 사내를 괴롭혔을 듯하다."

*** 포르노를 찍던 출연자를 정말로 살해하는 장면을 보여주는 영화 — 옮긴이.

**** 앨프리드 히치콕의 영화 〈싸이코(Psycho)〉(1960)에서 샤워하는 여자(극중 인물인 노먼 베이츠)를 살해하는 장면을 떠올리면서, 카자 실버만은 말한다. "칼로 찌르는 장면을 모두 편집하고 있다. 그러나 이런 장면에 담긴 함의를 무시할 수는 없다. 이런 영화에 사용되는 소품은 치명적이다. 그런 소품도 살인을 하고 절단을 하기 때문이다"(Silverman 1983, 211).

'성적 만행sexual cannibalism'(케이트 밀렛), '정신적 만행psychic cannibalism'(안드레아 드워킨), '형이상학적 만행metaphysical cannibalism'(티-그레이스 앳킨슨Ti-Grace Atkinson) 등으로 부른다. 그리고 벨 훅스는 성차별주의하고 교차하는 인종주의를 육식의 측면에서 분명히 정의한다. "진실은 이렇다. 성차별이 심한 미국에서 여성은 남성의 자아가 확대된 대상으로 대상화되는데, 흑인 여성에게는 햄버거라는 꼬리표가 붙고 백인 여성에게는 일등급 갈비라는 꼬리표가 붙는다"(Simone de Beauvoir 1972, 236; Daly 1978, 31; Dworkin 1974, 63; Atkinson 1974, 57~63; Bell Hooks 1891, 112).* 이 페미니스트 이론가들은 여성 억압과 동물 억압의 교차 지점으로 우리를 안내하지만, 바로 방향을 바꿔 동물 억압 문제가 아닌 여성의 문제만을 제기하며, 여성 문제에서 부재 지시 대상의 기능과 가부장제 구조를 다룬다. 이 이론가들이 여성의 굴욕, 대상화, 폭력을 표현하기 위해 사용하는 동물의 상징과 직접적 비유는 폭력 때문에 파편화된 여성의 성적 실상에 관심을 촉구하는 방식의 하나다. 고기와 도살을 여성 억압의 은유로 사용할 때, 사실 우리는 우르술라 햄드레스의 비명에는 침묵하면서 우리 자신이 내지르는 비명에만 관심을 기울인다.

마치 글자 그대로 여성과 동물 사이에 문화적 교류가 있는 양 이야기할 때, 급진 페미니스트들은 실제로 동물과 여성 사이에 교차하는 이미지들을 불러내고 빌려온다. 그러나 이런 이미지들을 사용하는 방식은 우르술라 햄드레스, 곧 옷을 입고 포즈를 취하고 사진을 찍는 한 익명의 돼지를 전면에 배치하는 일만큼이나 착취적이라고 할 수 있다. 우르술라 햄드레스는 그런 자태를 취할 수 있게 마취제를 맞았을까, 아니면 죽어 있었을까? 급진 페미니스트 이론은 우르술라 햄드레스의 운명에는 아랑곳하지 않으면서 언어를 매개로 여성의 부재 지시 대상을 착취하고 부정하는 데만 급급하다. 급진 페미니스트들은 상호 부재 지시 대상으로 작용하면서 전면에 부상하는 동물과 여성 사이의 문화적 교차들을 도살한다. 그리고 여성인 자기들에게만 관심을 가지며,

결국 자기들이 변화시키려 하는 가부장제의 동일 구성물인 부재 지시 대상에 굴복당하고 만다.

남성 지배 문화에서 여성이 겪는 가슴 아픈 기억을 들춰내려고 동물 억압이라는 은유에 의지하는 대부분의 페미니스트 이론에서 사실상 부재하는 요소는 이런 은유의 이면에 존재하는 실체다. 페미니스트 이론가들이 사용하는 언어는 동물 억압과 여성 억압이 문화적으로 서로 닮아 있고 상호 의존한다는 점을 인정하면서 억압을 묘사하는 한편, 이런 억압에 저항해야 한다.

따라서 동물권 옹호자들도 동물에게 가해지는 억압과 폭력을 묘사하기 위해 은유적으로 여성에게 적용되는 '성폭행rape'이라는 단어를 쓸 때는 주의해야 한다. 다시 말해 성폭행이라는 단어를 은유적으로 동물에 적용할 때, 우리 문화에서 여성에게 가해지는 성폭행의 사회적 맥락을 먼저 인정해야 한다. 이런 선결 조건 없이 단지 동물 억압을 설명하려고 여성 성폭행이라는 단어에 의존하고 마는 은유적 차용은, 결국 가부장제의 근원적 폭력에 맞서지도 못할 뿐 아니라 동물 억압과 여성 억압이 서로 맞물려 있다는 사실을 인정하지도 못한다. 우리의 목적은 정신과 육체를 분리하는 폭력에 맞선 저항이자 부재 지시 대상을 만들어내는 가부장제 구조의 제거다.

마지막으로 여기에서 지적한 문제가 구체적인 실체가 아니라 단어, 관념, '추상 명사'라는 점을 떠올리자. 그리고 이미지들이 어떻게 작동하는지도 생각해보자. 다시 말해 이 모든 것들에는 육체도 부엌도 없다. 그러나 분명히 파편화된 살점이 있고, 이 살점이 발견되는 부엌도 있다. 페미니즘-채식주의 담론에서 동물은 부재 지시 대상이 될 수 있지만, 이런 상태를 지속시킬 필요는 없

* 이 페미니스트 비평가들은 가부장제 문화의 각기 다른 양상을 비판하고 있지만, 이런 비판이 이 비평가들이 생각하거나 가정하고 있는 이론적 가설의 전부는 아니다. 다만 이 서사들이 내게 매력적인 이유는 도살 또는 소비의 은유들에 관심을 두고 있다는 점 때문이다.

다. 추상 명사들에 관한 마지 피어시의 반응에 주의를 기울일 수도 있다. 직접 부엌에 가서 "남성들이 누구를 때리는지"를, "(우리가 — 원문) 누구를 먹어치우는지"를 두 눈으로 확인할 수 있기 때문이다. 그리고 우리는 동물의 운명에 결부돼 있는 문제들에 맞닥뜨린다. 유색인에게 '백인'의 육식 습관을 강제하는 제국주의와 육식 사이의 관계, 내가 육식의 넷째 단계, 곧 제도화되고 대량 사육된 동물을 잡아먹는 단계(첫째 단계는 육식이 없는 단계, 둘째 단계는 자연에서 자란 동물의 고기를 먹는 단계, 셋째 단계는 집에서 기른 가축을 잡아먹는 단계)로 보는 시기의 생태학적 함의, 우유와 달걀 같은 '여성화된 단백질'을 생산하는 동물 암컷에 의존하는 현실의 의미, '1등급' 단백질의 기준을 정하는 산업화된 강대국들의 지배적 구실을 고려할 때 제기되는 인종주의와 계급 차별이라는 쟁점 등 말이다. 이 모든 것이 육식의 성정치의 일부다.

바로 여기에 우리의 페미니즘-채식주의 이론에 통합되기를 기다리는 살아 숨쉬는 연관들의 모델이 있다. 그리고 논리 전개에 따라 페미니스트들이 뒤이어 고려해야 하는 문제는 성폭력의 은유들에 내재하고 있을 뿐 아니라 이 은유들의 사회적, 역사적, 동물적 기원에 내재해 있는 모호하면서도 현실에서 괴리된 이 연관들을 정치화하는 작업이다. 이어지는 3장에서는 폭력을 가장하는 언어, 육식을 수용하는 지배적 세계관, 채식주의에 관해 숨죽이고 있는 소수자의 견해 사이에 일어나는 갈등 관계를 정의하는 언어의 기능을 분석하면서 이런 정치화 과정을 다룬다.

은폐된 폭력, 침묵의 목소리

여성들은 우리에게서 이름을 부여하는 힘을 훔쳐갔다. …… 부적절한 말들이 적절한 요소로 받아들여진다.

— 메리 데일리, 《하느님 아버지를 넘어서Beyond God the Father》, 1973, 8쪽

2장에서는 은유를 거쳐서 은유가 지시하는 대상의 의미를 뺀 다른 모든 의미를 상실하는 부재 지시 대상의 소비를 살펴봤다. 3장에서는 언어를 통한 소비의 대상화, 따라서 고기의 진정한 의미가 상실되는 과정을 살펴보겠다. 고기에 관련된 모든 식사의 이면에는 부재하는 존재가 있다. 다시 말해 고기는 동물의 죽음으로 만들어진다. '고기'라는 단어에서 이런 죽음의 실체는 부재한다. 따라서 동물을 잡아먹는 일에 늘 관심을 나타내는 채식주의자들에게 언어의 문제는 간과할 수 없는 중대한 사안이다. 이런 측면에서 채식주의자는 언어의 문제가 여성 억압에 밀접히 관계된다는 사실을 알고 있는 페미니스트하고 다르지 않다.

언어가 어떻게 육식 문화를 떠받치는지를 살펴보기 위해, 먼저 언어에 관련

된 페미니스트의 통찰들을 알아보고, 그다음에 여성 억압의 언어와 동물 억압의 언어가 서로 긴밀한 관계를 맺고 있다는 사실을 밝히려 한다. 그리고 채식주의자의 목소리가 계속 호소력을 잃어가는 이유를 살펴본다. 채식주의는 육식을 인간이 자연을 정복하려는 시도라고 여긴다. 그러나 동물을 잡아먹는 행위를 장려하는 지배 문화에서 육식이 정당성을 얻고 있기 때문에, 자연처럼 채식주의의 의미도 육식에 종속돼 있다.

언어의 가면

지배의 권력 이중성에서 자유로운 언어는 없다.

— 비벌리 해리슨Beverly Harrison, 〈성차별과 기독교 윤리학의 언어Sexism and the Language of Christian Ethics〉, 1985, 29쪽

지금까지 페미니즘은 동물 억압에 관련해 이 억압을 설명할 수 있는 독자적인 이론을 만들어내려 하기보다는 지배적 관점을 그대로 수용했다. 우리의 언어는 남성 중심적male-centered이며, 또한 인간 중심적이다. 바로 이 문장처럼 형용사 '남성의male'를 쓸 때, 우리는 모두 이 단어가 인간 남성만을 지시한다고 가정한다. 남성과 여성 같은 단어들을 동반하는 인간 중심적 개념들 말고도 우리는 '동물'이라는 단어를 마치 인류는 지시하는 않는다는 듯, 다시 말해 우리는 동물이 아닌 양 사용한다. '동물'이나 '야수' 같은 단어가 모욕적인 언사로 사용될 때는 동물인 인간과 비인간 동물을 서로 구분한다는 의미를 담는다. 우리는 동물과 인간의 생물학적 유사성을 인정하지 않으려고 언어 능력을 근거로 내세운다.

언어는 동물을 '그것의its'처럼 대상으로 칭하면서 우리와 동물을 더 동떨어

진 존재로 만든다. 말, 소, 개, 고양이, 어떤 동물을 '그것[it]'으로 불러야 할까? '그 남자[he]'가 인간에게 적용되듯이 '그것'은 비인간 동물에 적용된다. 그리고 이 두 단어가 종명種名이 아닌 속명屬名을 지칭한다는 점은 그 대상의 전후 맥락에서 충분히 연역할 수 있다. 가부장제 언어에서 남성 명사는 남녀 구별 없이 인류 전체를 지칭하는 속屬과 남성만을 지칭하는 종種 양쪽에 똑같이 적용된다(인류를 가리킬 때도, 남성만을 가리킬 때도 남성 대명사 'he'다). 그러나 속을 지칭하는 '그 사람[he]'이 여성의 존재를 제외한 용어라면, 또 다른 속을 지칭하는 '그것[it]'은 '그 사람[he]'하고 다르게 암수 구별 없이 동물의 살아 숨쉬는 본성을 제거한 채, 곧 죽은 사물의 상태를 강조하기 위해 사용된다. 성차별적이지 않은 대명사가 부재하다는 현실도 모든 동물을 '그것[its]'으로 지칭하면서 대상화하게 만든다. 동물을 '그것'으로 부를 때는, 페미니스트 비평가들이 '그 사람[he]'을 사용하듯이 사물이 아닌 살아 숨쉬는 속을 지칭하는 단어로 사용하기를 권한다. 그럼 죽은 동물의 몸에서 떨어져 나온 일부도 '그것'으로 부를 수 있을까? 고기는 '그것'인가? 고기를 '그것'으로 부르는 방식은 실제 살아 있는 동물을 보이지 않는 은폐된 폭력으로 내모는 지배적 현실에 사로잡혀 있다는 것을 의미하지 않을까? (속을 지칭하는 대명사가 부재하기 때문에 나는 이 책에서 살아 있는 동물이건 죽은 동물이건 상관없이, 성별을 알 수 없는 동물에는 '그 여자[she]'를 사용한다.)

또한 우리는 동물이 맞닥트린 현실을 왜곡하는 은유나 직접적 비유를 사용하면서 우리 자신하고 동물을 구별한다. 우리가 동물에 관해 갖고 있는 표상은 동물을 지시하기보다는 인간을 지시한다. 이를테면 여우처럼 교활한 인간, 곰처럼 굶주린 인간, 망아지처럼 귀여운 사람 등. 그리고 인간의 희생에 관해 말할 때 우리는 동물 희생이나 동물 실험에서 유래한 동물적 은유를 사용한다. 이를테면 어떤 사람이 '속죄양이 되다' 또는 '기니피그[guinea pig]가 되다'(시험대상이 되다) 같은 표현들. 폭력은 동물의 경험, 곧 동물 억압/폭력을 연상시

당신의 언어를 해방하라

언어는 강력한 도구다. 우리가 사용하는 단어들은 사물의 이름을 부르거나 묘사하는 일보다 더 많은 구실을 한다. 언어는 사물의 지위와 가치를 결정한다. 따라서 당신이 비인간 동물을 지칭하기 위해 어떤 단어를 사용할 때, 인간의 편견이 들어간 표현을 사용할 수 있다는 점에 주의해라.

비인간 동물을 '그것'으로 지칭하는 행동은 그 남자나 그 여자의 존엄을 빼앗고, 다른 비인간 동물을 대상이나 열등한 사물, 소유물로 바라보는 행위다.

동물하고 함께 같은 공간에서 생활하는 사람을 '소유자'나 '주인'으로 부르는 것은 동물을 노예로 여기는 간주하는 사고이고, 우리는 이런 함축된 의미의 단어들을 선호해서는 안 된다. 친구, 동료, 보호자라는 호칭이 더 좋다.

다른 동물을 '살아 있는 것들'로 부르지 마라. 그 동물들은 살아 있는 '존재들'이다.

가축이 아닌 동물은 '야생wild' 또는 '야생 동물wildlife'이 아니라 '자유로운' 또는 '자유롭게 돌아다니는 동물'로 불러라.

인간 때문에 고통을 당하거나 죽는 동물을 말할 때는 고통스럽더라도 진실을 폭로하는 분명한 단어를 사용해라. '안락사시키다euthanize', '잠들게 하다put to sleep', '희생시키다sacrifice', '(불구가 된 말을) 죽이다destroy' 같은 표현은 동물 연구자들이 가장 자주 쓰는 말이다(몇몇 동물은 인간을 조종한다). 한편 '(죽이기 위해 가축을) 가려내다cull', '수확하다', '조련하다manage', '동물 무리를 떼어놓다thin the herd' 등은 사냥꾼이나 덫 사냥꾼을 비롯해 비슷한 부류의 사람들이 자주 사용하는 표현이다. 여기에 쓰인 단어들은 죽이는 행위를 의미하며, 따라서 죽인다고 말하는 행위하고 같다.

떳떳하지 못한 인간들은 자기가 저지르는 동물 착취와 가혹 행위를 감추려고 이런 단어들을 사용해 동물을 기만한다. 기만을 폭로해라. 그리고 사람들이 그렇게 행동하지 않을 때 정확하게 지적해라. 그러면 사람들은 우리가 다른 살아 숨쉬는 존재들에게 가하는 고통의 본질과 심각성을 깨닫게 된다.

또한 동물을 경멸하는 의미를 담은 표현을 쓰지 않으려 주의하자. '개자식son of a bitch', '새대가리bird-brain', '변덕쟁이hare-brain' 같은 표현은 동물을 빗댄 모욕적인 표현이다. 어떤 사람을 '음흉한snake', '바보스런turkey', '바보ass', '교활한weasel'(족제비처럼 얍삽한), '애송이chicken', '망나니dog' 등으로 부르지 말고, 다른 좋은 호칭들을 생각해보자.

당신의 언어를 해방하라, 모든 동물을 해방하는 중요한 걸음을 내디뎌라!

그림 2. 당신의 언어를 해방하라(출처: *By Noreen Mola and The Blacker Family Animals' Agenda*, 6, no. 8, October 1986, p. 18).

키는, 우리가 가장 일반적으로 사용하는 몇몇 은유를 떠받치고 있다. 이를테면 '이미 끝난 일을 문제 삼다beating a dead horse', '손 안에 든 새a bird in the hand', '당신에게 따질 일이 있다have a bone to pick with you' 등(**그림 2**를 볼 것).

신발을 만드는 데 쓰는 가죽부터 얼굴을 씻는 데 쓰는 비누, 이불에 들어간 오리털, 먹는 고기, 날마다 먹다시피 하는 유제품까지, 우리가 지금 알고 있는 이 세계는 다른 동물의 죽음에 의존하도록 구조화돼 있다. 이런 경우는 이루 다 헤아릴 수 없을 정도로 많기 때문에 혼란스러워할 것도 없고 놀랄 것도 없다. 구약 성서 〈창세기〉 1장 26절처럼 인간적인 하나님이 우리 인간에게 내려주신 힘 때문이라고 생각하든, 동물보다 우월한 인간의 합리적 능력 때문에 권리가 됐다고 주장하든, 다른 동물을 죽이고 지배하는 행위는 우리 삶의 일부를 구성한다. 우리 문화에서 이런 지배적 견해를 가진 사람들 때문에 동물이 억압(비록 이 단어가 인간과 다른 동물 사이의 관계를 표현하기 위해 사용되는 용어는 아니지만)받는다는 점은 놀랍지 않다. 오히려 이런 억압을 누군가가 거부한다는 사실이 놀랍다. 우리 문화는 대체로 동물 억압을 수용하는 분위기이며, 인간이 이익을 얻으려고 동물을 착취하는 현실도 윤리적으로나 정치적으로 혼란을 불러일으키지 않는다. 따라서 우리의 언어는 이런 승인의 뜻을 전달하는 방식으로 구축된다.

우리는 적어도 다음 두 가지 수준에서 동물 억압을 제도화하는 문화에 살고 있다. 하나는 도살장, 정육점, 동물원, 실험실, 서커스단처럼 공식적인 구조의 수준이고, 다른 하나는 언어의 수준이다. '시체를 먹다corpse eating'라고 하지 않고 '고기를 먹다meat eating'라고 하는 표현은 우리의 언어가 육식에 관한 지배 문화의 승인을 후대에 전수하는 방식을 보여주는 한 예다.

고기는 우리 문화에서 많은 의미를 지닌다. 그러나 그 의미가 무엇이든 간에 육식은 동물을 대상으로 한 일차적인 억압을 나타낸다. 피터 싱어는 지적한다. "대부분의 인간, 특히 도심이나 교외에서 생활하는 현대 인간이 비인간 동물을 가장 직접적으로 접촉하는 형태는 식사다. 우리는 동물들을 먹어 치운다. 이런 단순한 사실이 다른 동물에게 우리가 어떤 태도를 보이는지 여실히 보여준다. 바로 우리들 각자가 바꿔야 하는 잘못된 태도다"(Singer 1975, 96). 동물은 부재 지시 대상이기 때문에 우리는 고기를 먹으면서 '지금 나는 고기하고 상호 작용한다'고 생각하지 않는다. 우리는 육식을 동물이 아니라 음식을 접촉하는 일로 생각한다.

감정이라는 면에서 보면 모든 사람은 동물을 잡아먹는 일을 어느 정도 불쾌하게 생각한다. 이런 불쾌감은 고기를 먹으면서 자기가 무엇을 먹고 있는지 생각하고 싶지 않을 때, 더군다나 이런 고기를 만들어내기 위해 도살장에서 벌어지는 일들을 굳이 떠올리고 싶지 않을 때 표출된다. 또한 이런 불쾌감은 고기의 종류나 부위에 관련된 개인적인 터부에서도 드러난다. 어떤 사람은 동물의 내장을 싫어하고, 어떤 사람은 돼지고기 또는 토끼 고기, 곤충 또는 설치류를 먹은 경험을 생각할 때 불쾌하다고 느낀다. 육식을 고발하지 않고 은폐하는 언어의 지적인 틀은, 육식에 관련해 개개인이 드러내는 감정 반응이 도마위에 오르지 못하게 막는다. 물론 전혀 새로운 상황은 아니다. 언어는 이런 상황을 복잡하게 만들어서 개념화라는 어려운 문제를 피할 수 있게 도와준다.

육식을 통한 자기만족이 육식을 방어해주는 이유의 하나겠지만, 또 다른 그럴 듯한 이유는 육식의 언어가 육식의 문제를 표면화할 이유가 없다고 보면서 이의 제기를 가로막아 고기에 관한 논의를 흡수해버리기 때문이다. 언어는 우리를 육식의 실체에서 떼어놓고, 육식의 상징적 의미, 다시 말해 원래 가부장제적이고 남성 지향적인 상징적 의미를 강화한다. 고기는 보이는 것이 아니라 언제나 있는 것, 존재하는 것, 동물과 언어에 관한 가부장제적 통제로서 하나의 상징이 된다.

잘못된 명칭

우리 자신의 의미는 우리에게 명확하게 드러나지 않는다는 현실, 이 명확하지 않은 의미를 밝혀내는 일이 쉽지 않다는 현실은 의심의 여지가 없이 확실하다. 우리는 왜곡이나 생략에 주의하지 않고도 영어를 우리의 삶에 온전히 사용할 수 있다.

— 데일 스펜더Dale Spender, 《남자가 만든 언어Man Made Language》, 1980, 145쪽

그 남자: 좋아하는 파르마*식 송아지 음식이 없는 이탈리안 레스토랑에는 가고 싶지 않아요.

그 여자: 연한 어린 송아지고기라도 있으면, 그렇게 해달라고 하면 되잖아요?

데일 스펜더는 '가부장제적 개념들의 오류'(Spender 1980, 183)를 언급한다. 이런 오류는 우리가 먹는 동물에 관련된 언어에 스며들어 있다. 고기와 도살의 연관성을 주로 다루는 영국의 《미트 트레이드 저널Meat Trades Journal》은 '푸주한butcher'과 '도살장slaughterhouse'을 '고기 설비meat plant'와 '고기 공장meat factory'으로 바꿔 부르자고 제안했다(Serpell 1986, 158~159). 이 제안을 듣고 채식주의자 협회인 밀레니엄 길드Millennium Guild의 창립자인 이머럴 프레셸Emarel Freshel은 이런 비판을 했다. "음식으로서 고기의 진실을 우리에게 전달하는 개념들이 귀에 거슬린다면, 고기 자체가 우리 입맛에 맞지 않는다는 의미다"(Sharpe 1908, 18).

분리와 은폐, 잘못된 설명, 비난을 교묘히 피해서 부재 지시 대상의 구조는 지배적이 된다. 미국인은 일생 동안 평균 돼지 43마리, 양 3마리, 소 11마리, '송아지고기용' 송아지 4마리, 닭과 칠면조 2555마리, 생선 861마리를 먹어치운

---

* 이탈리아 북부에 있는 도시로, 치즈가 유명하다 — 옮긴이.

다고 생각하기보다는 포크 촙, 햄버거, 등심 스테이크 등을 먹는다고 생각한다.* 살해되고, 도살되고, 피 흘리는 돼지, 양, 소, 송아지를 말하기보다는 고기를 말하는 식으로 우리는 현실을 은폐하는 언어에 관계한다. 1825년에 어느 육식 반대자는 이런 불평을 털어놨다. "누구도 목장에서 한가로이 노니는 소에 관해 말하지 않는다. 봐라! 그 남자가 소꼬리로 어떻게 비프스테이크를 만드는지, 소의 가슴살을 어떻게 요리하는지"(T. H. 1825, 382). 대부분의 채식주의자는 육식인이 닭가슴살 대신 백색육이라고 말하거나 칠면조 넓적 다리살 대신 검은 고기(조리하면 거뭇해지는 닭이나 칠면조의 다리 부위) 등으로 완곡어법을 쓰는 데 저항한다. 동물의 절단된 몸통은 '통째whole'라고 불린다. 그러나 이런 표현은 깃털이 뽑히고 다리와 머리가 잘린 '통닭whole bird'을 사는 행동하고 모순된다. 이 죽은 닭을 '통째'라고 할 수 있는가? 플라스틱 상자에 포장된 죽은 닭을 정말 '신선한 영계'라고 주장할 수 있을까?

고기에 관해 별 생각 없이 말하지만, 사실 우리는 "돼지(또는 소, 닭 등)가 동물이라는 사실을 잊어버려라"고 말한다. 대신에 그 여자**를 "공장의 한 기계"(Byrnes 1976, 30; Mason and Singer 1980, 1에서 인용)로 치부하거나 간주하라고 말한다. 그 여자는 하나의 식품 생산 단위, 단백질 공급원, 대상, 생산물, 공장의 컴퓨터화된 단위, 달걀 생산 기계, 가공 기계, 바이오 머신, 수확물이 된다. 동물의 이름을 없애버린 최근 사례는 소, 돼지, 닭을 한데 뭉뚱그려 '곡물을 소비하는 동물 단위들grain-consuming animal units'이라고 기록한 미국 농무부 발간 자료에서 찾을 수 있다. 평화교육센터 소장인 콜먼 매카시가 지적한 대로, 이런 표현은 육식인들을 '동물을 소비하는 인간 단위들animal consuming human units'(McCarthy 1990)로 전락시킨다.

언어는 고기에 관련된 논의에서 동물을 부재하게 만들 수 있다. 왜냐하면 죽음과 해체의 과정을 거친 뒤의 도살과 살해 행위는 동물을 이미 부재하는 대상으로 놓기 때문이다. 우리는 언어를 통해 우리가 동물의 신체에 가하는 원리들을 그 이름에 그대로 갖다 붙인다. 이를테면 어떤 동물이 비육이 목적이라면, 우리는 그 여자를 '비육 동물'이라고 부른다. 그러나 이런 이름은 마치 고기가 비육 동물인 그 여자 자신의 것이 아니라는 듯한, 마치 고기가 원래 동물에서 분리될 수 있고 동물은 여전히 그대로 동물로 남아 있을 수 있다는 듯한 인상을 지운다.

고기 개념을 동물에 관한 관념에서 분리하려는 시도는 '고기'라는 단어를 동물 이름에 붙여 사용할 때, 이를테면 '개고기dogmeat' 또는 '말고기horsemeat'처럼 붙여 쓸 때 찾아볼 수 있다. 서구 문화에서는 일반적으로 고기의 형태가 그대로 유지될 때만 동물 이름에 '고기'라는 단어를 붙여 사용한다. 폴 포스탈이 지적한 대로, 우리는 '고기'라는 단어로 (말고기, 개고기처럼) 복합어를 만들어낸다. "가장 기본적인 요소는 (개나 말처럼) 동물의 이름이다. 물론 미국 문화가 이런 동물을 잡아먹는 행위를 금지하지 않는 한이라는 단서가 붙는다"(Postal 1969, 235). 따라서 '웜뱃고기wombatmeat'라고는 하지만 '양고기sheepmeat'라고는 하지 않으며, '개고기dogmeat'라고는 하지만 '닭고기chickenmeat'라고는 하지 않으며, '말고기horsemeat'라고는 하지만 '소고기cowmeat'라고는 하지 않는다.*** 이름을 새로 붙인 예는 숱하게 많다. '양고기sheepmeat'는 '양고기mutton'가 되고, '닭고기chickenmeat'는 '고기meat'라는 단어가 필요 없다(닭고기는 그냥 '닭고기chicken'다). 그리고 '소고기cowmeat'는 고기의 부위나 형태에 따라 (이를테면 햄버거처럼) 다양한 이름으로 불린다(소고기의 목과 어깨살인 척chuck처럼). 만약 동물의 이름을 그대로 음식 이름으로 사용한다면, 동물의 어떤 개별적 특질을 제

---

* 송아지, 닭과 칠면조 통계를 뺀 모든 통계는 PETA, "Living without Cruelty," *Animal Place News* 4(2), 1999를 따랐다. 이 책은 닭과 칠면조 소비량에 관한 단순 통계만을 싣고 있다. 따라서 성, 인종, 계급에 따른 구체적인 통계는 제공하지 않는다.

** 애덤스는 죽은 동물이든 살아 있는 동물이든 성별을 판별할 수 없을 때 'her'를 쓴다 — 옮긴이.

*** 식용이 금지된 동물의 고기는 '고기(meat)'를 붙이고, 식용으로 쓰는 동물의 고기에는 대부분 다른 명칭을 쓴다. 웜뱃은 오스트레일리아에 사는 유대류 동물이다 — 옮긴이.

거한 관사 'a'는 생략한다. 사람들은 '칠면조 고기turkey'를 먹지 '칠면조a turkey'를 먹지 않는다.*

철학자 조지아 로이스Josiah Royce와 메리 데일리는 "어떤 한 단어를 전체가 아닌 일부에 결부시켜 고찰하는 일은 불가능하다"(Daly 1978, 8)고 주장한다. 동물을 먹을 수 있는 부위별로 나누는 방식을 거부하는 채식주의자들은 동물의 각 부위에 붙은 명칭을 하나로 재통합하려 한다. 18세기에 채식주의자 조지프 릿슨은 이런 항목을 포함한 '새로운 사전A new Dictionary'을 기획했다.

- 썩은 고기Carrion: 자연적으로 죽거나 적어도 인간의 손으로 인위적으로 살해되지 않는 동물의 고기.
- 바닷가재Lobster: 훌륭한 감성과 위대한 인류애를 품고 있는 인간이 산 채로 끓는 물에 삶는 갑각류. (Ritson 1938, 136)

엘자 란체스터Elsa Lanchester**는 자기 어머니이자 페미니스트, 여성 참정권론자, 사회주의자, 평화주의자, 채식주의자인 '비디Biddy'*** 란체스터가 고기의 이름을 잘못 사용하는 문제에 저항한 일을 회고한다. '내장offal'이라는 단어를 예로 들어서 "채식주의자인 어머니는 이런 단어를 쓸 때 예민하게 반응했다. 고기라는 단어도 똑같았다"(Lanchester 1983, 12)고 엘자는 설명한다. 채식주의자들은 페미니스트들이 만든 '맨글리쉬manglish(man+english)', '허스토리herstory(her+history)' 같은 용어가 미치는 효과에 견줄 만한 자기들만의 개념을 사용한다. 저술가이가 출판업자인 바르더 원Varda One은 이런 채식주의자들을 "현실 거부자와 의식 고양자"(Kramarae and Treichler 1985, 33)라고 부른다. 사람들에게 죽은 동물을 소비한다는 사실을 상기시키면서, 채식주의자들은 다양한 현실 거부자와 의식 고양자를 만들어낸다. 채식주의자들은 고기를 '완벽한 단백질complete protein', '철분이 다량 함유된 식품ironrich food', '활력을 북돋는 식품life-giving food', '즐거운 식품' 또는 '체력 증진 식품'으로 부르는 육식인들의 언어를 거부하면서, 대신 '불태워 죽은 동물의 일부분'이나 '도살당한 비인간 존재들' 또는 영국의 극작가 버나드 쇼Bernard Shaw가 쓴 대로 '불에 그슬려 죽은 동물의 시체'라고 부른다. 벤저민 프랭클린처럼 낚시질하는 행위를 '이유 없는 살인'으로 여기고 해리엣 셸리Harriet Shelley처럼 '모가지를 비튼 닭'이라고 말한다(Rudd 1973, 77; Singer 1975, 12; Bernard Show in Dudley Giehl 1979, 137; Labaree, Ketcham, Boatfield, and Fineman ed. 1964, 87; Holmes 1975, 129).**** (배지, 티셔츠, 포스터, 스티커 등은 현재 '고기는 살인'이라는 주장을 알리는 데 유용하게 쓰이고 있다.)*****

일반적으로 인정되듯이 고기에 관한 이런 채식주의식 이름 붙이기는 그 명칭 자체를 육식을 승인하는 사회적이고 언어적인 맥락에서 분리시킨다. 바로 이 점이 채식주의식 명칭을 유효한 요소로 만든다. 앞선 여러 사례처럼 채식주의식 명칭에 관련해 인정하고 넘어가야 할 사실이 하나 있다. 채식주의식 명칭에 사용되는 단어들이 바로 진정한 단어라는 점이다. 이런 단어들이 만들어내는 불협화음은 그런 명칭이 잘못된 탓이 아니라 너무나 적절하기 때문에 생겨난다. 이런 단어들은 동물을 먹을 수 있는 것으로 전제하는 육식 문화의 일반적인 담론을 지지하지 않는다.

페미니스트들이 "성폭행은 폭력이지 섹스가 아니다"고 선언했듯이, 채식주의자들은 육식을 폭력으로 부르려 한다. 이 두 집단 모두 일상에서 비판 없이 통용되는 개념들에 저항한다. 메리 데일리는 '강간forcible rapes'이라는 표현을

---

* 닭고기를 먹는다고 할 때도 닭을 뜻하는 'a chicken'이 아니라 닭고기를 뜻하는 'chicken'을 쓴다 — 옮긴이.

** 탤런트 겸 영화배우. 제임스 웨일이 감독한 〈프랑켄슈타인의 신부(The Bride of Frankenstein)〉(1935)에서 신부 역을 맡았다 — 옮긴이.

*** 말 많은 할머니, 또는 수다쟁이 여자라는 뜻이 있다 — 옮긴이.

**** 해리엣 셸리의 말이 비꼬는 듯한 어감이 없지는 않다. 그렇지만 퍼시 셸리하고 함께 채식주의에 많은 관심을 가진 데서 알 수 있듯이 해리엣은 이런 표현이 채식주의에 명확히 관련된다는 견해를 분명히 한다.

***** 이런 종류의 스티커는 *PETA News* 1(9), 1986에 광고가 실려 있다.

단어가 겹쳐서 일어난 잘못된 전도라고 부른다. 왜냐하면 이 어구 자체는 모든 '성폭행rape'이 강제적이지 않다는 주장을 함의하기 때문이다(Daly and Caputi 1978, 257). 이런 사례는 폭력을 은폐할 때 언어가 하는 구실을 드러내고, 명사를 수식하는 형용사가 명사의 의미에 이미 내재하는 폭력성을 간과하게 한다. '강제의forcible'라는 형용사는 '성폭력'이라는 단어에 일종의 자비를 부여한다. 비슷하게 '인간적인 도살humane slaughter'이라는 문구도 '도살'이라는 단어에 어떤 인자함 같은 요소를 불어넣는다. 데일리는 이런 과정을 '단순 전도simple inversion'라고 부른다. "이런 식으로 단어와 어구들을 사용하는 행위는 …… 그 단어나 어구의 원래 의미하고 다른 정반대의 의미를 자아내게 한다"(Daly and Caputi 1978, 250). '인간적인 도살', 그리고 앞에 나온 '강간'이라는 표현에서 명사를 수식하는 형용사는 이런 폭력 행위들을 상대화하면서 개념이 지시하는 초점을 흐리게 만든다. 게다가 그런 폭력 행위들이 어떻게 '강제적으로' 또는 '인간적으로' 달성되는지 곰곰이 생각하고 있으면, 어느새 우리의 관심은 계속 엉뚱한 곳으로 흘러 결국에는 이 표현에 내재하는 여성이나 동물 같은 부재 지시 대상을 간과하게 된다. 모든 성폭행이 강제적이듯 음식을 마련하기 위해 동물을 도살하는 행위는 어떻게 부르든 결국 비인간적이다.

윤리적 채식주의를 이해하기 위해 먼저 육식을 정의하고 넘어가자. 육식은 시몬느 베유의 '강제력force'에 관한 정의, 곧 "이 단어는 여기에 종속되는 어떤 인간을 사물로 전환시키는 x다"(Weil 1956[1970], 3)에 꼭 들어맞는다. 육식에서는 백인우월주의가 유색 인종에게, 반유대주의가 유대인에게, 동성애 혐오가 게이나 레즈비언에게, 여성 혐오가 전체 여성에게 적용될 때의 감정이 동물에게 전가된다. 그러나 이런 감정은 거기에 물질적 토대와 권리를 부여하지 않는 가부장제 문화 때문에 억제된다. 그러나 인간을 대상으로 한 이런 억압의 형태들과 우리가 다른 동물을 억압하는 형태 사이에는 커다란 간극이 놓여 있다. 우리는 인간을 소비하지 않는다. 그러나 다른 동물을 소비한다. 육식은 동

그림 3. 아이가 쓴 말에 할 말을 잃은 피그 부인(출처: Mary Rayner, *Garth Pig and the Ice Cream Lady*, New York: Atheneum, 1977, p. 5).

물을 대상으로 하는 가장 억압적이고 포괄적인 제도화된 폭력이다. 게다가 육식은 동물을 정복할 수 있는 물적 토대도 제공한다. 만약 우리가 동물을 죽이고 도살하고 소비하려 한다면, 달리 말해 동물을 완전히 없애버릴 수 있다면, 우리는 그렇게 할 수 있을 뿐 아니라, 동물을 대상으로 실험을 하고, 덫을 놓아 잡고, 사냥하고, 이런저런 방식으로 부려먹고, 공장식 축산 농장이나 모피용 동물 사육 농장처럼 가두어놓고 기를 수도 있다.

동화책에 그려진 어느 돼지 가족이 지배 문화에서 사용되는 단어들에 보이는 반응을 살펴보자(**그림 3** 참조).

"빨리. 둥글게 원을 그리면서 빙 둘러서봐."
윌리엄은 이렇게 말하더니 빙 돌면서 뭔가를 세기 시작했다.
"햄, 베이컨, 포크 촙, 건너뛰고."
지나가던 피그 여사가 이 말을 듣고 온몸에 소름이 돋으면서 옴짝달싹 못하다가 뒤를 돌아본다.
"저런, 어디서 그런 말을 주워들었니? 너희들은 그런 말 따라하면 안 돼." (Rayner 1977, 5)

윌리엄과 형제들이 햄, 베이컨, 포크 촙하고 구별되는 점은 폭력 행위가 들어 있느냐 없느냐다. 바로 이 점이 피그 여사가 전율을 느끼는 이유고, 우리가 이 구별을 인정하지 않기 때문에 직접 우리의 언어를 구성하려 하는 이유다.

융합된 억압들

지금 도살장으로 끌려가고 있다. 달콤한 유혹의 말을 하는 목동의 속삭임이 들려온다. "자, 자, 부인들 이쪽으로 오세요. 조용히 하시고. 서두를 필요는 없습니다. 이러나저러나 마찬가지니까요."

— 리처드 셀저, 《이상적인 도살장 상상》, 1986, 129쪽

언어는 가부장제 문화에서 여성과 동물의 열등한 지위를 융합한다. 1장에서 살펴본 대로 거의 모든 육식 문화는 남성 지배 문화다. 2장에서는 우리가 여성 폭력을 말할 때 그 언어는 부재 지시 대상인 도살당한 동물을 지시한다는 사실을 봤다. '육식인'과 '사나이다운 남자', 여성과 동물이 한 짝이 된다는 말은 그 이면에 또 다른 한 짝이 있다는 점을 암시한다. 동물의 운명을 말하면서 우리는 전통적인 여성의 운명을 말한다. 우리는 동물을 여성의 열등한 지위에 연관시키고, 한편으로는 동물을 억압한다.

'그것'이나 '그 여자'로 부르든 '그 남자'로 부르든 동물을 지칭하는 데 대명사를 사용해야 한다는 주장은, 동물의 운명을 왈가왈부하면서 우리가 얼마나 여성성에 호소하고 있는지를 보여준다. 앙드레 졸리는 동물을 '그것'으로 부르는 방식은 "기본적으로 동물을 인간의 영역에서 배제하는 행위이자 화자 때문에 인간과 동물 사이에 비인격적 관계가 형성된다는 의미를 지닌다"(Joly 1975, 267; 아래 인용은 각각 270, 271)고 지적한다. 동물을 '그것'으로 부르는 방식은 동물의 성별을 확인할 때 필요한 어떤 기준을 제거한다. 그러나 동물이 수컷이든 암컷이든 상관없이 동물에 '그 남자' 또는 '그 여자'를 사용할 때도 있다. 그렇다면 이런 용례를 결정하는 문법 규칙은 무엇일까? 졸리는 이렇게 설명한다. "현재 동물은 크든 작든, 수컷이든 암컷이든 상관없이 다수 권력(그 남자) 또는 소수 권력(그 여자)으로 크게 둘로 나눌 수 있다." 동물에 '그 남자'라는 칭호는 "그 동물의 크기에 상관없이 동물이 활동적인 힘을 갖고 있으며, 특히 화자에게 위험을 줄 여지가 있다고 고려될 때" 사용한다. 다른 한편 '그 여자'는 '소수 권력'을 의미한다. 이런 상황은 고래가 '그 여자들'로 불리고 까마귀 둥우리를 보면서 '그 여자가 날아오른다!'고 하는 이유를 설명해준다. 졸리가 지적하듯이 "운동선수들은 산토끼와 물고기를 지칭할 때 종종 그 여자라고 부른다." 졸리는 계속 주장한다.

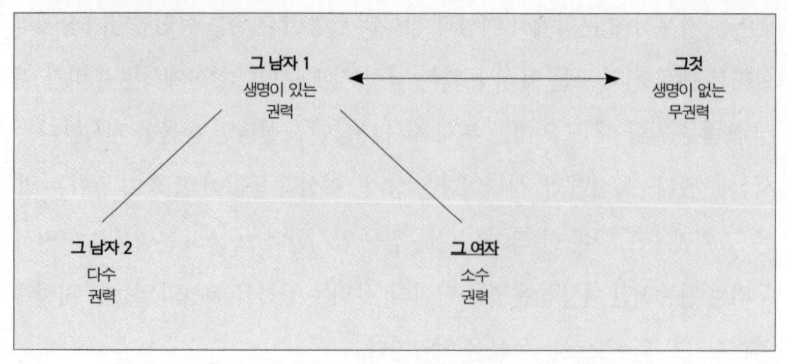

그림 4. 다수 권력 남성, 소수 권력 여성(출처: André Joly, "Toward a Theory of Gender in Modern English," *Studies in English Grammar*, ed. André Joly and T. Fraser, Paris: Editions Universitaires, 1975, 273쪽 그림 8 수정).

사실 대명사 '그 여자'는 현대 영어에서 매우 특수한 기능을 한다. 이 단어는 동물을 소수 권력에 연관돼 있다고 지시하기 위해 특별히 사용되고 있다. 특히 이런 상황은 '그 여자'가 '전문직'에 사용되는 이유를 보여준다. 운동선수들, 포경 선원, 낚시꾼은 특히 동물에 관련돼 있다. 동물의 크기나 힘이 얼마든 잠재적인 먹이로 간주되며, 파괴돼야 하는 권력, 곧 스포츠의 도구나 음식의 형태로 지배당하는 힘으로 여겨진다. (**그림 4** 참고)

'그 여자'는 '소수 권력'일 뿐 아니라 정복된 권력, 그리고 곧 죽게 될 힘없는 동물을 대표한다. 동물의 수컷들도 상징적으로 암컷이 될 때가 있는데, 남성의 폭력으로 희생당한 경우다. 살에서 피가 나오는 동물은, 주기적으로 피를 흘리는 여성(월경을 하는 여성)을 환기시킨다. 이때 동물의 암컷이 놓인 운명을 상징적으로 보여주는 묘사는 글자 그대로 동물이 음식으로 사용된다는 사실하고 공명한다. 육식의 성정치는 글자 그대로 동물의 암컷을 향한 억압을 강화한다.

우리는 수컷보다는 암컷의 고기에 많이 의존한다. 우리는 암탉을 먹는다.

그 이유는 "수탉은 달걀을 낳지 못하고 육질도 좋지 않기 때문이다"(Mason and Singer 1980, 5). (물론 이렇게 소비되지는 않더라도 수탉도 암탉하고 똑같이 희생된다.) 음식으로 도살되기 전에 암탉과 젖소는 달걀과 유제품을 생산한다. 이때도 우리는 암탉과 젖소의 여성성을 착취한다. 고기의 텍스트들은 동물 암컷의 상태에 특별히 관심을 갖고 주의를 기울여야 한다고 요구한다. 따라서 도살자들에게 이런 주의를 준다. "동물은 임신 직전 단계에서는 도살하면 안 된다. 임신 직전 단계에서 암컷의 심리 상태는 매우 불안하고, 이 시기의 육질도 정상 수준이 아니다"(Ziegler 1966, 23). 동물의 신체는 다음 같은 이유 때문에 소비에 알맞지 않을 수 있다.

- 유열Parturient Paresis : 출산한 뒤 생기는 질병으로 마비와 혼수상태를 일으킴*
- 레일로드 병Railroad Sickness : 유열하고 비슷함. 보통 임신 이전 단계인 젖소에 영향을 주며, 철로를 이용한 장기간의 운송 중에 또는 운송 뒤에 발병함

우리가 쓰고 있는 신체의 텍스트는 고기가 될 운명이 암컷에게만 상징적으로 지워졌다는 의미는 아니다.

동물권 옹호자이자 페미니스트인 어느 저술가는 영국에서 야생 토끼, 특히 (《플레이보이》에 나오는 바니걸처럼) 암컷 야생 토끼를 사냥한 다음에 전통적으로 해온 의식을 이렇게 비판한다. "암컷 토끼를 잡아 발로 '그것의' 등뼈를 부러트리는 일이 특히 중요했다. '토끼 위에 올라타 춤추기'로 부른(그리고 지금도 그렇게 불린다) 이 의식은 보통 죽음에 맞닥트린 야생 토끼의 에로틱한 구애의 몸동작을 흉내낸 행위로, 바로 야생 토끼의 여성성을 죽이는 과

* 혈액의 칼슘 함량 저하가 주요 원인으로, 실제로 열을 수반하지 않기 때문에 잘못 쓰인 이름이다. 젖분비 초기에 우유로 분비되는 칼슘량 때문에 칼슘 균형이 깨지면서 발병한다 — 옮긴이.

정이었다"(Duffy 1972, 117). 이 문장에서 볼 수 있듯이, 우리는 사냥이라는 단어 자체가 성폭력이라는 사실을 알 수 있다. 이를테면 원래 사냥으로 잡은 짐승이나 새의 죽은 고기를 뜻하는 '사슴 고기venison'라는 단어는 라틴어 '사냥하는 것venetus'에서 유래했다. 그리고 이 단어는 산스크리트어로 '바라다, 공격하다, 획득하다'는 뜻이다. 따라서 《미국 역사 유산 사전》에 'venery'라는 단어는 두 가지 의미로 정의돼 있다(지금은 둘 다 고어라서 쓰이지 않는다). 하나는 '성교나 호색(사랑과 미를 의미하는 비너스venus에서 유래)'이고, 다른 하나는 '행위, 예술, 스포츠로서 사냥, 수렵(사냥vener에서 유래)'이다. 그래서 폴 셰퍼드는 "두 가지 공격성, 곧 '사랑'과 '사냥'을 혼동하는 (인간을 포함해) 모든 육식 동물에게는 언제나 위험이 도사리고 있다"(Shepard 1973, 172)고 주장한다. 케이트 밀렛은 《성의 정치학Sexual Politics》(1970)에서 '성교fuck'이라는 단어가 '죽이다, 상처를 입히다, 파괴하다'하고 동의어였다는 점을 지적한다.

명명命名의 권력을 이용해 여성과 동물에게 가해지는 중첩된 억압은, 타락의 책임을 물어 동물의 하나인 뱀과 여성이 동시에 비난받는 〈창세기〉 3장의 타락 이야기에서 찾아볼 수 있다. 그리고 아담은 (타락 이후) 이브와 (타락 이전) 다른 동물들에게 이름을 지어줄 수 있는 권력을 부여받는다. 처음 아담이 여성과 동물에게 이름을 부여한 뒤 가부장제 문화는 억압하는 대상들에 이름을 붙여왔다. 이원론에 따른 고정 관념이 여성과 동물에게 모두 일어난다. 여성과 동물은 경우에 따라 선 또는 악, 선의 화신 또는 악의 화신, 마리아 또는 이브, 반려동물 또는 짐승, 귀여운 짐승들(프랑스어로 'bestes doulces') 또는 더러운 짐승들(프랑스어로 'bestes puantes')의 상징이 된다(Evans 1906, 55~56). 우리는 '기혼 여성femme covert'과 '가축beste covert'이 법률적으로 같은 범주에 속한다는 사실을 알고 있다. 그리고 이런 법률적 범주와 '남편husbands'이나 '농사꾼husbandmen' 사이의 관계, 매 맞는 여성과 매 맞는 아이 사이의 관계도 곰곰이 생각해봐야 한다.

글자 그대로 생각하기

파이 껍질coffin(지금 의미는 관管) — 파이의 반죽 틀. 폐어廢語. "후추와 소금으로 새끼양고기의 간을 맞춘 …… 다음 파이 안에 넣으면 돼." (The 1750 Complete Housewife)

—《옥스퍼드 영영 사전The Oxford English Dictionary》

잘못된 명칭의 문제는 글자 그대로 또는 상징적으로 이분법적 사고의 이면에 숨겨져 있다. "고기란 죽은 도살된 동물의 살점"이라는 문장이나 "고기는 살인"이라는 좀더 노골적인 문장은 글자 그대로 사실을 말하고 있으며, 상징적 사고하고는 거리가 멀다. 채식주의자의 투쟁 대상의 일부는 상징적으로 사유하기를 좋아하는 사회에서 글자 그대로 문제가 되는 요소다. 글자 그대로 말하자면 채식주의의 메시지와 방법은 지배적인 견해하고 충돌한다.

이제 살펴볼 대중문화의 한 사례는 글자 그대로 지배 문화가 동물의 운명에 관심을 두지 않는 이유를 이해할 수 있게 도와준다. 앨프리드 히치콕 감독의 영화 〈새The Birds〉(1963)에서 새가 인간을 무섭게 공격하는 장면이 주는 충격은, 이 새들이 갑자기 인간을 공격한 이유를 설명하지 않기 때문에 더 예민하게 여겨진다. 그러나 직접 언급하지는 않지만, 이 영화에는 새가 당하는 억압을 간접적으로 보여주는 장면이 적어도 둘 있다. 첫째, 우리는 히치콕이 새가 가득 들어찬 새장이 걸린 반려동물 가게에 들어설 때 감독이 영화에 직접 출연한다는 사실을 알게 된다. 둘째, 조류학자인 번디 여사는 새가 인간을 공격할 수 있다는 견해를 반대한다. 번디가 이런 견해를 말하는 순간 우리는 저편에서 배경음처럼 처리된 닭고기 주문하는 소리를 들을 수 있다. "프라이드치킨 세 마리Three southern fried chicken." (한 마리가 아닌 세 마리의 프라이드치킨이 주문되고, 닭 세 마리가 먼저 닭장에 감금된 뒤 살해되는) 이 장면에서 우리는 새들이 다양한 폭력의 희생자라는 사실, 비록 이런 사실이 언어를 통해 은폐될 지라도, 다시 말해 닭이라는 단어가 단수이기 때문에 닭들의 복수성이 은폐되지만, (죽어서 프라이드치킨이 되는) 닭들이 직면한 운명을 떠올리게 된다. 이 영화에서 글자 그대로 잡아먹히는 '닭고기chickenmeat'는 새가 인간을 공격할 이유가 없다고 주장하는 번디 여사의 견해에 직접 대립한다. 번디 여사는 대체로 인류가 폭력성을 지닌 종이라고 인정하지만, 이런 견해는 닭이 목이 비틀려 프라이드치킨이 되는 레스토랑에서 벌어지는 일들까지 도달하지 못한다. 이 영화에 나오는 레스토랑의 장식과 레스토랑에서 소비되는 음식은 인간에게 폭력성이 있다는 번디 여사의 주장을 뒷받침한다. 글자 그대로 누군가 그런 장식과 행위의 의미를 이해할 수 있다면 말이다. 새 파는 가게에 들르는 손님과 프라이드치킨을 먹는 사람들은 모두 부재 지시 대상의 구조를 수용하며, 새들이 집단으로 뭉쳐 복수를 위해 끈덕지게 출현하는 구조를 수용한다.

육식의 진실에 아이들이 어떻게 반응하는지 살펴보면, 언어가 현실에서 얼마나 동떨어진 장치인지 알게 된다. 지배 문화의 때묻지 않은 관찰자인 아이들은 나름대로 육식에 문제를 제기한다. 지배 문화에서 음식으로 쓰일 동물을 죽이는 행위를 아이들이 받아들이게 하는 일은 사회화 과정의 일부에 속한다. 이런 과정을 거쳐 아이들은 사실보다는 상징에 기반해 생각하게 된다. '블라디미르 에스트라공Vladimir Estragon'(《빌리지 보이스Village Voice》의 조프리 스토크스Geoffrey Stokes)은 냉소적으로 주장한다. "아이에게 당신이 먹는 닭고기는 살아 있는 닭으로 만들고, 닭고기를 만드는 과정에 불결한 장면이 있다는 점을 상기시켜라. 그러나 아이에게 닭고기는 공장에서 만들고, 공장에서 만든 닭고기는 청결하며 괜찮다고 생각할 수 있게 하라"(Estragon 1982, 177; Snodgrass 1987, 71).*

아이들은 종종 부재 지시 대상을 되돌리려 한다. 알란 롱 박사**는 여덟 살에 채식주의자가 된 과정을 이렇게 쓰고 있다. "나는 동물의 운명을 묻기 시작했고, 내가 먹는 음식의 재료에 관심을 갖기 시작했다. 그리고 내가 먹는 음식에 들어간 새끼양고기, 어른 양고기가 뜰에서 놀고 있던 그 어린 양들이었다는 사실을 알고 충격을 받았다. 나는 어린 양들을 좋아하지만, 양고기는 싫다고 말씀드렸다. 그때가 시작이었다"(Interview with Dr. Alan Long in Rynn Berry, Jr. 1979, 102~103). 하버드 대학교 철학과 교수인 로버트 노직은 채식주의자가 된 계기로 두 살짜리 딸아이를 들었다. 노직은 추수감사절 만찬에서 딸아이가 던진 질문을 기억한다. "칠면조는 살려고 발버둥쳤는데, 아빠는 왜 죽였어요?"(Giehl 1979, 204) 나는 세 살배기 채식주의자가 자기하고 엄마가 "불쌍하게 죽은 엄마 동물과 아기 동물"을 팔고 있는 시장 사람들을 만났다고 말하는 장면을 아직 똑똑히 기억한다.***

그러나 대부분의 아이는 언어의 가면을 그대로 수용하는 동시에 동물의 죽음을 상대화하면서 가부장제 언어의 기본을 배운다. 고기를 골고루 고찰하지 못하는 현실은 글자 그대로 채식주의가 쟁점이 되지 못하게 가로막는다.

침묵의 목소리

가장 난처한 일은 한 집단이 명명에 관련된 권력을 독점하고, 자기들의 특별한 선입견을 같은 세계관을 공유하지 않는 다른 사람들에게 강제할 때 벌어진다. …… 이런 지배적 현실은 이 현실을 변화시키려 하는 우리 같은 사람들에게 여전히 참조할 만한 지점으로 남아 있다.

— 데일 스펜더, 《남자가 만든 언어》, 1980, 164쪽, 229쪽

---

* 윌리엄 스노드그래스는 책에서 육식을 강요하는 지배 문화의 기능과 육식을 거부하는 아이의 당혹스러움에 관해 조사하고 있다.

** 영국의 채식주의자 단체인 베가(Vegetarian Economy and Green Agriculture Agency · VEGA)에서 활동하는 유기 생화학자 — 옮긴이.

*** 캘리포니아 주 가버스빌에서 캐시 이플링을 만나 나눈 개인적 대화(1986년 4월 18일).

채식주의자는 육식의 정당성을 수용하는 지배 문화에서 자기의 목적을 다른 사람들에게 이해시키는 문제를 마주하고 있다. 추리 작가 린 마이어가 쓴 《페이퍼백 스릴러Paperback Thriller》(1975)에 등장하는 페미니스트 탐정은 말한다. "저는 제가 채식인이라는 사실을 지금 당장도 말할 수 있어요. 그렇지만 그러고 싶지 않아요. 그 이유를 굳이 설명하지는 않겠어요. 말해도 이해 못하는 문제에 별로 할 말은 없지만, 이해할 수 있다고 해도 굳이 말할 필요는 없겠죠." 그러나 탐정은 그 이유를 계속 설명하면서, 어린 시절로 거슬러 올라가 채식주의자가 된 계기를 떠올린다. "어릴 적에 새끼 오리 한 마리를 기른 적이 있어요. 다 키워서 잡아먹었죠. 그렇지만 저는 먹을 수 없었어요. 아마 그때부터 저는 분명히, 이성적으로 채식주의자가 된 듯해요"(Meyer 1975, 4~5).

어떤 집단이 자기만의 독특한 개념적 여지 없이 집단이 의도하는 의미를 전달하는 일이 어렵다는 사실은 인류학자 에드윈 아데너Edwin Ardener가 지배와 침묵의 문제로 이론화했다. 지배-침묵 이론theory of dominance-mutedness*은 채식주의자들이 지배 문화에서 주목받지 못하는 이유를 설명한다. '침묵하는'이라는 용어는 언어와 권력의 문제를 내포한다. 페미니스트 비평가 일레인 쇼월터가 이 용어에 관해 설명하듯이 "침묵하는 집단은 자기가 지닌 신념을 지배 구조를 통해 전달할 수밖에 없다"(Showalter 1985, 262). 채식인들은 침묵을 통해 폭력의 정체를 폭로하려 하지만, 그런 시도는 지배 구조에 의존해야 하기 때문에 결국 실패하고 만다.

육식에 저항하는 채식주의자에게 지배적 관점 아래에서 "하루도 빼먹지 않고 드는 생각"은 결국 동물에 관한 생각이기 때문에, 채식인은 가부장제 세계에서 침묵을 강요당할 수밖에 없다. 여기에서 "하루도 빼먹지 않고 드는 생각"이라는 말은 흑인 작가 조라 닐 허스턴이 쓴 《눈은 신을 보고 있었다Their Eyes Were Watching God》(1965)의 주인공인 재니가 남편이 새로 산 늙고 힘없는 노새를 학대하는 모습을 본 뒤 '그 여자'를 보호하려고 던진 말이다. 재니는 과로로 지친 노새를 학대하는 남편에게 화가 났다. "힘없는 존재들을 방어해주려는 작은 전쟁이 안에서 움트고 있었지만" 인간의 면목없는 행위를 보고도 작은 목소리로 속삭일 뿐이다. 그렇지만 그 말을 귓결에 들은 남편도 이제 노새를 보호한다. 재니는 이런 남편의 행동을 노예 해방자들의 역사적 전통에 견준다. "노새를 자유롭게 하면 당신은 위대한 인물이 될 거예요. 조지 워싱턴과 링컨이 그랬듯이 말이죠." 재니는 자기만의 신화시를 창조하며 개인적 행동의 의미를 확장하고 정치적 의미가 중요하다는 점을 강조한다. 그러나 무엇이 정치적인지를, 그리고 무엇이 정치적으로 의미 있는지를 직접 규정하는 지배 문화에서 이런 개인적 행동은 큰 의미를 부여받지 못한다. 재니는 결론 삼아 말한다. "당신은 어떤 일들을 자유롭게 할 수 있는 힘을 키워야 해요."(Hurston 1965, 51).

메리 헬렌 워싱턴은 허스턴의 소설이 "여성들이 권력, 특히 자기 생각을 직접 말로 표현할 수 있는 권력에서 배제돼 있다"(Washington 1987, 237)는 사실을 보여주는 한 사례라는 점을 강조한다. 노새의 에피소드는 실제로 이런 여성의 침묵 문제를 반영하고 있다. 재니는 노새를 학대하는 인간의 면목없는 행동을 향해 자신 있게 큰 소리로 말하지 못하고 혼자 속삭일 뿐이다. 그런데도 재니는 다른 존재를 위해 말할 수 있는 힘을 키우려 한다. 이렇게 내면의 힘을 키우는 과정에서 억압받고 고되게 일하는 여성과 노새의 현실, 융합된 억압을 깨달을 수도 있다. 재니의 할머니가 말한 대로 "이 세계에서 흑인 여성은 노새나 마찬가지"다(Hurston 1965, 16).**

---

* 보통 '침묵 집단 이론(Muted Group Theory)'으로 불림. 이 이론은 오늘날 세계에서 사용되는 언어는 남성이 만든 언어로, 여성을 정의하고, 업신여기고, 배제하는 데 한몫한다고 주장한다. 그리고 여성이 바로 침묵을 강요당하는 집단이라고 정의한다. 따라서 이 이론은 남성이 만든 언어 체계를 바꿔 여성이 그 자리를 대신해야 한다고 주장한다 — 옮긴이.

** 허스턴은 메리 처치 테럴이 《백인 세계의 흑인 여성(A Colored Woman in a White World)》(1980)에서 묘사한 다음 같은 장면을 알고 있었을지도 모른다. 테럴은 남부를 여행하는 동안 자기가 흑인이라는 사실을 생각한 적이 없었다. "한 남자가 내게 말했다. '지금도 흑인은 자기가 노새하고 똑같다고 생각하지. 당신이 흑인을 죽이지 않는 한 그 흑인은 좋은 동물이지.' 내가 끼어들었다. '그렇지만 흑인 병사들이 1차 대전 때 연합국에 큰 도움이 됐잖아요.' 그 남자가 맞받아쳤다. '그래, 노새도 그랬지? 전쟁 중에 노새보다 쓸 만한 동물은 세상에 없어. 노새는 노예하고 똑같아. 노새도 머리만 있다면 노예하고 똑같이 일할 수 있을 거야.'"(Terrell 1980, 325).

로레인 베텔은 이 구절에 담긴 함의를 해석하면서 "이 소설 전반에서 우리는 재니가 이렇게 흑인 여성을 비하하는 데 저항하고 있는 모습을 발견할 수 있다"는 설명을 덧붙인다(Bethel 1982, 182). 노새의 운명에 관심을 두기 시작하면서 재니는 자기가 억압적 지배 구조 속에서 부재 지시 대상이라는 사실을 깨닫게 된다. 할머니의 통찰 덕에 재니는 길들여지고 대상화된 존재들의 운명에 도전할 수 있었다. 재니는 "세계의 노예로서 자기 상태"를 거부하면서, 동시에 노새가 맞닥트린 상태에 도전한다(Washington 1987, 253의 주 15).*

재니가 지닌 침묵의 목소리가 세상에 알려지면서 다양한 반응이 나오기 시작한다. 그리고 재니가 남편 조디를 해방자라고 소개할 때 그런 공공연한 언급은 많은 찬사를 받는다. "여어, 저 부인은 꼭 연설자 스탁스 같아. 전에는 몰랐는데. 입바른 말만 하네"(Hurston 1965, 51). 그러나 갈채와 환호는 재니에게 돌아오지 않았다. 칭찬을 받는 쪽은 재니의 남편이었다. 재니가 가부장제 세계의 지배적 신념에 맞서 침묵의 목소리를 높여온 점은 남편을 통해 간접적으로 인정받을 뿐이다. 재니는 여전히 남편에게 영광을 돌리는 대상일 뿐이다.** 우리의 부재 지시 대상이 되는 존재들에 관한 생각은 "하루도 빼먹지 않고 드는 생각"이다. 이런 생각은 침묵한다. 재니의 침묵은 남성이 지배하는 세계에서 침묵하는 여성의 목소리다. 따라서 바로 이 점이 채식주의 저항의 역사를 고찰하는 작업이 지금 얼마나 중요하고 필요한 일인지 역설적으로 보여준다.

언어에 관한 남성의 지배적 통제를 철폐하려 할 때, 채식주의자는 워싱턴이나 링컨처럼 정치적 해방자보다는 까다롭고, 특별하고, 기분 상하게 하고, 독선적이고, 반항적이고, 특히 감상적인 해방자로 여겨진다. 동물 살해를 거부하는 행동은 감성적 태도, 유치한 발상, 또는 "밤비-도덕Bambi-morality"***에 동일시된다. 이런 시각을 확대하면 동물 살해를 거부하는 행동은 '여자 같은 짓womanish'으로 여겨진다. 스피노자가 한 말도 자주 인용된다. "동물 살해를 거부하는 행동은 '그럴듯한 이유가 있다기보다는 공연한 미신과 여자 같은 연약

함'에 기초한다"(Spinoza 1910, 209(4장 명제 37); Thomas 1983, 298에서 인용). 결국 이런 식이면 채식주의가 여성에게 부과된 과제로 여겨지고 여성이 직면한 현상태하고 동일시되는 상황도 전혀 이상할 구석이 없다.

남성 지배 문화가 채식주의자들을 감상적 존재라고 비난하는 현실은, 이 문화가 채식주의의 비판적 담론이라는 화살을 교묘히 피하고 있는 방식을 분명히 보여준다. 페미니스트이자 동물권 옹호론자인 브리지드 브로피는 이렇게 비판한다. "자기 아닌 다른 누군가에게 나름의 권리가 있다는 주장은 전혀 감상적이지 않다. 그런 주장이 큰 죄도 아니다. 오히려 '감상주의자'는 인간이 잔악하다는 비난을 되받아쳐서 그런 비난을 다른 사람에게 악용한다"(Brophy 1972, 130). 음식으로 먹으려고 동물을 죽이는 행위를 반대하는 행동이 여성적인 것 또는 '여자 같은 짓'으로 여겨진다는 사실은, 일차적으로 감정 섞인 어조가 가부장제 문화에서도 침묵하는 다른 여성들에 결부되는 동시에 채식주의의 침묵에 기여하기 때문이다.

새로운 명명

당신이 가질 수 없는 단어는 무엇일까? 당신이 말해야 하는 것은 무엇일까? 당신

---

* 허스턴은 흑인 여성과 동물 억압을 대표하는 존재로 노새를 선택했을 수 있다. "(백인과 흑인 혼혈인) '뮬라토(mulatto)'라는 단어 자체가 어원상 '노새(mule)'에서 파생했고, 이 단어가 흑인이 백인하고 같은 종인가 아닌가를 둘러싼 미국 사회의 논쟁을 반영한다"(Christian 1980, 16)는 사실을 알기 때문이었다.

** 이 구절은 워싱턴이 묘사한 다음 유형을 따르는 듯하다. "재니의 내면 의식을 나타내는 듯한 몇몇 구절은 처음에는 이런 내면 의식의 변화에 얼마간 주의를 기울인다. 그러나 점차 재니의 위상이 논의의 주제로 부상하면서 남편이 갑자기 등장한다. 겉보기에 재니의 내면적 삶을 드러내려 하는 이 구절의 결론에서 남성의 목소리가 지배력을 갖는다"(Washington 1987, 243~244).

*** 펠릭스 솔튼(Felix Salten)이 쓴 동화를 월트 디즈니가 애니메이션으로 만든 <아기 사슴 밤비>. 엄마를 잃고 아빠 밑에서 훌륭하게 자란 밤비는 어른이 된 뒤 쌍둥이 아빠가 되고, 아버지의 뒤를 이어 숲속의 왕이 돼 사냥꾼에 맞선다. 동성애에서 이성애에 눈뜨는 것을 밤비 효과(Bambi-effect)라고 한다 — 옮긴이.

이 병이 나서 죽는 그 순간에도 침묵을 지키면서 매일 받아들이고 자기 것으로 만들려 하는 그런 잔학 행위는 무엇인가?

— 오드리 로드, 〈침묵에서 언어와 행동으로 나아가는 변화The Transformation of Silence into Language and Action〉, 1984, 15쪽

채식주의자는 새로운 단어들을 주조하면서 부당한 언어를 개혁한다. 새로운 명명을 통해서 채식주의자는 이미 만들어진 인간과 동물 사이의 관계를 바꾸려 하는 새로운 원리들을 적용한다. 채식주의가 일으킨 새로운 명명의 몇 가지 사례를 살펴보자.

새로운 명칭 — 채식주의자

1847년, '채식주의자vegetarian'라는 단어가 의식적으로 주조될 때까지 동물을 먹지 않는 사람을 지칭하는 가장 일반적인 호칭은 '피타고라스주의자Pythagorean'였다. 다른 많은 개혁 운동처럼 피타고라스주의자라는 호칭 대신 '채식주의자'라는 이름을 새로 만든 일은 채식주의 운동사에서 중요한 이정표였다. 채식주의자라는 단어는 낸시 코트Nancy Cott*가 페미니즘이라는 단어의 등장을 설명하기 위해 사용한 단어들하고 비슷한 단어들을 사용해 정의할 수 있다. 코트는 말한다. "페미니즘이라는 용어는 만든 지 얼마 지나지 않아 일반화됐다. 이 단어가 여성의 권리와 자유를 향한 오랜 투쟁의 역사에서 새롭게 나타난 이 운동의 목적과 응집성을 한 단어로 표현해야 할 필요성에 잘 부합한 때문이었다. 만든 지 얼마 지나지 않아 일반화됐다"(Cott 1987, 15). 채식주의자라는 단어도 몇 세기에 걸쳐 이어져온 동물 살해 반대 운동을 하나로 결집시키는 역사적 계기가 됐다.

그러나 이 단어는 어원을 놓고 해석상 많은 논쟁을 불러일으켰다. 《옥스퍼

드 영영 사전》은 이 단어가 '채소의veget-able'라는 형용사와 '-주의의(사람)arian' 라는 접미사가 불규칙 결합해 파생됐다고 설명한다. 그러나 채식주의자들은 다르게 해석한다. 특히 영국의 채식주의자들은 이 단어가 고대 라틴어로 '호모 베지투스homo vegetus', 곧 '정신적으로나 육체적으로 원기 왕성한 사람'처럼 '건강한, 건전한, 신선한, 살아 있는'의 의미를 지닌 라틴어 '베지투스vegetus'에서 유래했다고 주장한다. 따라서 영국의 채식주의자들은 채식주의적 삶의 목적을 철학적이고 도덕적인 데 맞추려 했다. 목적은 단지 채식을 널리 보급하는 데 있지 않았다"(Sussman 1978, 2). (19세기 후반 (영국) 채식주의자협회 Vegetarian Society가 협회의 명칭을 바꾸려 할 때 프랜시스 뉴먼이 '반육식주의자 anti-creophagist'라는 이름을 제안하지만 지지를 받지 못했다(Sieveking 1909, 118)).

결국 채식주의자라는 단어의 어원을 놓고 오랫동안 설전이 벌어지면서, 채식주의자들은 (사소하거나 편협한) 자구에만 집착하는 한계를 보였다. 그렇게 해서 이 단어의 본래 의미가 흐려진 사실은 불을 보듯 뻔하다. 그뒤 단어의 어원과 의미 해석을 둘러싼 설전은 어떤 사람을 채식주의자로 부를 수 있는지에 관한 논쟁으로 옮겨간다. 그러나 포괄적인 정의가 아니라 '한정적 의미'를 지닌 채식주의라는 단어는 이미 육식인들이 전유하고 있었다. 육식인들은 채식주의라는 단어를 정의하면서 채식의 범주에 닭고기와 생선을 포함시켜 단어 본래의 뜻을 희석시켰다. 도대체 어떤 사람이 죽은 생선이나 닭고기를 먹으면서 채식주의자가 될 수 있을까?

그러나 글자 그대로 채식주의의 의미를 확대 해석하면, 그 개념의 범위 안에 음식 재료로 살해되는 얼마간의 살아 있는 피조물을 포함할 수밖에 없기 때문에 채식주의의 원래 의미는 퇴색되게 된다. 윤리적 채식주의자들은 그렇

* 하버드 대학교 역사학과 교수이자 2002년부터 슐레징어 여성사 도서관 관장을 맡고 있다 — 옮긴이.

게 되면 부재 지시 대상의 구조가 확대된다는 점을 알기 때문에, 이런 확대된 정의를 못마땅하게 생각한다. 이런 식의 개념 정의가 한번 묵인되면, 살아 숨쉬는 얼마간의 피조물이 소비될 수 있다면, 결국 채식주의자의 급진적 저항은 핵심을 빼앗길 수밖에 없다. 다시 말하지만 생선과 닭고기를 먹는 사람은 채식주의자가 아니다. 붉은 고기를 먹지 않을 뿐 잡식인이라고 부르는 쪽이 마땅하다. 이 사람들은 자기를 채식주의자라고 부르지만, 이런 사람을 채식주의자로 인정하면 채식주의라는 단어의 의미와 역사를 해체하게 된다. 한편 현실에서도 채식주의자들은 채식주의자가 아닌 사람들이 죽은 생선이나 죽은 닭고기를 '채식주의자 음식'으로 생각하고 내놓는 레스토랑이나 파티에 참석해 기분이 상할 때가 더러 있다.

그러나 채식주의자들은 죽은 닭고기와 생선을 먹는 사람들이 자기 자신을 채식주의자라고 부르는 모습을 못마땅하게 생각하면서도, 자기가 너무 무신경하고 까다롭게 구는 걸까 하는 의문이 들면 이내 잠잠해진다. 육식인도 붉은 고기가 콜레스테롤 수치를 높인다는 사실은 인정하는 상황에서 채식주의자를 오직 붉은 고기를 거부하는 행동만을 의미하는 단어로 중성화/일반화한 과정은, 채식주의를 거부하는 지배 문화가 이 개념에 대응할 만한 새로운 개념을 만들려고 상당히 고심한 사실을 반증한다.

새로운 명칭 — 동물화된 단백질과 여성화된 단백질

동물화된 단백질이라는 개념은 지금도 사용되는 역사적 용어다. 이 용어는 19세기에 동물의 신체에서 나오는 부산물을 지칭하려고 처음 사용했는데, 1896년에 시한부 종말론자이자 안식교의 창시자인 엘런 굴드 화이트가 쓴 편지를 보면 채식주의자들이 이 용어를 사용한 방식을 엿볼 수 있다.

동물이 먹는 음식은 채소와 곡물이다. 그렇다면 채소는 우리가 동물을 먹기 전에 먼저 동물로 만들어져야 할까? 그러니까 동물의 소화 계통에 통합돼야 할까? 우리는 우리가 먹는 채소를 죽은 피조물의 살을 먹는 식으로 대신 얻어야 할까? (White 1976, 396의 편지 72)

단백질의 동물화는 부재 지시 대상의 구조를 작동시키는 주요한 동인이다. 고기를 설명할 때 '동물화된'이라는 용어는, 고기의 생산 과정, 곧 동물의 비육 과정을 환기하면서 이 논의에 부재 지시 대상을 다시 끼워 넣게 한다. 단백질의 동물화 과정에서 동물은 인간의 목적을 위한 수단이 되고, '어떤 존재being someone'가 '어떤 것something'으로 탈바꿈한다.

그리고 결과적으로 동물의 몸은 단백질 배양기로 조작될 수 있는 신체로 여겨진다. 하나의 개념으로서 '단백질의 동물화animalizing of protein'는 이 과정이 인간이 자기에게 필요한 단백질을 얻는 최적의 방법이라는 주장, 이런 단백질의 생산이 동물의 주요 기능이라는 주장을 전제로 한다. 또한 '동물화된 단백질animalized protein'이라는 개념은 동물이 육식의 정의에서 도외시될 수 없다는 점을 분명히 보여준다.

동물화된 단백질의 필연적인 산물이자 그 전조는 우유나 달걀 같은 '여성화된 단백질'이다. 또 한 번 동물은 유제품 생산자로서 우리의 목적을 위한 수단이 된다. 게다가 꿀을 생산하는 벌, 곧 살아 있는 동안 자기 몸으로 꿀을 생산하는 유일한 존재인 벌도 임신할 수 있는 연령의 암벌들이다.* 동물의 암컷은 그 여성성 때문에 억압받으며, 본질적으로 대리 유모가 된다. 이런 동물은 대리모 동물로 억압당한다. 생산성이 떨어지면 도살돼 동물화된 단백질이 된

* 태반도 살아 있는 동안 암컷이 생산하는 또 다른 음식이라는 주장이 있다.

다. '철저한' 또는 '완전한' 채식주의자는 여성화된 단백질과 동물화된 단백질을 모두 거부한다.

새로운 명칭 — 비건

1944년에 도로시 왓슨Dorothy Watson이 만든 신어인 '비건Vegan'은 지배 문화에 희석된 단어인 '채식주의자'를 극복해낸다. 비건은 동물화된 단백질과 여성화된 단백질뿐 아니라 모피, 가죽, 꿀처럼 동물 착취의 산물인 모든 생산물을 거부한다. 완전 채식주의, 곧 비거니즘은 모든 존재를 향한 연민에 기초하는 윤리적 태도다. 비건이라는 단어는 모든 동물을 위한 관심에 명확히 통합된다. 달걀과 생선은 먹는 '폴로 비건Pollo-Vegan'은 불가능한 주장이다. 새로운 명칭은 '여성화된 단백질'에 연관된 문제, 곧 암컷 동물이 삶과 죽음에서 이중으로 억압받는 현실을 인식한다.

조 스테파니악이 《채식주의 사료집The Vegan Sourcebook》에서 설명한 대로, 이 새로운 단어를 만들게 한 자극제는 완전 채식주의자를 대체할 단어를 찾아야 할 필요였다.

> 유제품을 안 먹는 채식주의자를 묘사하는 완전 채식주의자Total vegetarian를 대체할 단어가 필요했다. 그 단어는 데어리밴dairybans, 바이탄vitans, 네오베지테리언neovegetarians, 버네버러benevores, 벨르보러bellevores, 올베가all-vegas, 새니보러sanivores, 보맨저beaumangeurs를 포함해서 다른 제안들을 압도했다. 모두 '채식주의자vegetarian'라는 단어의 앞 철자 3개(veg)와 끝 철자 2개(an)에서 나온 말들이었다. "비거니즘은 베지테리어니즘에서 시작하며, 그 주장의 논리적 결론을 통해 사람들에게 받아들여지기 때문이다."

《옥스포드 도해 사전Oxford Illustrated Dictionary》이 비건이라는 단어를 받아들인 때가 1962년이었다. 21세기의 첫 10년의 끝을 향해 나아가는 시점에서, 마이크로소프트 워드의 맞춤법 검사 프로그램은 마치 잘못된 철자를 알려준다는 듯 '비건'이라는 단어에 밑줄을 치는 행동을 더는 하지 않게 됐다. 모든 채식주의 작가에게는 사전 편집에서 해방되는 순간이었다. 그렇지만 비거니즘이라는 단어는 더 긴 시간이 필요했다.

《육식의 성정치》는 진정한 페미니즘-채식주의 비판 이론을 담은 책이다.

새로운 명칭 — 넷째 단계

육류 가공업에 새롭게 도입된, 동물을 동물화된 단백질로 전환하는 방식을 이해하려면 새로운 명칭이 필요하다. 2차 대전 뒤 동물을 사육하는 새로운 방식은 '공장식 축산factory farming'이라는 이름을 얻었다. 여기서 나는 앞서 말한 대로 육식의 넷째 단계로서 이런 잘못된 이름이 붙은 공장식 축산 농장이라는 곳에 동물을 유폐시키는 기술 발전을 비판적으로 고찰해야 한다는 주장을 제기하려 한다. 육식의 첫째 발전 단계는 거의 전적으로 채소에만 의존했다. 그리고 소비하는 약간의 고기(작은 동물이나 곤충)도 손이나 막대기를 이용해 직접 잡았다. 육식의 첫째 단계는 앞서 말한 대로 동물을 잡아먹을 때 플루타르크가 말한 도구를 이용하지 말고 '타고난 신체 기능만 사용하기do-it-yourself' 라는 기준을 충족시켰다.

사냥은 육식의 둘째 단계다. 야생 동물을 죽여 고기를 얻기는 했지만, 야생 동물의 여성화된 단백질에는 거의 의존하지 않았다. 둘째 단계에서 도구를 이용한 폭력이 도입되고, 몇몇 공동체 성원을 골라서 공동 사냥을 나간다. 동물을 죽이는 데 도구를 이용하게 되면서 동물과 인간 사이에 거리가 생기고, 사냥꾼과 비사냥꾼 사이의 구분도 나타난다.

육식의 셋째 단계는 동물의 가축화 단계로, 동물의 도살을 도모하면서 동물에게 보호와 안전이라는 장식을 제공한다. 셋째 단계에서 동물을 직접 사육하고 쉽게 손에 넣을 수 있게 되면서 고기 소비량이 크게 증가한다. 동물의 가축화는 음식의 또 다른 원천인 여성화된 단백질을 공급하는 계기가 된다. 로컬푸드만 먹는 '로커보어locavores'들은 이 단계로 되돌아가고 싶어한다.

공장식 축산을 동반하는 육식의 넷째 단계는 동물의 감금과 유폐를 포함한다. 넷째 단계는 동물화된 단백질과 여성화된 단백질의 일인당 소비량이 가장 높다. 지금 미국인이 먹는 식품의 60퍼센트는 육류, 낙농, 양계 산업이 공급한다. 이 단계에서 동물은 음식으로 자기 운명을 마감하는 마지막 순간을 빼면 대부분의 사람들이 누리는 일상적 경험에서 격리돼 있다. 넷째 단계에서 미국인은 일상생활에 필요한 단백질의 양이 얼마인지 생각하기보다는 얼마나 많은 양의 '고기'와 '유제품'이 필요한지를 생각한다. 왜냐하면 동물화된 단백질과 여성화된 단백질이 네 개로 분류되는 식품군*에서 두 개를 차지하기 때문이다. 미국인이 섭취하는 단백질의 70퍼센트는 이 두 식품군이 차지한다. 반대로 많은 아시아인은 단백질의 80퍼센트를 채소에서 얻는다.

육식의 단계적 변화는 부재 지시 대상의 구조에서 문화의 의존성이 늘고 있다는 사실을 보여준다. 게다가 육식의 단계적 변화는 점차 백인우월주의가 부재 지시 대상의 구조에 침입해 들어오는 현실을 보여준다. 백인우월주의는 채소가 대안적인 단백질 원천이라는 사실을 이해하지 못하기 때문이다. 만약 이런 확산의 결과 남성중심주의가 남성과 여성 사이의 경쟁 관계에서 우위를 차지하게 되면, 백인우월주의는 동물화된 단백질을 고집하면서 육식의 둘째 단계에 있는 대부분의 문화에서 단백질 원천인 채소를 은폐하고 육식을 장려하게 된다. 백인우월주의는 과거에 여성중심주의적이던 문화나 현재 여성중심주의적인 문화, 동물화된 단백질에 전적으로 의존하지 않는 문화를 왜곡한다.**

우리는 유명 작가이자 거미집 직조자인 엘윈 브룩스 화이트가 쓴《샬롯의 거미줄Charlotte's Web》(1952)의 주인공인 거미 샬롯에게서 대안적인 명칭의 모델을 발견할 수 있다. 샬롯은 윌버라는 돼지가 도살되는 사태를 막으려고 거미줄로 글을 써 이 문제를 세상에 알린다. 이때 샬롯은 윌버라는 돼지에게 붙은 포크, 베이컨, 햄 같은 잘못된 명칭 대신에 새로운 이름을 쓴다. 윌버는 "보통 돼지이기는 하지만" 비육 동물도 아닌데다가 "무섭지도" 않다(White 1973, 78, 95). 샬롯이 사용하는 단어들은 채식주의 저항 문학의 한 형식이다. 죽고, 절단되고, 부위별로 다시 명칭을 부여하기보다는 모든 윌버들을 살아 있는 그대로 지키려는 의도에서 채식주의 저항 문학은 대안적 명칭을 쓴다.

육식을 영양학이나 진보의 산물로 간주하지만 않는다면, 우리는 육식을 역사 발전에 따른 필연적인 생존 전략으로 여기는 언어에서 자유로울 수 있다. 육식의 언어는 동물 억압을 옹호하는 문화적 의미를 만들어낸다. 이런 문화적 의미에 맞서는 저항 문학은 에세이 형태가 가장 많고, 플루타르크에서 현대에 나온 논픽션까지 유구한 역사를 더듬어볼 수 있다. 그물망처럼 얽힌 동물 억압을 폭로하려는 시도들은 새로운 단어를 직조해낸다. 이런 저항문학의 특징은 역사적으로 반복된 채식주의의 주제와 이미지를 의식적 전통으로 삼는 데 있고, 본질은 육식인들이 제기하는 질문을 다른 형식의 질문으로 고쳐 말한다는 데 있다. 이를테면 플루타르크는 고기를 멀리한 이유를 묻는 피타고라스에게 질문의 형식을 고치는 식으로 대답한다. "내 생각에 당신이 한 질문은 근

---

* 보통 기초 식품군은 4개가 아니라, 구성 식품 I(고기, 생선, 알, 콩류), 구성 식품 II(우유와 유제품, 뼈째 먹는 생선), 조절 식품(채소, 과일), 열량 식품 I(곡류, 감자류), 열량 식품 II(유지류) 등 5개로 나눈다 — 옮긴이.

** 백인우월주의와 다른 여러 문화에서 찾아볼 수 있는 여성중심주의를 인정하지 못하는 태도의 상관성은 다음을 참조. Paula Gunn Allen, *The Sacred Hoop: Recovering the Feminine in American Indian Tradition*, Boston: Beacon Press, 1986.

래에 누가 육식을 중단했는지를 묻기보다는, (피타고라스가 최초의 채식주의자라는 측면에서) 누가 가장 먼저 실행에 옮겼는지를 물어보는 형식이 돼야 한다고 생각합니다"(Plutarch 1976, 111). 또 한 가지 사례를 들면, 무슨 이유에서 채식주의가가 됐느냐는 질문을 받은 버나드 쇼는 이렇게 반박했다. "지금 품위 있는 식사를 하게 된 이유를 설명해달라는 거요?"

이어지는 4장에서는 채식주의자들이 어떤 계기에서 품위 있는 식사를 할 수 있게 됐는지 설명해달라는 육식인들의 요청을 받는 과정에서 벌어지는 일들을 다룰 생각이다. 이런 분석을 위해 채식주의 단어가 살이 되지 못하게, 곧 말로 표현되지 못하게 방해하는 요소에 초점을 맞추겠다. 채식주의 단어가 말로 표현되는 상황을 막는 일은 고기의 가부장제 텍스트들이 의도하는 궁극의 목표다.

말이 살이 되어

피타고라스의 가르침

(사모스에서 도망 온) 한 사람이 있었다. ……

그 사람은 동물은 먹어서는

안 되는 음식이라고 말한 최초의 사람이었다.

그리고 자기가 "오, 인간들이여, 그런 불경한 음식으로

네 몸을 더럽히지 말라!"고 설파할 때

인간들이 그 말을 귀담아 듣지 않는다는 사실을 알고 있던

최초의 사람이기도 했다.

— 오비디우스Ovid, 《변신 이야기Metamorphoses》, 1971, 367쪽

말이 살이 되는 일은 좀처럼 드문 경우며,

온몸을 전율하게 한다.

— 에밀리 디킨스Emily Dickinson, 1651

이 장은 채식주의의 말에 관심을 기울이면서, 채식주의자가 되는 사람들과 그렇지 않은 대부분의 사람들 사이에 일어나는 변증법을 다룬다. 많은 사람이 피타고라스의 전철을 밟아 "오, 인간들이여, 그런 불경한 음식으로 네 몸을 더럽히지 말라!"고 말하지만, 대부분은 피타고라스의 문하생들하고 똑같은 반응을 한다. 자기가 듣는 말을 믿지 않는 셈이다. 아무리 채식주의에 관해 많이 알고 있더라도, 당신은 채식주의자로 전환하는 과정에서 육식을 향한 분명한 저항의 목소리를 듣지 못하게 하는 미세한 장벽들에 가로막히게 된다. 그러나 대부분의 채식주의자는 이런 장벽을 자각하지 못한다. 그 이유는 당신이 채식주의로 전환하는 과정 때문에 다른 사람의 눈에는 채식주의자가 되는 일이 쉬워 보일 수 있기 때문이다. 그리고 다른 이유는 육식이 지닌 정치적 힘과 문화적 힘에 내재된 우월성을 강조하는 가부장제 문화의 구조를 파악할 페미니스트적 시각이 부재하기 때문이다. 가부장제 문화에서 채식주의가 호소력이 부족한 주된 요인에는 채식주의가 논의되는 시간과 장소도 포함된다. 채식주의자는 대개 식사를 하면서, 또는 식사 시간에 자기가 소수자라는 사실을 깨닫기 때문이다. 이런 시공간의 제약 탓으로 채식주의의 관념이 고기의 현존과 육식의 관념에 따라 좌절을 겪는 정치적 분위기가 만들어진다. 또한 육식을 바라보는 남성 문화적 관점도 이런 채식주의의 좌절을 돕는다. 나는 채식주의의 좌절이 이야기마다 나름대로 고유한 결말이 있다고 생각하는 우리의 사고 체계에 밀접히 연관된다고 주장할 작정이다.

먼저 육식 문화를 개혁하려는 채식주의자들의 충동, 달리 말해 육식인에서 채식주의자로 전향하는 일들이 현실적으로 벌어지고 있으며 이런 전향이 채식주의 저항 문학을 읽는 행동에 연관된다는 사실을 살핀 뒤, 채식주의의 말들을 지배하는 이런 미세한 정치적 힘과 문화적 힘들을 분석하려 한다.

'말이 살이 된다the word made flesh'는 생각에는 다양한 의미가 담겨 있다. 아마도 첫째 의미가 가장 명확할 듯하다. 채식주의를 말하는 어떤 사람의 주장에 귀를 기울이거나 책을 읽고 난 다음에 육식에서 채식주의로 전환하는 과정이 바로 채식주의 말이 살이 되는 과정이라는 것이다. 둘째 의미는 식사 시간에 나누는 육식에 관한 대화들이 말이 살이 되는 일종의 대안적 방식이라는 것이다. 육식인들의 주장은 글자 그대로 식탁에 고기가 차려진다는 사실 자체로 힘을 받는다. 그 말이 이런 살을 승인한다. 그리고 이 살이 그 말을 다시 강화한다. 육식이 전통적 이야기 구조를 고집하는 방식에서 이야기의 단어들과 식사라는 살은 서로 교환된다.

채식주의 저항 문학

결국 문제는 '보이지 않는 것을 보이게 하는 방법'이 아니라, 그 사회의 서로 제각각인 주체들을 구별할 수 있는 원칙을 만드는 방법이다.

— 테레사 드 로레티스Teresa De Lauretis, 《앨리스는 안 한다Alice Doesn't》, 1984, 141쪽

채식주의의 정당성을 주장하는 문학 작품은 플루타르크가 육식을 반대하면서 쓴 에세이 두 편, 곧 〈육식에 관하여Of Eating of Flesh〉와 〈육식에 관한 에세이〉에서 시작해 《채식주의 — 삶의 한 방식Vegetariannism: a Way of Life》(Giehl 1979), 《채식주의라는 대안The Vegetarian Alternative》(Sussman 1978), 《채식주의자 지침서A Vegetarian Sourcebook》(Akers 1983)처럼 현대에 출간된 저술까지 연결돼 있다. 이 글들은 채식주의의 정당성과 채식주의가 수용돼야 할 필요성을 주장한다. 채식주의 문학 장르의 역사적 사례는 18세기부터 20세기 초 사이에 나온 많은 채식주의 저술에서 찾아볼 수 있다. 3년 6개월 된 내 아들은 아빠에게 죽은 닭고기를 먹지 말아야 하는 이유를 설명하면서 자기도 채식주의를 실천하기로 결심했다. 그러나 아빠가 약속을 지키지 않자 실망한 아들은 '고기 안 먹기'라는 제목을 단

책을 쓴다. 그 책에는 이런 글이 적혀 있었다.

생선 안 먹기.

닭고기 안 먹기.

게 안 먹기.

고래 안 먹기.

수탉 안 먹기.

낙지 안 먹기.

닭고기 안 먹기.

물고기 안 먹기.

바닷가재 안 먹기.

아직 말은 잘 못하지만 아들이 써놓은 이 글은 자기 자신에게는 의미 있는 표시였다. 그러나 육식 문화가 채식주의 저술을 대하는 태도는 정반대다. 육식 문화는 채식주의자들이 글은 그럴듯하게 쓸 수 있을지 모르지만 아무짝에도 쓸모없는 헛소리를 떠든다고 딱 잘라 말한다. 한편 채식주의자는 채식이나 육식에 관해 자기 견해를 주장할 수 있는 다양한 방식이 있었지만 언제나 "고기를 먹지 마세요Don't eat meat"라는 말만 한다. 그러나 육식인은 육식이 의미 있기 때문에 이 말을 이해하지 못한다. 반면 채식주의자는 육식 문화가 자기 말을 귀담아 들어주리라고 믿는다. 책이라는 형식을 통해 글자 그대로 말이 살이 된다는 신념은 내 아들에게는 틀린 말이 아닌 듯하다. 아들은 자기가 정한 금지 조항을 조목조목 적은 다음 아빠에게 말했다. "미안, 아빠. 그렇지만 이제 고기를 못 먹어. 이렇게 적어놓았거든."

내 아들이 직감한 일일 수도 있지만, 채식주의자와 이전의 채식주의 관련 텍스트 사이의 떼려야 뗄 수 없는 관계는 채식주의의 관념이 꽤나 많이 책을 모체로 하고 있다는 사실을 보여준다. 이 관계가 채식주의의 말이 살이 되게 하는 방법이다. 역사가인 키스 토머스는 말한다. "책을 통해 받는 영감은 종종 문학적인 것이지만, 많은 사람이 피타고라스나 플루타르크의 글을 읽고 채식주의자가 됐다고 주장한다"(Thomas 1983, 297). 대부분의 사람이 육식을 즐기는 문화에서 이런 텍스트를 읽는 일은 채식주의가 긍정적인 모습으로 비칠 수 있는 유일한 방식이다. 본질적으로 이전의 채식주의 관련 텍스트들이 지닌 권위가 글자 그대로 채식주의의 말을 수용하는 채식주의자로 새롭게 전향한 사람들을 채식주의 관련 저술가로 탈바꿈시킨다.

퍼시 셸리Percy B. Shelley*가 채식주의자가 된 계기도 플루타르크가 육식에 관해서 쓴 글 두 편인 듯하다. 퍼시 셸리가 처음 쓴 채식주의 관련 저작인 《자연식의 옹호A Vindication of Natural Diet》(1813)의 제목은 그다지 널리 알려진 사실은 아니지만 메리 셸리의 어머니인 메리 울스턴크래프트Mary Wollstonecraft가 쓴 《여성의 권리 옹호A Vindication of the Rights of Woman》(1792)라는 책의 제목에서 따왔으며, 퍼시 셸리는 자기가 채식주의 단어뿐 아니라 페미니스트 단어들을 낳고 있다고 넌지시 비춘다.

흑인으로서 노예 문제를 주제로 다룬 시인이자 극작가인 아프라 벤은 17세기의 채식주의자 토머스 트라이온Thomas Tryon이 이야기한 건강한 삶을 위한 방법을 칭송하면서, 자기가 건강한 삶을 위해 채식주의를 따른 계기는 트라이온

---

* 《프랑켄슈타인》을 쓴 메리 울스턴크래프트 셸리의 남편. 앞으로 남편과 아내를 각각 'P. Shelley'와 'M. Shelley'로 표기한다 — 옮긴이.

의 저술을 읽은 경험이었다고 고백한다(Behn 1685). 벤저민 프랭클린도 트라이온의 저술을 읽은 뒤에 잠깐이기는 하지만 채식주의자가 되려고 노력한 적이 있다(Labaree, Ketcham, Boatfield, and Fineman 1964, 63).

《도덕적 의무로서 육식을 금하는 것에 관하여An Essay on Abstinence from Animal Food as a Moral Duty》(1802)라는 에세이를 쓴 조지프 릿슨도 글자 그대로 이전의 채식주의 관련 텍스트들의 말을 수용하면서 채식주의자가 됐다. 릿슨은 자기가 채식주의자가 된 계기에 관해 이렇게 쓰고 있다(릿슨은 자기를 채식주의 관련 텍스트의 저자, 곧 채식주의 저술가로 소개한다).

> 나는 1772년에 망드빌Bernard de Mandeville이 열아홉 살 때 썼다는 《꿀벌의 우화Fable of the bees; or, Private Vices, Publick Benefits》(1714)를 읽고 곰곰이 생각에 잠겨들었다. 뒤에 나온 이 책의 개정판을 읽고 나서 나는 우유와 채소말고 거의 30년 동안 고기나 생선, 닭고기는 조금도 입에 대지 않았다. (Ritson 1802, 201)

릿슨이 식사 습관을 바꾸는 데 영향을 준 망드빌의 책에는 이런 구절이 적혀 있다.

> 나는 자주 습관처럼 우리 자신을 강탈하는 폭정이 없었으면, 선량한 본성을 타고난 인간이 일용할 양식을 위해, 특히 이 풍요로운 지구가 인간에게 맛있고 다양한 채소를 공급할 수 있는 한에서 그렇게 많은 동물을 죽이지 않았으리라고 생각하기도 했다. (Mandeville 1911, 173)

역사가 제임스 터너는 릿슨이 역설적인 의미를 담고 있는 망드빌의 말을 글자 그대로 받아들였다고 지적한다. 터너는 망드빌의 책이 “인간과 동물 사이에 있을 수 있는 차이를 간과하며, 따라서 사람들이 지금 자기가 동물에게 무슨 짓을 저지르고 있는지 생각하는 일을 그만둔다면 동물을 계속 잡아먹어도 된다고 말하는 중인지 궁금하다(놀림조?)"(Turner 1980, 18)고 쓰고 있다. 릿슨을 다룬 전기 작가들 중에서 어떤 사람은 망드빌이 릿슨에게 미친 영향에 관련해 "특히 독서가 그런 영향을 받게 된 매우 중요한 계기"(Bronson 1938, vol. 1, 34)* 라는 사실을 인정한다. 릿슨은 이 에세이의 마지막 부분에서 자기 경우처럼 이 장 첫머리에 인용한 오비디우스의 《변신 이야기》에 나오는 피타고라스의 연설이 《내 아들아 너는 인생을 이렇게 살아라Letters To His Son》로 잘 알려진 필립 체스터필드 경에게 영향을 줬다고 말한다. "머튼 칼리지로 돌아오기 전에 나는 이전에 나 자신이 어떻게 살인 공모자(육식가)가 될 수 있었는지, 내심 의심하면서 몇 번이고 생각하고 또 생각했다"(Ritson 1802, 225)고 체스터필드 경이 썼다는 주장이었다.

10대 시절 퍼시 셸리의 책을 읽은 시인 로버트 브라우닝Robert Browning은 2년 정도 적극적인 채식주의자가 됐다(Pottle 1965, 22). 인도 출신인 간디가 채식주의자가 된 계기도 책이었다. 영국 런던에 머무는 동안 간디는 그때 영국에서 나온 많은 저술을 접했다. 그중 헨리 솔트Henry Salt가 쓴 《채식주의를 위한 변명A Plea for Vegetarianism》(1886)은 간디가 채식주의의 윤리적 기틀을 마련하는 데 상당한 영향을 준 듯하다. 간디는 "이 책을 읽은 바로 그날 나는 채식주의자가 되기로 결심한 듯하다"(Gandhi 1972, 48)고 썼다. 버나드 쇼도 채식주의자가 된 이유를 퍼시 셸리에게서 찾았다. "'1880년 무렵 런던에 채식 전문 레스토랑이 문을 열면서 본격적으로 채식주의자가 됐지만, 내 식습관의 야만성에 처음 눈을 뜨게 해준 사람은 셸리였다'고 쇼는 《열여섯 개의 자화상Sixteen Self Sketches》(1945)에서 쓰고 있다"(Brophy 1979, 100). 페미니스트, 채식주의자, 평화주의자인 샬롯

* 이 문제를 조사하면서 전기 작가는 망드빌의 전기에 실린 두 부록 중의 하나(Bronson 1938, vol. 2, 743~748)에 망드빌이 참고한 모든 자료를 수록한다.

데스파드Charlotte Despard는 퍼시 셸리의 《매브 여왕Queen Mab》(1813)를 읽고 큰 영향을 받았다.

물론 오늘날 많은 사람은 채식주의의 말을 읽는 경험을 거치지 않고 채식주의자를 만나 채식주의 관련 대화를 직접 나누거나 논쟁하면서 채식주의를 접한다. 이런 논의는 종종 식사 때 벌어진다. 그러나 이런 일은 채식주의의 말이 살이 된다는 앞의 주장하고는 정반대의 사태다. 식사를 할 때 채식주의자는 대화를 나누다가도 고기의 텍스트가 대화 주제가 되면, 또는 음식에 고기가 들어가 있으면 자기도 모르는 사이에 전투적으로 바뀌기 때문이다.

싸움을 작정하고 나누는 대화

모든 여성의 자유를 위한 대변자이기를 자청하는 개별 여성은 애처롭고 고립된 존재다. …… 이런 여성은 전혀 위협적이지 않다. '해방된' 개별 여성은 쉽게 소모될 수 있는 기분 전환을 위한 존재, 곧 여흥을 돋우는 상품이다.

— 실라 로보섬Shella Rowbotham, 《여성, 저항, 혁명Women, Resistance and Revolution》, 1972, 12쪽

19세기 초의 채식주의 저술가인 의사 렘브의 죽음을 알게 된 뒤에 나는 이렇게 썼다. "조금 과하다 싶을 정도로 육식을 금지시키려 했지만, 그래도 렘브는 용서받아 마땅하다. 그런 행동이 환자들에게 무슨 해를 끼쳤나? 지금까지 그 사람을 빼면 채식주의에 관심을 둔 사람은 아무도 없었기 때문에, 나는 채식주의에 관해 아무것도 알지 못한다." (Hill 1965, 285)

채식주의는 육식에 관한 대화를 유도하기는 한다. 그렇지만 채식주의는 육식을 지지하는 지배 담론 안에서 자기주장을 납득시켜야 하는 문제를 안고 있

다. 채식주의자들은 육식인들하고 대화를 나눌 때 자기의 신념이 마주할 운명을 늘 걱정한다. 채식주의자와 육식인 사이에 벌어지는 의미 있는 논쟁을 경험하는 데 가장 좋은 때와 곳은 식사 시간이다. 채식주의자는 자기의 채식주의가 불가피하다고 주장한다. 왜냐하면 채식주의자가 자발적으로 자기 견해를 드러내지 않는 한 영국의 급진주의 정치개혁론자 윌리엄 코벳에게 귓속말로 "사격과 사냥을 하지 말라고 부탁"한 리처드 필립스 경처럼 앞으로도 계속 자기의 채식을 방어하는 데 급급하다는 소리밖에 들을 수 없기 때문이다(Cobbett 1983, 285). 19세기 미국의 여성 보건 개혁가이자 채식주의자이자 페미니스트인 메리 고브 니콜스의 친구인 내과 의사이자 사회 개혁가인 해리엇 케지아 헌트는 "나는 언제나 메리의 그레이엄주의 때문에 다퉜다"고 쓰면서 채식주의자들의 소극성을 지적한다. 존 오스왈드는 채식주의에 관련된 《자연의 외침The Cry of Nature; or, an Appeal to Mercy and to Justice on Behalf of the Persecuted Animals》(1791)을 출간하면서 "내 삶의 방식이 지닌 독특성 때문에 밀려드는 질문에 일일이 대답하고 친구들을 납득시키느라 힘들었다"는 말로 글을 시작한다. 그러고는 육식에 관한 자기만의 솔직한 주장을 밝히는 만큼 앞으로 '방해 없이' 채식을 즐기고 싶다는 바람을 드러낸다(Oswald 1791, i).

극작가이자 번역가인 토머스 홀크로프트는 어느 채식주의자하고 저녁을 먹으면서 나눈 대화를 한 일간지에 실으면서 이런 견해를 밝힌다.

1798년 6월 24일.

식사가 끝나자마자 고드윈 씨와 리스 씨가 도착했다. …… 리스 씨하고 육식의 도덕성에 관해 이야기를 나눴다. 리스 씨는 동물을 죽이는 행동은 옳지 않으며 인간의 평판도 나쁘게 한다고 말했다. 나는 오히려 평판이 훨씬 더 좋아졌다고 대답했다. 인간이 육식을 목적으로 사육을 시작하면서 동물의 수가 10배, 100배는 더 증가한 때문이었다. 그리고 나는 동물이 죽음에 관해 알거나 죽음을 예견할 수 있다고 가정할 아무 근거가 없기 때문에 동물들이 죽을 때 느끼는 고통은 언급할 가치조차 없다고 주장했다. …… 저녁에 조지프 릿슨이 우리 모임에 동석했다. (Colby 1980, vol. 2, 127, 129)

육식인들하고 함께 식사를 하거나 채식 전문 식당이 아닌 곳에서 식사를 할 때, 채식주의자는 반드시 자기에게 관심을 가져달라고 요청한다. 채식주의자는 자기가 먹을 음식에 무엇이 들어가고 무엇이 들어가지 않는지에 민감하게 반응한다. 때로는 음식에 이의를 제기하기도 한다. 그리고 채식주의자는 자기의 채식주의에 관련한 논의를 유도한다. 종종 이런 논의에는 채식주의에 반감이 있거나 채식주의를 개인적 저항으로 취급하는 사람이 함께하기도 한다. 이때 채식주의자가 하는 대답이나 보이는 반응을 지켜보려고 온갖 터무니없는 질문이 쏟아진다. 물론 열정적인 개혁가인 채식주의자는 이 기회를 교육의 기회로 삼으려 한다. 그러나 정작 사태는 의도하고 다르게 진행된다. 오히려 논의는 귀찮은 장난처럼 돼버린다. 때로는 얼토당토않은 질문도 던진다. 이런 질문은 논의 전체를 우습게 만들어버린다.

급진적 낭만주의자이자 출판업자인 리처드 필립스 경하고 함께 식사하면서 나눈 대화를 기록한 여행가이자 저술가인 조지 보로우는 이 현상을 이렇게 지적한다.

나는 경에게 여쭸다. "경께서는 육식을 안 하십니까?"

경은 대답했다. "그렇소, 선생. 나는 20년 넘게 육식을 하지 않았소. 선생, 나는 존경받는 브라만이오. 나는 생명을 해하는 행위를 몹시 혐오한다오. 짐승도 우리처럼 살아갈 권리가 있소."

나는 말했다. "그렇지만 짐승을 죽이지 않으면 그 수는 계속 불어날 테고, 어느 순간 국토는 짐승으로 들끓을 텐데요."

“선생, 나는 그렇게 생각하지 않소. 인도에서는 소를 죽이지 않소. 그런데도 땅은 충분하다오.”

“그러나 자연은 파괴되고, 짐승은 서로 잡아먹을 겁니다. 그렇게 되면 이 세계는 짐승 천지가 될 겁니다. 모든 곤충과 새, 벌레가 멸종할 수도 있습니다.”

“이제 그만합시다. 별 이득도 없는 이런 논의를 계속하고 싶지 않소.” (Borrow 1927, 197)

이런 얼토당토않은 질문은, 마지막에 필립스 경이 대화의 주제를 바꾸려 하듯이 채식주의자가 방어적 자세를 취하게 자극할 뿐 아니라 질문에 대답하는 일 자체도 머뭇거리게 만든다. 이때 대화의 양상은 1970년대 초 식사 시간에 많이 하던 페미니즘에 관한 논의하고 많이 닮아 있다. 이 대화에서 가장 자주 나온 질문은 페미니즘을 정의해달라는 요구였다. 페미니스트가 “당신도 그 말 많은 전투적 여성 해방 운동가요?”라는 식으로 페미니즘을 경멸하는 듯한 질문에 맞서듯이, 채식주의자도 “당신도 건강에 미친 사람이요?” 또는 “당신도 동물 애호가요?”라는 채식주의를 경멸하는 듯한 질문에 맞서 자기를 정의해야 한다. 페미니스트가 “남자도 해방이 필요하다”는 주장에 직면하듯이, 채식주의자는 “식물도 생명이 있다”는 원리론적인 주장에 맞닥트린다. 또는 문제를 더 우스꽝스럽게 만들려고 이런 주장을 펴기도 한다. “그럼 당신이 먹는 상추와 토마토는 어떤가요. 그 채소들도 생명과 감정이 있어요!”

이런 쓸데없는 주장을 하찮게 넘기고 신중한 자세를 취하는 노력이 대화의 실마리를 풀어가는 선행 조건이다. 이런 조건이 이야기의 범위를 결정한다. 만약 남자들이 처음 실시된 미스 아메리카 대회에서 브래지어를 착용하지 않은 사실을 화제로 삼으면, 페미니스트는 그때 그런 선택은 상징적 행위라는 점, 또는 그런 질문은 동일 노동 동일 임금 같은 중대한 문제들하고 전혀 관련이 없다는 점을 분명히 해야 한다. 비슷하게 식물도 생명과 감정이 있다는 식의 질문에 설득력 있게 대답하는 과정이 육식인을 계몽하는 데 필연적이라고 생각하는 채식주의자라면, 그 남자/그 여자는 식물도 당연히 생명이 있으며, 나아가 초식 동물이 고기가 되기 전에 소비하는 엄청난 양의 식물은 제쳐놓더라도 날마다 식탁에서 먹는 채소에 관련해 우리가 왜 책임이 없겠느냐고 인내심을 갖고 설명할 수 있을까? 물론 이런 질문들에 대응해 "먼저 남성들은 남성 지배로 상당한 이득을 얻고 있다고 인정해야 한다"거나 "당신은 상추의 고통이 도살 과정에서 피를 흘리며 죽어가는 소의 고통하고 다르지 않다고 주장할 수 있는가?"라는 더 급진적인 반문을 던질 수도 있다. 페미니스트나 채식주의자가 이렇게 대응하면, 남성이나 육식인은 이 비난 섞인 질문 때문에 수세적인 자세로 바뀌게 된다. 그런데 한편으로는 채식주의자나 페미니스트에게 정치적, 개인적, 실존적, 윤리적으로 중요한 문제가 다른 사람들에게는 식사 시간 동안 나누는 여담에 지나지 않게 될 수도 있다.

상대방이 페미니스트와 채식주의자가 하는 이런 주장을 하찮게 받아넘기면, 이제 이런 문제 제기 자체가 정당한지 여부를 묻는 쪽으로 논의가 흐른다. 이때 페미니스트는 남자 쪽이든 여자 쪽이든 자기들이 매우 행복한 커플이라는 점을 보여주고 싶어서 이런 말을 하는 부부를 만날 수도 있다. "제 부인이(내가) 억압당하는 사람처럼 보이세요?" 물론 여기에서 억압에 관련된 복잡한 페미니스트적 분석에는 관심이 없다. 비슷하게 채식주의자는 이런 질문을 받을 수 있다. "육식 동물을 채식주의자가 되게 할 수 있나요? 당신의(우리의) 개와 고양이는 어떻습니까?" 이런 경우에 채식주의 개혁가는 그 여자 또는 그 남자가 그동안 신성시한 관계들(결혼, 육식 동물)에 혼란까지 불러오면서 육식을 분석하거나 개혁할 수 있다는 점을 확실히 보여줘야 한다.

식사 때 예의범절로 여겨지는 규율은 정숙한 태도를 선호하고 대화의 범위에도 제한을 둔다. 성폭력과 가정 폭력, 포르노그래피 같은 문제가 빠르게 페미니스트의 관심사로 떠오른 1970년대 중반에 얼마나 많은 페미니스트들이 식사를 하면서 이런 여성 폭력 문제를 제기할 수 있었을까? 마찬가지로 함께 식사를 하는 육식인이 채식주의자가 된 이유를 질문할 때, 채식주의자는 다음 사항을 늘 숙지하고 있어야 한다. 이런 질문을 던진 사람이 정말로 내가 동물이 도살되는 방식에 반대한다는 사실을 알고 싶어서 그러는지, 이 사람에게 얼마나 구체적으로 자기의 채식주의를 설명해야 하는지 등. 그리고 식당 종업원을 대하는 태도도 식사 예의범절에 들어간다.

이때 채식주의자는 자기의 권한을 박탈하려 달려드는 여러 시도들을 마주친다. 다시 말해 페미니즘과 채식주의를 위협하는 요소는 그런 주장을 재정의하고, 범위를 명확히 하고, 권한을 박탈하려는 시도들이다. 종종 어떤 사람은 채식주의자를 재정의하고, 범위를 한정하고, 권한을 박탈해야 한다고 주장하기도 한다. 여성 성폭력을 강조하는 페미니스트는 히스테리적이라는 비난에 시달리며, 동물의 죽음을 강조하는 채식주의자는 감상적이라고 비난받는다. 페미니스트와 채식주의자가 모두 자기는 긍정적인 선택(해방과 자유를 향한 열망, 그리고 채소, 곡물, 과일을 고르는 행동)을 하고 있다고 주장하기 때문에, 어떤 사람들에게는 이런 주장이 자기 견해에 반대되는 주장(가부장제, 육식)은 무조건 포기하라는 요구처럼 들리기 때문에, 이 사람들은 매사 부정적이라고 비판받는다. 누가 페미니스트냐 또는 누가 채식주의자냐는 물음은 난처한 질문이다. 그리고 페미니즘과 채식주의의 기본 원칙들은 "도덕적 원칙들"로 환원된다(수잔 캐플러가 해준 논평).

고기의 텍스트가 살이 말이 되는 담론 수준에서 되풀이돼야 하듯이, 당신은 토끼가 되고 다른 사람은 토끼 사냥을 정당화해야 하는 사냥꾼이 된다. 당신은 괴롭힘을 당할 테고 미끼에 현혹될 테다. 당신은 당신의 신념에 상관없이 사냥감이 된다. 사냥꾼은 공격을 한 뒤 한발 뒤로 물러선다. 그러나 이런 행동은 다음 일화에서 엿볼 수 있듯이 뻔뻔스러운 행위도 아니고 공격적인 행위도 아닐 수 있다. 대화를 이끌 주도권하고 비슷한 문제다.

릿슨이 모든 고기 음식을 혐오한다는 사실을 잘 알고 있는 레이든은 릿슨이 식사에 동석한다고 하자 불만을 토로하며 소리친다. "날고기를 먹을 수 없다니. 고기는 날것으로 먹어야 가장 맛있어." 그러고는 주방으로 가서 글자 그대로 소고기 날것을 시키더니, 그 피타고라스주의자의 시선에 딱하다는 듯 동정의 눈빛을 보내면서 소스도 없이 단숨에 삼켜버렸다.*

이런 대화에서 채식주의자인 당신이 대화의 주도권을 쥐고 있지 않더라도 상대방의 눈에는 당신이 육식을 재정의하고, 육식의 범위를 한정하고, 육식의 권한을 박탈할 수 있는 조종자로 보이게 될 테고, 따라서 상대방은 육식의 의미를 계속 옹호하게 된다.

월터 스콧 경은 별장으로 돌아오면서, 부인에게 같이 점심 식사를 하기로 약속한 박학다식한 채식가 조지프 릿슨에 관해 물어봤다. 그러자 부인은 대답했다. "릿슨이 여기 없다는 사실은 행복일지도 몰라요. 식성이 상당히 까다롭다고 소문난 사람이래요. 레이든 씨도 놀라 자빠졌다지요." 이 말은 곧바로 사실로 밝혀졌다. 릿슨이 스콧 경의 집에 온 뒤 릿슨의 특이한 식습관을 잊어버린 스콧 부인이 얼린 소고기 한 덩어리를 식탁 위에 올려놓고 한 점을 떼어 릿슨 앞에 내놓았다. 분개한 이 골동품 연구가는 자기를 조롱하면서 식습관을 바로잡으려 한 레이든에게 한 행동하고 똑같이 부인에게 폭언을 서슴지 않았다.

고기를 먹어야 하는 만찬에서 채식주의자는 대화를 주도하려 하면 안 된다. 부재 지시 대상의 기능은 특히 음식이 나온 때에는 계속 유지돼야만 한다. 그리고 고기와 고기에 관련이 있는 단어나 말은 따로 구별해서 사용해야 한다. 육식인들은 이 점에서 채식주의에 굴복하지 않는다. 육식인들은 고기의 텍스트들을 고집하면서도 자기가 먹을 메뉴를 바꿀 수 있다.

고기의 의미는 고기가 제공되고 소비될 때마다 재생산된다. 음식 전체, 그 중 하나인 고기는 여성의 몸처럼 "보는 즐거움이나 시선을 끄는 면"(De Lauretis 1984, 37)이 있다. 그러나 채식주의는 지금 육식인들이 경험하듯이 육식에서 비롯되는 여러 질병과 성인병 등 때문에 고기가 식사의 즐거움을 파괴한다고 선언한다. 따라서 채식주의자가 육식인하고 함께 식사할 때 담론의 형식을 결정할 수 없다는 점은 분명하다. 그러나 채식주의자는 육식인하고 같이 식사하는 일을 피할 수가 없다. 그리고 이때 식사로 고기가 나오지 않으면 이 문제가 구실이 돼 논쟁이 촉발되리라는 점도 불을 보듯 뻔하다. 이런 상황에서 육식인들에게 채식주의의 문제는 고기의 형식을 띤다. 채식주의의 문제는 덫에 걸린 해체된 어떤 것, 곧 '죽은 문제'다. 채식주의자가 내뱉는 말은 동물의 고기처럼 취급당한다.

고기의 텍스트들이 띠는 코드들은 파괴돼야 하지만, 고기가 현존하는 한 이 코드들은 오래된 고기의 텍스트들이 가진 코드를 현실에서 재현하는 매개이기 때문에 결코 파괴될 수 없다. 그리고 채식주의자가 객관성을 견지하지 못하는 오류에 빠질 수도 있지만, 육식인하고 함께 식사하면서 실제로 객관성을 유지할 수 있는 채식주의자는 아무도 없다. 이런 객관성 부족을 더 복잡하게 만드는 요인은 채식주의가 육식인들의 처지에서는 납득하기 어려운 모호한 측면이 있다는 점이다. 다시 말해, 무엇이 고기를 대체할 수 있다는 말인가? 궁극적으로 이런 복잡성은 육식인들의 견해에 영향을 미치는 '고기 이야기'가 실존한다는 현실을 뜻한다. 여기에서 말하는 고기 이야기란 고기가 음식의 하나라는 사실을 결정하는 세계관을 말한다. 이런 세계관은 아래에서 다룰 이야기하고 비슷한 여러 부분으로 구성돼 있다.

---

* 브론슨은 아래 인용하는 일화가 과장이 심하고 출처도 불명확하다고 비판한다(Bronson 1938, vol. 1, 251. 이 일화의 출처는 J. G. Lockhart's *Life of Sir Walter Scott*).

물론 이런 식으로 꿩들을 가두고 기르는 일이 합법화되기를 바랐지만, 이렇게 하지 않았으면 꿩들은 알을 낳아 부화시켜 장끼들을 길러내지 못했다. 당신은 우리가 장끼들에게 생명을 부여하고, 나중에 그 대가를 조금 가져간다고 말할 수도 있다. 우리가 신 같은 힘을 조금 남용한 잘못을 나는 인정한다. 그렇지만 장끼들을 괴롭히지는 않았다.

— 사냥 대회 주최자인 이사벨 콜게이트Isabel Colegate, 《사냥 대회Shooting Party》, 1982, 94쪽

고기 이야기는 이야기를 말하는 설화 구조*를 따른다. 앨리스 토클라는 《앨리스 토클라의 음식책The Alice B. Toklas Cook Book》(1954)의 '부엌 살인Murder in the Kitchen'이라는 장에서 동물을 죽이고 조리하는 모습을 묘사하기 위해 탐정 소설의 문체를 사용한다(Toklas 1960, 37~57). 고기의 텍스트에 나오는 조리법을 이용해서 토클라는 동물의 죽음에 관련해 그 죽음에 합당한 결론을 내린다. 동물은 즐거운 것, 먹을 수 있는 것이 된다.

우리가 생명에 접근하는 방식을 규정하는 전제들에는 논쟁의 여지가 없는 요소가 있다. 이를테면 이야기에는 끝이 있고, 우리는 고기를 먹는다는 전제다. 이런 정식이 이야기는 고기, 곧 의미를 가지고 있으며 식사는 끝이 있다는 식으로 서로 치환될 수 있는지를 살펴보자. 식단에서 고기를 제거할 때, 채식주의자는 고기 이야기의 결말을 제거한다. 육식에 관한 우리의 경험은 이야기에 관한 우리의 감정에서 분리될 수 없다.

우리는 이야기를 말하는 종족이다. 이야기를 통해 인생에 의미를 부여한다. 우리의 역사는 기승전결로 구성되는 이야기처럼 구조화돼 있다. 드라마와 소설은 시작과 끝이 분명한 이야기로 우리의 상상력에 생명을 불어넣는다. 정의상 이야기는 해결로 나아간다. 이야기가 결말에 다다를 때, 우리는 그 결말이

희극이든 비극이든 몇 가지 해결을 달성한다. 그리고 그때서야 우리는 이야기의 전반적인 의미를 파악할 수 있다. 다시 말해 이야기의 의미는 이야기가 완결돼야만 이해될 때가 있다. 대부분의 탐정 소설은 종결 구조를 취하는데, 이야기의 말미에서 누가 정말 "그 짓을 했는가"를 폭로하면서 앞에서 밝혀진 모든 사건의 실체를 새롭게 재배열하기 때문이다. 이야기의 종결은 의미의 폭로를 달성하며, 의미란 종결을 통해 얻을 수 있다는 관념을 다시금 강조한다.

육식은 동물에 적용되는 이야기고, 동물의 실존에 의미를 부여한다. 이 말은 프랑스의 기호학자 롤랑 바르트의 이런 언급에서 글자 그대로 따온 것이다. "무엇보다도 이야기는 매우 다양한 장르로 구성돼 있다. 물론 각 장르가 다루는 내용은 서로 다르다. 마치 어떤 소재는 휴먼 스토리 형식을 취하는 데 적합한 듯 말이다"(Barthes 1977, 79). 동물의 삶과 몸은 휴먼 스토리 형식을 취하는 데 적합한 소재다. 다시 말하면, 말이 살이 된다.

고기를 만들어내는 과정이 이야기의 전개 과정을 환기시킨다는 점에서 우리는 각 구성 단계**를 구별할 수 있다. 고기를 만들어내는 과정에는 이야기의 시작이 되는 발단, 곧 우리가 동물에게 생명을 부여한다는 식의 발단이 있다. 죽음에 이르는 과정에서 갈등의 드라마가 펼쳐진다. 그리고 결말, 곧 최종적 종합인 동물의 소비는 드라마에서 갈등의 해소하고 똑같은 기능을 한다.

고기 이야기는 종교적 유형론, 곧 신의 탄생, 죽음, 부활의 형식을 따른다. 이런 신성한 이야기가 고기의 소비를 통해 성취되는 동물의 죽음과 부활의 의미를 세속적으로 규정하기 위한 안내자 구실을 한다.

이야기는 동물의 탄생에서 시작한다. 그러나 육식이 동물의 몸을 필요로 하

---

* 일인칭 시점에서 자기 또는 다른 사람을 이야기하는 구조 — 옮긴이.

** 고기를 만들어내는 과정을 소설 구성의 발단, 전개, 위기, 절정, 결말로 나누는 방식, 또는 갈등과 해소의 전개 원리를 가리킨다 — 옮긴이.

지 않는다면, 동물은 존재하지 않을 것이다. 앞서 살펴본 대로 홀크로프트는 채식주의에 반대하면서 육식이 숱하게 많은 동물에게 새로운 생명을 가져다주고 인간인 우리의 '평판'을 높여준다는 주장을 일간지에 싣는다. 홀크로프트의 이런 언급은 생명이란 동물에게 부여된다는 함의를 지닌다. 그리고 이런 생명을 부여하는 자비의 문제는 육식인들이 육식을 옹호하기 위해 가장 자주 되풀이하는 주장의 하나다. 우리는 이런 이야기에 두 가지 기원이 있다고 확신한다. 하나는 동물의 탄생이고, 다른 하나는 고기 이야기를 전통적인 이야기 전개 구조 속에, 그리고 호혜성이라는 문화적 기반에 가두어버리는 이야기의 발단이다. 호혜성이란 우리가 동물에게 생명을 부여하고, 또한 그렇기 때문에 나중에 생명을 앗아갈 수 있다는 의미다. 우리는 이 이야기가 어떤 결말을 맺을지 추론하면서 이야기의 발단을 해석한다. 고기 이야기가 개념화되는 방식은 그 이야기가 인간의 의지를 끊임없이 지시한다는 데 있다. 그리고 우리는 동물들에게 실존을 허락하며, 우리는 동물이 우리 없이는 존재할 수 없다고 믿기 시작한다.

이런 고기 이야기의 속임수는 동물 살해 과정에서 대리인이 부재하고 육식에 관련된 개인적 선택을 강조하는 데서 드러난다. 인간 백정이라는 표현과 동물 절단 과정을 무시하는 태도는 개개인의 고기 소비가 동물 살해에 결부되지 않게 계략을 짜는 데 기여한다. 대리인의 부재, 곧 동물 도살에 관련해 책임을 질 수 있는 어떤 공모도 이야기에 나오지 않기 때문이다. 어떤 사람은 당당하게 그 남자 또는 그 여자로서 자기의 육식 습관을 선언할 수 있다. 사회화 과정을 통해 배우기는 하지만, 육식은 명백히 개인적인 체험이다.

육식인은 문학 비평의 구실이 자기가 비극으로 알고 있는 사건(동물 살해라는 비극)을 긍정적으로 해석하는 데 있다고 가정한다. 그러나 육식인은 비극을 필연적인 요소로 간주한다. 그런 과정에서 육식인은 동물의 생명을 인간의 욕구에 종속시키는 이야기를 창조하는 언어와 의미를 조작한다. 고기 이야기는 재명명, 대상의 재배치, 재탄생을 포함한다. 3장에서 살펴본 대로 새로운 명명 과정은 끊임없이 일어난다. 우리는 자기를 육식의 주체로 만들면서 동물을 주체에서 대상으로 재배치한다. 이야기는 죽음으로 끝나지 않고 재탄생되거나 우리 생명하고 동화되는 결말로 끝이 난다. 우리는 육식을 소비자로서 수용한다. 그 이유는 이 기능이 완성된 이야기의 소비자로서 우리가 하는 기능으로 이어지기 때문이다. 결말을 통해서만 이야기는 해소된다. 고기는 오직 육식을 통해서만 의미를 획득하며, 고기의 생산 과정 전반에 정당성을 부여한다. 고기, 곧 그 여자 자신은 이야기의 마지막 부분에서 일어나는 종결을 암시한다. 고기는 소비된다.

그러나 채식주의와 페미니즘은 이런 이야기에 위협을 가한다. 채식주의적 시각은 고기 이야기에 대리인을 내세우고 소비자를 끌어들이려 한다. 그리고 동물의 죽음이 인간의 존재 의미를 동물에 적용함으로써 부활한다는 고기 이야기의 관념(동물의 생명이 인간의 육식을 통해 생명으로 부활한다는 관념)에 저항한다. 따라서 채식주의적 시각은 고기 이야기를 중단시킨다. 페미니스트 이론가는 전통적인 설화가 가부장제 문화에 따라 결정된다고 주장한다. 페미니즘 이론에 따르면 가부장제 이야기는 남성을 능동적으로 그리고 여성을 수동적으로 묘사한다. 테레사 드 로레티스는 "강제로 결혼하는 공주가 나오지 않는 신화는 없기 때문"(De Lauretis 1984, 5)이라고 논평한다. 그리고 페미니즘 이론은 전통적 설화에서 페미니스트적 의미를 발견할 수 있는 곳은 침묵과 공백이라고 주장한다. 따라서 페미니즘 이론은 가부장제 이야기의 구조에 의문을 제기한다. 가부장제에 관한 페미니스트적 해석을 통해 우리는 고기 이야기에서 동물이 맞닥트린 상황이 전통적 가부장제에서 여성이 직면한 상황하고 비슷하다는 사실을 알 수 있다. 그 여자는 소유의 대상이다. 그리고 가부장제 이야기는 왕자가 공주를 되찾으면 끝이 난다. 우리의 이야기는 남성으로 국한된 소비자가 여성으로 국한된 신체를 먹을 때 끝난다. 육식에서 동물이 하는 기능은 설화에서 여성이 하는 기능하고 비슷하다. 동물이 없고 여성이 없으면 고기도 있을 수 없고 이야기도 있을 수 없다. 그러나 주체로서 행동하는 사람에게 동물과 여성은 대상에 지나지 않는다.

이렇게 채식주의자들은 자기가 고기 이야기의 다른 대안적 결말을 제시하고 있다고, 곧 햄버거가 아닌 '채식주의자 버거veggie burgers'를 제시하고 있다고 생각하지만, 현실에서 채식주의자는 그런 이야기 전체를 제거한다. 지배적 시각에서 채식주의는 '고기'가 결핍된, 고기를 통한 이야기의 종결을 이끌어내지 못하는 불합리한 어떤 것일 뿐 아니라 수동적이고 의미 없는 생계의 한 방식으로 '채소'를 승인하는 이야기일 뿐이다. 이런 시각에서 채식주의 이야기는 더는 오갈 곳이 없는 무nothingness를 받아들이는 페미니스트 이야기로 나타난다.

고기 이야기를 통해 말과 살이 통합된다면, 우리는 신체가 바로 텍스트 그 자체이며 텍스트가 신체 그 자체라고 주장할 수 있다. 이런 시각에서 동물을 원래 상태에서 음식인 고기로 변화시키는 과정은, 텍스트를 원래 상태에서 더 구미에 맞게 각색하는 과정하고 비슷하다. 결과는 해체된 텍스트, 해체된 동물이다. 육식의 성정치에서 벗어나 메티스의 목소리를 자유롭게 하는 일은 이 둘을 모두 기억 속에 간직하는 일이다.

2부

제우스의 복부에서

제우스는 타이탄의 여신 메티스를 갈망했지만, 메티스는 모습을 바꾸고 변장해 제우스에게서 달아났다. 그러나 결국은 제우스에게 붙들려 아이를 갖게 된다. 신탁자인 대지의 여신 가이아는 이 아이가 여자아이이고, 만약 메티스가 또 아이를 가진다면 분명히 아들이지만, 그 사내아이는 제우스가 농경신이자 우라노스와 가이아의 아들인 크로노스에게 그렇게 했고, 크로노스가 천공의 신 우라노스에게 그랬듯이, 제우스를 권좌에서 몰아낼 운명을 타고난다고 예언한다. 이 예언을 들은 제우스는 달콤한 말로 꾀어 잠자리로 유인한 뒤 갑자기 입을 벌려 메티스를 삼켜버린다. 비록 제우스는 메티스가 자기 뱃속에서 자기에게 조언을 해준다고 주장했지만, 이것이 메티스의 최후였다.

해체된 텍스트들, 분해된 동물들

기록은 권력을 가진 사람들, 곧 지배자들에게 그 기원을 둔다. 그 결과 역사란 이 지배자들이 자기와 자기가 희생시킨 사람들에 관해 써놓은 편찬물에 지나지 않는다.

— 시몬 베유, 《뿌리를 갖는 일The Need for Roots》, 1952, 224~225쪽

나는 이렇게 생각했다. 결국 호랑이가 인간을 잡아먹는다고. 그리고 내 이런 세계관은 전복되기 어려운 사실이라고(《히토파데사Heetopades》).

— 조지프 릿슨, 〈닫는 말〉, 《도덕적 의무로서 육식을 금하는 것에 관하여》, 1802

페미니즘과 채식주의는 가끔 소설에서 같이 등장하지만, 이런 동시 등장의 함의는 어디에서도 다루어진 적이 없다. 여성 작가들이 채식주의자를 등장인물로 선택하는 행동은 이전에 형성된 채식주의의 말들을 기억하는 한 방법이자 하나의 전통이다.

이 장에서는 해체의 이중적 의미, 곧 동물을 절단하거나 분해하는 행위의 의미와 텍스트를 왜곡해 해석하는 행위의 의미를 다룬다. 문학 비평에서 채식

주의의 해체는 2장에서 살펴본 대상화/절단/소비라는 주기 모델을 따른다. 먼저 텍스트는 대상화되고, 공개적으로 검열을 받고, 텍스트의 본질적 함의로 환원된다. 그다음에 텍스트는 그것 자체로 텍스트의 맥락에 따라 구분된다. 이것이 텍스트의 해체다. 한번 해체된 텍스트는 마치 전혀 새로울 구석이 없다는 듯이, 곧 대안적 의미의 흔적을 없애버리는 가부장제 소비 모델을 흔들 수 있는 것은 아무것도 없다는 듯이 소비된다.

해체의 정의

책이란 죽은 인간, 곧 장기들이 제거되고 방부 처리된 하나의 미라다. 그러나 이 미라도 한때는 살이 붙어 있었고, 이곳저곳 돌아다녔고, 많이 활동했고, 셀 수 없이 많은 결정을 내렸다.

— 윌리엄 고드윈William Godwin, 《플리트우드Fleetwood》, 1979, 177쪽

반채식주의자의 세상.

— 버나드 쇼, 《버나드 쇼 서간집Bernard Shaw: Collected Letters 1898-1910》, 1972, 177쪽

분해된 동물의 의미는 명확하다. 어떤 식으로 우리가 동물들에게서 음식을 얻는가 하는 문제다. 채식주의에 관련한 텍스트의 해체는 다양한 방식으로 일어난다. 이를테면 하나의 텍스트에서 언급되거나 암시되는 채식주의를 간과하는 방식, 채식주의를 언급은 하지만 맥락이나 의미는 무시하는 방식, 채식주의를 불합리한 관념으로 간주하거나 채식주의의 의미를 고기의 지배 담론에 결부시키는 방식 등 다양하다.

텍스트의 비판적 해체는 페미니스트들에게 특히 민감한 문제다. 우리는 주

류 문학사가 기성의 문학 작품 목록에서 여성 작가들이 쓴 저술을 빼는 식으로 해체한다는 사실을 알고 있다(이를테면 Robinson 1983, 83~98; Gubar and Gilbert 1985). 게다가 텍스트의 해체 행위는 "백인들이 흑인 여성 작가들을 차별하는 것"(Smith 1982, 161; Walker 1983, 361~383; McDowell 1980, 153~159)처럼 어떤 텍스트가 그 문화적 맥락에서 잘려 나갈 때 일어난다. 이런 상황하고 비슷하게 어떤 텍스트가 채식주의를 언급하는 사실이 주류 문학 비평에서 간과되지 않는다고 해도, 채식주의를 포함하는 텍스트에 관한 해석은 채식주의 전통이나 그 텍스트의 저자가 채식주의 문제를 다루게 된 배경 등은 언급하지 않는다.

페미니스트 비평가들은 텍스트에 관한 이런 폭력이 폭력적인 상상력을 통해 생겨난다고 생각한다. 페미니스트 소설가 엘리자베스 로빈스Elizabeth Robins는 비평가인 맥스 비어봄Max Beerbohm이 한 "해체하려는 대상은 …… 아직 잔존해 있는 여성 문학이다"(Robins 1925, 94~95)는 말에 강하게 불만을 터트린다. 로렌느 베텔은 "조라 닐 허스턴은 다른 많은 흑인 여성 작가들처럼 백인과 흑인 남성, 백인 여성들이 가하는 '지적 폭력'으로 고통을 받았다"(Bethel 1982, 177)고 주장한다. 흑인 작가가 백인이 흑인에게 행사하는 인종주의적 폭력(백인 남성들이 흑인 여성에게 저지르는 성폭력은 폭력의 또 다른 은유를 제공한다)의 형태 중 하나로 흑인 작가들이 겪는 이런 처우를 지적하듯이, 채식주의 저술가는 도살된 동물의 이미지를 언급하거나 동물 절단의 문제를 제기하면서 텍스트에서 일어나는 폭력에 관해 자기 생각을 토로할 수 있다.

"독서의 오이디푸스 콤플렉스 형태"라는 견지에서 카렌 그린버그는 이런 텍스트 해체에 관해 논의할 때 "독자, 텍스트, 저자 사이의 독특한 관계들"이 갖는 의미를 함께 다루자고 주장한다. 여기에서 오이디푸스 신화는 "궁극적으로 창조적 과정의 두 가지 구실인 저술과 비평이 본질상 남성적이라는 점, 그리고 이 두 가지 구실을 중재하는 텍스트는 여성적인 것, 나아가 죽음이라는 점을 함의한다"(Greenberg 1980, 303). 그린버그는 죽은 여성의 신체를 표상하는 텍스트에 관한 이런 비평 행위는 "비평가가 비평을 통해서 텍스트를 자기를 재현하는 것으로 환원시키는"(Greenberg 1980, 306) 행위라고 주장한다. 그린버그는 이런 통찰을 더 구체적으로 발전시키기 위해 에코* 신화에 관심을 둔다.

> 해체된 에코의 신화적 신체는 이미 잘 알려져 있는, 여러 비슷한 유형의 이야기들이 전해지는 신화, 곧 이미 잘 알려져 있지만 목소리만 남아 있는 복음이다. …… 왜 이런 목소리만 남아 있는 텍스트가 제거되거나 해체돼야 할까? 왜 에코는 갈기갈기 찢겨지고 무시돼야 할까? 텍스트에 따라 제기되는, 텍스트에 관한 이런 해석을 통해 제기되는 근원적인 위협은, 텍스트의 폭력 없이 흔적만으로 남아 있는 신체 자체도 언어를 통해 발산되는 하나의 자취로 간주한다는 사실이다. (Greenberg 1980, 307)

(여성적) 텍스트의 운명에 관한 그린버그의 분석은, 자구에 충실하면서 (여성을 상징하는) 동물의 신체와 텍스트의 운명에 관심을 갖는 채식주의자들의 계획을 이해할 수 있는 토대를 제공한다.

여성 작가가 쓴 텍스트의 운명을 통해 페미니스트가 보는 내용을 채식주의자들은 동물의 운명을 통해 본다. 만약 둘 다 해체되고 소비된다는 측면에서 글자 그대로 텍스트의 운명이 글자 그대로 동물의 운명하고 비슷하다면, 페미니스트들이 원전 텍스트의 통합성을 보존하려 하는 행위와 채식주의자가 되려는 행위 사이에는 비슷한 점이 있다. 결국 페미니스트와 채식주의자의 공통된 관심사는 가부장제의 권위를 거스르는 정의들을 내리는 일이다. 따라서 채식주의자들은 고기의 텍스트에 반대되는 텍스트를 쓰려고 한다.

텍스트의 통합성과 동물 신체의 통합성이 서로 밀접히 연관된다는 점은 조지프 릿슨의 저술에 관한 아래의 간략한 비평에서 분명히 드러난다. 릿슨은 자기가 쓴 텍스트가 (남성) 편집자에게 맡겨지지 않게 주의한 점에서, 그리고 열광적인 채식주의자라는 점에서 우리의 흥미를 끈다.

조지프 릿슨 — 무장한 채식주의자

고등 비평higher criticism** 분야에서 차지하는 특수한 지위 탓에, 소박하게 살다간 릿슨은 항상 뭔가 까다로운 사람으로 알려져 있다. 한 영역에서는 비판적 엄밀성으로 보이는 고등 비평이 다른 영역에서는 까다롭고 어리석은 짓거리로 보인다. 텍스트의 정확성에 관한 릿슨의 편집자적 관심은 잘 먹고 건강하게 살아가는 삶을 향한 개인적 열망이 된다.

— H. S. V. 존스Jones, 〈조지프 릿슨 — 낭만적 고고학자Joseph Rotson: A Romatic Antiquarian〉, 1914, 348쪽

조지프 릿슨의 인생은 글자 그대로 다양한 관심사들이 한데 어우러진 삶의 본보기다. 릿슨은 살해되고 토막난 동물, 단어, 어구, 텍스트에 관심이 있었다. 게다가 릿슨은 죽은 동물을 고깃덩어리로 취급하는 관점을 거부하면서 단어의 정확한 철자법, 정의, 어원의 문제와 텍스트들에 관한 신중한 비판적 분석에 심혈을 기울였다. 텍스트가 편집자의 일시적 기분과 기호에 따라 바뀌거나 수정될 수 있는 한 개인의 소유물이 아니듯이, 동물은 육식인의 기분과 기호에 따라 바뀌거나 제거되거나 죽일 수 있는 소유물이 아니다. 릿슨은 해체된 텍스트와 절단된 동물에 동시에 분노한다.

---

* 숲의 요정. 나르시스의 사랑을 얻지 못하자 비탄에 젖은 나머지 소리만 남아 메아리가 됐다 — 옮긴이.

** 문학 비평(literature criticism) 또는 역사 비평(historical criticism). (성서의) 문학적 소산의 기원과 형태, 가치를 통해 성서를 해석한다. 반대로 하등 비평은 본문에 충실한 비평으로, 본문 비평이라고 부르기도 한다 — 옮긴이.

그림 5. 동시대인들의 눈에 비친 릿슨. 1803년 3월 22일, 제임스 세이어가 그린 캐리커처의 일부(출처: Bertrand H. Bronson, *Joseph Ritson: Scholar-at-Arms*(Berkeley: University of California Press, 1938, 1966) 2권 책머리 그림).

릿슨의 전기 작가 중 한 사람은 릿슨을 '무장한 학자' 또는 무장한 채식주의자라 불렀다. 채식주의적 의미를 발전시키려고 거대한 육식 문화에 맞서 기꺼이 싸울 준비가 돼 있는 사람이기 때문이었다. 릿슨이 세상을 뜬 1803년에 출판업자 제임스 세이어James Sayer가 그린 릿슨의 캐리커처를 보면(**그림 5**), 릿슨의 관심사와 릿슨을 비난하는 사람들의 관심사가 분명히 드러난다. 전체적인 배경은 자연이다. 큰 쥐가 양배추를 갉아먹고 있고, 창틀 아래로 머리를 들이민 소 한 마리가 바구니에 담긴 상추를 우적우적 씹어 먹고 있다. 사탕당근,* 사탕무, 다른 뿌리채소들이 책이 꽂힌 선반의 칸칸마다 릿슨이 쓴 텍스트들하고 나란히 놓여 있다. 릿슨이 쓴 《도덕적 의무로서 육식을 금하는 것에 관하여》의 제목이 적힌 속지가 펼쳐져 있고, 그 책 앞에는 사슬에 묶인 고양이가 눈앞의 쥐를 잡아먹으려 목을 길게 내밀고 있다(릿슨이 고양이에게 고기를 먹지 못하게 했다는 추론을 할 수 있다). 선반에 꽂힌 책에서는 《성경》만 제목을 분간할 수 있는데, 똑바로 세워져 있지 않고 비스듬하다. 릿슨의 외투 왼쪽 호주머니에는 《포켓용 무신론자 사전The Atheist Pocket Companion》이 꼽혀 있다. 개구리 한 마리가 책상에 쌓아놓은 책 위(뿌리채소 밑에)에 앉아 '쓸개즙Gall'이라고 쓰인 잉크스탠드에 깃촉을 넣어 잉크를 찍고 있는 릿슨을 바라본다. 메뉴판에는 '쐐기풀 수프, 소어 크라우트,** 잠두콩, 양파'가 적혀 있다.

이 캐리커처는 릿슨이 다른 사람의 저술에 관한 열렬한 비판자인 만큼 다른 18세기의 학자들과 그 사람들이 쓴 저술을 현실에서도 소비하고 있다는 사실을 보여준다. 릿슨은 '진부한 것'이라는 제목의 원고를 쓰고 있다. 그중 "바보 워버튼과 거짓말쟁이 퍼시/악명 높은 거짓말쟁이 와튼/개만도 못한 목사"라는 비평이 눈에 띈다. 이 세 사람은 릿슨의 오랜 친구다. 칼 두 자루가 릿슨이 숱한 논쟁을 벌인 시인이자 문학사가인 토머스 와튼Thomas Warton의 《영국 고전시가 연구History of English Poetry》(1774~1781)의 책머리 그림으로 실린 저자 초상화에 꽂혀 있다. 이 캐리커처에는 '친구도 없는 사납고 깡마른 남자'라는 제목이 붙어 있다. 동시대인들의 눈에 비친 릿슨의 모습이다.

릿슨은 말년을 저술 활동과 동물 보호에 전념했다. 셰익스피어의 희곡처럼 편집자들이 저자가 쓴 텍스트들에 가하는 범죄를 기술하면서, 폭력, 변경, 부

* 양파와 파슬리 뿌리의 교잡종으로, 모양은 당근하고 비슷하며 맛은 고소하고 달콤하다 — 옮긴이.

** 김치하고 비슷한 양배추 발효 음식 — 옮긴이.

패, 상해 등을 지시하는 각각의 단어를 엄격히 구분해 사용한다. 릿슨의 이런 격앙된 표현 방식은 육식에 관한 글을 쓸 때 분명하게 나타난다. 릿슨은 육식을 "우리의 친구인 피조물을 게걸스럽게 먹어 치우는 무섭고, 자연을 거스르는 범죄"*라고 불렀다.

릿슨은 아직까지 살아남은 어떤 텍스트의 통합성을, 그리고 이런 텍스트에는 편집자들 때문에 오용돼서는 안 되는 나름의 권리가 있다는 사실을 믿었다. 한 전기 작가는 이런 믿음을 "고전적 텍스트들의 형태와 본문에 관한 집착"(Bronson 1938, vol. 2, 608)이라 부른다. 릿슨은 속요, 민요, 동요를 수집하면서 여러 해를 보냈다. 어떤 의미에서 이런 행동은 그 여자, 곧 많은 작품을 남긴 여성 작가의 소실되는 작품에서 '익명성'을 보호하려는 시도이기도 했다(익명성의 정의는 Kramarae and Treichler 1985, 53을 볼 것). 릿슨은 텍스트에 자아를 끊임없이 불어넣으려고 하는 열정적인 편집자들을 비판했다. 그리고 (여성적) 텍스트를 (남성적) 폭력에서 보호하려 했다.

문자로 된 텍스트의 통합성에 관한 릿슨의 주장을 채식주의에 적용하면 다음 같은 채식주의의 기준이 형성된다. 첫째, 텍스트에 관여하는 편집자의 고유한 기능은 동물을 통제하는 인간의 고유한 기능이 된다. 그러나 채식주의자인 여자/남자는 그 기능을 분할하기보다는 온전하게 보존한다. 둘째, 채식주의자는 편집자의 자기중심성인 (남성적) 의지를 (여성적) 신체에 부과하지 않는다. 편집자가 텍스트에 지나치게 관여하는 행위는 동물인 그 여자를 죽여 맛있는 음식으로 만드는 일, 곧 그 여자를 조리하고 양념을 치는 일하고 비슷하다.

《도덕적 의무로서 육식을 금하는 것에 관하여》에서 릿슨은 두 가지 주장을 한다. 곧 본문에서는 이런 사실을 채식주의에 관련지어 고려하라고 주장하고, 각주에서는 이런 생각을 텍스트 전반에 관련지어 고찰하라고 주장한다. 육식에 반대하는 여러 주장을 종합하려 시도하면서 릿슨은 인간성의 본질과 텍스트의 본성을 곰곰이 생각한다. 릿슨은 번갈아가며 자기주장을 내놓는다. 먼저 채식주의의 황금시대를 논의하고, 그다음 비슷하게 헤시오도스나 호메로스 같은 저술가들의 '황금시대'에 관심을 둔다.

'인간에 관하여'라는 제목을 붙인 1장에서는 이렇게 번갈아가며 진행하는 논의 방식의 기본적인 통합성을 설명하고 있다. 1장에서 우리는 발생의 이중성, 곧 기원들에 맞춰진 초점을 마주하게 된다. 누구나 "태초에 말이 있었다"고 말할 수 있을 뿐 아니라 태초에 채식주의자인 웅변가와 저술가들의 말이 있었다고 말할 수도 있다. 간단히 말해 릿슨의 정식은 다음 같다. 채식주의에 관해 말하기는 기원들에 관해 말하기다. 그리고 기원들을 말하기는 저술가들과 그 사람들의 텍스트들을 말하기다. 기원으로 돌아감으로써 우리는 계속 이어지는 고기의 텍스트들을 비판한다.

릿슨은 인간이 다른 동물을 잡아먹으면 안 된다고 주장하면서 인간과 동물을 구분하는 경계선을 없애려 한다. 또한 인류가 원숭이나 오랑우탄 같은 초식 동물하고 비슷하다고 지적한다. 늑대 소년 일화에서 볼 수 있듯이 인간이 동물처럼 또는 동물들하고 더불어 살던 네발짐승이었다는 사실을 보여주는 증거는 인류와 다른 동물 사이의 차이를 없애버린다. 마지막으로 릿슨은 인간의 언어 자체가 다른 동물에서 유래한지도 모른다고 주장한다. 육식이 인간과 비인간 동물 사이의 차이에서 유래했다고 가정하면서 릿슨은 이 둘 사이의 유사성을 찾아내려 한다.

그 뒤 릿슨이 쓴 채식주의 저술에는 더 많은 논점들이 제기된다. 인간이 생존하는 데 고기가 필요하지 않다는 주장, 동물성 식품은 힘을 기르는 데 필요하지 않고 건강에도 좋지 않다는 주장 등이다. 반대로 릿슨은 채식이 건강에 도움이 되며, 인간성과 윤리성을 지키려면 고기 없는 식사가 필요하다고 주장

* 《조지프 릿슨 님의 서간집(The Letters of Joseph Ritson, Esq.)》(1833, London: William Pickering, 38). 주로 릿슨의 사촌이 가지고 있는 편지들을 바탕으로 편집한 책으로, 해리스 니콜라스 경(Sir Harris Nicolas)의 회고록이 실려 있다.

한다. 그런 주장의 증거로 릿슨은 주로 채식에 의지해 살아가는 개인이나 나라를 예로 든다. 자기가 내세우는 논점을 자주 과장해서 말하는 모습도 놀랄 일은 아니다. 릿슨은 동물성 식품이 인간을 제물로 바치게 된 원인이었고, 식인 풍습이 육식에서 나왔다고 주장한다. 우리는 릿슨이 잘못된 식민지주의의 희생자이며 아프리카인과 아즈텍인에 관한 인종주의적 편견의 유산을 이어받은 사람이라는 사실을 여러 곳에서 발견할 수 있다.*

릿슨을 비난한 사람들은 《도덕적 의무로서 육식을 금하는 것에 관하여》가 출간되자 매우 반겼다. 이 책이 그때까지 릿슨이 낸 다른 저술들, 곧 편집자들에게 비판을 퍼부은 저술들을 스스로 부정하는 듯 보인 때문이었다. 비평가들이 볼 때 릿슨이 내세운 학술적 논점들은 채식주의에 관한 과장 섞인 주장 때문에 설득력이 떨어졌다. 릿슨은 불행하게도 "동물성 식품을 소비하면서 인간은 잔혹하고 난폭하게 행동하게 됐다"고 주장했다. 그럼 스스로 채식주의자이면서 다른 학자들을 신랄한 문체로 비판한 자기 자신과 자기가 쓴 저술들은 어떻게 해명할 수 있을까? 물론 이런 반문은 릿슨이 텍스트들을 비평할 때 사용하는 냉혹하고 가차없는 문체와 평화적 채식주의에 보내는 찬사가 극명히 대조된다는 점 때문에 제기됐다. 《에든버러 리뷰Edinburgh Review》 2호(1803년 4월)에 실린 《도덕적 의무로서 육식을 금하는 것에 관하여》에 관한 서평을 보면, 릿슨은 "유혈적이고, 살인적이고, 식인적인 릿슨, 그러니까 새로 발견된 비정상적인 동물"로 언급된다. 한편 《브리티시 크리틱British Critic》 22호(1803년 9월)는 "그토록 고요한 영혼은 릿슨을 인류 전체, 특히 주로 타인의 존경을 받는 인물들에 맞서 끊임없이 독기를 품은 설전을 벌이게 인도했지만, 동물성 식품을 완전히 삼가는 삶에서 얻은 이점들은 독자의 관심을 전혀 끌지 못했다"(Bronson 1938, vol. 1, 280, 296 재인용)고 릿슨의 기질을 비꼬았다. 릿슨의 생각들은 불합리한 인간의 우스꽝스런 주장이라는 비평가들의 비난을 샀다. 후대의 비평가들도 비슷하다. 《영국 인명사전Dictionary of National Biography》에서 《도덕적 의무로서 육식을 금하는 것에 관하여》에 관한 항목을 보면, 릿슨이 "정신 이상에 걸린 징조"(Lee, vol. 16, 1216)라고 달갑지 않게 기록돼 있다(《영국 인명사전》은 다른 채식주의자들에게도 비슷하게 달갑지 않은 시선을 드러낸다).

반면 릿슨이 유고로 남긴 마지막 저술은 근대 학문의 시작을 알리는 초기 사례로 평가받았다. 그런데도 이 유고에 앞서 쓴 《도덕적 의무로서 육식을 금하는 것에 관하여》는 릿슨이 퇴행성 정신 질환에 걸린 증거로 제시된다. 릿슨은 유고인 《아서왕의 생애The Life of King Arthur: From Ancient Historians and Authentic Documents》에서 "많은 학설 중에서 가장 신뢰할 만한 대상은 이 분야의 권위자들이 최근에 발표한 학설들"이라는 결론을 내린다. 그리고 20세기의 비평가들은 릿슨을 "근대 학문의 위대한 개척자의 한 사람"(Cross 1919, 234, 233)으로 평가한다. 문체상으로 《도덕적 의무로서 육식을 금하는 것에 관하여》하고 비슷한 《아서왕의 생애》는 다른 저술가의 텍스트들에 관련된 번역과 인용으로 구성돼 있고, "릿슨의 중세사와 중세 문학에 관한 연구가 최고조에 다다른 학술적 연구의 결실"(Hopkins 1928, 251)이라는 평가를 끌어냈다. 이 마지막 저술 덕에 릿슨은 "비상한 재주를 지닌 학자라는 사실을 보여주는" 한편으로 "냉철한 판단"과 "상식"의 소유자라는 찬사를 받았다. 또한 "지적 엄밀성과 사실에 입각한 철저한 연 구로 시대의 지적 불성실을 비판한 비평가이자, 여러 차례에 걸쳐 당대 학자들이 영감이 부족하다는 점을 날카롭게 지적하면서, 학계가 오랜 시간이 지난 뒤에 결국 치열한 논쟁으로 되돌아오리라고 예측한 비평가"(Cross 1919, 233)로 인정받았다. 만약 릿슨이 쓴 마지막 책이 완숙기에 도달한 학자의 자질을 보여주는 증거라면, 어떻게 《도덕적 의무로서 육식을 금하는 것에 관하여》

---

* 릿슨 같은 저술가에게 식민지주의가 영향을 미치게 된 배경은 다음을 참조. Patrick Brantlinger, "Victorians and Africans: The Genealogy of the Myth of the Dark Continent", *Critical Inquiry* 12, 1985, pp. 166~203과 Mary Louise Pratt, "Scratches on the Face of the Country; or, What Mr. Barrow Saw in the Land of the Bushmen", *Critical Inquiry* 12, 1985, pp. 119~143.

는 정신 이상의 신호로 여겨질 수 있을까? 바로 그 책을 판단한 기준이 채식주의의 말들을 해체하는 고기의 텍스트들이기 때문이다.

글자를 쓰기 — 채식주의 글쓰기

여성 작가가 소설을 쓰면서 채식주의를 소재로 채택할 때, 글자 그대로 채식주의와 부재 지시 대상의 구조를 인정한다는 점에서 어떤 다층성이 드러날 수 있다. 채식주의 문제를 다루는 여성 작가는 '채식주의 단어를 낳는다'고 말할 수 있다. 마거릿 호만스는 여성이 글자에 관심을 표현하는 몇몇 반복되는 문학적 상황이나 관행을 가리켜 '단어 낳기'라고 부른다.* 이를테면 호만스는 메리 셸리의 《프랑켄슈타인》이 퍼시 셸리의 《알라스토르Alastor or the Spirit of Solitude》(1816)**를 떠올리게 하는 과정을 지적한다. 다시 말해 메리 셸리는 이 소설에서 퍼시 셸리의 단어들을 낳는다고 할 수 있다. 또한 메리 셸리는 퍼시 셸리의 채식주의 단어들도 낳는다. 《알라스토르》의 101행을 보면, 《프랑켄슈타인》처럼 '핏기 없는 음식'을 소비하는 채식주의자가 주인공이다(Perkins 1967, 961).

이런 저술에서 채식주의라는 쟁점은 글자 그대로 소비되는 어떤 것을 논의함으로써 글자 그대로 육식 행위를 지시하기 때문에 저술 전반을 이해하기 위한 시금석이 된다. 이를테면 메리 셸리의 《프랑켄슈타인》을 보자. 프랑켄슈타인이 창조한 괴물은 추적자에게 자기가 지나간 단서를 주려고 돌과 나무에 표시를 남겨놓는다. 이런 행위에서 우리는 글자라는 것이 불러일으키는 다층성을 마주한다. 우리의 최우선 관심은 저술 행위라고 볼 수 있는 괴물의 표시다. 피조물은 종이도 없고 펜도 없기 때문에 자취를 남기려고 돌과 나무 같은 자연을 그대로 이용한다. 여하튼 우리는 분명히 글자로 글을 쓴다. 그리고 그 글자는 자연이다. 이런 글쓰기의 특징 중 하나는 자연을 이용해 글을 쓰면서 가해지는 폭력, 곧 자연을 대상으로 한 폭력을 연상시킨다는 점이다. "당신이 우물쭈물하지만 않는다면 이 근처에서 죽은 산토끼를 발견하게 될 거요. 그 토끼를 잡아먹고 기운을 차려 나를 따라 오시오."(M. Shelley 1982, 202). 자연 자체는 비록 원상 복구되더라도 "어린 양이나 산토끼를 갈기갈기 찢어 날것으로 먹는 일"에 보내는 플루타르크의 경고를 환기시키는 단어들을 낳는다. 피조물은 글자의 운명을 글자로 쓴다. 그리고 부재 지시 대상에 이름을 부여한다.

여성 작가들의 소설에서 채식주의 단어 낳기는 몇 가지 형태를 통해 텍스트와 동물을 재-기억re-member한다. 첫째, 예전 텍스트에 나온 채식주의자의 말을 글자 그대로 자기가 쓴 저술에 언급한다. 이런 언급은 연상 작용을 거쳐 자기주장에 신뢰를 더한다. 또한 글자로 쓰여진 것, 곧 실제의 책이 한 작가의 저술이 갖는 기본적 구도가 되게 한다. 둘째, 아이리스 머독이 쓴 《견습생The Good Apprentice》(1987)의 배경이 되는 시대에 유명한 예술가를 만나 결혼하는 채식주의자 여성 가장처럼 역사 속의 채식주의자를 떠올리게 하는 등장인물을 내세운다. 이 여성 가장은 실존 인물인 올더스 헉슬리의 아내인 로라 헉슬리Laura Huxley의 조리법을 그대로 따르고 있다(Murdoch 1987; 로라 헉슬리는 Huxley 1975, 141~161 참조). 헬렌 이글레시아스Helen Yglesias의 《구세주들The Saviors》(1987)에는 '소박한 삶'을 몸소 실천한 채식주의자, 사회주의자, 평화주의자인 스콧 니어링과 헬렌 니어링 부부를 많이 닮은 채식주의자, 사회주의자, 평화주의자인 드와이트와 매디 부부가 등장한다. 이 부부는 극중 여러 해 동안 정치 행동주의에 참여한 뒤 '소박한 삶'으로 되돌아왔다(Yglesias 1987, 301; 니어링 부부는 Nearing

---

* '인물의 글자화'도 포함된다. 확대된 은유가 실제 대상으로 번역되는 경우다. 곧 말의 어머니인 동정녀 마리아라는 인물을 지시할 때다. 언어를 번역하고 메시지를 실어나르거나 필기자로 행동하는 여성 인물들을 재현할 때. 호만스는 이런 경우들이 "언어 그 자체를 실어 나르거나 낳는 여성들을 하나의 주제로 표상"한다고 본다. 그리고 텍스트가 종종 다른 저술가들, 특히 남성 저술가들의 언어를 [illegible] 때도 있다(Homans 1986, 30~31).

** 알라스토르는 그리스 신화에 나오는 복수의 신이다 — 옮긴이.

and Nearing 1954와 Nearing 1980 참조). 셋째, 채식주의 관련 텍스트들의 번역이다. 이를테면 채식주의에 관련해 가장 권위 있는 텍스트인 플루타르크의 〈육식에 관하여〉와 〈육식에 관한 에세이〉는 각각 조지프 릿슨과 퍼시 셸리가 번역한 적이 있다. 넷째, 죽은 동물을 직접 언급하면서 부재 지시 대상의 구조가 갖는 기능을 분명하게 확언하는 언어를 쓴다. 이를테면 마거릿 드레블Margaret Drabble의 《빙하기The Ice Age》(1977)는 "병 없이 자연사하는 삶을 기쁨으로 여기면서 살아온" 어느 꿩이 심장 발작으로 죽어가는 장면으로 시작한다. 이 소설의 주인공은 "그렇게 비참하게 죽은 새는 상상도 할 수 없었기" 때문에 죽은 새를 잡아먹는 데 반대한다. 눈앞에서 새의 죽음을 직접 목격하지만 여기에 부재 지시 대상은 존재하지 않는다. 다섯째, 채식주의 단어를 낳는 마지막 형태는 개인들이 채식주의 관련 텍스트들을 읽은 일이 계기가 돼 육식을 중단한다고 말할 때 발견된다. 바로 이런 형태가 조지프 릿슨이 《도덕적 의무로서 육식을 금하는 것에 관하여》를 쓴 목적이다.

채식주의 단어 낳기

이사벨 콜게이트의 《사냥 대회》(1982)는 채식주의 단어를 낳는 몇 가지 실례를 보여주며, 채식주의 단어에 관한 채식주의자의 특권을 여성 작가가 어떻게 다루는지도 알려준다. 이 소설을 읽으면 우리는 육식이라는 맥락에서 채식주의자 코르넬리우스 카듀를 만난다. 밀렵꾼 톰 하커는 산토끼 한 마리를 잡아 칼로 죽인 뒤 바지 주머니에 넣는다. 저녁을 먹으려고 집으로 돌아오던 하커는 집 근처에서 30킬로미터가량을 걸어온 뒤 여관이 어디 있는지 물어보는 카듀를 마주친다. 같이 걸으면서 여관 가는 길을 안내받은 카듀는 하커의 걸음걸이가 불편하다는 사실을 알아차린다. "토끼 때문에 불룩하게 튀어나온 주머니를 숨기려 한 때문"(Colegate 1982, 30)이었다. 카듀는 전쟁에서 입은 부상 때문이냐고 묻지만 톰은 덫에 걸려 다리를 다쳤다고 태연히 거짓말을 한다. 거짓말에 화가 난 카듀는 동물 살해에 관해 일장 연설을 시작한다. 독자와 하커는 카듀가 육식인들에게 되지도 않는 말로 일장 연설을 하고 있다는 사실을 알지만, 카듀는 대화를 해서 사고방식이 바뀔 수 있는 사람을 상대로 진지한 대화를 나눈다고 생각한다. 이 대화에서 직접적 언급을 거치는, 채식주의 단어 낳기의 첫째 형태가 등장한다. 예전 텍스트에서 글자 그대로 채식주의 단어를 인용하는 방식이다. 카듀는 "인간을 포함한 모든 살아 숨쉬는 피조물들의 보편적 친족 관계를 인정할 수 있을 때까지 우리는 바깥세상에 무지한 채 살아가야 한다"(Colegate 1982, 30)고 선언한다. 여기에서 카듀가 말하는 '친족 관계의 교의Creed of Kinship'라는 단어는 헨리 솔트가 처음 썼다. 헨리 솔트는 "어떤 실질적인 도덕성은 모든 살아 있는 존재가 서로 친족 관계를 맺고 있다는 사실에 토대를 둔다"고 친족 관계의 교의를 규정했다(Salt 1935, viii). 이런 생각을 강요하던 카듀는 동물 억압에 관한 자기 견해를 적어 채식주의 단어들을 낳는 팸플릿을 하커에게 건넨다.

다음날 전통 있는 사냥 대회가 한창일 때 카듀는 대회 자체를 거부하면서 "동물의 권리, 보편적 친족 관계론에 관한 옹호"(Colgate 앞의 책, 111)를 다룬 손수 만든 팸플릿을 대회 개최자에게 건넨다. 그리고 이 인쇄물을 가지고 직접 대화를 나누려 한다. 팸플릿 쓰는 일에 공통된 관심을 가진 점에서 카듀가 글자 그대로 글쓰기를 좋아한 릿슨하고 똑같은 인물이라는 점을 알 수 있다.

많은 채식주의 관련 텍스트를 소장하고 있던 카듀는 피켓과 팸플릿을 통해 채식주의 단어들을 낳고, 이런 저술들에서 앞선 저술가들이 쓴 문자로 표시된 단어들을 낳는다. 카듀는 이런 간단한 인쇄물의 제목에서 메리 울스턴크래프트의 《여성의 권리 옹호》와 퍼시 셸리의 《자연식의 옹호》라는 단어들을 낳는다. 또한 콜게이트는 메리 울스턴크래프트와 퍼시 셸리가 동시대에 쓴

'옹호'라는 제목이 들어간 셋째 저술, 곧 토머스 테일러의 《짐승의 권리 옹호A Vindication of the Rights of Brutes》(1792)라는 책도 언급한다. 울스턴크래프트의 《여성의 권리 옹호》에 응답하는 형식을 띤 이 책은 저자의 자기주장을 동물에 확대 적용한 패러디 작품이다. 헨리 솔트는 울스턴크래프트의 책을 둘러싼 이런 반응이 "어떻게 한 세대의 비웃음거리가 다음 세대에서 현실화될 수 있는지"(Salt 1980, 5)를 보여준다고 지적한다. 《짐승의 권리 옹호》에 나온 메시지처럼 콜게이트는 여성의 권리를 보장하려는 노력이 뒤이어 동물의 권리를 위한 노력으로 이어지리라는 주장을 함축하기 때문에, 이런 비아냥 탓에 다양한 노력들이 저지될 수 있다는 생각을 분명히 한다. "로이벤 헤르게시하이머 경은 미치광이가 어떻게 플래카드를 흔들면서 나타났는지, 그 미치광이가 여성 참정권자라는 사실을 어떻게 알게 됐는지, 그 선동이 동물을 위한 행동이라는 사실을 알고서 얼마나 놀랐는지를 미니에게 설명하고 있었다. '그럼, 꿩들을 위해서 투표를 하자고?'"(Colgate 1982, 32).

《사냥 대회》에는 채식주의 단어를 낳는 둘째 형태가 나타난다. 이 소설의 주인공은 역사적 채식주의자를 상기시킨다. 소설에 등장하는 채식주의자는 미국의 저널리스트 헤이우드 브라운이 '현대 채식주의의 아버지'라고 부른 헨리 솔트를 본떴다. 솔트가 버나드 쇼와 간디에게 미친 영향 때문이었다(Broun 1939, 376). 더욱이 주인공 카듀와 역사상의 실존 인물인 솔트 사이에는 명확한 전기적인 유사성이 여럿 보인다. 콜게이트는 카듀를 솔트처럼 '뉴라이프Fellowship of New Life'와 '페이비언 협회Fabian Society'의 회원으로 그린다. 카듀는 솔트처럼 사립 학교에 다닐 때 채식주의자가 된다. 솔트는 이때의 기억을 우리에게 말한다. "주변 환경만 탓할 수는 없지만, 우리 이튼 칼리지의 선생님들이 학자 식인, 그러니까 글자 그대로 우리 같은 인간이 아니라 고등 동물의 살과 피를 빨아먹는 식인이라는 확신이 점차 내 어깨를 짓눌러왔다"(Salt 1921, 64). 솔트는 소설 속의 카듀처럼, 다른 무엇보다도 동물권, 선거권 확대, 토지 개혁, 사회주의를 지향한 '인도주의연맹Humanitarian League'(1894~1920)을 설립했다.*

이 소설에서 채식주의 단어를 낳는 셋째 형태는 직접 죽은 동물을 지시하는 언어로 나타난다. 카듀는 동물을 죽이는 행위를 '살인'이라 부르고, 죽은 동물의 몸을 '사체carcass'가 아니라 인간 시체를 뜻하는 '송장corpse'이라고 부른다. 그리고 죽은 새가 몇 마리인지 거의 정확하게 계산해낸다.

《사냥 대회》에서 채식주의 단어를 낳는 마지막 형태는 전환의 동기, 곧 개인이 육식을 중단하기 위해 곧장 채식주의 텍스트를 읽기 시작하리라는 희망이다. 카듀는 자기의 채식주의 말이 살이 될 수 있다고 믿는다. 카듀는 팸플릿을 받아든 가족들이 어떤 반응을 보일지 상상한다. "처음에는 팸플릿에 적힌 말들이 낯설게 느껴질 테지만, 서서히 그 뜻이 새롭고 분명하게 다가올 듯하다. 그리고 부자들 밑에서 착취당하는 가난한 노동자들에게는 팸플릿에 적힌 말들이 모든 인간에게 착취당하는 동물들하고 동정적인 동맹을 맺어야 하는 필연성을 제시하는 한줄기 빛으로 보이게 된다"(Colegate 1982, 32~33).

《사냥 대회》의 주인공인 카듀는 채식주의 정전에 채식주의 관련 텍스트도 포함시켜 채식주의 관련 텍스트들을 읽은 다른 사람들을 채식주의자로 전환하게 해 채식주의를 재생산하려 한 퍼시 셸리, 조지프 릿슨, 헨리 솔트 같은 채식주의 저술가를 대표한다. 이 저술가들은 고기에 관한 문화적 텍스트들에 반

---

* 카듀는 솔트처럼 개혁 운동을 많이 펼친다. 둘은 사생활, 특히 결혼도 꽤 닮았다. 솔트의 부인 케이트는 이튼의 평교사인 조이네스의 딸이었다. 케이트는 성공한 피아니스트이자 페미니스트였다(존 폰틴의 각별한 도움을 받은 Hendrick 1977, 14). 카듀의 부인인 에이더는 이튼 학교 교장의 딸로, '여성에게 투표권을'이라는 주장을 외치는 성공한 피아니스트였다. 솔트와 부인은 이튼을 떠난 뒤 틸포드 근처에 살림을 차린다. 한편 카듀와 부인은 서리 힐스 가에 있는 작은 집에 산다. 에드워드 카펜터가 케이트 솔트하고 함께 연주하려고 자주 틸포드를 방문했는데, 나중에 카펜터의 강력한 요구로 솔트 부부는 카펜터가 사는 요크셔 지방의 밀소프 근처에 집을 한 채 지었다. 따라서 솔트 부부와 카펜터는 매일 만나다시피 한다(케이트 솔트와 카펜터는 '절망적인' 사랑에 빠져 있었다)(Rowbotham and Weeks 1977, 77, 97). 카듀는 친구인 철학자 브리긴쇼(H. W. Brigginshaw)를 생각한다. 브리긴쇼는 종종 에이더하고 함께 피아노 이중주를 연주한다. 솔트는 쇼의 친구들하고 가까이 지냈고, "자주 쇼에게 편지를 썼다"(Winsten 1951, 126). 카듀는 쇼에게 편지를 쓰는 상상을 한다. 케이트는 레즈비언이었다(섹스에 별 흥미를 느끼지 못한다고 오빠에게 말했을 수도 있다. 적어도 우리는 케이트가 동성애에 흥미를 느꼈다고 가정할 수 있다)(Winsten 1951, 71). 에이더는 '모든 무의미'를 '최소화'하는 쪽을 선호했다. 카듀는 [illegible]년에 [illegible] 대회가 열린다는 소식을 [illegible] 솔트하고 아주 비슷한 삶을 산다. 그러나 그다음부터 카듀의 삶은 솔트의 삶하고 전혀 다른 길을 간다.

대하면서 여러 세대에 걸친 다양한 채식주의 관련 텍스트들을 손수 찾아가며 읽었다. 이 저술가들은 온전히 보존된 이런 채식주의 관련 텍스트가 글자 그대로 그 단어들을 반갑게 맞이하는 독자들에게 영향을 줄 수 있다는 면에서, 텍스트와 독자 사이의 지속적인 관계를 상정한다.

본질적으로 텍스트에서 채식주의와 육식 사이의 변증법은 저자와 독자 사이의 변증법을 반영한다. 전자는 텍스트의 힘을 빌려 후자를 전환시키려 한다. 이미 고착된 텍스트의 이미지를 새롭게 바꾸고, 앞서 말한《프랑켄슈타인》처럼 죽은 동물을 지시하기 위해 자연에 상처를 내는 행동을 지적하면서 손상되지 않은 텍스트의 이미지에서 손상되지 않는 식사, 곧 채식주의를 향한 욕구가 일어나기를 바란다. 카뉴든 셸리든 릿슨이든 솔트든 상관없이, 채식주의 관련 텍스트에 새겨진 채식주의자의 서명은 고기의 텍스트에 자기 이름을 새겨넣는 육식인들에게 보여주기 위한 노력이다. 그런 노력은 자기의 말이 살이 되게 하려는 시도이며, 고기의 이야기를 중단시키려는 시도다. 이런 시도에 따라오는 반응을 기다리면서 채식주의자들은 이제 더는 해체된 텍스트들, 분해된 동물들을 추구하지 않는다. 그리고 글자 그대로 살아 있는 동물을 보호하는 재-기억된 텍스트를 기대한다.

빅터 프랑켄슈타인이 창조한 채식주의자 괴물

다른 동물에 견줘 자연에서 받은 생명이 인간의 생명하고 다르지 않다고 말하는 행동이 그렇게 가증스러울 정도로 사회에 반하는 일인가요? 오, 만물의 어머니시여! 오, 당신은 영원히 마르지 않는 은혜의 샘물. 내가 그대의 신성한 목소리를 들을 수 있다는 이유로 행여 괴물이라고 박해를 받지는 않을는지?

— 존 오스월드John Oswald, 《자연의 외침The Cry of Nature》, 1791, 44쪽

프랑켄슈타인이 창조한 괴물은 채식가(채식주의자)였다. 이 장에서는 신체의 분할된 각 부분을 조합해서 만든 피조물인 괴물 프랑켄슈타인이 선택한 식사의 의미를 분석하면서, 채식주의의 전통을 해체하지 않고 기억하는 행동이 가져올 수 있는 이점들을 밝힐 생각이다. 콜게이트의 《사냥 대회》가 채식주의의 관념들과 그 책이 배경으로 하는 영국 에드워드 7세 시대의 한 인물, 곧 헨리 솔트에 의지하고 있듯이, 메리 셸리의 《프랑켄슈타인》은 이 책이 쓰인 시대의 채식주의 분위기에 많은 빚을 지고 있었다. 따라서 나는 채식주의 주제들을 낭만주의 시대의 채식주의와 이 유명한 책이 함의하는 페미니즘 사이에 놓으

려 한다. 메리 셸리는 이 책에서 페미니즘, 낭만주의적 급진주의Romantic radicalism, 채식주의를 연결하면서 채식주의 단어를 낳는다.

메리 셸리의 《프랑켄슈타인》은 지난 30여 년 넘게 이례적으로 많은 비판적 관심을 받았다. 이 과정에서 이 소설의 거의 모든 요소들이 조목조목 평가받았지만, 아무도 이 피조물의 채식주의를 주목하지 않은 사실은 놀랍다. 얼마전 《프랑켄슈타인》을 새롭게 편집해 출간한 제임스 리저는 "《프랑켄슈타인》은 순수한 사유의 바다에서 끊임없는 상상력을 자극하는 가공의 생태형ecotype"(M. Shelley 1982, x)*이라고 평가했다. 여기에서는 이 피조물의 채식주의를 살펴보고, 피조물이 채식주의자로 그려진 맥락을 이해할 수 있는 문학적, 역사적, 페미니스트적 구도를 제시하면서, 《프랑켄슈타인》에 관한 무수한 해석의 바다에 약간의 파장을 불러일으키려 한다.

피조물의 채식주의에는 메리 셸리의 두 가지 의도가 내재해 있다. 하나는 피조물의 타고난 천성이 채식주의라고 말하는 일이고, 다른 하나는 내가 '낭만주의적 채식주의자Romantic vegetarians'라고 부르는 메리 셸리를 비롯한 동시대인들의 공통 관심사가 채식주의라고 명확히 선언하는 일이다.** 셸리가 소설에서 참고하고,*** 낭만주의 저술가들도 기본서로 읽는 오비디우스, 플루타르크, 밀턴, 루소의 저술은 채식주의자가 썼다는 공통점이 있다. 이 소설을 읽으면서 뚜렷이 떠오르는 아담과 이브 이야기와 프로메테우스 신화는, 육식이 도입되는 낭만주의 시기 동안에는 채식주의의 틀 안에서 재해석됐다. 메리 셸리의 남편인 퍼시 셸리는 이런 해석을 정식화한 채식주의자 집단의 일원이었다.

《프랑켄슈타인》을 다룬 많은 문학 비평이 이 소설에서 이야기 전개 구조, 문학적, 역사적, 전기적 측면, 페미니스트/젠더 문제 같은 페미니즘의 의미를 밝혀내려 했다. 아래에서 나는 이 세 분야를 각각 살펴보면서, 각 분야에 중첩돼 있는 채식주의 관련 주제들을 분석하려 한다.

폐쇄된 원들과 채식주의의 의식

> 도덕적 세계는 그 내부자들의 주장이 항상 외부자들의 주장보다 우위에 있다는 점에서 동심원들의 체계가 아니다. …… 그러나 우리와 동물을 나누는 동심원들의 모델은 상당한 영향력을 발휘한다. 가장 일반적인 형태의 하나는 일정한 한계까지 넘어서면서 내부 성원들에게, 특히 동물에게 관심을 갖는 태도는 감정의 문제이기 때문에 별로 중요하지 않다는 생각이다.
>
> — 메리 미글리, 《동물들, 왜 중요한가Animals and Why They Matter》, 1984, 22~23쪽

피조물은 '그것의' 도덕률 안에서 동물을 받아들이지만, 정작 자기는 인간의 도덕률 안에서 받아들여지지 않는다. 받아들여지기를 바랄수록 더 깊은 좌절만 맛본다. 피조물은 자기의 도덕 기준에 상관없이 인간 집단이 자기를 비롯해 다른 동물을 배제하는 방식으로 만들어져 있다는 사실을 깨닫게 된다.

피조물의 채식주의는 이 소설을 구성하는 세 개의 동심원 중 하나에서 드러난다. 가장 가장자리에 있는 원은 북극 항로를 항해 중인 로버트 월튼이 영국에 사는 누나 마거릿 사빌에게 보낸 편지들로 구성돼 있다. 이야기 도입부에서 월튼의 배는 인간 사회에서 계속 멀어져 간다. 그러나 이야기 끝부분에서 월튼은 문명사회로 돌아올 결심을 한다. 이런 번복은 존재의 창조자인 빅터 프랑켄슈타인이 거의 죽은 몸으로 자기 배에 구출된 일이 계기가 된다. 피

* 나는 1831년 개정판이 아니라 1818년 초판을 참고했는데, 리저가 1818년 초판과 1831년 개정판을 대조한 '부록 B'에 따르면 1818년 초판에는 괴물 이야기의 핵심인 채식주의가 분명히 언급됐다. 셸리는 1831년 개정판에서 괴물의 채식주의를 삭제했다.

** 프랑켄슈타인의 피조물을 남자가 아닌 여자로 간주하고, 따라서 남성 대명사의 사용을 피한 다른 페미니스트 비평가들처럼 나는 이 피조물을 지칭하는 대명사로 '그것'을 사용한다. 이를테면 "괴물, 아마 이 논의에서는 '남자'로 부르지 않았을 '괴물'은 처음에는 여성적 기질들을 보인다"(Levine and Knoepflmacher, 1979, 106)거나 "프랑켄슈타인이 창조한 피조물의 일그러진 얼굴 이면에는 여전히 소심하고 겁먹은 여성의 얼굴이 감춰져 있다"(Levine and Knoepflmacher, 1979, 112)는 시각을 볼 것.

*** 피조물은 《플루타르크 영웅전》, 《실낙원》, 《젊은 베르터의 슬픔》 등을 읽는다 — 옮긴이.

조물에 목숨을 잃은 아내 엘리자베스, 친구 클레발, 동생 윌리엄을 그리워하며 복수심에 불타오른 빅터는 피조물을 뒤쫓아 북극에 왔다. 이 존재를 창조하며 정점에 다다른, 혼자서 몰래 진행한 과학 실험부터 피조물을 추적해 혼자 인간 사회에서 멀리 떨어진 북극까지 오게 된 사정을 빅터가 월튼에게 말하는 부분은, 월튼의 방랑벽에 관한 이야기와 부모에게 버림받고 인간 사회에서 격리돼 거부당하는 피조물의 비참한 이야기를 매개하는 이야기로 자리한다. 내부에 있는 원은 빅터 프랑켄슈타인의 손을 거쳐 탄생하자마자 버림받은 피조물이 지식과 생존 기술을 습득한 과정과 빅터의 동생을 죽이게 된 정황을 이야기하는 부분으로 구성된다. 계속해서 피조물은 인간 사회에서 받아들여지기를 거부당하는 존재인 자기의 비애에 관해 이야기한다. 이야기를 마친 뒤에는 이제 더는 인간 집단에 받아들여지기를 바라지 않게 동반자를 창조해달라고 빅터 프랑켄슈타인에게 제안한다. 그럼 자기를 둘러싼 제한된 내부의 원 안에서 동료애에 만족하게 되리라고 말한다.

이런 요구를 들어달라고 요구하면서 피조물은 자기의 식사 원칙과 동료하고 함께 드넓은 남아메리카에 들어가 살게 될 때 그 동료가 지켜야 할 식사의 원칙을 분명히 한다. 채식주의는 피조물이 자기의 포괄적인 도덕률을 강조하면서 자기는 창조자하고 다를 뿐 아니라 서로 명확히 구별된다고 선언하는 방식의 하나다. 자기의 채식주의를 설명하면서 피조물은 부재 지시 대상을 복구시킨다. "내가 먹는 음식은 인간의 음식하고 달라요. 어린양과 어린이를 죽여 식욕을 채우는 일은 없을 겁니다. 도토리와 장과류*로 충분하니까. 내 동반자도 나하고 성격이 똑같을 테니, 이런 음식에 얼마든지 만족하겠죠. 우리는 마른잎으로 잠자리를 만들 거예요. 햇볕이 인간에게 그렇듯 우리에게도 따스한 빛을 비춰줄 테고, 우리가 먹을 음식을 잘 무르익게 할 거예요. 내가 당신에게 제시하는 그림은 평화롭고 인간적이에요."(M. Shelley 1982, 142). 피조물의 채식주의는 피조물을 더욱 동정심이 가는 존재로, 곧 다른 것들을 어떻게 이용할 수 있는지를 생각하는 존재로 여기게 만든다. 자기의 도덕적 범주 안에 동물을 포함시키면서 피조물은 인간 사회에 바라던 것과 필요로 하던 것, 그러나 실현되지 못한 것을 상징적으로 보여준다.

세 개의 동심원적 이야기의 한가운데 있는 이야기, 곧 빅터 프랑켄슈타인과 빅터의 가족 이야기 또는 인간 사회의 이야기의 중간에 삽입된 피조물의 이야기는, 구조적 실존을 통해 피조물의 사회적 처지를 분명하게 보여준다. 피조물은 아무도 자기를 접촉하려 하지 않는다는 사실을 알기 때문에 자립적이어야 한다. 자기가 만든 피조물이 생명을 얻자마자 피조물을 거부한 빅터, 물에 빠져 허우적거리는 어린아이의 생명을 구해준 뒤에도 피조물을 옥죄는 적의, 피조물의 접근을 거부한 드 라시** 등 인간에게 거부당하는 피조물의 장황한 이야기는 이 세 개의 동심원적 이야기들에 공통된 중심이 무엇인지를 이해할 수 있는 실마리를 제공한다. 그 중심은 바로 인간의 자기중심성이다. 다시 말해 인간은 자기가 중심이라고 생각하며, 거대한 존재나 동물을 자기의 도덕적 구조 안에 받아들이지 않는다.

이 구조는 인간의 자기중심성을 반복한다. 피조물이 주위의 관심을 받고 사회와 교류하고 인간 사회에 동화되려면 인간 사회의 폐쇄적 동심원을 극복해야 한다. 따라서 피조물은 이 소설이 설정하는, 채식주의자 철학자 메리 미글리가 인간과 동물을 구분하는 기준으로 본 인간 사회의 폐쇄적 동심원들을 극복하려 도전한다. 따라서 자기의 도덕률에 동물을 포함시키는 피조물의 행동은 인간과 동물의 폐쇄적 동심원들을 파괴하면서 인간들하고 교류하려는 피조물의 인식을 상징적으로 보여준다.

---

* 포도, 바나나처럼 작고 핵 없는 식용 과실을 말한다 — 옮긴이.

** 괴물 프랑켄슈타인이 은신처인 허름한 헛간에서 알게 되는 눈먼 노인. 장애인인 이 노인만은 자기를 알아주리라고 괴물 프랑켄슈타인은 기대하지만 허사였다 — 옮긴이.

채식주의가 자신을 하나의 체제로 부각시키면서 육류 남용을 비판하기 시작한 때는…… 루소 시대다. 이런 의미에서 채식주의는 새로운 윤리학이다.
— 헨리 솔트, 《음식의 인문학The Humanities of Diet》, 1914

문학 평론가들은 《프랑켄슈타인》이 메리 셸리의 인생과 학문의 결정체이자 전기 문학과 서지학이 적절히 혼합된 저술이라고 평가한다. 메리 셸리는 아버지 윌리엄 고드윈을 통해 《자연으로 돌아가라The Return to Nature》(1811)의 저자인 존 프랭크 뉴턴John Frank Newton, 조지프 릿슨, 출판업자인 리처드 필립스 경, 《자연식의 옹호》와 몽상적이고 채식주의 성향을 띤 《매브 여왕》의 저자인 퍼시 셸리 등 저명한 채식주의자들을 만날 수 있었다.*

낭만주의적 급진주의 덕에 메리 셸리는 성장 과정에서 채식주의를 접할 수 있었다. 역사가 제임스 터너가 평가하듯이 "급진 정치학과 그 밖의 비정통적 관념들은 채식주의하고 잘 맞아떨어졌다"(Turner 1980, 19). 역사가 키스 토머스는 "1790년대의 채식주의가 눈에 띌 정도로 급진적이었다"(Thomas 1983, 296)는 데 동의한다. 터너는 이 시기에 나타나기 시작한 "동물에게 동정을 표하는 새로운 방법" 중에서 "전통적 가치에 맞서 가장 전복적인 흐름은 채식주의였다"(Turner 1980, 17)고 지적한다. 퍼시 셸리의 친구이자 전기 작가인 토머스 제퍼슨 호그가 채식주의자가 된 사실을 신랄하게 비판한 어떤 성직자는, 이런 전복적인 개혁이 환영받은 이유와 그 개혁의 방식을 이렇게 설명한다. "그러나 채소를 먹는 이런 새로운 체제는 …… 당신의 결심이 세상의 오래된 모든 구태의연한 방식에서 벗어나려는 노력이라는 점을 보여주는 지표로서 성모 마리아에 의지한다"(Cameron 1973, 378에서 인용).

낭만주의적 채식주의자들은 동물을 고려 대상에서 제외하는 인간 중심적인 도덕 범주를 동물에게도 확대하려 했다. 채식주의자들이 볼 때 동물 살해는 살인이었고, 살인을 기도하거나 살인으로 이득을 얻는 사람은 야만인이었다. 낭만주의적 채식주의자들은 육식이 인간과 동물의 도덕적 관계를 재정의하면서 부도덕의 수문이 열렸고, 그 결과 지금 우리가 살아가는 부도덕하고 타락한 세상이 탄생했다고 주장했다. 조지프 릿슨은 인간의 노예화는 육식에서 기원을 찾을 수 있다고 생각했고, 퍼시 셸리도 채식주의자 대중은 결코 "자기의 잔인한 참정권을 로베스피에르의 추방자 명단을 승인하는 데 행사하지"(Ritson 1802, 89; P. Shelley 1965a, 11) 않는다고 주장했다. 그 사람들은 동물을 도덕적 고려의 대상에 어서 빨리 포함시켜야 한다고 촉구했다.**

낭만주의적 채식주의자들은 대부분 공화주의에 동정적이었다. 프랑스 혁명을 세계 개혁의 시발점으로 봤으며, 육식 근절을 또 다른 개혁의 발판이라고 생각했다. 이 시기에 채식주의를 혁명적 투사의 이미지로 그리는 영국 최초의 채식주의 관련 저술인 《자연의 외침》을 쓴 존 오스왈드는 1793년 프랑스 퐁드세에서 벌어진 전투에서 자코뱅당원들을 위해 싸우다 생을 마감했다.*** 릿슨은 1791년에 프랑스를 방문해 새로운 공화력을 받아들였고, '시민 릿슨'으로 불리기를 바랐다. 릿슨과 고드윈의 책을 낸 출판업자이자 《먼슬리 매거진Monthly Magazine》을 창간한 리처드 필립스 경은 공화주의자를 지원했다.

---

* 고드윈은 《자연의 외침》을 쓴 존 오스왈드도 알았을 수 있다. 고드윈은 오스왈드가 기고한 《폴리티컬 헤럴드 앤 리뷰(The Political Herald, and Review)》의 대리 편집자였다. 그러나 데이비드 어드만에 따르면 "그때는 기고자의 이름은 기재하지 않거나 익명 사용이 관행이었고, 주요 기고자들도 서로 안면이 없었다"(Erdman 1986, 37). 그러나 어드만은 "우리는 그때 오스왈드가 출판업계에 이름을 알리고 싶어한 점을 고려해야 한다. 오스왈드와 고드윈이 일찍부터 안면이 있었을 수도 있다"(Erdman 1986, 42)고 했다. 오스왈드와 메리 울스턴크래프트가 거래한 출판업자가 동일 인물인 조지프 존슨(Joseph Johnson)이라는 사실에서 이렇게 유추할 수 있다.

** 오스왈드는 이런 식으로 자기 견해를 밝혔다. "자비라는 면에서 인간의 마음은 본래 편파적이라고 할 때, 더 좋은 체제로 전복된 유럽의 야만스런 정부들을 고려할 때, 그 사람은 평화와 호의의 감정이 증가할수록 인간도 자비심이라는 커다란 원 안에 하등 생물을 포용할 수 있는 그런 날이 오지 않을까 하는 바람을 품게 된다"(P. Shelley 1965a, 11).

*** 가장 최근에 오스왈드의 전기를 쓴 전기 작가는 오스왈드를 "영국의 군사 전문가"로 부르면서 "군대 경력과 피타고라스식 식사를 결합한 가장 놀랍고 전기적인 인물"이라고 평했다(Erdman 1986, 3).

곰 놀리기나 개 부추겨 소 물어 죽이기 같은 하층 계급의 스포츠에서 벌어진 동물 학대에 관심을 기울인 동물 개혁 캠페인하고 다르게, 채식주의자들은 육식 또는 피를 봐야 끝나는 권투나 투우 같은 스포츠 등 상층 계급의 약점을 겨냥했다. 퍼시 셸리는 이렇게 열변을 토했다. "지금도 그렇지만 이상할 정도로, 오직 부자들만 죽은 고기를 탐닉할 수 있었다"(P. Shelley 1965a, 13).

이런 채식주의적 관심사 말고 메리 셸리와 낭만주의적 채식주의자들 사이에는 비슷한 점이 또 하나 있다. 각각 타락의 신화(특히 〈창세기〉 3장)와 프로메테우스 신화를 새롭게 고쳤다. 다시 말해 이 신화들을 옭아매는 악의 본질을 재해석하고 채식주의의 유토피아를 꿈꾼다. 피조물의 이야기에서 메리 셸리는 태고의 타락에 관한 모든 이야기가 육식의 도입에 은연중에 관련된다고 해석하는 낭만주의 채식주의자들하고 동맹을 맺는다. 그리고 피조물의 이야기에서 이 두 신화에 관련해 채식주의가 내세운 주장을 취한다. 전반적으로 《프랑켄슈타인》의 구도는 프로메테우스의 신화와 아담과 이브의 이야기다. 이 두 신화는 낭만주의적 채식주의의 주장에 동화돼 있었고, 조지프 릿슨, 존 프랭크 뉴턴, 퍼시 셸리를 거쳐 채식주의의 시각에서 재해석된 적이 있었다.

채식주의 에덴동산과 타락

일반적으로 에덴동산은 채식주의적이었다고 여겨진다.* 에덴동산이 본질적으로 채식주의적이었다는 증거는 〈창세기〉 1장 29절에 나온다. "하나님이 가라사대, 내가 온 지면의 씨 맺는 모든 채소와 씨 가진 열매 맺는 모든 나무를 너희에게 주노니 너희 음식물meat이 되리라"(킹 제임스판 성경**에서 'meat'는 고기가 아니라 음식을 뜻했다). 17세기 시인 캐서린 필립스Katherine Philips는 '그 사람들은 짐승이 아니라 식물의 뿌리를 먹었다네'라고 황금시대를 읊었다. 조지프 릿슨이 인용한 알렉산더 포프의 시는 에덴동산을 이렇게 묘사했다.

인간은 짐승하고 동행했고, 함께 살았다네.

식탁도 같이, 침대도 같이 썼다네.

살인은 옷을 주지 않았고, 살인은 음식을 주지 않았다네.

(Ritson 1802, 55; Pope 1969, 142~143)

밀턴은 《실낙원》 5권에서 "저녁 식사로 맛있고 식욕을 자극하는 향기로운 과일들"(Milton 1957, 309)을 준비하는 이브를 묘사했다.

낭만주의 채식주의자들은 고기 없는 에덴동산을 그대로 받아들였다. 그리고 〈창세기〉 3장에 관해 자기들만의 독특한 해석을 내렸다. 채식주의자들은 타락의 원인을 육식으로 보고 이 신화를 개작했다. 이를테면 존 프랭크 뉴턴의 《자연으로 돌아가라》는 에덴동산에 있는 나무 두 그루가 "아담과 이브가 탄생하기 전부터 낙원에 있던 두 종류의 음식, 곧 채소와 동물"(Newton 1811, 5)을 의미한다고 단정짓는다. 악을 상징하는 나무의 열매를 따먹은 죄과는 아담과 이브가 이미 경고를 받은 대로 죽음이었다. 그러나 즉각적인 죽음이 아니었다. 오히려 악한 음식, 곧 고기를 먹어 발병한 때 이른 질병이 가져오는 고통스러운 죽음이었다.

'타락'을 이렇게 해석하는 방식은 이브를 요부로 간주한 해석학적 시각을 벗어던지고, 여성을 세상의 악의 근원으로 보던 가부장제적 망상을 제거한다. 채식주의자의 비판적 관심은 푸주한들의 (동물 도살이라는 남성적) 기능, 그리고 육식이 남성다움을 상징적으로 보여준다는 전제에 맞춰져 있었기 때문에, 타락 이후 온 세상을 가득 메운 해악은 남성화된 것은 아닐지라도 이제 일

---

* 키스 토머스가 지적한 대로 "채식주의는 기독교적 교의를 통해서도 고무됐는데, 왜냐하면 모든 신학자가 인간은 원래 육식성 동물이 아니라는 데 동의한 때문이었다"(Thomas 1983, 289).

** 영국 제임스 1세의 재위 기간(1603~1625)에 존 레이놀즈를 중심으로 54명이 8년 동안 안티옥 사본(신약) 등에 기초해 원어 성경을 영어로 옮긴 판본이다 — 옮긴이.

반적인 것이 된다. 이브의 존재가 《프랑켄슈타인》 이야기, 특히 피조물의 전부라는 길버트와 구바의 주장(Gilbert and Gubar 1979, 230, 234~246)을 지지하기라도 하듯이, 피조물은 아담하고 다르게 스스로 나서서 밀턴이 《실낙원》에서 묘사하고 있는 이브처럼 '향기로운 과일들'로 식사를 준비한다. 그리고 이 피조물은 자기의 동반자를 마음속으로 그려보면서 둘이 함께 식사하는 모습을 상상하지만, 결코 자기 동반자가 의무감으로 음식을 준비하는 모습을 상정하지는 않는다.

프로메테우스의 신화

메리 셸리와 낭만주의적 채식주의자들은 자기들이 쓴 저술에서 또 다른 타락의 신화를 만들어낸다. 프로메테우스 신화는 불을 훔친 죄로 프로메테우스가 코카서스 산 바위에 묶여 매일 독수리에게 간을 파 먹히고 밤마다 다시 소생하는 벌을 받는 이야기다. 폭군에 저항한 프로메테우스라는 낭만주의의 기본적인 시각 말고도 메리 셸리는 이 신화에 관한 또 다른 해석을 내리고 있다. 낭만주의 채식주의자들에게 불의 발견이라는 프로메테우스의 이야기는 바로 육식의 발단에 관한 이야기다. 모두 37권에 이르는 《자연사Natural History》에서 "최초로 동물이라는 음식을 사용하라며 가르친 인물이 프로메테우스다Primus bovem occidit Prometheus"고 주장한 플리니Pliny*의 견해를 수용했다(P. Shelley 1965a, 6에서 인용). 고기는 조리를 하지 않으면 제대로 맛이 나지 않는다. 낭만주의 채식주의자들에 따르면, 조리는 시체의 혐오스러움을 감출 뿐 아니라 육식을 심리적이고 심미적으로 받아들이게 만든다. 퍼시 셸리는 이 신화에 관해 낭만주의적 채식주의식 해석을 내린다. "(인류를 대표하는) 프로메테우스는 자기의 천성을 크게 바꿨고, 불을 조리에 사용했다. 다시 말해 도살장에서 인간이 느끼는 혐오스런 공포감을 숨길 수 있는 방편을 개발했다. 이 순간부터 질병이라는 독수리가 프로메테우스의 장기들을 쪼아먹었다"(P. Shelley 1965a, 6).

'근대적 프로메테우스'**라는 부제가 붙어 있는 이 괴물 이야기에서, 피조물이 불과 고기를 다루는 방식에 주목해야 한다. 떠돌이 거지들이 남겨놓은 불씨를 찾아낸 피조물은 말한다. "방랑객들이 남겨놓고 간 고기 부스러기를 불에 구웠더니, 나무에서 딴 열매보다 훨씬 더 맛있었습니다." 그러나 피조물은 이런 발견을 육식이 아니라 채소나 과일을 조리하는 데 이용한다. "그래서 이번에는 같은 방식으로 내가 먹는 음식을 불 위에 올려놓았죠. 열매는 이렇게 하면 그냥 먹을 때보다 맛이 없지만, 견과류와 나무뿌리는 더 맛있다는 사실을 알게 됐습니다." 고기 부스러기는 육식을 형상화한다. 그러나 피조물은 이런 프로메테우스의 선물을 거부한다.

황금시대와 자연식

《프랑켄슈타인》에서 피조물이 무엇을 먹는지를 묘사한 구절은 메리 셸리가 오비디우스와 루소가 쓴 채식주의 식사에 빚지고 있다는 사실을 보여준다. 이렇게 메리 셸리의 책은 채식주의에 관한 이전의 단어들을 언급하면서 채식주의 단어를 낳는다. 오비디우스의 《변신 이야기》 1권에 나오는 황금시대는 거주지를 건설하기 전의 시기, 도토리와 장과류를 먹어도 부족하지 않은 시절, 동물이 육식 때문에 인간 집단에서 배제되지 않는 시대다.

자연이 만들어낸 음식에 만족하면서,
야생에서 익은 사과와 딸기를 먹었다.

---

* 로마 시대의 자연수의자. 이름이 같은 사람이 또 있어서 이 둘을 구분하려고 'the elder'를 붙인다 — 옮긴이.

** 《프랑켄슈타인》의 원래 제목은 'Frankenstein, or The Modern Prometheus'다 — 옮긴이.

꽃층층나무와 나무딸기는 안식처를 제공했고,
떨어지는 도토리는 그것 자체로 축제였다. (Ovid 1720(Book 1), 8)

피조물은 빅터에게 자기의 채식주의에 관해 말한 뒤에 동반자를 만들어주면 둘이 드넓은 남아메리카로 떠나 그곳에서 인간에게 해를 끼치지 않는 완전한 삶을 살겠다고 약속한다. 여기에서 피조물이 빅터에게 말하는, 특히 앞서 인용한 구절 중 '도토리와 장과류'를 먹으면서 살아가겠다고 약속하는 부분은 셸리의 채식주의적-평화주의적 구상을 대신 표현하는 구절로, 셸리가 오비디우스에게서 직접 빌려왔다. 피조물은 자기가 하는 제안을 거부당하는 타락한 세계에 들어와서 채식주의를 통해 조화롭고 새로운 황금시대를 열고 싶어한다.

또한 피조물은 자기가 먹는 음식을 언급하면서 루소의 채식주의 단어를 낳는다. 인류를 구속해온 속박의 하나가 비자연식이라고 처음 주장한 《인간불평등 기원론Discourse on Inequality》(1755)부터 《신 엘로이즈Julie, ou La Noubelle Heloise》(1761)와 《에밀Émile》(1762)까지 채식주의는 루소가 생각하는 이상적인 식사였다(Simons 1954, 18~28). 《에밀》에 나오는 에밀과 소피, 《신 엘로이즈》에 등장하는 줄리는 모두 채식주의자였다. 루소는 사후에 출간된 《고백록The Confessions》(1782~1789)에서 이렇게 쓰고 있다. "나는 소박한 식사보다 더 좋은 식사를 알지 못한다. 우유, 달걀, 허브, 치즈, 흑빵, 평범한 와인은 언제나 나를 즐겁게 한다"(Simons 1954, 25에서 인용).* 먹을거리를 찾아 어쩔 수 없이 프로메테우스의 불을 뒤에 남기고 떠나야 하던 피조물이 다음에 찾아낸 음식은, 전원풍 분위기에서 식사하기를 좋아한 루소가 즐긴 음식하고 똑같았다. "양치기가 아침으로 먹고 남긴 빵, 치즈, 우유, 와인을 게걸스럽게 먹어치웠습니다. 와인은 별로 맛이 없더군요"(M. Shelley 1982, 101). (와인은 낭만주의 채식주의자들뿐 아니라 육식인들에게도 금기시됐다.) 어떤 마을에서 피조물은 루소가 말한 이상적인 음식을 먹고 즐거워한다. "텃밭의 채소들, 오두막집 창문에 놓아둔 우유와 치즈를 보고 군침이 돌았습니다."

작은 지구를 위한 식사

타락한 세상을 바라보는 피조물의 시각과 낭만주의적 채식주의자들의 시각이 교차한다는 사실을 보여주는 다른 예는 젖소도 음식이 필요하다는 피조물의 관찰 결과다. 피조물은 가난한 가족이 기르는 통에 "겨울에는 먹을 풀도 넉넉지 않아서 우유마저 잘 나오지 않는" 젖소를 말한다. 젖소도 젖이 잘 나오게 하려면 여물을 많이 먹어야 한다는 말은 프랜시스 무어 라페Frances Moore Lappé가 쓴 《작은 지구를 위한 식사Diet for a Small Planet》 덕에 널리 알려진 근대 생태학적 채식주의의 주장을 반영한다. 라페는 가축을 사육하는 데 이용되는 넓은 토지가 오히려 인간을 먹여 살리는 데 더 적합한 토지일 수 있다고 주장한다.

이런 주장은 채식주의의 역사에서 오래전에 제기된 문제로, 플라톤의 《국가Republic》(기원전 360)에서 소크라테스가 글라우콘에게 고기를 생산하려면 거대한 목장이 필요하다고 말하는 데서 역사적 단초를 발견할 수 있다. 결과적으로 고기 생산은 "점점 더 많은 이웃의 땅을 잠식할" 테고, "만약 사람들이 생활필수품에 만족하는 대신에 자기 땅을 내주어 부를 획득할 기회를 포기해야 한다면, 이웃들은 우리가 얻는 몫의 일부를 요구하게 된다." 그리고 소크라테스는 말한다. "글라우콘, 그렇게 되면 그다음에는 전쟁이 일어날 수밖에 없다네"(Plato 1966, 60~61). 영국의 성직자 윌리엄 페일리가 1785년에 출간한 《도덕철학과 정치철학의 원리The Principles of Moral and Political Philosophy》에는, 육식이 경제와 농

* 메리 셸리는 1817년 10월에 《프랑켄슈타인》을 옮겨 쓰면서 《고백록》을 다시 읽었다.

업에 초래하는 문제들이 등장한다. "열 사람을 먹여 살리는 일에 필요한 고기를 생산하는 데 들어가는 토지는 똑같은 분량의 곡물, 근채류, 우유를 생산하는 데 들어가는 토지의 곱절은 된다"(Paley 1978, 599). 리처드 필립스 경은 1811년에 쓴 채식주의 관련 논문에서 "영국과 웨일스를 합해 19만 제곱킬로미터에 이르는 토지는, 만약 우리가 곡물이나 과일, 채소에 의존해 살아갈 수 있었다면 많은 사람이 경작할 만큼 풍족한 땅이겠지만, 육류 식품이 인간 생존의 필수품이 되면서 얼마 되지 않는 4만 8600제곱킬로미터만이 경작에 이용되는 실정"(Williams 1883, 241에서 재인용)이라고 지적한다. 퍼시 셸리의 《자연식의 옹호》는 이런 견해의 정점이라고 할 수 있다. 채식주의의 견지에서 퍼시 셸리는 이렇게 말한다. "동물의 고기를 독식하는 사람은 식사로 땅을 먹어 치우면서 자기 몸을 파괴하려 하지 않을 것이다. …… 전세계에서 가장 기름진 토지가 실제로는 동물 사육에 이용되고 있으며, 엄청난 분량의 음식이 썩어 못 먹게 되거나 낭비되고 있다"(P. Shelley 1965a, 13).

피조물의 몸을 만든 재료를 모은 도살장

피조물은 타락한 세상에 '태어'났다. 그러나 또한 이 피조물은 도살장에서 나오는 살과 피부와 혈관 같은 부산물 일부를 짜맞추어 만들어진 뒤, 낭만주의 채식주의자들이 말하는 이런 타락한 세상에 '태어'났다. 묘지를 파헤치는 장면이 반드시 들어가는 많은 고딕풍 공포 이야기*하고 다르게 피조물을 만들어낸 빅터 프랑켄슈타인은 도살장에 몰래 들어간다. "해부실과 도살장에는 쓸 만한 재료가 많았다." 메리 셸리는 어떻게 무덤을 파헤치는 장면을 도살장을 침입하는 장면으로 확장할 수 있었을까? 아마 낭만주의적 채식주의의 관념들에 익숙해진 상황이 영향을 미친 듯하다. 도살장은 채식주의에서 멀어진 타락이 가져온 결과의 하나였고, 낭만주의 채식주의자들은 존 오스왈드처럼 도살장과 정육점을 피해서 멀리 우회해 다녔지만 이런 문제들을 생각조차 안 할 수는 없었다. 리처드 필립스 경은 자기가 채식주의로 전환한 계기를 열두 살 때 한 경험에서 찾고 있다. 필립스 경은 회상한다. "그때 런던의 한 도살장에서 벌어지는 야만적인 일들을 우연히 봤는데, 그때부터 나는 채소 말고는 어떤 것도 먹지 않았다"(Williams 1883, 243).

해부학적으로 정당한 채식주의자

도살장에 잠입해 들어간 빅터의 행동은 채식주의자들이 마음속으로 간직하고 있는 금기를 이 소설에 끌어들일 뿐 아니라 피조물이 초식성이라는 사실을 강하게 함의한다. 인간은 오직 초식 동물만 소비하며, 빅터가 도살장에서 모은 재료의 일부는 초식 동물의 몸에서 나온 부산물이다. 따라서 적어도 피조물의 신체 일부는 자동으로 채식주의적이었다. 낭만주의 채식주의자들은 인간의 신체가 육식성이라고 보지 않았다. 그리고 인간의 건강이 나빠진 이유를 육식에서 찾았다. 루소는 인간의 신체가 지닌 생리적 특질이 채식에 적합하다고 주장했다. 그리고 이런 견해는 채식주의의 기본 주장으로 수용됐다. 초식 동물처럼 인간은 어금니를 가지고 있다. 또한 인간의 장기와 육식 동물의 장기는 닮지 않았다. 도살장의 부산물을 이용해 피조물을 창조해내는 장면을 구상하면서, 메리 셸리는 이 시기의 채식주의자들이 감탄해 마지않은 반면 반채식주의 비판가들에게는 비웃음을 산 채식주의에 관련된 해부학적 주장을 편다.

---

* 공포를 소재로 한 고딕 소설의 대표작은 윌리엄 백포드의 《바텍》(1786), 윌리엄 고드윈의 《칼렙 윌리엄스》(1794), 매튜 루이스의 《수도사》(1796) 등이다. 그뒤 공포를 소재로 한 이런 소설이 낭만주의 소설로 이어지면서 낭만파 시인인 조지 고든 바이런과 셸리 부부, 바이런의 주치의인 존 폴리도리가 《프랑켄슈타인》과 《흡혈귀》를 창작한다 — 옮긴이.

이 소설에 나타나는 채식주의의 의미를 괴물 프랑켄슈타인의 채식주의적 맥락에서 따로 떼어 고려하게 되면, 괴물이 소설에서 수행한 문학적 언급들을 강제로 박탈하게 된다. 나아가 이전 시대의 채식주의 관련 텍스트들을 성찰하려 한 작품의 의도를 분석하지 못한 채 역사에 파묻게 된다. 《프랑켄슈타인》에서 우리는 근채류와 장과류에 의지하는 채식의 황금시대를 다시 누리려는 피조물, 루소의 이상적 식사를 실천하는 피조물, 고기로 소비하려고 도살되는 동물들처럼 인간의 도덕적 범주에서 자기 자신이 배제돼 있는 현실을 깨닫는 존재를 발견한다.

숨겨진 의미를 해독하기

우리는 둥글게 굽어 있는 손으로 다음 구절을 베끼고 옮겨 적었다. 나는 개인적인 만족감에 몇 번이고 반복해서 옮겨 적었다. "나는 새처럼 깃털을 옷 삼아 입고, 과일을 먹으면서 숲에서 살고 싶다." 이 문장은 뭔가 완전하면서도 불완전한 듯한 문장으로 여겨졌다.

— 데니스 라일리Denise Riley, 《기다림Waiting》, 1985, 239쪽

피조물은 채식주의의 의미와 페미니스트적 의미를 동시에 체현하고 있다. 《프랑켄슈타인》에 등장하는 여성 인물들은 여성 본연의 임무를 수행한다. 그러나 메리 셸리는 이 여성들을 죽음으로 몰아넣어서 낭만주의적 채식주의의 감상주의를 전복하려 시도한다. 한편 남성 등장인물들은 고지식한 남성 본연의 구실을 대표한다. 그리고 새로운 존재인 피조물은 메리 셸리가 의도한 대로 현상태의 질서를 철저히 비판한다. 길버트와 구바는 이 이름 없는 피조물을 가부장제 세계의 한가운데에서 모성적 원칙을 갈구하는 존재로 해석하는데,

이 피조물은 가부장제의 음식뿐 아니라 가부장제에 관련된 다른 많은 요소들을 단호하게 비난한다. 이런 의미에서 피조물의 채식주의는 페미니스트적 의미뿐 아니라 평화주의적 의미를 지닌다. 그러나 이때 육식을 공공연하게 비판하는 채식주의자들과 페미니스트들도 피조물이 은연중에 가부장제의 상징들을 비판하고 있다는 점은 간파하지 못했다. 모성적 원칙은 피조물이 상상하는 채식주의 낙원에서나 현존할 수 있다. 사실 이런 모성적 원칙은 낭만주의적 채식주의의 보이지 않는 이면이다.

피조물을 창조한 빅터 프랑켄슈타인에 직접 관련이 없는 주변부의 이야기들을 끌어들이면서, 다시 말해 소설 중간에 피조물하고 밀접한 관계에 있는 주변 인물들을 잠깐 배제하면서 전개되는 이야기를 떠올려보면, 우리는 피조물의 채식주의뿐 아니라 이 소설이 지닌 페미니스트적 측면의 하나를 해석할 수 있는 패러다임을 발견하게 된다. 피조물의 이야기 속에 중첩돼 있는 또 다른 이야기는 드 라시 가족의 이야기다. 이 가족 이야기에서 우리는 구속을 싫어하고 자립심이 강한 사피의 어머니에 관한 이야기를 듣게 된다.* 《프랑켄슈타인》에서 이 이야기는 주변적인 요소 같지만 사실 "구조적으로 이 이야기의 중심 요소"(Ketterer 1979, 15)다. 사피는 어머니에게서 "무슬림 여성들에게는 금지돼 있는 정신적 독립심과 더 많은 지식을 쌓으려는 지적 욕구"(M. Shelley 1982, 119)를 배웠다. 마크 루벤스타인은 사피의 어머니가 "왜곡돼 있지만 분명히 저자의 어머니인 메리 울스턴크래프트를 풍자적으로 그린 인물이라는 사실을 알 수 있다"(Rubenstein 1976, 169)고 주장한다. 사실 《여성의 권리 옹호》의 서문 2쪽에서 메리 울스턴크래프트는 모국인 영국 여성들에게 "우리는 이슬람교에

* 피조물이 사람들의 눈을 피해 숨어든 헛간의 틈을 통해 알게 된 가족으로, 백발이 성성한 노인인 드 라시와 아들 펠릭스, 딸 아가다를 말한다. 이 가족을 지켜보면서 피조물은 글자를 깨우치고 인간 세상을 알게 된다. 사피는 드 라시 가족을 몰락으로 몰아넣는 터키 상인의 딸이다. 프랑스 정부는 막대한 재산을 탐내 상인을 감옥에 가둔다. 이 사실을 알아챈 펠릭스가 상인을 구출하지만, 상인이 펠릭스를 배신하면서 드 라시 가문은 몰락하고 만다 — 옮긴이.

서 그렇듯 종속된 존재의 하나로 여겨질 뿐 인간의 일원으로서 동등한 대우를 받지 못하고 있다"(Wollstonecraft 1967, 32)고 비판적으로 썼다.

이 소설에서 메리 셸리는 종속성을 향한 여성들의 분노와 자립을 향한 갈구를, 논의 자체에서 이런 문제를 배제하는 인간 사회를 대표하는 동심원들의 다양한 층들에 배치한다. 비록 이 책의 중심에 놓여 있기는 하지만, 소설이 제기하는 중심 문제들, 곧 메리 울스턴크래프트와 딸 메리 셸리에게 문제가 되는 페미니즘은 지배적인 세계 질서 탓에 폐기 처분된다. 그중 《프랑켄슈타인》은 이런 구속과 불평등 때문에 더해지는 분노를 마음속으로 삭이는 여성을 위해 대리 만족의 수단이 된다.

피조물이 채식주의를 선언하게 되는 맥락은 이 텍스트에서 암호 해독하는 일하고 같다. 피조물은 의미 없는 존재로 취급받았다. 그렇지만 오히려 피조물은 가부장제의 남성이 여성에게 부여한 제한된 담론에 관련해, 그리고 하찮고 실재하지 않는 배역에 관해 메리 셸리 자신이 느낀 감정을 대신 표현하는 존재다. 셸리의 어머니인 메리 울스턴크래프트가 분명히 말한 대로 여성은 폐쇄적인 가부장제 집단에서 배제돼 있다. 결국 1831년 개정판에서 《프랑켄슈타인》을 쓰게 된 배경을 말하면서, 메리 셸리는 모임*에서 남자들의 담론 영역 외부에 자리하고 있거나 배제돼 있는 자기 모습을 떠올리다가 하찮은 한 인간이라는 자기 이미지를 피조물에 투사한다. 그저 믿음직스런 경청자로 조용히 앉아 있는 일이 자기가 할 몫이었다고 메리 셸리는 쓰고 있다. "바이런 경과 남편이 오래 많이 대화했다. 나도 열심히 듣기는 했지만, 입은 다물고 있어야 했다"(M. Shelley 1982, 227(3판 서문)). 메리 셸리가 《프랑켄슈타인》을 구상하는 동안, 두 남성은 메리를 대화에서 배제한 채 장시간 대화를 나눴다. 이런 배제가 《프랑켄슈타인》에 어떻게 반영돼 있는지 연구한 마르시아 틸롯슨은 피조물의 분노가 메리 셸리의 분노를 대신 드러낸다고 주장했다. 그러나 이런 의문도 제기한다.

확답하기 어려운 문제는 메리 셸리의 이런 의도가 의식적인지 아닌지다. 의식적으로 괴물의 자기방어를 여성을 대하는 남성의 가부장제적 태도를 비판하는 행동으로 투사한 걸까? 아니면 괴물의 분노가 자기의 분노를 투사하고 있다는 사실을 자각하지 못한 채 단지 자기를 대변하는 존재로 만든 걸까? (Tillotson 1983, 168)

피조물이 놓인 상황은 "의식이 실천을 앞서야 한다는 사실, 보고도 못 본 체해야 한다는 사실에서 기인하는"(Heilbrun and Stimpson 1975, 68) 비극적 상황하고 일치한다. 많은 여성이 그런 상황에 놓여 있다. 그러나 피조물의 이야기 스타일은 이런 여성들에게서 특징적으로 보이는 이야기체하고 많이 다르다. 주저하거나 주제넘는, 모호하고, 목소리를 낮추고, 공손하고, 삼가는 그런 형식이 아니다. 놀랍게도 피조물은 말할 때 '어쩌면', '아마도', '가능할 수도 있지만' 같은 모호한 표현을 쓰지 않는다(이런 표현은 Brown 1980, 116에서 지적하듯 부정적 공손함의 전략이다). 피조물은 직설적인 표현을 삼가지 않는다. 이때 어조는 흥분돼 있고, 열정적이지만, 분명하고, 모호하지 않으며, 직선적이다. 요구하고, 간청하고, 애원하고, 명령하고, 예언한다. 피조물은 호소력 있는 연설가다. 대화에 적극적으로 거리낌없이 끼어든다. 그 시대의 많은 여성들에게는 낯선 이야기 스타일이었다. 그러나 페미니스트들처럼, 피조물이 하는 연설은 지배적인 사회 질서 탓에 제지당한다. 채식주의도 마찬가지다. 채식주의는 페미니즘처럼, 마치 메리 셸리가 자기도 성원이라고 생각하던 남성 예술가 집단에서 배제됐듯이 가부장제 집단에서 배제돼 있다.

피조물이 채식주의에 관해 말하는 압축된 형식이 우리가 집단적 기억에서 채식주의를 간과하게 된 원인일 수도 있다. 그러나 채식주의가 지배 문화의

---

* 《프랑켄슈타인》은 바이런, 폴리도리, 퍼시 셸리, 메리 셸리 등이 모인 자리에서 바이런이 다 함께 공포 이야기를 써보기고 제안한 뒤 구상된 작품이다 — 옮긴이.

일부는 아니기 때문에, 피조물을 통한 채식주의의 폭로는 간략하고 암시적으로 언급된다고는 하지만 침묵을 강요당하고 있을지도 모른다. 왜냐하면 이 소설의 핵심인 페미니스트적 의미가 100여 년 넘게 폭넓게 분석되지 않았듯이 우리는 그런 폭로에 동화될 수 있는 틀을 갖고 있지 않기 때문이다. 인간 집단에 받아들여질 수도 있다는 피조물의 쓸데없는 희망은 그 시대의 채식주의자들과 페미니스트들의 처지를 그대로 반영한다. 그리고 이 두 집단의 사람들은 강력한 응집력을 발휘하면서 우리와 자기들을 나누고 있는, 자기들을 받아들이기를 거부하는 세계에 정면으로 맞선다.

페미니즘, 1차 대전, 현재의 채식주의

문명화란 무엇인가? 문화란 무엇인가? 전쟁이나 도살장에서 폭력적인 아버지가 되는 현실, 무지하고 기생적인 노예 같은 어머니가 되는 현실의 모습이 건강한 민족이라고 할 수 있을까? 여성의 처지에서 민족의 흥망성쇠를 다룬 역사가가 있는가?
— 아그네스 라이언, 〈문명화? 문화?Civilization? Culture?〉*

도토리와 장과류를 먹는다는 사실과 자기의 동반자와 함께 드넓은 남아메리카에 들어가 살고 싶다는 희망을 이야기한 뒤, 빅터 프랑켄슈타인의 피조물은 빅터에게 말한다. "이런 정경이야말로 평화롭고 인간적입니다"(M. Shelley 1982, 142). 피조물의 이런 목가적 평화주의와 채식주의(자) 유토피아적 상상은, 가부장제에 저항하면서 페미니즘, 평화주의, 채식주의의 황금시대에 관심을 가진

* 이 부분은 《베지테리언 포켓 먼슬리(Vegetarian Pocket Monthly)》 33권, Box 2, file no. 33, "Vegetarian Writings, circa 195-3"에 관한 주석이다. 이 장에서 인용하는 아그네스 라이언의 편지와 미간행 수고들은 슐레징어 여성사 도서관에 소장돼 있다. 이 도서관과 아그네스 라이언의 남편인 고 헨리 베일리 스티븐스(Henry Bailey Stevens)가 자료 인용과 출간을 허락해줬다.

많은 20세기 여성 작가들의 핵심 주제가 된다. 이 여성 작가들이 발표한 소설들은 대부분 1차 대전 반대라는 맥락에서 읽어야 한다. 왜냐하면 피조물과 채식주의자들이 마음속으로 그리는 평화롭고 채식을 즐기는 삶은 이 여성 작가들의 반전 의식 속에 동화돼 있는 채식주의하고는 극명한 대조를 보이기 때문이다.

에드워드 카펜터가 1차 대전 뒤에 "전쟁으로 난도질당하고 갈기갈기 찢긴 많은 군인과 용병들을 생각할 때 …… 순진무구한 동물을 대상으로 삼는 끊임없는 도살과 이 과정에서 동물이 느끼는 공포, 테러, 고통을 포함한 모든 끔찍한 싸움의 의미를 깨닫게 될 때"라고 쓰고 있듯이, 우리는 퍼시 셸리의 자웅동체식 구상에 "존경을 표시"해야 한다. 왜냐하면 퍼시 셸리는 "무엇이 악인지 지각할 수 있는 여성의 통찰력과 상상력, 그리고 이런 악을 거부하고 궁극적으로 부정할 수 있는 남자다운 용맹을 갖춘 존재, 곧 남성적인 것과 여성적인 것을 결합한 새로운 유형의 존재만이 궁극적으로 이 세계를 구제할 수 있다고 믿었기"(Carpenter and Barnefield 1925, 19) 때문이다.

전쟁과 동물 도살에 저항하려면 자웅동체식 구상이 필요하다는 카펜터의 주장이 1차 대전에 결부돼 있듯이, 1차 대전이 발발한 뒤 많은 여성 저술가들은, 전쟁과 육식의 원인이 남성 지배에 있다는 사실을 밝혀내려 했다. 1차 대전의 결과 지금까지 산발적으로만 연관을 맺어오던 평화주의와 채식주의가 밀접한 관련을 맺기 시작했으며, 독자적인 사회운동으로 자리잡은 채식주의는 여성 저술가들의 핵심 주제가 되면서 빠르게 확산됐다.

19세기에 메리 셸리가 창조한 빅터 프랑켄슈타인의 피조물을 예외로 하면, 1차 대전 이전의 문학 작품 중 등장인물을 채식주의자로 그린 사례는 거의 없었다. 채식주의의 근대화는 채식주의가 소설의 주요 주제 또는 부차적인 한 요소로 그려지면서 본격적으로 대두됐다. 이 책의 마지막 장에서 나는 소설이라는 문학 장르에서 채식주의라는 주제가 갖는 중요성, 그리고 채식주의가 소설이라는 장르에서 역사적으로 표현돼온 과정을 다룰 생각이다. 그리고 이 장에서도 소설이라는 문학 장르에서 반복되는 주장의 하나인 채식주의를 살펴보기 위해 똑같은 접근 방법을 사용한다. 《프랑켄슈타인》 같은 소설들도 채식주의의 의미를 부각시키기 위해 이야기 전략이라는 방식을 채택한다.

이 장에서 나는 '중단interruption'이라는 텍스트상의 전략 덕에 현대의 여성 작가들이 소설을 쓰다가 채식주의에 관련된 사건을 이야기 중간에 끌어들일 수 있게 됐다고 주장할 생각이다. 채식주의적 '중단'이 생기는 경우는 다음 네 가지 주제에 관련된다. 첫째, 남성의 폭력 행위에 맞선 거부, 둘째, 동물과 여성의 동일시, 셋째, 여성을 지배하는 남성을 향한 거부, 넷째, 여성 억압, 전쟁, 육식으로 구성된 타락한 세계에 맞선 대립항으로서 채식주의, 평화주의, 페미니즘으로 구성된 이상적 세계의 구상이다.

이 장에서 살펴보려는 소설들도 앞서 5장에서 논의한 내용하고 동일한 양상으로 분석된다. 다시 말해 채식주의에 관한 이전의 단어들을 언급하는 행동을 통해, 부재 지시 대상의 구조가 갖는 기능을 분명하게 드러내는 언어를 통해, 채식주의 관련 저술을 읽는 독자들이 채식주의자가 된다는 전제를 통해 채식주의 단어를 낳는다. 우리는 고기의 관념이 여성을 억압하기 위한 수사로 사용되는 모습을 보게 된다. 그리고 이 수사는 여성 억압과 동물 억압이 중첩돼 있다는 사실을 증명한다.

이 장에서 살펴볼 소설들의 페미니스트적 관점은 인간에 가해지는 폭력과 동물에 가해지는 폭력을 연관 짓는다. 바로 이 연관이 여기에서 구체적으로 분석하려는 대상이다. 왜냐하면 이런 연관은 채식주의의 통찰이 다른 형태의 정치적 폭력을 분석하는 데 어떻게 적용될 수 있는지를 보여주는 사례이기 때문이다. 반면 전쟁을 반대하는 여성과 육식을 반대하는 채식주의자 사이에 분명한 연관성이 없다고 주장하는 비판들도 서로 밀접한 관련이 있다. 전쟁과 동물 억압이라는 폭력을 서로 연관된 관계로 바라보는 시각에서, 우리는 채식주의를 전쟁에 맞선 저항으로 보고 평화주의를 육식에 맞선 저항으로 볼 수도 있다. 가부장제 사회에서 부재 지시 대상이 되는 존재인 여성과 동물이 연관돼 있다는 점을 분명히 할 때, 따라서 인간과 동물을 향한 남성의 폭력 행위를 서로 관련지을 때 이런 상호 연관은 가시화된다. 채식주의 단어를 낳으면서 여성들과 채식주의자들은 전쟁을 일으키는 세상에 저항한다.

먼저 정치 폭력에 관한 페미니스트적 분석과 1차 대전이 채식주의의 근대화에 영향을 미친 방식을 간략히 살펴본 뒤에, 관련 사례가 될 만한 몇몇 저술의 이야기 전략과 핵심 주제를 살펴보려 한다. 이런 과정을 거쳐 채식주의와 평화주의의 관계가 20세기 여성 저술가들의 저술에 깊이 뿌리내리고 있다는 사실을 보여주고, 육식의 성정치에 관한 이해의 폭을 넓혀갈 생각이다.

전쟁의 성정치학

1차 대전 기간 동안 반전 운동을 펼친 몇몇 페미니스트들은, 에드워드 카펜터처럼 여성이 남성보다 평화를 더 사랑하게 된 이유는 여성만이 지닌 독특한 특질이라고 주장했다. 한 역사가가 '개선의 여지가 있는 주장'이라 부른 여성이 지닌 독특한 특질은 양육자와 어머니로서 여성의 기능을 강조하는 논리였다. 이를테면 역사가 로랜드 마챈드는 이런 주장을 한다. "여성들은 '더 부드러운 온화함과 자비라는 기질'을 타고났고, 따라서 국가에 특별한 기여를 해왔다. …… 물리력이라는 파괴적인 남성의 관념들은, 전투적 여성 참정권론자인 헤리엇 스텐튼 블레치Harriet Stanton Blatch가 주장했듯이, '여성의 관점'에서 국제 외교 정책을 실행할 때만 극복될 수 있다"(Marchand 1972, 202).

1911년에 쓴 책 《여성과 노동Woman and Labour》에 실린 〈여성과 전쟁〉이라는 장에서, 올리브 슈레이너는 이런 개선의 여지가 있는 주장에 관련한 한 가지 사례를 제시한다. 여성들이 전쟁을 거부하고 동물을 재미 삼아 죽이는 데 반대하는 이유는 자기가 아이를 가질 수 있는 임신 가능한 존재이기 때문이라고 슈레이너는 주장한다.

> 여성이 생명을 낳는 존재라는 점에서, 동물이나 생명이 있는 모든 것하고 맺는 관계에 영향을 주리라는 점은 분명한 사실이다. 몇몇 부족의 남성들은 거의 본성처럼 말을 건넨다. "날씨도 좋은데, 나가서 뭐 좀 잡아오자고!" 반면 대개 여성은 거의 똑같이 본성처럼 말한다. "살아 있는 존재는 돌보지 않으면 죽어버리고 말아." (Sheriner 1978, 176)

반면 몇몇 페미니스트는 정치 폭력의 원인은 남성의 타고난 기질이 아니라 남성 지배 구조 자체에 있다고 주장하면서 그런 주장을 반박한다. 그리고 전쟁이 터진 이유는 여성의 권력이 부재한 때문이라고 주장한다. 버지니아 울프가 아웃사이더 협회의 설립 과정을 다룬 잘 알려진 반전 페미니스트 소설 《3기니Three Guineas》(1938)를 쓴 계기는 가부장제 사회에서 여성은 자기 능력을 발휘할 수 있는 권력의 지위에서 배제돼 있다는 현실을 보여주는 데 있었다. 울프는 남성 권력, 여성 배제, 호전적 군사주의에 관련해 자기주장을 펼치면서, 카펜터와 슈레이너처럼 인간의 죽음과 동물의 죽음을 연관시킨다. "역사적으로 인류는 여성에게 총을 들게 한 적이 거의 없다. 헤아릴 수 없이 많은 새와 동물은 우리가 아니라 바로 당신네 남자들이 죽였다"(Woolf 1968, 13~14).

《여성 저널Woman's Journal》의 공동 편집자이자 평화주의자인 아그네스 라이언과 남편 헨리 베일리 스티븐스는 1차 대전 기간 동안에 채식주의자가 됐는데, 전쟁과 육식의 책임이 남성에게 있다고 확신했다. 그리고 이 두 사람이 채식주의자가 된 데는 이머럴 프레셸하고 맺은 친분이 큰 영향을 줬다. 라이언은 1915년에 열린 페이비언 협회 회의에서 프레셸이 전쟁과 육식에 관해 한 연설을 이렇게 기억한다. "이 연설의 핵심은 새로운 유형의 여성, 모든 분야에서 역량을 발휘할 수 있는 새로운 정신력이었다. …… 프레셸은 생명을 빼앗는 행위, 곧 편의적으로 죽이는 행위가 정당화될 수 있다는 생각이 인간의 의식 속에서 제거되지 않는 한 전쟁은 극복될 수 없다는 견해를 밝혔다"(Ryan unpublished autobiography, 314~315). 그 무렵 《조리의 황금률The Golden Rule Cookbook》이라는 채소 음식 관련 서적을 출간한 프레셸은 1917년에 몸담고 있던 크리스천 사이언스 처치*가 미국의 1차 대전 참전을 지지하자 교단에서 곧바로 탈퇴한다.

페미니스트 채식주의자들이 동물 살해가 인간 살해를 정당화하게 된다고 주장했다면, 반대로 가부장제의 지배적 관점을 신봉한 이들은 아이들에게 육식의 필요성을 정당화하면서 고기를 먹이거나, 때에 따라서는 인간 살해도 정당화했다. 아동의 도덕 발달에 관한 연구로 유명한 로렌스 콜버그Lawrence Kohlberg는 네 살배기 아들에 관해 이렇게 이야기했다. "동물을 죽이는 일이 나쁜 행동이라고 했기 때문에 아들은 육식을 거부하고 평화주의와 채식주의 운동에 동참했다. 정당화된 살인과 정당화되지 않는 살인의 차이를 설명하면서 아들을 설득하려 했다."** 결국 어떤 살인은 합법적일 수 있다는 도덕성을 아이에게 심어줬다고 콜버그는 쓰고 있다.

이런 행동은 마치 때로는 인간도 죽음을 당할 수 있다는 사실을 그 남자 또는 그 여자에게 확신시키듯이 아이에게 동물의 죽음을 납득시키는 방식 같다. '정당한' 전쟁은 이제 육식을 정당화한다. 이런 현상은 월터 드 라 메어가 쓴 〈8월의 기억Dry August Burned〉이라는 시에서 이렇게 그려진다. 키 작은 한 여자아이가 식탁 위에 놓인 부재 지시 대상인 죽은 토끼를 보고 울고 있다. 갑자기 '쾅하는' 포탄 소리에 놀란 여자아이는 울음을 뚝 그친다. 여자아이는 밖에서 일어난 소란스런 광경을 지켜보다가 부엌으로 돌아와 울음이 채 가시지도 않은 얼굴로 토끼 가죽을 벗기는 모습을 바라본다(de la Mare 1970, 365). 밖에 있던 군인들이 토끼를 잡는 중간에 끼어든다. 이렇게 군인들이 등장하면서 죽은 토끼는 이제 부재 지시 대상이 아니라 하나의 사실이 되고, 여자아이도 더는 울지 않는다.

〈8월의 기억〉은 음식으로 살해된 동물에 관한 주장의 변화, 곧 전쟁을 환기시키는 군인들이 등장하면서 일어나는 태도의 변화를 보여준다. 이런 반응은 동물을 잡아먹는 행위와 인간을 죽이는 행위 사이의 관계에도 영향을 미친다. 만약 전시에 인간을 죽이는 행위가 육식을 정당화하는 데 이용된다면, 육식에 저항하는 행동은 전쟁을 반대하는 행동하고 똑같다.

개별 여성은 전쟁과 육식의 야만성이 서로 연관된다는 여러 통찰을 수용했다. 이를테면 메리 알덴 홉킨스는 지적한다. "그때 나는 결혼, 체벌, 육식, 감옥, 전쟁, 공립 학교, 우리의 정부 형태 등 모든 기성 제도를 강력히 거부했다"(Hopkins 1978, 44). 1차 대전 기간 동안 우리는 많은 페미니즘-채식주의 평화주의자를 발견할 수 있다. 페미니스트이자 평화주의자인 채식주의자 샬롯 데스파드는 1차 대전 기간 동안 재산을 털어 어려운 이들에게 채소로 만든 식사를 제공했다(Lindkater 1980, 179).

---

* 신앙의 힘으로 병을 고치는 정신 요법을 특색으로 하는 미국의 신흥 종교. 공식 명칭은 'Church of Christ Scientist'다 — 옮긴이.

** 네 살배기 아들 때문에 충격을 받은 콜버그는 세 개의 강연을 묶은 저술에서 아들의 이런 의식의 교차를 사례로 들고 있다(Kohlberg 1981, 14, 46, 143). 제임스 설리(James Sully)의 《아동학(Studies of Childhood)》(1895)은 이 사례하고 비슷한 이행을 구체적으로 설명한다. 설리는 동물을 잡아먹는 부모가 바다표범과 수사슴을 사냥하는 행동에 반대하는 네 살배기 아이를 언급한다. 아이는 이런 행동을 중단시키려고 경찰을 부르지만, "어른들이 허가를 받고 하는 일이기 때문에 경찰도 어떻게 할 수 없다"는 사실을 알게 된다.

아이: (큰소리로 강하게) "허가요. 허가를 받았다고요? 다른 사람의 생명을 빼앗거나 동물을 죽이는 짓은 허락받지 못해요."
어머니: "어른들은 사람을 죽이는 일하고 동물을 죽이는 일이 다르다고 생각한단다."

설리는 이 시기가 소년이 "인간을 살인자로 몰아세우는 무섭고 '광포한 상태'"에 맞서 싸우는 시기라고 지적한다. 그리고 소년이 군인의 존재를 긍정적으로 받아들이도록 교육받는 시기이기도 하다고 지적한다(Sully 1914, 475).

매튜 립먼(Matthew Lipman)은 철학과 윤리에 관련된 문제를 아동이 쉽게 이해할 수 있게 쓴 책 《리자(Lisa)》(1983)에서 이런 질문으로 에피소드 1을 시작한다. "동물과 그 동물을 잡아먹는 사람을 동시에 사랑할 수 있을까?" 이 에피소드는 사냥을 둘러싼 논쟁을 소개한다. 한쪽은 인간을 죽이는 행동이 동물 사냥에서 유래한다는 주장을 편다. 다른 한쪽은 사람을 죽이는 행동과 동물을 죽이는 행동은 다르다고 주장한다. 리자는 말한다. "동물을 죽이는 습관에 한번 젖어들면, 그 대상이 인간이 될 때 그런 습관을 버리기가 어렵다는 사실을 알게 될 수도 있을 거예요."(Lipman, 1983, 1~2).

미국의 채식주의 페미니스트 네 명이 1915년에 '포드 평화의 배Ford Peace Ship'* 를 타고 1차 대전 종식을 위한 항해에 나서기도 했다.

전쟁이 시작되면서 여성의 권력 부재가 전쟁의 원인이라는 주장과 역사적으로 육식 문화가 곧 전쟁 문화라는 주장(비록 모든 육식 문화가 그 전쟁에 참전하지는 않았지만), 곧 육식이 전쟁의 원인이라는 주장이 날카롭게 대립했다. 그러나 자기들이 내세우는 비판적 주장이 서로 비슷하다는 사실을 깨닫게 되면서 페미니스트와 채식주의자는 가부장제 문화의 파괴적 가치들이 전선에만 국한돼 있지는 않다는 현실을 발견하게 된다.

1차 대전 — 근대화하는 채식주의

평상시에 보통 사람들과 각국 정부는 최소 저항선을 추구하는 경향이 있다. 다시 말해 계속해서 기성의 관례와 관행을, 물론 최선이어서 그런 것이 아니라 관습이기 때문에 따르려 한다. 그러나 우리가 최선을 다해 뭔가를 사고하는 때는 비정상적인 시기 동안이다. …… 나는 오랫동안 '빵도 고기도 없는 식단'에 관한 책을 마음속으로 구상했다. 그리고 이제야 세상에 이 책을 내놓지만, 여전히 만족할 만한 수준은 아니다.

— 유진 크리스티안Eugene Christian, 《고기도 빵도 없는 식단Meatless and Wheatless Menus》, 1917, 6~7쪽

반전 페미니스트들이 전쟁을 끝장내려면 여성에게 권한이 부여돼야 한다고 믿었듯이, 채식주의자들은 육식을 제거해야 세계가 평화로워진다고 믿었다. 실제로 채식주의자들은 인도 베다 철학에서 전쟁을 뜻하는 단어가 "소를 원한다는 의미를 내포한다"(Wright 1942, 134)고 주장한다. 애나 킹스포드Anna

Kingsford**는 19세기에 열린 여성 평화 회의들을 다루면서 "이 가련한 피조물들은 육식성 종족에게 보편적 평화란 절대 불가능하다는 점을 알아차리지 못한다"(Maitland 1896, 28)며 한탄해 마지않았다. 퍼시 셸리는 "아무 해로움도 없는 동물을 도살하는 행위는 전쟁에서 승전보가 결국은 수백 수천의 사람들을 대량 학살한 사실을 의미하듯이, 틀림없이 정신 이상과 무서운 광기를 양산하게 된다"(P. Shelley 1965b, 343)고 말한다. 1918년 미국의 '인간을 닮은 채식주의자연맹Federation of Humano-Vegetarians'은 우드로 윌슨 대통령에게, "우리 채식주의자들은 '동물 왕국'의 보편적 친족 관계와 '인간의 형제애'에 관한 우리의 믿음을 재천명하며, 인간이 지켜야 할 기본적인 계율, 곧 '살인을 하지 말라'는 계율에 충성을 맹세하기 때문에" 양심적 거부자로서 "채식주의 숭배자들"을 동등하게 대우해야 한다고 촉구하는 글을 써 보냈다(Davis 1944, 13. 이 책에는 스콧 니어링의 발문이 실려 있다). '1917 클럽1917 Club'에 가입한 양심적 거부자들을 다룬 더글러스 골드링은 채식주의자들에 관해 이렇게 쓰고 있다. "양심적 거부라는 하나의 기치 아래 순식간에 단결한 가장 기묘한 사람들이었다. 그중 많은 사람이 채소에만 의지해 살아가면서 살인 거부라는 가치를 몸소 실천했다"(Goldring 1975, 140). 그러나 1차 대전 뒤에는 전쟁과 육식 사이의 가능한 연관성에 관한 통찰은 윤리적 채식주의자보다는 다른 저술가들에게서 발견된다.

전쟁과 육식 사이의 이런 가능한 연관성에 관한 통찰이 다른 저술가들에게서 발견되는 이유의 하나는 그 사람들이 직접 체험한 전쟁 자체를 폭로하고 있기 때문이다. 전시 동안 참전 군인들은 버나드 쇼나 다른 채식주의자들

---

* 1차 대전이 터지자 전쟁 반대와 전쟁 종식을 위해 네덜란드에서 평화 회담을 조직하려 한 여성평화당(Woman's Peace Party)(1915년 미국 워싱턴에서 제인 애덤스를 비롯한 몇몇 페미니스트가 만든 조직)을 위해 헨리 포드가 지원한 배. 이 배는 1915년 12월 4일 뉴저지 주 호보켄을 출발해 1916년 1월에 스톡홀름에 도착했다. 덴마크, 네덜란드, 노르웨이, 스웨덴, 미국 등에서 파견된 대표들이 모여 회담하지만 큰 성과를 거두지는 못했다. 이 배에 오른 네 명의 채식주의 페미니스트는 제인 애덤스, 로지카 슈비머(Rosika Schwimmer), 오스왈드 게리슨 빌라르(Oswald Garrison Villard), 폴 켈로그(Paul Kellogg)였다 — 옮긴이.

** 여성 최초로 의학 박사 학위를 받은 채식주의자 — 옮긴이.

이 수십 년 넘게 해온 말, 곧 '시체는 시체일 뿐이다'는 주장을 떠올리지 않으려 노력했다. 참호에 들어앉아 커다란 검은 들쥐가 죽은 동료의 살과 말고기를 파먹는 모습을 지켜보면서 어떻게 자기하고 동물의 처지가 같다는 생각을 떨쳐버릴 수 있었을까? 전쟁의 공포는 도살장에서도 발견됐다. 〈알코올과 고기 Alcohol and Meat〉(1924)라는 논문의 편집자 서문에는 이런 구절이 있다. "1918년에 이 논문을 쓴 저자의 눈에 비친 광경, 화물차에 꾸역꾸역 실려 겁을 먹고 고통스러워하는 가축 떼와 도살장 앞마당에서 도살당하는 동물들의 모습은, 근래에 가장 치열한 전투가 벌어진 프랑스와 이탈리아의 최전선에서 목격되는 비참한 실상을 상세히 묘사하는 증언처럼, 비정상적이고 우리의 문명을 퇴보시키는 장면으로서 큰 충격을 안겼을 듯하다"(Easterbrook 1924, 306).*

철학자 메리 미글리는 1차 대전 뒤에 동물과 인간 사이의 연관성에 관한 관심이 폭증하는 한편 상당한 과학적 증거들이 밝혀지고 있다고 주장한다. 그리고 이런 현실을 근거로 1차 대전이 동물을 향한 인간의 태도가 바뀌게 된 커다란 전환점이라고 본다. 메리 미글리는 인간의 터무니없는 동물 사냥을 거리낌없이 용인하는 역사적 사례들을 열거한 뒤에 이렇게 쓴다. "그러나 동물 사냥에 관용을 보이던 대부분의 사람들의 태도가 많이 바뀐 듯하다. 실제로 그런 태도는 1차 대전 기간 동안 많이 바뀌었다"(Midgley 1983, 15).

1차 대전은 일시적이기는 하지만 식량 배급제를 통해 시민들, 특히 여성들에게 채식주의에 알맞은 환경을 제공했다.** 따라서 시민들도 《고기도 빵도 없는 식단》이나 《조리의 황금률》에 많은 관심을 보였다. 그리고 덴마크는 전시 식량 배급제를 도입하려고 전국에 걸친 대규모 호구 조사를 실시했다. 이 연구를 담당한 믹켈 하인드히드 박사는 "대략 300만 명가량이 저단백질 증세"를 겪고 있다는 조사 보고서를 내놓았다. 하인드히드 박사는 전쟁 때문에 어쩔 수 없이 도입된 배급 프로그램을 관리 감독하는 업무를 맡은 뒤, 1895년부터 대부분의 채식주의자들에게 나타난 저단백질 증세를 더 체계적으로 연구하기 시작했다. 이 연구를 토대로 하인드히드 박사는 채식주의자들의 저단백질 증세가 덴마크의 사망률을 높인 사실을 밝혀냈다(Hindhede 1920, 381; 그리고 비슷한 차원에서 2차 대전 뒤의 사망률 하락과 식량 배급제의 관계를 연구한 논문들에 관해서는 Strøm and Jensen 1951, 126~129을 볼 것). 채식주의가 지니는 매력이 증가하면서 1차 대전과 2차 대전 사이의 시기는 "채식주의의 황금시대"(Hardinge and Crooks 1963, 548)로 불리게 된다.

1장에서 이미 살핀 대로 전시에 관련 당사국들은 일반 시민에게는 고기 없는 식사를 장려한 반면 대부분의 성인 남성과 군인에게는 고기를 최우선으로 배급했다. 최근 영국의 코미디언 마티 펠드만[Marty Feldman]은 2차 대전 기간 동안 자기 아버지가 겪은 일을 이야기했다. "아버지는 현역 군인으로 복무했지만 정통파 유대교도라서 고기를 먹지 않았다. 그래서 당신이 군인으로 복무하면서도 거의 굶어 죽다시피 할 정도로 먹지 못했고, 군인은 모름지기 스테이크를 먹어야 한다는 고정 관념 때문에 동료들에게서 큰 모욕을 당했다"(Berry 1974, 44에서 인용). 전선에서 군인에게 배식된 고기에 관한 이런 언급은 페미니즘, 채식주의, 평화주의 사이의 연관을 명확하게 해줄 수도 있다.

헨리 솔트는 1921년에 이런 주장을 했다. "큰 전쟁이 벌어진 지난 6년 동안에 얻은 교훈은 이렇다. 음식으로 또는 오락거리 삼아 열등한 종들을 죽이는

---

* 이런 주장을 견지해온 어느 채식주의자는 육식을 포기하게 된 계기가 "베트남 전쟁에 따른 인간과 재산의 유린을 고발하는 포스터들"이었다고 최근에 밝히고 있다. 그 사람은 자문자답한다. "나는 고기를 먹으면서 무엇을 하고 있나? 나는 폭력만 일삼고 있을 뿐이다"(interview with Frederick P. Salvucci, *New York Times*, March 21, 1975, p. 33). 딕 그레고리는 채식주의와 비폭력 시민운동의 상관성에 관해 이렇게 쓰고 있다.

> 킹 박사의 영향을 받아 나는 철저히 비폭력을 받아들였다. 그리고 형식이 무엇이든 비폭력이 살인하고 의미가 반대라는 점도 확신했다. 나는 "살인을 하지 마라"는 계율이 인간이 다른 인간을 대하는 방식, 곧 전쟁, 린치, 암살, 살인뿐 아니라 음식이나 오락거리로 동물을 살해하는 데도 적용된다고 생각했다. 폭력은 고통, 피, 죽음을 초래하고, 거만, 잔혹, 잔인한 살해를 야기한다. (McGraw 1973, 15~16)

** 1차 대전 기간 동안 영국 여성들에게 채식주의자가 되라고 호소한 사례는 Raynes Minns, *Bombers and Mash: The Domestic Front 1939-45*(London: Virago, 1980)에 구체적으로 기록돼 있다.

한 인간은 적의 때문에 자기 종족도 죽이게 된다. 이제 그만 멈춰야 하는 일은 이런 학살 또는 저런 학살이 아니라, 터무니없는 고통을 가하거나 같은 동료를 죽음으로 몰아가는 모든 불필요한 학살이다"(Salt 1977, 84). 이런 견해를 밝히면서 솔트는 '전선'이라는 개념을 단지 전쟁이 일어나는 장소만이 아니라 터무니없는 모든 살해가 벌어지는 장소로 확대한다. 채식주의자들도 이런 전선의 확대를 단지 동물 살해에만 국한하지 않는다. 20세기 영국과 미국의 몇몇 여성 작가는 남성 지배의 문제를 다루면서 전쟁이 일어나는 전선이나 공간을 전략적으로 확대한다. 이 여성 작가들은 전선이란 전통적인 관점의 전쟁터에만 존재하지는 않으며, 자기가 비인간 동물에 가하는, 곧 자기가 전쟁으로 여기는 사냥과 육식으로 유형화된 전쟁에도 존재한다고 주장한다. 따라서 전쟁에 관한 여러 통찰을 육식의 성정치에 적용한다.

여성 작가들이 쓴 소설과 확대된 전선

인간이 음식으로 먹으려고 다른 동물을 살해하는 한 전쟁은 결코 멈추지 않는다. 어떤 살아 있는 피조물을 로스트, 스테이크, 춉, 또는 다른 어떤 형태의 '고기'로 바꾸는 일은, 살아 있는 한 남자를 전사자로 만드는 데 필요한 과정하고 똑같은 폭력, 학살, 정신적 과정을 거치기 때문이다.

— 아그네스 라이언, 〈교회 문을 향해For the Church Door〉, 1943년 3월

나는 당신이 기진맥진해 있는 사슴 또는 개미핥기에게서 똑같이 기진맥진해 있는 인간의 모습을 보는 일도 그리 불가능하지는 않다고 봅니다. — 그레이스 콜

— 아만다 크로스Amanda Cross, 《제임스 조이스 살인자들The James Joyce Murders》, 1967, 89쪽

인간이 여우 사냥꾼으로 살던 시대를 머릿속에 그리면서 1차 대전을 다시 바라볼 수 있을까? 1차 대전에 종군한 시인 지그프리드 서순Siegfried Sassoon에 따르면 이런 이야기는 가능하다. 서순이 1918년에 쓰기 시작해 1936년에 완성한 3부작 《조지 셔스턴 회상록The Memoirs of George Sherston》은 《여우 사냥꾼을 회상하며Memoirs of a Fox Hunting Man》(1928)에서 시작한다(이 저작들에 관해서는 Fussell 1975, 91을 볼 것). 1914년에 헨리 솔트가 주장한 대로, 스포츠는 전쟁을 위한 예행연습일까?(Salt 1914) 영국의 시인, 소설가, 비평가인 로버트 그레이브스는 전쟁에서 시작해 전쟁으로 끝나는 회고록을 어떻게 그렇게 익살스럽고, 풍자적이고, 유머러스하게 써야 했을까? 사실 이 책은 우리에게 한 명의 채식주의자, 곧 그레이브스를 소개한다(Graves 1957, 9;* Fussell 1975, 203~220). 1945년에 맥스 데이비스Max Davis와 스콧 니어링이 철썩 같이 믿고 있던 대로 《채식주의적 양심적 병역 거부 사례A Case for the Vegetarian Conscientious Objector》라는 소설이 정말 있을까? 1차 대전을 예견한 소설, 그것도 전쟁을 남성들만의 사냥 파티로 빗대어 그린 소설이 있을까? 물론 이런 소설은 육식(그리고/또는 사냥)과 전쟁 사이의 연관성을 주장한다. 이 연관성은 페미니스트적 시각에서 다뤄질 때 더욱 명확한 사실로 등장한다. 이런 점 때문에 어떤 사람은 그 연관성이 '사냥꾼으로서 인간과 군인으로서 인간'에 있다고 봤다. 이 표현은 샬롯 퍼킨스 길먼이 1차 대전에 영향을 받아서 쓴 《남성의 종교와 여성의 종교His Religion and Hers》(1923)라는 시집의 맨 처음에 나오는 시구다.**

---

* 이 책 1장의 첫 단락은 이런 말로 끝난다. "…… 또는 영국 실내 테니스의 최강자이자 외국산 견과류를 즐겨 먹는 채식주의자인 유스터스 마일스 씨, 나는 이 사람들에 관해 잘 알고 있다."

** 윌리엄 오닐(William O'Neill)은 길먼이 쓴 《더 홈(The Home, Its Work and Influence)》(1903)의 서문을 쓰면서, 이 책은 길먼이 "전쟁이 끝나고 얼마 지나지 않아 출판했다"는 사실과 "1차 대전과 그 전쟁의 참혹함이 길먼의 도덕적 기반을 흔들어놓았다"(O'Neill 1972, x)고 지적한다. 그러나 오닐이 한 주장하고는 반대로, 나는 오히려 이 전쟁이 여성과 여성의 가치가 의사 결정에 반영돼야 한다는 길먼의 주장을 입증한다고 생각한다. 또한 《여자만의 나라》와 《남성의 종교와 여성의 종교》가 서로 대립되는 방식으로, 곧 앞의 책은 부정적 방식으로 뒤의 책은 긍정적 방식으로 폭력이 남성 지배의 결과라는 결론을 끌어내고 있다고 생각한다.

사냥꾼 인간, 군인 인간 같은 반복되는 표현은 서로 관련이 없어 보이는 폭력 행위인 인간 살해와 동물 살해를 연관 지을 뿐 아니라 살인자의 성별에 초점을 두게 한다. 이 장에서 분석하는 여성 작가들이 쓴 채식주의 페미니스트 소설은 이런 접근 방식을 연상시킨다. 그리고 이런 접근 방식은 동물이 살해당하는 곳이라면 어디에나 존재하는 확대된 전선이라는 인식에 기반을 두고 있다. 페미니스트적 통찰은 대개 이런 확대된 전선이라는 인식을 따르는 듯하다. 지금부터 나는 이런 통찰들을 다음 네 가지 주제로 나눠 살피려 한다. 첫째, 남성의 폭력 행위에 맞선 거부라는 주제다. 육식을 통해 일어나는 폭력 행위의 복잡성이 여성들을 이런 전선에 배치시키지만, 이 전선에서 고기 소비에 민감하게 대응하는 행동도 포괄적인 반전 운동이 될 수 있다. 둘째, 동물과 여성의 동일시라는 주제다. 여성은 자기도 소비되고 소유되는 대상이기 때문에 동물하고 동맹을 맺는다. 여성 억압은 육식의 수사로 표현된다. 셋째, 남성 지배와 폭력을 향한 거부로서 채식주의라는 주제다. 채식주의를 채택하면서 여성은 서로 맞서 싸우는 세계와 남성 의존성을 동시에 거부한다. 여성들이 남성에게 의존할 때는 남성의 보호를 받아야 할 때와 여성들이 자기가 할 수 없다고 생각하는 일, 이를테면 살인자 같은 일을 남성에게 투사할 때다. 넷째, 서로 연결된 억압과 서로 연결된 이상적 상태라는 주제다. 남성 지배는 여성 억압과 전쟁, 육식을 초래한 원인으로 여겨진다. 반대로 타락 이전의 낙원에 관한 논의에서 채식주의와 평화주의는 여성 평등에 밀접히 연결돼 있다. 이런 전통에 놓여 있는 저술들이 동물을 논의에 포함하기는 한다. 그렇지만 이 네 가지 주제를 하나의 텍스트 안에 담는 사례는 없고, 역사적으로 이 주제들을 제기된 연대순에 따라 체계적으로 다룬 텍스트도 없다. 이런 전통을 따르는 텍스트들이 확대된 전선에 관한 인식을 공유하고 있다고 하더라도, 확대된 전선에 관한 인식은 각자가 다루는 분야에 따라 제각각이다.

1차 대전을 소재로 삼은 이사벨 콜게이트의 《사냥 대회》는 이런 전통을 따르는 텍스트들을 반전 운동의 범주 안에 확실히 묶어둔다. 여성의 시각에서 사냥과 전쟁 사이의 연관을 다루는 콜게이트는 앞에 나온 서순처럼 사냥이 서로 맞서 싸우는 세계를 심판하기 위한 완전한 서곡이자 본보기라고 선언한다. 그러나 한발 더 나아가 콜게이트는 이 확대된 전선에 여성을 직접 끌어들여서 여성적 비틀림을 더한다. 만약 사냥이 전쟁을 심판하는 아주 적절한 거울 구실을 한다면, 여성들은 구경꾼 자격으로 남성들하고 공유하는 사냥 경험을 심판대에 올려놓으면서 자기들이 남성들하고 공유할 수 없는 전선을 대신 심판할 수 있다.

치밀하게 구성된 콜게이트의 소설은 전통적인 사냥 대회의 둘째 날과 셋째 날 저녁 풍경을 묘사한다. 묘사는 전쟁 전야의 고요함을 멋들어지게 환기시키고 유혈 전쟁의 참담함을 예시한다. 그러나 야영지에서 사냥터로 이동하는 도중에 군사 작전을 떠오르게 하는 제복을 입고 무장을 갖춘 한 무리의 몰이꾼, 총에 맞아 죽은 동물의 시체를 찾아내어 무인지대에 옮겨놓는 짐꾼들을 보면 사냥 대회는 앞으로 일어날 일을 단순히 암시하는 데 그치지 않고 전쟁 그 자체를 떠올리게 한다. 올리비아는 '전쟁도 이렇게 우발적이고, 편을 가르고, 소스라치게 놀랄 만한 일이겠지'(Colegate 1982, 131)라고 생각한다. 게다가 상류 계급 사냥꾼들 앞쪽으로 꿩을 몰아주던 몰이꾼이 우연한 사고로 죽으면서 최고조에 이른 남성들의 경쟁은, 전쟁의 영구불변하는 본질이 무엇인지를 그대로 시사한다. 여기 있는 모든 동물을 자기 손으로 잡겠다고 호언장담한 한 사냥꾼이 '술에 취해' 실수로 몰이꾼을 쐈다.

콜게이트는 사냥꾼보다 더 많은 구경꾼을 '전선'에 배치한다. 우리는 이 전선에서 상류 계급 귀부인, 채식주의 활동가, 반려동물인 오리를 걱정하는 어린 꼬마, 가정부 등을 발견한다. 이 사람들이 사냥 대회를 지켜본 나름의 느낌은 점점 고조되는 남자 사냥꾼들의 경쟁심에 대조된다.

여성들을 사냥 대회에 데리고 나오면서 콜게이트는 올리비아처럼 비판적 목소리를 낼 수 있는 권리를 확립시킨다. "저는 사냥 대회에 나오면 내가 남자에 관해 알고 있는 사실이 현실에서 얼마나 동떨어져 있는지, 내가 방법만 알면 남자들이 만든 이 세상을 얼마나 거부하고 싶어하는지를 깨닫게 돼요."(Colegate 1982, 20). 이 말에서 올리비아는 남성 폭력의 거부라는 콜게이트의 주제를 분명히 드러낸다. 남성이 만든 폭력의 세계에 저항하는 여성의 현존은 콜게이트의 다른 소설에서도 계속 반복해 등장하는 핵심 주제다.

사냥 대회를 통해 전쟁을 유추하면서 콜게이트는 사냥 대회와 전쟁을 연관 짓는 여성들에게 힘을 실어준다. 그리고 이 전선을 여성들이 살아가는 삶의 현장으로 확대한다. 1차 대전의 발발을 "플랑드르에서 대규모 사냥 대회가 개최됐다"(Colegate 1982, 102)는 말로 표현할 때는 이 전선에 관해 말할 수 있는 힘이 여성에게도 부여돼 있다는 점을 은연중에 드러낸다. 따라서 《사냥 대회》는 20세기에 여성 작가들에게 끊임없이 던져진 질문, "군인도 아닌 여자가 어떻게 전쟁을 비난할 수 있을까?"(Colegate 1982, 188. 이를테면 Schweik 1984를 볼 것)*에 내어놓는 답변이라고 볼 수도 있다. 이런 질문은 만약 올리비아가 사냥 대회의 목격자일 뿐 아니라 실질적인 소비자라는 점을 동등하게 비판하면서 전쟁을 비판할 수 있다면 자연스럽게 해소된다.

1차 대전에 참전한 군인과 전쟁의 목격자인 여성 사이의 괴리는, 짐짓 온갖 생색을 다 내면서 참전 경험은 없는 종군 작가들 탓에 확대됐다. 종군 작가들은 전선에서 실제 전투를 경험하지 않았다는 이유로 여성 저술가들이 전쟁에 관해 말하는 내용을 무시했다. 이런 갖은 생색과 무시는 2차 대전에서도 되풀이됐다. 콜게이트는 1차 대전 발발 전에 이미 여성들이 사냥 대회에 참여해 얻은 경험과 대회에서 받은 인상을 통해 전쟁에 관한 견해를 표명할 권리가 있었다는 사실을 보여주면서 사냥 대회와 전쟁을 연관 지어 비판할 수 있는 권리를 훌륭하게 복원한다. 따라서 콜게이트의 소설은 전쟁에 관해 말할 수 있는 권리를 얻으려고 모두 반드시 전투가 벌어지는 전선에 있어야 하는 것은 아니며, 누구나 사냥 그리고/또는 육식과 전쟁 사이의 연관성을 제시하면서 전쟁에 관한 자기 견해를 말할 수 있다는 것을 암시한다. 따라서 누구나 자기주장을 내세울 수 있다. 1차 대전을 소재로 저술 활동을 한 윌프레드 오언 Wilfred Owen을 비롯한 여러 저술가들이 저지른 오류는, 단지 참전 경험만 중시한 점이 아니라 전선을 지나치게 한정된 장소에 국한시킨 데 있다.

이런 확대된 전선에서 동물과 여성의 동일시라는 둘째 주제가 등장한다. 여성들이 편을 들어줄 수 있는 쪽은 사냥꾼인가 사냥감인가? 동물과 여성의 동일시는 우리가 다룰 두 여성 작가가 쓴 소설 두 편에서 핵심적인 계기가 된다. 마거릿 애트우드Magaret Atwood와 마지 피어시의 소설에 등장하는 주인공들에게 육식은 자기가 겪는 억압을 묘사하는 수사다. 여성은 가정이라는 전선에서 남편의 억압에 따라 소비되는 존재로 자기를 바라본다. 자기의 신체가 전장이라는 사실을 깨달으며, 따라서 동물 억압을 공통 경험이라는 새로운 맥락에서 바라본다. 동물과 여성의 동일시가 연관돼 있는 셋째 주제는 남성이 가하는 폭력을 여성들이 공유하고 있다는 사실을 보여준다. 애트우드와 피어시의 소설에 등장하는 여성들은 결혼을 포기하면서, 그리고 남성 지배에 관한 개인적 경험을 육식에 연관 지으면서 전통적인 낭만적 소설의 결말을 넘어선다.** 따라서 그 여성들은 고기도 포기한다.

가장 성공적으로 고기와 결혼을 거부한 인물은 마지 피어시의 《작은 변화들》에 등장하는 베스다. 재혼한 베스는 어느 날 밤 식탁에 앉아 고기를 먹고 있는 자기를 발견한다. 아이를 가지려 하지 않는 베스에게 화가 난 남편이 피

---

* 이 박사 학위 논문에서 수전 슈바익(Susan Schweik)은 전시 기간 동안에 여성이 전쟁 정보의 단순 수신자가 될 수도 있고, 그저 관련 서적만을 탐독하는 존재일 수도 있으며, 관련된 글을 직접 쓰는 작가 같은 존재가 될 수도 있다고 말한다. 그리고 여성이 의미의 창작자가 아니라 단순히 의미의 보고자로 존재할 수도 있는 현상들을 다룬다.

** 여기에서 나는 레이첼 블라우 듀플레시스(Rachel Blau Duplessis)의 분석에서 많은 도움을 받았다(Duplessis 1985). 듀플레시스는 전통적인 로맨스에 저항하는 여성 작가들의 전략을 분석한다.

임약을 화장실 변기에 갖다버리면서 듣기 싫은 소리를 했지만, 베스는 꼼짝도 하지 않고 앉아 자기의 불행한 처지만을 생각하고 있다. 베스는 고기를 씹어 먹으면서 자기 처지가 희생자이자 이런 희생의 가해자, 곧 "죽은 동물을 잡아먹는 덫에 걸린 동물"(Piercy 1973, 41)하고 똑같다는 사실을 깨닫는다. 베스는 부재 지시 대상을 회복한다. "갑자기 냉장고에 얼려놓은 고깃덩어리를 떠올린다. 고깃덩어리를 냉장고에서 꺼내 케첩을 듬뿍 바른다. 그렇게 하자 고기에 느끼던 불쾌감이 덜해졌다. 고기, 한때 살아 있던 죽은 동물. 베스는 흘러내리는 물을 움켜잡으려 하면서 마치 자기 생명이 사그라지는 듯한 기분을 느꼈다"(Piercy 1973, 42). 자기 생명의 소중함을 깨달은 베스는 가정이라는 전선에서 빠져나와 여성과 동물을 향해 벌어지고 있는 전쟁을 거부하는 또 다른 전선에 뛰어든다.* 베스는 마지 피어시가 소설을 쓰면서 중점을 두는 많은 '작은 변화들'을 수행한다. 베스에게 최초의 변화이자 마지막까지 바뀌지 않는 변화는 고기 거부다. "육식에 관한 이런 갑작스런 태도 변화는 고기를 먹던 그날 밤에 이미 시작됐다. 그런 변화의 일부는 신념에 있고 일부는 도덕성에 있었다. 베스는 자유를 위해 집에서 뛰쳐나왔고, 다른 온혈 동물의 생명을 빼앗고 싶지 않았다"(Piercy 1973, 48)(그러나 베스는 고기를 거부하기는 했지만 생선은 계속 먹었다). 이런 확대된 전선에 관한 베스의 통찰이 페미니즘 학습, 동성애, 궁극적으로 여성 유랑 극단을 통해 반전 운동으로 발전하게 되는 촉매 기능을 한다. 베스는 불가피하게 모든 전선을 비난한다.

마거릿 애트우드의 《먹을 수 있는 여성The Edible Woman》(1969)은 전쟁하고 상관없는 내용을 다룬다. 그렇지만 이 소설은 전장의 한가운데에 놓여 있다. 주인공인 마리안은 이 전장에 시민이라고는 한 사람도 없고 오직 사냥꾼 또는 사냥감이나 소비자 또는 소비되는 대상만 있다는 사실을 알게 된다. 마리안의 직업은 사냥을 주제로 제작한 무스라는 맥주 광고의 소비자 반응도를 조사하는 일이다. "보통 맥주 광고의 모델은 어깨를 비스듬히 한 채 볼록 튀어나온

배를 부각시키는데, 이런 광고 모델은 사냥해서 잡은 사슴을 발아래 내려놓고 찍은 사진이나 낚시로 잡은 송어를 목에 두른 채 한껏 자태를 뽐내는 사진에서 흔히 볼 수 있는 격자무늬 재킷을 입은 사냥꾼이나 낚시 애호가들하고 신기할 정도로 닮은 사실을 알 수 있죠"(Atwood 1969, 25). 그러나 마리안은 사냥을 나가 잡은 토끼의 배를 갈라 내장을 끄집어내는 '전선'에서 한 경험을 전하는 약혼자의 이야기를 듣고 난 뒤에 이 희생물과 자기를 동일시하면서 비명을 지른다.

약혼자를 만나 밥을 먹다가 거친 논쟁을 벌인 마리안은 자기가 전선에 있을 뿐 아니라 자기가 바로 전선이기도 하다는 사실을 깨닫는다. 능숙하게 고기를 써는 약혼자를 지켜보면서, 잡은 사슴을 발아래 놓고 포즈를 취하는 사냥꾼과 무스 맥주 광고를 떠올린다. 그리고 난동을 부린 뒤 아홉 사람을 살해한 어느 청년을 다룬 조간신문 기사를 떠올린다. 스테이크를 썰고 있는 약혼자를 다시 한 번 본 다음, 음식책에 나온 "각 부위를 점선으로 표시하고 이름표를 붙여놓은 소" 그림을 떠올린다. 마리안은 "자기가 지금 먹고 있는 고기가 그 소 그림에서 점선으로 표시해놓은 등 근처 부위 어디인 듯하다고 생각했다"(Atwood 1969, 155). 그런 다음 자기가 시켜놓은 음식으로 시선을 돌린다.

> 마리안은 반쯤 먹다 남은 스테이크를 내려다보았다. 갑자기 스테이크가 근육 덩어리로 보였다. 붉은 피. 한때 살아서 돌아다니며 풀을 뜯어 먹다가 어느 날 시가 전차streetcar를 기다리는 사람처럼 줄을 서서 머리를 얻어맞고 도살된 소의 한 부위. 물론 모든 사람이 그 사실을 알고 있었다. 그러나 당신은 그 사실을 따로 시간을 내어 생각해본 적은 없다. (Atwood 1969, 183)

---

* 피어시가 아니라 내가 이해를 도우려고 쓰는 은유들이다. 나는 베스가 부엌에 등장하는 순간부터 반전 운동을 가장 상징적으로 펼칠 수 있는 남성의 육식 문화를 체계적이고 지속적으로 거부하는 과정을 보여주려고 이런 은유들을 사용했다.

이 일이 있는 뒤 마리안이 음식을 대하는 태도에 무의식적인 변화가 일어나기 시작한다. 마리안은 자기 몸이 특정한 음식, 곧 고기에 거부 반응을 보이기 시작하고 자기가 채식주의자가 돼가고 있다는 사실, 자기 몸이 윤리적인 저항을 하고 있다는 놀라운 사실을 깨닫는다. "그런 반응은 한때 살아 있던, 또는 (껍질 반쪽이 떨어진 굴처럼) 여전히 살아 있을 수도 있는 어떤 것을 먹는 행위를 거부하는 일이었다"(Atwood 1969, 279). 일인칭 주인공 시점의 서술과 육식은, 육식에 저항하는 행동이 개별 주체를 대상으로 한 지배에 도전하는 행동에 연관돼 있다는 점, 그리고 마리안과 다른 동물이 연관돼 있다는 점을 마리안 자신이 직관하게 되면서 중단된다. 이 책의 중간 부분에서 우리는 여성들의 유동적이고 뒤섞인 주체성이 소비되는 사물들, 특히 동물들하고 신기할 정도로 똑같다는 사실을 발견할 수 있다.

자기를 옭아맨 성적 예속이라는 굴레에서 자기 힘으로 빠져나온 마리안은 먹는 것에 관한 거부 반응에서도 해방된다. 마리안은 약혼자 앞에 먹을 수 있는 여성, 그러니까 손수 만든 여자 모양 케이크를 내민다. 그리고 이런 비난의 말을 던진다. "당신은 나를 파괴하려고 했어요. 그렇지 않나요. …… 당신은 나를 먹으려고 했어요."* 가정 안의 역학, 곧 이성 사이의 다툼이 마리안을 채식주의로 이끌었다. 그러나 성적 예속에 맞선 근본적인 저항, 곧 채식주의는 그렇게 오래가지 않는다. 약혼을 파기한 뒤 성적 예속에서 자유로워진 마리안은 일인칭 주인공 시점으로 다시 돌아오고, 입맛에 맞는 음식을 다시 찾아 먹는다. 결국 마리안은 지배적인 남성 세계관에 반대하는 통찰을 더는 유지하지 못하고, 자율성을 누리게 되면서 다른 사람이 당하는 억압에도 관심을 두지 않는다. 또한 자기가 전선에 존재하고 있다는 의식도 사그라진다. 마리안은 다시 고기를 먹기 시작하고 남자들을 만나 데이트를 즐긴다.

만약 남성 지배가 확대된 전선에 관한 페미니스트적 통찰과 그 결과로서 채식주의를 촉진시키는 촉매 기능을 한다면, 페미니스트 채식주의는 남성들에게 육식을 거부함으로써 전쟁을 거부할 수 있는 방법을 제공한다. 피어시와 애트우드의 소설에 등장하는 권위적이고 남자다운 남성들, 그리고 이 남성들이 여성들하고 형성하는 관계가 육식과 성적 억압이 연결돼 있다는 통찰을 불가피하게 촉발시킨다는 내용하고 정반대로, 아그네스 라이언의 미출간 소설인 《누가 저 많은 별들을 두려워할까?Who Can Fear Too Many Stars?》는 어느 해방된 남성이 사랑하는 여인을 위해 채식주의자로 전환하는 과정을 그린 로맨스다. 1930년대에 쓴 이 작품에서 라이언은 채식주의를 색다른 동기, 곧 신여성의 사랑이라는 주제로 다루고 있다. 채식주의는 신남성의 척도에 대립되는 신여성의 척도가 된다. 《조리의 황금률》을 쓴 저자에게 보낸 편지에서 라이언은 "나는 육식에 관련한 멋진 사랑 이야기를 쓰고 싶습니다"(1936년 10월 14일자 프레셀에게 보내는 편지)라고 쓰고 있다.

전문직에 종사하는 자립심 강한 여성 루스는 존 히더라는 남자를 사랑하지만 결혼을 약속한 사이는 아니다. 둘의 사랑이 "산산조각 날까" 걱정하는 존은 채식주의자인 루스에게 중요한 비밀 한 가지를 밝히지 않고 있다. 존은 루스가 고기를 먹는 사람은 누구도 마음속에 받아들이지 않을지 모른다고 생각한다. 불행하게도 존은 육식인이었다. 존은 사랑하는 루스를 위해 채식주의자가 되려고 많이 애쓴다. 그러나 크리스마스 선물로 루스에게 준 여우 모피가 문제의 발단이 된다. 존은 루스가 육식뿐 아니라 동물 착취를 철저히 거부한다는 사실을 이해하지 못해서 어이없는 선물을 했고, 이 선물을 받아들일 수

* 애트우드는 이 장면에 관련된 아이디어가 "제과점 진열대에 놓인 마지팬 피그(아몬드 반죽에 설탕과 달걀 흰자를 섞어 만든 말랑말랑한 과자)를" 보고 떠올랐다고 말한다. "그 케이크가 그저 울워스(1879년에 창립한 미국의 쇼핑 체인)의 진열장을 가득 메우고 있는 미키 마우스 케이크일 수도 있지만, 여하튼 나는 상징적인 식인 풍습을 여러 번 생각했다." 이 장면은 애트우드가 개인적으로 직접 체험한데다가 소설가로서 작품 속에 묘사하고 있다는 점에서 부재 지시 대상 구조의 좋은 예라고 할 수 있다. 애트우드는 마지팬 피그 또는 미키 마우스 케이크를 봤다. 그리고 먹을 수 있는 여성 모양의 케이크를 상상한다. 이런 연관은 동물의 범주와 여성의 범주가 상호 교환될 수 있다는 점을 보여준다. 게다가 상징(케이크 동물 또는 케이크 여성)과 실재(소비되는 동물 또는 소비되는 여성) 사이의 관계는 실제로 소비되는 대상과 소비되는 존재로 형상화되는 대상 사이에 유사성이 있다는 점을 보여준다(Atwood 1982, 369).

없는 루스는 선물을 돌려주고 존의 곁을 떠난다. 깊은 사랑에 빠져 있던 존은 독서, 특히 19세기의 채식주의자 애나 킹스포드와 버나드 쇼가 쓴 책들을 읽으면서 채식주의에 관해 되도록 깊이 알려고 노력한다. 그리고 결국 채식주의자가 된 존은 구독하고 있던 신문 지면을 통해 자기가 철저한 채식주의자가 된 사실, 따라서 결혼도 할 수 있다는 사실을 루스에게 공개적으로 밝힌다.

라이언이 이 소설에서 "가부장적인 남성들의 심기를 불편하게 하거나 결혼을 안 하려고 하는, 개방된 사고방식을 지닌 여성들이 많은 현실"(1937년 3월 23일의 편지)을 보여주려 했다고 말하는 부분을 제외하면, 여기에서 채식주의와 페미니즘은 하나로 통합돼 있다기보다는 서로 번갈아가며 등장한다. 존이 채식주의 관련 저술을 읽고 있는 동안에 루스는 "신부가 되는 일은 육신과 영혼의 노예가 되는 길입니다"(《누가 저 많은 별들을 두려워할까?》, 131) 같은 결혼을 반대하는 내용이 담긴 소책자를 손에 집어 든다. 라이언은 이 소설에서 채식주의와 페미니즘 관련 논의들을 다룬 책, 일기장, 팸플릿 등을 소개한다. 그리고 라이언에게 이런 텍스트들은 채식주의와 페미니즘으로 전환하기 위한 매개 기능을 한다. 이 기능은 채식주의 단어를 낳는 것, 곧 앞서 지적한 대로 독서를 통해 육식을 고발하고 채식주의자로 전환하는 전통적 방식에 맥락이 닿아 있다. 존과 루스가 무엇을 읽든 우리는 라이언 소설의 독자로서 두 사람이 읽는 텍스트를 읽어야 하며, 이 텍스트들을 통해 글자 그대로 채식주의와 페미니즘, 그리고 여기에 관련된 문학적 논의들을 마주하게 된다. 존이 루스를 이해하기 위해 나름대로 채식주의 관련 저술들을 읽으려 하는 반면, 루스는 낭만적 사랑을 소재로 한 책들은 읽으려 하지 않는다. "개방된 사고방식을 지닌 여성"하고 사랑에 빠진 남자로서 존의 운명은 결국 채식주의자 되기다. 존이 채식주의자가 되면서 바로 채식주의의 말은 살이 된다. 반대로 개방적 사고를 지닌 여성으로서 루스는 억압 속에서 살아가는 운명에 놓이게 된다. 따라서 라이언은 채식주의로 보상받을 수 없는, 독서로 성취할 수 없는 무엇이 있다는 현실을 고백한다. 그러나 라이언의 이 텍스트가 성공적이지 못한 이유도 이 점에 있다. 그렇다면 사랑 이야기에서 육식을 배제하려 하는 여성의 운명이란 무엇일까? 이 텍스트는 존의 채식주의가 낭만적인 사랑으로 보상을 받는다고 설정해서 루스를 텍스트 중심에 자리하지 못하게 한다. 이 소설은 완성미가 떨어지는, 결국 존과 루스가 소설 속에서 접하는 소책자들하고 똑같은 처지가 된다.

라이언의 소설은 남성 지배와 폭력을 거부하는 기제로서 채식주의의 다양한 형태를 보여준다. 이 소설에서 라이언은 피어시와 애트우드의 소설에 등장하는 여성 주인공들처럼 남성 폭력과 남성 의존성을 동시에 거부하는 여성을 그리기보다는, 한 여성을 사랑하게 되면서 서로 전쟁을 하는 세계를 거부할 수 있는 능력을 발견하는 한 남성을 그린다. 이 소설의 남자 주인공 존은 라이언의 남편인 헨리 베일리 스티븐스를 투영한 인물이다. 스티븐스는 인간이란 태어날 때부터 채식주의자였고, 여신을 참배했고, 평화주의적이었다고 주장한다. 인간의 이런 특질은 확대된 전선의 넷째 주제인 채식주의의 황금시대에 관련이 있다.

채식주의의 황금시대와 여성 작가들이 쓴 소설

린 베리 주니어: 당신은 점점 더 많은 사람이 채식주의자가 되면 새로운 채식주의의 황금시대가 도래한다고 생각합니까?
브리지드 브로피: 아닙니다. 그렇지 않습니다. 버나드 쇼는 채식을 하는 사람들 중에는 종종 매우 사나운 사람도 있고, 초식 동물도 종종 매우 사납다고 지적했습니다. 물론 직접적인 연관성은 없습니다만, 만약 인류가 그 연관성을 찾고 폭력 행사를 포기하면, 다시 말해 당신이 닭, 소, 양 등에 휘두르는 폭력을 그만두면, 당신

같은 사람은 인간에게 행사하는 폭력을 포기하게 될 겁니다. 이렇게 될 때, 다시 말해 우리가 모든 폭력을 제대로 통제할 수 있을 때, 우리는 황금시대로 가게 됩니다. (Berry 1979, 88)

《문화의 회복The Recovery of Culture》(1949)에서 헨리 베일리 스티븐스는 인류학과 원예학을 바탕으로 검증된 고찰을 거쳐 식물 배양이 '혈액 배양'으로 대체됐다고 주장한다. 〈모계제 성폭행The Rape of the Matriarchate〉이라는 부분에서 스티븐스는 이렇게 썼다. "진실은 동물 사육과 전쟁을 인간 스스로 가장 숙련된 분야로 간주하는 제도에 있다. 인간인 그 사람은 도살업자이자 군인이다. 그리고 혈액 배양이 종교의 지배를 받을 때 여사제들은 배제됐다"(Stevens 1949, 105). 장편 소설가와 단편 소설가들은 육식과 전쟁의 원인을 남성 지배에서 찾으면서 스티븐스의 이런 주장에 동조한다. 20세기의 몇몇 여성 작가는 페미니즘, 평화주의, 채식주의로 특징지어지는, 《성경》에 나오는 타락 이전의 황금시대를 상상하기도 했다.

단편 소설 《황금시대의 일화An Anecdote of the Golden Age》(1968)에서 브리지드 브로피는 황금시대에 살던 남성들의 행동에서 나타난 변화는 전쟁, 여성 억압, 동물 살해에 그 뿌리를 두고 있다고 주장한다. 브로피가 마음속에 그리고 있는 황금시대는 불사의 사람들이 화원에 널린 풍성한 음식을 먹을 수 있는 시대다. 나체의 여인들이 거리낌없이 월경을 하며, 이때 흘리는 피는 무엇에도 견줄 수 없는 아름다움으로 칭송받는다. 그러나 두 남자가 피 터지는 주먹다짐을 하면서 남자들도 피를 흘린다는 사실이 알려지자 낙원은 사라지고 만다. 월경은 터부시되고, 이전 시대에는 귀한 음식으로 대접받은 과일이 이제는 남자들의 수장인 스트레폰 때문에 하찮은 음식으로 경멸받는다. 스트레폰은 코리돈이라는 다른 남성의 조각상을 파괴한 짓을 이렇게 정당화한다. "'코리돈은 살인마였다'고 스트레폰이 신경질적으로 말한다. '코리돈은 엽조수獵鳥獸*였다. 코리돈이 다음에는 동물을 죽이겠다고 한 말을 나는 기억한다'"(Brophy 1968, 35). 스트레폰은 월경을 하는 아내를 집, 특히 "되도록 다른 남자의 시선을 끌지 않는 한적한 부엌"에 가둔다. 브로피는 계고조의 이야기를 이렇게 끝맺고 있다. "스트레폰은 진정으로 죽지 않는 이 무리의 우두머리로, 이 시대의 실권자다."

이 단편이 황금시대를 좀 가볍게 그리기는 하지만, 브로피의 기본적인 관점은 여성과 동물 억압을 주제로 한 다른 저술들처럼 계속 유지된다(이를테면 Brophy 1966, 15~21, 38~44; 1979; 1972). 브로피는 남자들이 권력을 잡고 있는 한 가부장제의 폭력은 물론 가부장제가 수반하는 여성 폭력과 동물 폭력은 계속된다고 주장한다. 가부장제 이전에 존재한 채식주의 시대를 남성이 전복한다는 주제는 준 브린델의 《아리아드네 — 고대 크레타섬에 관한 이야기Ariadne: A Novel of Ancient Crete》(1980)에도 등장한다. 이 소설에서 피의 제물은 남성 지배에 연관돼 있다. 저자가 "크레타 섬 최후의 여가장"이라 부르는 아리아드네Ariadne**는 가부장제의 상징인 피의 제물이 아니라 우유와 꿀을 제물로 바친 고대의 의례를 다시 도입하려 한다. 브린델의 페미니즘-채식주의-평화주의 신화시는 강력한 여사제들의 지배 아래 여신을 숭배하는 채식주의 시대를 그리고 있다. 그러나 가부장제적 지배의 승리에 더불어 동물 도살과 남성 신 숭배가 등장한다. "다이달로스***는 조심스럽게 의례에 관한 질문을 던진다. '제우스를 숭배하는 의식은 언제부터 시작됐습니까? 고문서에서는 찾아볼 수 없었습니다.' 다시 말해 '과거 여신들에게 바친 제물은 곡물과 과일뿐이었습니다. 언제부터 동물을

* 수렵 금지가 해제된 사냥감 — 옮긴이.

** 크레타 섬의 왕 미노스와 왕비인 파시파에의 딸. 《변신 이야기》에서 아리아드네는 미노타우로스를 정벌하려고 크레타 섬에 온 테세우스를 보고 한눈에 반한다. 그래서 테세우스가 미궁에서 빠져나갈 수 있게 돕고, 아테네에서 결혼을 약속한다. 무사히 크레타 섬을 빠져나온 테세우스는 낙소스에 아리아드네를 떼어놓고 떠난다. 아리아드네는 디오니소스에게 구출돼 디오니소스의 아내가 된다. 낙소스 섬에 전하는 이야기에 따르면, 임신 사실을 안 테세우스가 아리아드네를 버린 탓에 산후병으로 죽었다고 한다. 아리아드네가 죽은 뒤 디오니소스는 결혼식 때 준 화관을 하늘에 던져 아리아드네를 별자리로 만들었다고 한다 — 옮긴이.

*** 크레타 섬의 미궁과 비행 날개를 만든 장인 — 옮긴이.

의례의 제물로 바치기 시작했습니까?"(Brindel 1980, 76) 브린델의 이 글은 20세기 초 제인 해리슨Jane Harrison이라는 고고학자가 한 논의에 근거를 두는데, 여기 장 아리아드네가 추구하는 의례를 묘사하는 부분을 보면 이 점을 분명히 알 수 있다. 여성들이 실권을 상실하자 아리아드네는 남자들을 피해 산으로 도망친다. 그곳에서 아리아드네는 테세우스*의 미궁 신화란 바로 대지의 여신을 살해한 가부장제적 사고방식 자체라고 선포한다. 브린델은 《파이드라 — 고대 아테네 이야기Phaedra: A Novel of Ancient Athens》에서도 같은 문제의식을 다룬다. 파이드라**는 늘 위험이 도사리는 환경에서 살았지만 평화롭고, 채식주의를 지키고, 여신을 숭배하는 삶을 살려 한다(Brindel 1985). 브린델은 브로피처럼, 전선도 전쟁도 없는 여성 지향적 황금시대를 상상하고 있다.

평화로운 채식주의적 삶을 위한 식사를 통해 페미니스트 유토피아들은 폭력 없는 세상을 상상하면서 확대된 전선에 비판을 시도한다. 이 확대된 전선에 관한 넷째 주제는 1차 대전이 한창일 때 샬롯 퍼킨스 길먼이 출간한 최초의 페미니스트, 채식주의, 평화주의 유토피아 소설인 《여자만의 나라》에서 처음 등장한다.*** 《여자만의 나라》에서 우리는 《조리의 황금률》이 떠오르는 이런 식사를 찾아볼 수 있다. "아침은 그렇게 많지는 않았지만 …… 싱싱하고 달콤한 과일과 크고 고소한 견과류, 작지만 꽤 맛있는 케이크가 나와 즐겁게 먹었다"(Gilman 1979, 27). 과일과 견과가 열리는 나무, 곡물, 장과류, 감귤, 올리브, 무화과나무 등은 이 나라에 거주하는 여성들이 정성들여 기른다.

이 책에서 길먼의 구실을 대신하는 미국의 한 지식인****은 허랜드*****에 동물이 보이지 않는다는 사실을 알아채고는 이런 질문을 던진다. "소, 양, 말 같은 가축은 기르지 않습니까?" 길먼이 《남성의 종교와 여성의 종교》라는 소설에서 모성애적 범신론이라고 부른 페미니스트적 애정이 필요하다고 말했듯이, 우리는 이 소설에 등장하는 허랜드라는 나라의 채식주의가 바로 이런 페미니스트적 모성애의 표현인 동시에 육식이 남성 지배와 전쟁 같은 공격적 행동을 불러일으킨다는 신념을 표방하는 가치라는 사실을 알 수 있다. 그러나 이때 채식주의는 단순한 신념으로 그치지 않는다. 길먼이 말하는 채식주의는 정치적으로 치밀하게 계산되고 생태학적으로 필연적인 가치였다. 다시 말해 전쟁은 육식이 제거될 수 있으면 피할 수 있다는 주장이었다. 허랜드에 사는 사람들은 소, 양, 말을 사육하지 않는다. 왜냐하면 "더는 필요하지 않기" 때문이다. 그러고는 이렇게 말한다. "지나치게 많은 땅을 차지해요. 국토 전체를 가축이 먹는 곡물을 기르는 데 써야 해요. 당신도 알다시피, 우리 나라는 면적이 아주 좁거든요." 그러나 1차 대전 기간 동안 각국이 덴마크를 필요로 했듯이 허랜드에는 미래의 잠재적인 전쟁의 요소가 내재해 있다.

길먼의 《여자만의 나라》는 플라톤의 《국가》에서 언급되는 생태학적 주장에 관한 페미니즘식 해설이다.****** 이 텍스트에는 허랜드의 토지 사용*******이 전쟁을 불러올 수도 있다는 의미가 함축돼 있다. 이런 의미는 이 텍스트가 지향하는 가시적인 의미, 곧 유토피아에 반대된다. 그리고 이 텍스트는 모성애에서 비롯된 욕구들********이 허랜드의 정책을 결정한다고 시사하고 있다. 식사를 통제해 전쟁을 예방하려 하는 오래된 생태학적 주장을 근거로, 길먼은 자기 힘에 의지해

---

* 아티카의 영웅. 다이달로스가 크레타의 미궁에 가둔, 사람 몸에 소의 얼굴을 한 괴물 미노타우로스를 퇴치한다. 크레타의 왕 미노스는 미노타우로스에게 해마다 젊은 남녀 일곱 명을 제물로 바쳤다. 미궁 신화가 가부장제적 사고방식 자체라고 하는 이유는 미노스 왕이 미노타우로스에게 남녀를 제물로 바친 사실 때문인 듯하다 — 옮긴이.

** 미노스 왕과 파시파에 사이에서 태어난 딸. 미노스 왕이 죽자 오빠 데우칼리온은 누이인 파이드라를 테세우스의 아내로 준다. 얼마 지나지 않아 파이드라는 테세우스와 안티오페 사이에서 태어난 히폴리토스를 만나 사랑에 빠진다. 히폴리토스가 파이드라의 사랑 고백을 거절하자, 파이드라는 거짓말로 히폴리토스를 모함한다. 그 뒤 파이드라는 목을 매어 자살한다. 테세우스의 저주를 받은 히폴리토스도 전차를 타고 해변을 달리다가 갑자기 나타난 괴물에 말이 놀라는 바람에 떨어져 죽는다 — 옮긴이.

*** 물론 퍼시 셸리의 《매브 여왕》을 페미니스트, 채식주의, 평화주의 유토피아를 그린 최초의 소설로 볼 수도 있다.

**** 주인공인 벤은 대학에서 사회학을 전공하고 여러 분야에 두루 관심을 두는 인물이다 — 옮긴이.

***** 책 제목이 아니라 지명을 가리킬 때는 '허랜드'로 쓴다 — 옮긴이.

****** 6장에서 요약한 대로 소크라테스는 글라우콘에게 고기를 생산하려면 꽤 넓은 목장이 필요하다고 말한다. 결과적으로 "점점 더 많은 이웃의 땅을 잠식할" 테고 "만약 사람들이 생활필수품에 만족하는 대신에 자기 땅을 내주어 부를 획득할 기회를 포기해야 한다면, 이웃들은 우리가 얻는 몫의 일부를 요구하게 된다." 그리고 소크라테스는 말한다. "글라우콘, 그렇게 되면 그다음에는 전쟁이 일어날 수밖에 없다네"(Plato 1966, 2. 373, 60~61; Lappé 1982, 67~74).

******* 허랜드는 인구가 급증하면서 [illegible] 채식주의를 선택한다 — 옮긴이.

******** 허랜드는 여자들만의 나라라서 동정 생식을 하기 때문에 육아 문제와 인구 문제 등에 특히 신경쓴다 — 옮긴이.

살아가는 여성들이 만약 자기가 먹을 식사를 통제할 수 없게 된다면 서로 폭력을 일삼을 잠재성이 있다고 인정한다. 따라서 여성들은 모성애적 범신론이 함의하는 대로 미래에 벌어질지 모를 전쟁에서 면제돼 있지 않다. 이 논의를 확대하면 1차 대전은 육식이 지속되는 한 모든 전쟁을 불식시킨 전쟁이 될 수 없었다. 채식주의의 문제는 《여자만의 나라》에서 떼려야 뗄 수 없는 일부를 구성하는 요소인데, 왜냐하면 길먼이 여성의 힘과 능력을 강조하는 한편으로 이 책 속에 펼쳐진 여러 전선에서 가부장제 문화의 본질을 해체하고 있기 때문이다.

《여자만의 나라》가 현대의 여성 작가가 쓴 작품 중에서 페미니즘, 채식주의, 평화주의의 윤곽을 제시한 최초의 텍스트라고 한다면, 도로시 브라이언트가 출간한 《아타 섬의 사람들이 당신을 기다리고 있다The Kin of Ata are Waiting for You》(1976)(《아타 섬》)는 동물을 인간의 도덕 질서 안에 들여놓으면서 길먼의 논의를 확대한다. 《아타 섬》은 남자와 여자가 함께 아이를 돌보고 정원을 가꾸면서 같이 살아가는 평등주의적 유토피아 사회다. 식사 때는 건과일과 견과류, 곡물과 콩, 뿌리채소와 풀잎 등 다양한 채소를 먹는다. 이런 채식 위주 식사를 하는 이유는 이 책이 나온 1970년대에 모성애적 범신론이 유행한 이유하고 같다. "나는 우리 인간이 새나 동물, 심지어 생선을 잡아먹는다는 사실을 직접 보여주는 방식이 채식주의를 이해시키는 데 더 좋다는 것을 알았다. 사람들은 마치 내가 우리는 아이들도 먹을 수 있다고 말하기라도 한다는 듯 거부 반응을 보였다. …… 무릇 사람이라면 다른 어떤 사람을 죽일 수 있다고 생각할 수 없는 법이다"(Bryant 1976, 159).

길먼, 브라이언트, 라이언을 비롯한 여성 작가들은 남성 지배, 전쟁, 육식 사이의 연관성을 인식하고 있었기 때문에, 이 작가들이 쓴 소설에 등장하는 남성 인물들은 남성들도 채식주의, 평화주의, 페미니즘 등으로 바뀔 가능성이 있다는 사실을 대신 보여준다. 그리고 이 남성들은 육식을 포함한 남성적이고 인간 중심적인 특권을 포기한다. 게다가 퍼시 셸리, 쇼, 솔트, 스티븐스 같은 감수성이 예민한 남성 작가들은 가부장제에서 동물과 여성의 타자성을 탐구했다. 또한 이 남성 작가들은 각자의 저술과 삶에서 여성뿐 아니라 남성도 페미니즘, 평화주의, 채식주의 같은 문제에 관심을 가질 수 있으며 그런 생활 방식을 실천할 수 있다는 결론을 끌어낼 수 있었다.

레이첼 듀플레시스는 "공적 영역과 사적 영역의 이중성 제거가 여성 저술가들의 저술이 수행하는 이데올로기 비판의 일부"(DuPlessis 1985, 113)라고 평가한다. 지금까지 확대된 전선에 관한 통찰에 따라 살펴본 네 가지 주제는 이런 제거의 좋은 사례라 할 수 있다. 공적인 전선의 의미는 전선의 자리를 재정의하게 하면서 사적 영역으로 침투해 들어온다. 게다가 이 네 주제를 동시에 포괄하는 시도는 동물과 인류에 가해지는 폭력의 결과들을 격리시키는 이중성에 맞서는 저항이다. 이런 작업은 보통 사적인 일로 여겨지는 가정 내부의 억압과 육식이 전쟁하고 다르지 않다고 주장하며, 명백한 사적 행위인 채식주의는 갈등 해결의 방법으로서 전쟁을 공적으로 거부하는 영역으로 자리잡는다. 이 전선에서 남성 지배, 동물 도살, 인간 살해 사이의 연관성은 더욱 분명해진다.

중단이라는 이야기 전략

버지니아 울프는 중단의 폭로, 변화의 예고, 사회가 급격한 변화의 시점에 도달해 있다는 기대감의 증폭을 마음에 두고 있었다.

— 루시오 루오톨로Lucio Ruotolo, 〈중단된 순간The Interrupted Moment〉, 1986, 16쪽

육식의 상징성은 결코 중립적이지 않다. 육식인은 자기가 생명을 먹는다고 생각한다. 그러나 채식주의자는 자기가 죽음을 먹는다고 생각한다. 이 두 주장 사이에는 서로 의사를 교환할 수 없는, 이런 문제에 관해 각자 진영을 형성하지 않고는

개인으로서 문제조차 제기하기 어려운 하나의 게슈탈트 전환이 있다.

— 메리 미글리, 《동물들, 왜 중요한가》, 1983, 27쪽

앞에서는 육식과 전쟁에 관한 페미니스트적 통찰이 채식주의와 정치적 폭력 사이의 연관성을 밝혀내는 데 촉매 기능을 한 몇몇 소설을 살펴봤다. 각각의 소설은 이런 연관성을 끌어내기 위해 내가 중단 기법이라고 부르는 똑같은 문학적 기법을 사용한다. 중단은 이야기가 전개되는 도중에 갑자기 채식주의에 관심을 기울이게 할 수 있는 게슈탈트 전환을 제공한다. 중단은 기술적으로 소설의 전반적인 흐름이 갑자기 중지된 뒤 동떨어진 듯한 한 단락에서 느닷없이 채식주의의 문제를 제기하거나 관심을 기울이는 식으로 발생한다. 저자는 독자에게 중단이 일어났다는 신호를 보낸다. 구두점이나 말바꿈표, '중단'이라는 말을 직접 쓰기, 말을 더듬거리기, 중지, 모호한 표현, 평상시에는 잘 알고 있는 사람들에 관련된 혼동, 이야기의 논점을 갑자기 음식이나 식습관 등에 맞추기, 채식주의의 역사에서 중요한 인물이나 사건을 떠올리기 등이 모두 이야기 중간에 채식주의를 염두에 두기 위한 중단, 곧 잠깐 뜸을 들이는 수단이 된다.* 소설의 전반적인 흐름에서 동떨어져 있기는 하지만, 중단은 남성 중심의 사회 질서와 육식을 날카롭게 비판하고 이 중단과 중단된 텍스트를 연결하면서 소설이 말하려는 핵심 주제를 지시한다는 함의를 지닌다.**

현대 여성 저술가가 쓴 글에 채식주의적 사건이 침범해 들어온 사태는 지배적 세계 질서의 전복을 선언하는 일이며, 이런 전복은 중단이라는 텍스트 전략을 통해 텍스트 자체를 전복하는 식으로 수행된다. 한때 침묵을 강요받던 텍스트는, 그 텍스트가 다루려 하는 주제와 내용을 통해 침묵을 강요하던 지배 권력의 관심을 분산시키면서 텍스트 그 자체로 분출한다. 중단은 텍스트의 원래 궤도에 다시 초점을 둘 수 있는 기회를 줄 뿐 아니라 전선을 확대하면서 소설 안에서 나름의 보호막 구실을 한다. 중단은 텍스트로 표현되는 지배 문

화의 의미를 박탈하면서 자기의 의미를 전달하기 위해 지배 문화의 의미를 대표하는 텍스트들을 상대로 전투를 벌인다.*** 본질적으로 전선의 확대는 소설의 범위를 넓히는 일이기 때문에 이야기를 새로운 화제로 끌고 가야 한다. 바로 이런 변화가 중단이 하는 기능이고, 이 기능이 그런 확대를 위한 공간을 제공한다. 채식주의자의 현존은 가부장제의 관심사에 혼란을 불러일으킨다.

이사도라 덩컨이 자서전 《나의 예술과 사랑My Life》(1955)에서 전쟁과 육식의 연관성을 다룬 부분이 이런 이야기 중단의 좋은 예다. 덩컨은 1차 대전 동안의 자기 삶과 예술에 관한 논의를 이렇게 중단한다. "버나드 쇼는 남성들이 동물을 괴롭히고 살해하고 그 고기를 먹는 한 우리는 계속 전쟁을 하게 된다고 말했다. 나는 사람들이 자기 나름의 견해를 갖고 있다고 생각하는 행동이 가장 분별 있다고 생각해왔다." 이어서 덩컨은 직접 경험한 전시 상황을 기록한다.

> 누가 전쟁이라고 불리는 이런 끔직한 일을 좋아할까? 아마 다친 어린 사슴이나 여우를 사냥하는 식으로 새나 동물을 죽였거나 죽일 필요가 있다고 생각하는 육식인들일 듯하다. 피 묻은 앞치마를 두른 남성 도살업자는 살해, 살인을 부추긴다. 맞는 말이다. 송아지의 목을 잘라내는 행동은 한순간에 우리 형제자매의 목을 자르는 행동으로 발전한다. 우리 몸 자체가 살해된 동물의 살아 있는 무덤이면서, 어떻게 이 지구상에 안녕이 오기를 기대할 수 있을까? (Duncan 1955, 309)

---

* 데일 스펜더는 "혼성 대화에서 대화 중단의 98퍼센트는 남성이 감행한다"고 지적한다. 그리고 "중단은 첫째, 남성이 여성의 말을 방해할 수 있고, 둘째, 자기 발언권을 얻을 수 있는 메커니즘이다. 그리고 여성의 침묵을 감독하는 메커니즘"이라고 주장한다. 여성들이 공공연하게 남성들의 대화를 방해하지는 않는다고 생각하더라도, 특히 식사하는 도중에 채식주의 여성이 동석하게 되면, 이 채식주의자에게 관심이 집중되고 대화의 중단이나 방해가 생기게 된다. 이 순간 여성들은 대화를 통해 공세적인 자세를 취하지 않으면서 자연스럽게 화제를 채식주의에 관련된 주제로 바꿀 방법을 찾아낸다(Spender 1980, 43~44).

** 똑같은 맥락에서 루치오 루오톨로는 버지니아 울프가 쓴 소설에서 중단의 의미를 찾아내는 일이 중요하다고 지적한다. 루오톨로는 새롭게 지시하는 방향과 새롭게 창출하는 영역 때문에 중단이 창조적이고 긍정적이라고 주장한다. "자기 삶을 향상시키기 위해 다른 사람들이 자기 삶에 무작위로 개입할 수 있게 허락하는 사람들은 역사에 많았다. 중단을 싫어하는 사람들은 늘 그렇지만, 자급자족의 고립 상태로 후퇴하다"(Ruotolo 1986, 2).

*** 이 문장에서 전투 이미지는 전쟁의 양상이 문학 작품에서 이야기의 스타일이나 내용으로 채택된다는 점을 상기시킨다.

던컨의 중단은 버나드 쇼를 들먹이고, 버나드 쇼가 한 말을 신뢰하고, 그 말을 글자 그대로 인용한 부분이 끝나는 곳에서 독자들에게 분명하게 선언된다.* 그러나 던컨은 쇼의 통찰에 관해 엄격한 페미니스트적 해석을 내리고 있다. 도살업자와 피 묻은 앞치마 사이에 남성 대명사를 쓰면서 던컨은 은연중에 남성의 행태를 고발한다.

텍스트에서 일어나는 중단 중에서 가장 주목할 만한 사례는, 1장에서 짧게 살핀 메리 매카시의 《아메리카의 새들》에서 묘사된 추수감사절 저녁 만찬에서 벌어진 사건이다. 어떤 특정한 소비 윤리에 상관없는 내용을 다루던 이 소설은 식사 중에 갑자기 채식주의자 여성 스콧이 말을 시작하면서 이 채식주의자가 무슨 말을 하고 있는지에, 그리고 이 채식주의자가 무엇을 먹지 않는지에 관심이 집중된다. 중단은 여러 수준에서 일어난다. 미국인 여성인 로버타 스콧은 자기를 초대한 어느 나토 소속 장군이 식탁에 내놓은 고기를 거부한다. 충격을 받은 장군은 고기 써는 나이프를 내려놓은 뒤에 스콧에게 정중히 묻는다. "칠면조 고기를 싫어하나요?" 고기 써는 나이프는 장군의 힘을 상징하며, 포크로 찍어놓은 고기는 군인으로서 위신을 드높인다. 그러나 스콧의 고기 거부는 이런 상징적인 수단들을 사용하는 장군에 대응하는, 다시 말해 장군의 권력에 맞서는 도전이다. 장군이 사용하는 수단들은 여자가 채식주의자라는 사실을 알게 되면서 무용지물이 되고, "오늘은 추수감사절이니까!"(McCarthy 1972, 166)라고 말하면서 장군이 "서둘러" 발뺌하게 만든다.

조금 뒤에 부인이 묻는다. "채식주의를 실천하기로 마음먹게 된 계기가 뭐예요? 물론 참견하려는 생각이 아니라, 동물을 죽이는 행동이 잔혹하다고 진심으로 믿고 있는지 알고 싶어요"(McCarthy 1972, 171). 결국 이런 채식주의 언급으로 또 다시 장군의 행동은 중단된다. "고기를 썰고 있던 장군은 스콧이 무슨 대답을 할지 기대하면서 나이프를 내려놓는다"(McCarthy 1972, 172). 이런 중단에서 우리는 베트남 전쟁을 둘러싼 열띤 토론이 펼쳐지기 전에 텍스트에 의

도적으로 도입된, 곧 채식주의적 주장에서 전쟁을 어떻게 바라보는지에 관한 스콧의 간결한 울림을 듣게 된다. "왜 어떤 사람들은 육식이 남자를 동족 살인자로 탈바꿈시켰다고 주장하는 걸까요! 남자는 호랑이의 터부는 빼고 호랑이의 본능만 갖고 있어요. 물론 이 말은 가설에 지나지 않지만요. 이 가설을 검증하는 한 가지 방법은 인류가 여러 세대에 걸쳐 채식주의를 실천하는 것이겠죠. 물론 이 검증 과정에서 전쟁과 살인도 사라지지 않았다는 사실을 알 수 있을 테지만요."(McCarthy 1972, 183).

육식이 전쟁을 촉발한다는 주장을 구체적으로 검증하려는 매카시는, 계속해서 고기를 써는 행동이 군인다운 늠름함을 보여준다고 생각하는 장군이 점차 흥분하는 과정을 만찬에서 벌어지는 사건을 중심으로 묘사한다. 여하튼 장군은 "오늘 만찬에서 자기가 사령관"이라고 선포하고는 손님의 뜻을 완전히 무시한 채 억지로 스콧의 접시에 칠면조 고기를 올려놓는다. 그러나 스콧은 먹지 않는다. 또한 장군이 떠준 고기 소스를 끼얹은 어떤 음식도 먹지 않는다. 스콧의 거부는 몇몇 사람이 주장하듯 육식과 전쟁이 연관돼 있다면 이런 식탁이 바로 확대된 전선의 일부일 수 있다는 함의를 지닌다. 스콧의 채식주의는 전쟁을 향한 비난으로 기능한다. 식탁은 지원병의 기관총 쏘는 소리처럼, 곧 전쟁터 같은 곳이 된다. 한편 장군은 이 비난을 예민하게 받아들이고는 베트남 전쟁 때 하노이에 퍼부은 폭격의 정당성을 주장하면서 말싸움에 열을

---

* 이머럴 프레셸을 비롯한 사람들은 던컨이 이 문단의 마지막 문장을 쇼가 쓴 〈살아 있는 자들의 무덤(Living Graves)〉이라는 시에서 가져왔다고 생각한다. 이 시는 이렇게 시작한다.

> 우리(의 몸)는 살해된 짐승의 살아 있는 무덤.
> 짐승들은 우리의 식욕을 채우려고 살해됐지.

재닛 바커스는 말한다. "이 시는 폭력이라는 비슷한 맥락에서 전쟁뿐 아니라 동물 도살을 비난한다. 그러나 쇼가 쓴 수고, 수첩, 서간, 일기장의 어디에도 이런 언급은 없다. 따라서 쇼가 운율을 맞추기 위해 만들었다는 주장은 가능하시만, 반드시 그렇지는 않은 듯하다"(Barkas 1975, 89).

올린다. 부인은 남편이 이렇게 호전적으로 나오게 된 원인을 정확하게 집어낸다. "당신이 올려준 음식을 거부하는 여자를 보고 화가 나 있었죠. 이미 눈치채고 있었어요." 매카시의 소설은 전쟁에 관련된 도덕적 책임이 어느 수준까지 확장될 수 있느냐는 질문을 탐구한다. 그리고 이런 중단은 그런 도덕적 책임이 본질적으로 미국인 전체에게 확대돼야 한다고 요구한다.

《사냥 대회》에서 중단이 일어나는 원인은 코르넬리우스 카듀의 등장이 원인이 된다. 사냥 대회를 방해하는 시위를 벌이면서 카듀는 피켓과 팸플릿 등에 채식주의 단어를 낳는다. '살인을 하지 말라'는 계율을 적은 깃발을 어깨에 둘러멘 카듀는 "총구가 겨누는 사선 앞으로 곧장"(Colegate 1982, 92) 걸어나간다. 몇몇 사냥꾼은 사격하던 총을 내려놓으려 하지 않는다. 특히 가장 경쟁심이 강한 사람이 다른 이들에게 말한다. "이 중단으로 사격을 한 번 못한 것이 전부가 아니오. 집중력이 흐트러졌소." 카듀의 이 중단 때문에 페미니즘과 채식주의 사이의 역사적 동맹이 암시적으로 환기된다. 5장에서 본 대로 카듀는 메리 울스턴크래프트의 《여성의 권리 옹호》와 퍼시 셸리의 《자연식의 옹호》처럼 제목에 옹호라는 단어가 들어간 책을 낸 지난 시대 작가들을 환기하는 팸플릿을 나눠준다.

지금까지 살핀 사례들이 입증하듯 이런 중단은 그 중단 자체가 수행하는 기능, 곧 확대된 전선이라는 메시지를 승인하는 역사적 인물을 소환하면서 자기를 정당화하는 메커니즘을 내포한다. 본질적으로 채식주의의 역사적 전통은 채식주의를 언급하면서 텍스트의 이야기 전개를 중단하는 데 권위를 실어준다. 던컨과 브로피는 쇼를 소환하고, 콜게이트는 솔트를 소환한다. 두호보르들Doukhobors*(러시아에서 캐나다로 이주한 평화주의-채식주의자들)은 매카시와 애트우드를 통해, 킹스포드는 라이언을 통해 소환된다. 채식주의와 평화주의를 연관 짓는 두 저자의 텍스트가 각각 두호보르들의 이름을 동시에 거론하는 점은 놀랍다. 이 집단(7500명이 훨씬 넘었다고 한다)은 이주지인 캐나다뿐 아니라 러시아에서 혹독한 생활, 박해, 추방을 겪으면서도 채식주의와 평화주의를 버리지 않았다. 두호보르들은 채식주의의 역사적 전통에서 집단적 사례로 거론된다. 역사적 사례에 관한 언급이나 암시를 통해 채식주의에 권위를 부여하는 이런 전통은 전투 진용을 갖춘 어떤 집단이 제공할 수 있는, 페미니스트 용어로 '역할 모델'로 고려할 만한 그런 인물들을 상기시킨다.

지난 시대의 채식주의자들을 이렇게 역사적으로 소환하는 시도는 페미니스트적 해석을 강하게 새겨넣는다. 서로 피를 흘리는 이 세계에 익숙해진 남성 도살업자들을 보는 던컨의 시각, 음식 선택을 통해 남성의 호전성에 저항하는 매카시의 도전, 솔트뿐 아니라 울스턴크래프트와 셸리에 관한 콜게이트의 언급 등이 그런 사례다. 이런 역사적 언급을 이야기의 중단 속에 자리하게 하는 일은 확대된 전선이라는 관념이 역사적으로 되풀이되는 요소라는 의미를 지닌다. 그리고 채식주의의 역사에서 끌어낸 페미니스트적 해석을 통해 남성 지배와 전쟁을 인과적으로 연결하는 과정이 완성된다. 중단은 텍스트와 텍스트가 대표하는 문화를 뒤흔든다.

지배적 관점을 극복하기

기성의 가부장제적 사회 질서 안에는 여성적 개념이 들어설 여지가 없다는 사실을

---

* 러시아어로 '영의 투사(spirit of wrestler)'라는 뜻. 《성서》를 비롯한 교회와 국가 등 모든 외부의 권위를 거부하고 개인이 직접 신의 계시를 받는 행위를 중요시한 종파. 평등주의와 평화주의를 추구하고 징병을 거부했다. 19세기 말부터 레오 톨스토이가 제창한 도덕과 영적인 거듭남의 원칙을 적극 받아들였다. 1886년부터 '세계 동포 그리스도교 공동체(Christian Community of Universal Brotherhood)'라는 이름으로 알려지면서 영국 퀘이커교도들의 도움을 받아 1899년까지 7500명이 캐나다로 이주해 공동체를 형성했지만, 1930년대 대공황의 여파로 붕괴했다. 1939년 '그리스도의 영적 공동체(Union of Spiritual Communities of Christ)'로 이름을 바꿔 재건에 나섰지만, 극단적인 성인들이 모인 '자유의 아들단(Sons of Freedom)'이 나체 행진을 하고 이웃의 재산을 파괴하면서 실패했다. 나머지는 캐나다 사회에 동화됐다 — 옮긴이.

부각시키려 한 사람들은 늘 무시당했다.

— 데일 스펜더, 《남자가 만든 언어》, 1980, 82~83쪽

혁명적이지만, 그렇다고 완전히 혁명적이지도 않은 운동에 뭔가 매력을 느낀다.

— 메리 데일리, 《하느님 아버지를 넘어서》, 1973, 56쪽

우리는 20세기의 여성 작가들이 동물에 가해지는 폭력에 매우 민감하게 반응한 일과 이런 반응을 언급조차 하지 않는 문학 비평에 민감하게 대응한 일을 어떻게 설명할 수 있을까? "지배하고 대화할" 때 여성의 주변부성은 동물이 놓인 처지와 그 존재의 주변성을, 그 동물이 부재 지시 대상이라는 사실을 떠올리게 한다(DuPlessis 1985, 115). 여성 작가들이 동일시하는 타자의 일부는 동물의 타자의 일부이기도 하다. 그 둘은 각자 상대방에게 부재 지시 대상으로 기능하는 억압의 중첩된 구조에 사로잡혀 있다. "목소리의 독단적인 재전유"란 가진 것이 아무것도 없는 여성과 동물을 동일시하는 목소리의 표현도 포함한다(DuPlessis 1985, 107).

남성 억압에 따라 촉발된 여성의 이런 특수한 동일시를 통해서 각 소설의 등장인물은 질문을 던진다. "이런 억압을 당신들 남성이 받는다면 좋을까요?" 마거릿 애트우드의 소설에 등장하는 마리안이 자기 자신을 나라고 생각할 수 없을 때, 곧 마리안의 일인칭 시점이 중단될 때 마리안의 몸은 다른 동물에 가해지는 억압을 대신한다. 여기에서는 여성과 동물 사이의 연대성의 시학, 그리고 다른 동물에게 가해지는 폭력이 사람에게 가해지는 폭력만큼 심각하다는 믿음, 나아가 육식이 벌어지는 장소가 전선이라는 믿음이 발전돼 나온다. 따라서 채식주의와 평화주의는 필연적으로 결부돼 있다는 믿음이 생겨난다. 동물이 인간의 소비를 위해 존재한다는 지배적 에토스에 저항하는 행동은 전쟁 상태에 있는 세계에 저항하는 행위다.

일반적으로 남성뿐 아니라 여성도 동물에게 강력한 지배적 에토스를 갖고 있다. 마리안이 일인칭 주인공 시점으로 돌아오자마자 다시 육식을 즐기듯 말이다. 지배적 에토스를 갖고 있지 않은 채식주의의 전통이 자기 목소리를 낮추게 되는 원인이 바로 이것이다.

현대의 여성 저술가들이 전쟁이라는 맥락에서 육식의 의미를 깨닫게 되는 이런 전통은 침묵을 강요하는 가부장제의 육식 문화와 위협을 고발하는 페미니즘-채식주의 사이의 변증법이다. 그 전통은 특수성(곧 잡아먹히는 부위에 이름을 부여하기)으로 말하는 전통이다. 식사를 중단하기, 남성 통제를 중단하기, 여성의 목소리를 통해 남성적 전통을 중단하기 등이 가부장제 세계에서 침묵을 강요당하는 존재의 딜레마에 맞닿아 있다. 채식주의는 지배자와 지배받는 자의 복잡한 여성적 매개항이 된다.

채식주의가 현대 여성 저자들의 저술을 중단시키고, 따라서 저술에서 자기 이야기를 할 수 있는 공간적 여지와 힘을 발견하는 방식으로 육식을 방해하는 한편으로, 현대의 채식주의는 더 깊은 수준에서 여성 저술가들의 저술이 의도하는 내용을 확증해준다. 다시 말해 전선을 재정의하고 이 전선을 육식이 존재하는 모든 곳에 배치한 덕에 현대 여성 작가들은 여성의 권리에 관련된 강력한 주장을 펼칠 수 있었고, 1차 대전과 2차 대전 기간 동안 독특한 자기 목소리를 낼 수 있었다. 그리고 기원을 1차 대전의 발발에 두는 페미니스트, 채식주의, 평화주의의 전통은 오늘날에도 여전히 지배적인 목소리를 내는 전쟁의 한 양상에 맞서 독특한 자기 목소리를 낼 수 있다.*

* 진 엘시테인(Jean Bethke Elshtain)은 《여성과 전쟁(Women and War)》(1987)의 서문에서 이런 사실을 지적한다. "지난 여러 해 동안 전쟁을 생각도 해보고 가끔 꿈도 꾸면서, 전쟁을 다룬 이야기를 읽고 전쟁 영화도 감상하면서, 워드프로세서를 두드리고 있을 때뿐 아니라 산책을 하다가 이 책을 구상하면서, 나는 우리 인간이 고상하게 살아갈 때 여직 배우지 못한, 곧 다른 피조물들하고 생명을 공유하고 있다는 사실을 포함해 부유하는 인생의 소중함을 깨닫게 됐다"(Elstain 1987, xiv).

3부

쌀을 먹는 것이 여성을 믿는 것

다가오는 20세기에 계몽된 사람들은 분명 채식주의자가 된다.

— 프랜시스 윌러드Frances Willard(1839~1898), 페미니스트, 채식주의자, 금욕 운동 지도자

쌀을 먹는 것이 여성을 믿는 것
지금 모르는 것이 있다면
계속 배우면 돼.
지금 혼자라면
다음에 옆에 같이 있어줄 사람이 생기겠지.
지금 몸이 쇠약하면
강해질 수 있는 것이고
다른 사람을 가르칠 능력이 있다면
다른 사람이 나보다 아는 것이 많다면
내게 가르쳐주겠지.

....

빼앗긴
우리 몸을 스스로 통제할 수 있는 권리
싸우고 건설하는 방법
우리 몸의 자양분인 음식
병을 고치는 약을
천천히 되찾아야 해.

....

쌀을 먹는 것이 여성을 믿는 것
지금 모르는 것이 있다면
계속 배우면 돼.

— 프랜 위넌트Fran Winant, 〈쌀을 먹는 것이 여성을 믿는 것Eat Rice Have Faith in Women〉

채식주의 신체에 관한 왜곡

일지 — 1976년 5월 4일

과거에 채식주의자이자 페미니스트이던 사람들에 관한 정보를 찾는 일이 쉽지 않다는 사실에 기운이 빠짐. 채식주의와 페미니즘에 관한 논문을 씀. 메리 데일리가 쓴 《하느님 아버지를 넘어서》를 역사적 분석 대상으로 함. 사람들은 역사적 자료가 될 만한 기록들을 왜 하찮게 여길까, 이런 자료들을 그대로 방치하거나 폐기하는 문제를 진지하게 생각하지 않을까, 어떻게 찾아보기가 없는 자료에서 그 연관성을 찾아낼 수 있을까?

20년 전 슐레징어 여성사 도서관의 기록 보관인이 남긴 기록에 따르면, 프랜시스 윌러드(부차적으로 언급돼 있음)와 루 안드레아스 살로메Lou Andreas-Salome,* 아그네스 라이언이 '소수 과격파' 집단들에 관여한 기록이 있음.

채식주의, 당신의 일상생활에 커다란 영향을 미치는 의식적 결정. 단지 일시적 유

* 러시아 출신의 작가이자 정신분석학자 — 옮긴이.

행이 아닌.

희망과 신념을 가지고, 뭔가 언급이라도 남겨놓았을지 모른다는 희망을 품으면서 천천히 책을 읽어야 한다.

3시 45분. 슐레징어 여성사 도서관에서 나옴. 찰스 강변을 따라 한 시간가량 자전거를 타고 옴. 저녁 식사는 근사했다. 중동산 빵, 토마토, 아보카도, 병아리콩을 먹음. 남편 캐롤 스미스-로젠버그에게 케이크와 아이스크림을 사서 감. 아그네스 라이언이 《미국을 빛낸 여성Notable American Women》 4권에 등재되는 데 알맞은 후보인지를 논의함. 9시에 돌아옴. 케이트 밀렛의 책을 읽고, 요가는 하지 않음.

이 책을 끝까지 읽는 동안 당신은 적어도 한 끼 정도의 식사를 한다. 이 책을 마무리하기 전에 나는 수백 번의 식사를 했다. 우리가 재구성하려 하는 역사적 인물들은 죽기 전에 수만 번의 식사를 했다. 만약 내가 햄버거 대신 채식버거를 먹는다면, 이 선택은 역사적 행위자로서 내게 중요한 일이다. 왜냐하면 나는 이런 질문들을 의식하면서 행동해야 하기 때문이다.

나는 내가 무엇을 먹는지 어떻게 알 수 있나?

채소 음식을 준비하고 보기 좋게 만들어 내놓는 일이 어떤 이득이 될까?

이 음식에 들어간 재료는?

채식 전문 식당에서 먹나?

이것저것 뒤섞인 패스트푸드를 먹나?

채식 관련 음식책을 사용하나?

나는 왜 고기를 먹지 않나?

식사할 때마다 의식적으로 고기를 먹지 않는 사람이 있다면, 똑같은 의문을 던질 수 있겠다.

채식주의는 사람들이 뭔가를 결심하는 순간에 벌어지는 난처한 일들을 극복해가는 과정을 드러내 보인다. 고기는 코드화된 기대에, 반응의 양상에 밀접히 관련된다. 나는 어떤 부류의 사람들이 고기를 먹지 않는지, 그 사람들은 왜 고기를 먹지 않는지를 알아내려고 집착하는 해석들, 또한 반대로 이런 문제를 철저히 무시하려는 해석들 사이의 극단적 태도에 당혹스럽다. 만약 우리가 우리의 역사나 소설 속에 등장하는 형제자매들의 사소한 기록조차 간과한다면, 심혈을 기울여 기록해놓은 사실들을 이해할 수 없을 듯하다.

이 장에서는 많은 학자들이 페미니즘과 채식주의가 역사적으로 서로 연관을 맺어온 사실을 입증하는 자료들을 간과해온 원인과 이유를 분석할 생각이다. 앞서 말한 채식주의에 관련된 극단적인 해석 문제를 극복하기 위해, 나는 채식주의가 도덕적 관점에서 기능할 뿐 아니라 논리적으로 페미니즘 이론과 여성적 경험에 공명한다고 주장하려 한다. 나는 우리 몸이 생리적으로 채식에 적합하다는 채식주의자들의 생각을 '채식주의 신체'라는 개념으로 재정의하려 한다. 이런 주장은 우리의 신체에서 떼려야 뗄 수 없는 도덕의 중요성을 강조하는 윤리학자 비벌리 해리슨의 통찰에 근거한다.

> 페미니스트들처럼, 만약 우리가 "우리들의 신체, 우리 자신들"에서 시작한다면, 우리는 도덕 지식을 포함한 우리가 알고 있는 모든 지식이 신체에 관련을 맺고 있다는 점을 인정해야 한다. …… 따라서 "우리들의 신체, 우리 자신들"에 밀접히 연관을 맺지 못한다면, 우리들이 서로 맺을 수 있는 도덕적 관계들은 파괴된다. (Harrison 1985, 13)

채식주의자들은 우리하고 다른 동물 사이의 도덕적 관계를 존중하는 식사와 건강한 신체 사이에 연관이 있다는 점을 인정한다.

나는 육식을 포기한 적이 없다. 나는 태어날 때부터 고기를 향한 어떤 욕구나 갈증도 갖고 태어나지 않았다.
— 루신다 챈들러Lucinda Chandler, 〈채식주의자로 지낸 지 45년 뒤after 45 years of being a vegetarian〉, 1911, 156쪽

페미니스트 자선 모금 만찬이나 회의장에는 고기 음식이 자주 등장한다. 페미니스트 중에는 동물 가죽이나 모피로 만든 옷을 입는 행동을 나무라는 사람이 있기는 하다. 이런 행동은 말 그대로 채식주의 신체에 관한 왜곡이다. 윤리적 채식주의란 사람들이 자기 신체에 적용한 이론이다. '채식주의 신체'는 이런 윤리적 인식말고도 다른 많은 의미를 결합한 개념이다. 우리는 지배 문화의 잘못된 평가 때문에 지금까지 채식주의에 왜곡된 찬사를 보내는 한 무리의 문학을 발견한다.

이런 채식주의 저항 문학이 다루는 주요 주제는 인간의 신체가 육식 동물보다는 채식 동물의 신체를 닮아 있다는 주장에 새로운 의미를 부여한다. 인간의 신체가 채식 동물의 신체를 닮았다는 주장의 근거는 치아, 타액, 위산, 장의 길이 등이다. 그러나 인간의 신체에 관련된 이런 해부학적 주장이 오히려 육식을 비판하기 위해 제기된 윤리적 쟁점들의 중요성을 반감시켰다. 채식주의에 관련된 해부학적 근거가 제시되자, 육식인들은 지난날 채식주의자들이 제기한 모든 주장을 더는 귀담아들을 필요가 없게 됐다면서 채식주의를 인체의 생리학적 기질로 보는 견해를 반겼다. 메리 울스턴크래프트는 루소의 여성관*에 발끈해서 《여성의 권리 옹호》를 썼다. 순서상 루소의 여성 혐오를 먼저 비판하지 않는 대신에 울스턴크래프트는 해부학에 바탕한 채식주의를 비판하는 주석을 달면서 시작한다. 루소의 이름이 처음 등장하는 이 주석에서 울

스턴크래프트는 채식주의에 관련된 불합리한 주장을 그냥 지나치지 않는다. "치아, 위, 장기의 구조에서 출발해 채식주의를 제기하는 해부학자들의 견해하고 반대로, 루소는 인간의 신체가 육식 동물의 몸에 가깝다고 주장하지는 못한다"(Wollstonecraft 1969, 42). 그리고 육식에 따라붙는 질병들, 육식과 암 사이에 연관성이 있다고 본 뒤 채식주의로 전환한 사람들도 비웃음을 사기는 마찬가지였다. 물론 지금 이런 연관성은 숱하게 많은 의학 관련 보고서에서 확인된다. 서구 사회의 잡식성 식사는 당뇨병, 심장 질환, 고혈압, 암의 발병에 밀접한 관련이 있다. 반면 채식 위주 식사는 식물성 화학 물질, 노화 방지 물질, 섬유, 무콜레스테롤 등 이점이 여러가지다.

인간 신체에 관한 이런 의학 정보가 계속 보고되면서 문학적으로 정의된 채식주의 신체를 다시 개념화해야 할 필요가 생겨난다. 게다가 인류학 분야의 발견들은 우리의 선조라고 할 수 있는 원인猿人들이 채식주의 신체를 하고 있었다는 사실을 보여준다. 원인의 뼈, 치아, 자취, 사용한 도구 등을 조사해보면, 익명의 선조들이 고기를 먹기 시작한 때는 장기간에 걸쳐 진화한 인류의 역사에서 가장 근래인 4만여 년 전이라는 사실을 알 수 있다. 또한 서구 세계의 대부분은 겨우 200여 년 전에야 일상적으로 고기를 소비할 수 있게 됐다.

고고학적 유물은 우리가 일찍부터 식물에 기초한 식사를 해온 증거들을 제시한다. 일찍이 원인들의 저작계masticatory system**는 고기를 찢기보다는 식물을 분쇄할 수 있는 구조였다. 원인들의 치아 화석에는 육식 동물의 치아에서 발

---

* 루소는 《에밀》에서 주인공 소피를 이렇게 그린다. "남자를 기쁘게 하기, 남자에게 쓸모가 있기, 남자가 어릴 때는 남자를 키우기, 남자가 큰 뒤에는 남자를 돌보기, 남자에게 조언하기, 남자를 위로하기, 남자의 삶을 즐겁고 유쾌하게 만들기 등은 나이가 몇 살이든 모든 여자의 의무이자 여자들이 어릴 때부터 배워야 할 의무다" — 옮긴이.

** 저작계 또는 구강악계(stomatognathic system). 음식물을 씹을 수 있게 하는 기관들을 말한다. 크게 치아와 치아의 지지 조직, 하악 관절을 비롯한 관련 구조물, 신경 근육계와 인대로 구성된다. 이 3대 구조물이 모두 건강하고 제 기능을 완벽히 할 수 있을 때 완전한 저작 기능을 발휘할 수 있다. 각각의 구조물은 [illegible] 따로 분리돼 기능할 수 없으며, 어느 하나가 건강하지 못하면 다른 구조물의 건강도 무너지는 긴밀한 관계를 맺고 있다 — 옮긴이.

견되는 긁힌 흔적이 없다. 대신 많은 양의 식물을 소비한 경우하고 일치하는 닳아 없어진 자국이 남아 있다. 게다가 원인들이 남긴 유물 중에서 동물 가죽을 벗기고 살을 자르는 데 쓰인 도구로 추정되는 날카로운 박편들은 나무의 섬유 조각들이 묻어 있고 끝이 무딘 점으로 보아 뭔가를 깊이 파는 데 사용된 사실을 알 수 있다. 화석화된 인간의 배설물도 인류가 일찍부터 식물을 먹은 사실을 증명한다. 이런 고고학적 사실들을 바탕으로 채식주의자들은 인류가 고기를 소화할 만한 기관을 갖지 못한 채 육식인으로 진화했다고 주장한다. 앞서 살핀 대로 우리는 육식의 넷째 단계인 공장식 축산에 도달해 있으면서도 첫째 단계인 육식이 전혀 없는 상태의 신체를 하고 있다. 결국 고기를 먹을 때마다 채식주의 신체에 일차적 왜곡이 일어나고, 채식주의 신체의 왜곡 때문에 몸은 소화할 수 있는 양보다 많은 지방, 단백질, 콜레스테롤, 동물성 식품을 억지로 소화해야 한다.

물론 채소 위주 식사는 인류 초기의 역사에만 국한되지 않는다. 인간의 해부학적 성질이 채식주의 식사에 적합하다는 주장을 입증할 만한 인체 내부의 흔적은 많다. 타액은 "초식 동물의 특징인 녹말을 분해하는 데 필요한 아밀라아제 효소가 들어 있다"(Cleave et al. 1969, 11). 원인들과 인간에게서 발견되는 이 특별한 타액 속 단백질은 "식사할 때 다량의 식물에서 나오는 탄수화물과 매우 다양한 섬유 조직 때문에 치아가 썩지 않게 하려고 코팅을 입히는 작용을 한다고 여겨진다"(Tanner 1981, 187). 채식주의자 작가인 제인 브로디는 오랫동안 우리의 '송곳니'와 육식 동물의 송곳니가 서로 다르다고 주장했다. "우리의 치아는 육식 동물보다는 초식 동물의 치아를 더 닮았다. 앞니는 넓고 날카로우며, 물체를 잡아 물어뜯는 데 알맞다. 송곳니는 작을 뿐 아니라 호랑이의 송곳니에 견줘 거의 퇴화돼 있고, 어금니는 평평하다. 턱은 음식을 삼킬 수 있게 잘게 가는 기능을 한다"(Brody 1981, 436)고 말이다. 우리는 육식 동물처럼 까칠까칠한 혀도 없고, 육식 동물의 위액에 견줘 위액 속에 분비되는 염산의 양이 아주 적다(Cleave et al. 1969, 11). 육식 동물의 장기는 짧아서 몸길이의 3배 정도지만, 우리 인간의 내부 장기는 몸길이의 12배에 이른다.

우리 인간의 해부학적 구조가 육식 동물보다는 초식 동물하고 더 비슷하다면, 고기를 섭취할 때 어떤 일이 생길까? 우리는 동물의 부재 지시 대상이 실제로는 결코 부재하지 않는다고 주장할 수 있다. 부재 지시 대상은 고기가 질병, 특히 인체의 심장 질환과 암을 유발하는 경향이 있다는 점에서 누군가의 몸 안에 존재한다. 미국에서는 매시간 수백 명이 심장 질환으로 죽어간다. 채식주의자들이 심장 질환으로 죽는 비율은 육식인들의 50퍼센트에도 미치지 않는다. 개발도상국을 다룬 의료 연구 보고서에 따르면 채식주의자의 암 사망률은 육식인보다 낮다. 다른 요인들이 암 발병률을 증가시키기는 하지만, "미국 국립암연구소의 보고에 따르면 미국에서 암 사망 인구의 3분의 1, 암 환자 10명 중 8명은 식습관에 관련이 있다."*

거의 200년 넘게 채식주의자들은 육식과 암 사이에 연관성이 있다고 주장했다. 20세기 초의 채식주의자 페미니스트인 새러 클리그호른은 "암의 원인은 육식에 있다. 나는 국립암학회가 채식주의자들 중에서 암환자의 비율이 얼마나 되는지 조사해주기를 바란다"(Cleghorn 1936, 172)고 주장한 머스커틴 리핑웰 박사의 저술을 언급한다. 2차 대전 뒤에 아그네스 라이언은 〈암의 악령The Cancer Bogy〉이라는 글을 써서 이렇게 주장했다.

> 나는 건강에 극적 효과를 일으키면서 내 생활 방식을 완전히 바꿔놓은 암의 근원을 강하게 확신하게 됐다. …… 암을 현재 우리가 아는 지식과 일상에서 쉽게 접

* 여기에서 사용하는 보건 정보는 Virginia and Mark Messina, *The Vegetarian Way*(New York. Crown, 1966)의 3장에서 가져왔다. 이 책을 쓴 저자들은 자료를 직접 확인하려는 사람에게 의료 관련 자료를 풍부하게 제공한다. 그러나 이런 자료가 해부학적 논쟁에 관련해 직접적으로 이야기하는 내용은 없다. 몇몇 사람은 철저한 채식 위주 식사가 발휘하는 면역 효과가 해부학적 주장을 뒷받침한다고 단언한다.

하는 수단을 이용해 값싸게 예방할 수 있다고 확신한다. (Ryan 6, 79)*

〈암의 악령〉은 건강을 위한 최초의 채식주의자 자기 지침서일 듯하다. 이 책은 암으로 사망하는 사람과 육식의 상관성을 입증하면서 시작한다. 라이언은 암에 걸리기 쉬운 체질을 판별할 수 있는 공식을 만든다. "독성 물질이 들어 있는 음식물 섭취('모든 육류 식품'뿐 아니라 담배, 주류, 약물) + 비타민 결핍 + 잘못된 식품 제거 식이 요법." 반대로 건강을 위한 공식은 "자연식 + 적절한 식품 제거 식이 요법 + 꾸준한 운동"이다(Ryan 107, 108).

고기를 죽음으로 보는 채식주의자들의 시각과 고기를 생명으로 보는 육식인들의 시각 사이의 게슈탈트 전환은, 각 진영이 고기 소비와 질병이 연관된다는 사실을 확인해주는 정보를 수용하는 태도에도 큰 영향을 미친다. 채식주의자는 글자 그대로 채식이 생명을 가져다주는 반면 고기는 소비자들에게 죽음을 가져다준다고 간주한다. 채식주의자는 육식인의 평균 심장 박동 속도가 채식주의자보다 빠르다는 사실을 안다. 그리고 브로콜리, 방울양배추, 양배추 같은 채소가 항암 효과가 있다는 사실을 알고 있으며, 이런 채소를 먹으면 우리 문화를 좀먹는 퇴행성 질환에 맞서는 면역력이 강화된다고 믿는다. 채식주의자는 육식이 암과 심장 질환에 걸리기 쉬운 고지방 식사이기 때문에 죽음의 한 원인이라고 생각한다.

일정한 기간 동안 육식을 끊은 사람들은 그 뒤 자기 몸에서 일어난 변화에 관해 이런저런 말을 많이 한다. 식후에 식곤증이 없어졌다든지, 비만 증세가 말할 수 없을 정도로 호전됐다든지 등. 그 밖에 다른 사람들도 채식주의 덕에 건강이 좋아진 사실을 발견한다. 의사이자 채식주의자인 애나 킹스포드는 19세기 후반에 영국을 떠나 파리에 있는 의과대학에 들어갈 때 자기 앞에 놓인 난관, "특히 성기능 장애, 낯선 환경 때문에 생긴 개인적 어려움, 물질적이고 도덕적인 시련"을 극복하는 데 채식주의가 많은 도움이 됐다고 주장한다.

우리는 인체에 관련된 많은 책들을 접하면서 우리의 몸이 말하고 있는 단어가 채식주의라는 결론을 내린다.

비판적 왜곡

여성 활동가들에 관해 풍부한 지식을 갖고 계시다고 들었습니다. 저는 지금까지 세계 최초의 여성 채식주의자는 애나 킹스포드라고 알고 있습니다. 킹스포드에 관한 자료를 보내주실 수 있을까요? 어디에서도 정보를 찾을 수 없었습니다.
— 아그네스 라이언이 앨리스 파크에게 쓴 편지, 1936**

동물 실험 반대자, 백신 접종 반대자, 심령주의자, 여성의 자유 옹호자인 내 친구들을 대변해 이야기할 때 …… 나는 늘 육식인이 설 땅이 점점 줄어들고 있다고 느낀다. 그러나 육식인의 건강을 보살피는 의사 처지에서 공개적으로 드러내놓고 내 투철한 신념, 곧 채식주의 운동이 순수, 자유, 정의, 행복을 향한 다른 모든 운동의 기초이자 토대라는 믿음을 계속 주장하기가 쉽지 않은 현실이 유감스럽다.
— 에드워드 메이트랜드, 《애나 킹스포드》, 1896, 223~224쪽

지배적 관점에서 채식주의를 해석하려 달려드는 역사가들은 채식주의를 설명하기보다는 해명하려 드는 경우가 있다. 그리고 채식주의의 급진적인 문화 비판을 왜곡하는 많은 고기의 텍스트들이 있다. 이를테면 프랑스 혁명 시기와

---

* 아그네스 라이언의 수고와 편지는 슐레징어 여성사 도서관에 소장된 아그네스 라이언 전집(Agnes Ryan Collection)에 들어 있다.
** 앨리스 파크는 킹스포드의 책 《완벽한 식이 요법(The Perfect Way in Diet)》과 에드워드 메이트랜드(Edward Maitland)가 쓴 두 권짜리 전기를 보내줬다.

그 뒤에 채식주의에 관심이 커진 이유를 밝히는 저술들은 대부분 혁명이 가져온 문화적 변화에 개인들이 한 대응에 초점을 맞춘다. 역사가들은 채식주의자들이 육식의 잔혹함을 강조하면서 자기의 동물적 본성을 억제하려 하는 한편으로 (두려움 때문에) 자기 속에 내재한 잔혹함을 인정하려 들지 않는다고 주장한다. 그러나 역사가들은 육식을 위한 인간의 발명품, 동물을 죽이고 도살하는 데 쓰는 도구, 고기를 조리하는 도구와 이런저런 조미료에 견줄 만한 요소가 다른 동물에게는 없다는 점을 간과한다.

플루타르크에서 시작해 퍼시 셸리를 거쳐 애나 킹스포드와 20세기에 걸쳐 활동한 역사적 채식주의 저술가들은, 육식 동물이나 인간이 다른 동물의 고기를 먹는다는 사실 자체보다는 고기를 먹는 인간이 다른 동물하고 다르게 매우 특이한 방식을 사용한다는 데 관심을 뒀다. 앞서 2장에서 본 대로 고전적 채식주의 문학의 일관된 흐름은 다음 같다. 동물은 동족의 고기를 먹기 전에는 고기를 조리하지 않는다. 뼈에서 고기를 발라내지도 않는다. 만약 고기를 먹는 행위가 자연스러운 행동이라면, 우리는 왜 다른 동물들처럼 날것으로 먹지 않을까? 채식주의자들은 인간에게 자연스럽게 여겨지던 것을 두려워하지 않았다. 오히려 자기가 이런 비자연적 요소, 그리고 육식 문화의 불필요한 관행을 받아들인 현실을 슬퍼했다.

채식주의자들은 육식의 문화적 측면, 곧 내가 고기의 텍스트들이라고 부른 양상을 인정한다. 고기를 '자연스런' 상태로, 시체에서 떼어낸 날것 그대로 먹지 않고 문화적 개입을 통해 변형시키기 때문에, 채식주의자들은 이런 문화적 개입의 특수한 양상들을 분석하는 데 에너지를 쏟아부었다. 채식주의자들은 죽은 동물의 살점을 다른 동물이 먹는 고기처럼 인간이 먹을 수 있게 변형하는 구조가 대수롭지 않거나 하찮은 문제는 아니라고 주장한다. 특히 채식주의자들은 육식 의존도가 현재 우리 문화의 발전 수준을 재는 척도라고 주장하면서, 이런 문화적 구조의 중요성을 분명하게 언급한다. 고급 음식의 한 형식인 스테이크 소스조차 이런 문화적 개입의 결과다.

역사가들은 채식주의자들이 인간의 본성에 내재하는 동물적 본성을 두려워하고 있다고 주장했다. 채식주의 신체를 왜곡하려 한 시도가 실패하자, 이제는 채식주의가 인간 본성에 내재하는 보수적 욕망, 곧 산업화 때문에 사라져가는 산업사회 이전의 목가풍 분위기를 되살리려는 욕망을 반영한다고 주장했다. 그러나 많은 채식주의자는 자기가 동물 억압의 가해자가 아니라는 점, 오히려 반대로 육식과 남성 지배 아래에서 자기들과 동물들이 당하는 억압과 압력에 저항하고 있다는 점을 잘 알고 있었다. 6장에서 우리는 급진 정치학을 동물을 향한 관심에 연관 짓던 여러 낭만주의 채식주의자들을 살펴봤다. 1845년 뉴욕 주 오논다가 모트빌에 있는 스캐니텔레스 공동체Skaneateles community에서 생활한 마리아 루미스는, 채식주의란 "개혁가들에게는 하나의 출발점이다. 나는 여기서 시작하지 않는 그 어떤 그럴듯한 개혁도 신뢰하지 않는다"(Loomis 1845, 87)고 썼다. 20세기 말 헨리 솔트는 《채식주의의 논리The Logic of Vegetarianism》(1899)에서 이런 주장에 다음처럼 동의했다. "채식주의는 실제로 식습관에서는 역사적 진보다"(Salt 1899, 106). 또한 솔트는 1890년대 버나드 쇼와 애니 베전트Annie Besant* 같은 페이비언 협회 동료들이 대부분 채식주의자였다는 점도 인정했다.**

이런 왜곡의 역사는 동물을 위한 사회적 행동주의가 어떤 평가를 받을 수 있는지에 의문을 제기하고, 오히려 인간이 사회보다 더 많은 기능 장애를 앓고 있다는 사실을 보여준다. 여성의 지위 하락, 농촌 사회의 잠식, 또는 반려동물하고 맺는 강력한 유대 같은 비판적 쟁점들은 지배 문화에 저항하는 사람

---

* 여성 사회개혁가이자 신맬서스주의자로, 1893년에 인도로 건너가 사회 개혁과 교육을 위해 일했다 — 옮긴이.

** 린 베리 주니어가 맬컴 머거리지(Malcolm Muggeridge)하고 한 인터뷰(*The Vegetarians*(Brookline, Mass: Autumn Press, 1979)). "당신은 내 아버지가 일찍부터 페이비언주의자였고, 이 협회 사람들이 채식주의적인 사실을 알고 있었습니다"(같은 책, 93).

들에게 정치적 동기보다는 심적 동기를 부여하면서 지배 문화를 향한 다양한 비판을 이끌어낸다.

지배 문화는 채식주의자 중에서 채식주의자들이 하는 주장에 어긋나는 역사적 인물을 부각시키는 방식으로 채식주의의 급진적 비판을 피해갈 수 있다. 이를테면 육식인들은 아돌프 히틀러가 '채식주의자'라는 사실을 지적한다. 그러나 사실 히틀러는 채식주의자가 아니었다.* 그러나 많은 육식인들은 채식주의가 필연적으로 자기를 더 선량한 사람으로 만들지 않는다는 사실에 위안을 얻기 위해 히틀러가 채식주의자라는 사실을 믿을 필요가 있다. 이런 메시지는 이렇게 제기된다. "히틀러가 채식주의자이기 때문에, 나는 (채식주의와 선량함 같은) 쟁점을 다루지 않는다." 그런데 간디도 똑같은 생각을 했다. 아이작 싱어도 마찬가지였다. 어느 여성이 육식을 중단한 뒤부터 건강이 좋아졌다고 말하자 싱어는 이렇게 대꾸했다. "저는 닭의 건강을 생각해서 채식을 했습니다"(Proctor 1988, 228).

싱어가 한 말은 채식주의 신체에서 비롯된 논거, 곧 채식주의가 건강에 이롭다는 주장이 도덕 지식의 근원으로서 신체를 매개로 한 지식하고 떼려야 뗄 수 없다는 사실을 상기시킨다. 그렇지 않으면 이런 말은 자기도취일 뿐이다. 어떤 사람은 퍼시 셸리 같은 채식주의자의 저술에 나오는 내용, 그러니까 어떤 병에는 어떤 식사가 적절한지, 그리고 그런 방법이 정말 효과가 있는지 실제로 시험해보는 듯하다. 닭의 건강을 생각해 채식주의자가 됐다는 싱어의 말은 기본적으로 도덕적이다. 1920년에 상연된 《상심의 집Heartbreak House》의 서문에서 버나드 쇼는 싱어가 한 지적을 되풀이한다. "할 일 없는 집, 그곳은 언제나 치료 뒤 요양을 위한 우울증의 집이었다. 육식을 중단한 이유는 셸리의 주장이 옳기 때문이 아니라 요산 탓에 생긴 요로 결석을 치료해야 하기 때문이었다"(Shaw 1962, 455). 거꾸로 순전히 자기 건강만 생각해서 유기농 고기를 먹는 사람도 있다. 이른바 히틀러의 채식주의에 초점을 맞출 때처럼 육식인들은 자기가 수용하는 부재 지시 대상의 구조가 조사 대상이 되는 데 반감을 표시한다. 그리고 건강상의 이유만으로 채식주의를 옹호하는 논리는 신체에 매개된 지식의 잠재성을 감소시킨다.

채식주의를 바라보는 지배 문화의 왜곡된 시각은 채식주의자를 인종주의적이라고 비난하는 데서 더욱 분명해진다. 물론 채식주의자 또는 백인 여성처럼 유색인들이 백인 남성의 지배 문화에 짓눌려 침묵을 강요당하고 있기 때문에 이 문제를 다루기가 쉽지는 않다. 그런데 대부분의 여성이 지배 문화가 널리 퍼트린 고기의 텍스트들을 고집하듯, 유색인 여성들은 지배 문화에 동화돼 있는 한편으로 지배 문화에서 분리돼 있기도 하다. 따라서 지배 문화에 억압당하면서 다른 집단을 억압하기도 한다. 이를테면 흑인 여성 페미니스트인 팻 파커Pat Parker는 〈채식주의자인 친구에게To a Vegetarian Friend〉라는 시에서 채식주의와 인종주의라는 문제를 다루기가 쉽지 않은 현실을 묘사한다. 분명히 채식주의자 친구는 파커의 육식에 비판적이었다. 파커는 자기가 먹고 있는 돼지 곱창과 채소, 목뼈와 꼬리가 노예제와 인종 차별에 시달리며 살아온 파커의 조상과 파커를 이어주는 고리라는 채식주의자 친구의 말을 떠올린다. 파커는 친구에게 말한다. '이 음식이 내 입맛에 딱 맞아/ 내 영혼을 살찌우지.' 그리고 파커는 자기가 먹는 음식에 이래저래 상관하려 들지 말고, 우정을 위해 잠자코 있어달라고 부탁한다(Parker 1978, 14).

파커가 쓴 시를 보면 두 개의 억압, 곧 인종주의와 육식이 서로 대치하고 있

---

* 콜린 스펜서는 히틀러가 채식주의자라는 주장을 받아들인다(Spencer 1996, 304~309). 반면 로버타 칼레코프스키와 린 베리는 히틀러의 '채식주의'가 '빨간 고기'만 먹지 않으면서 자기를 채식주의자라고 부르는 오늘날의 많은 탐식가들이 말하는 채식주의하고 비슷하다는 강력한 증거를 제시한다. 히틀러는 갓 부화한 비둘기 새끼, 소시지, 간을 넣은 만두(liver dumplings)를 즐겨 먹었다. 히틀러의 '채식주의'는 자기를 금욕주의자이자 '순수한' 사람으로 그리려고 나치가 벌인 대중 선전 활동의 하나였다. 그러나 히틀러는 권좌에 앉자마자 채식주의 협회들을 불법 단체로 선포했다(칼레코프스키의 인터넷 홈페이지(www. micahbooks.com)에서 〈히틀러의 채식주의〉 항목을 볼 것. 그리고 Berry Jr. 1999, 83~85 참조). 히틀러는 흡연에 반대하고, 채식주의에 더해 금연 정책을 실행했다. 그러나 오늘날의 금연 운동하고는 약간 다르다. 지금 쓰고 있는 《고기 먹는 사람들 사이에서 살아가기(Living among Meat Eaters)》에서 나는 히틀러를 '채식주의자'라고 주장하면서 자기의 육식을 옹호하는 담론의 동학을 구체적으로 다룰 예정이다.

다는 사실을 알 수 있다. 이런 대치는 채식주의란 인종주의가 아니라 육식에 조응한다는 점을 명확히 한다. 그러나 파커의 시가 인종주의를 나타내는 표상의 한 형태라면 고기는 또 다른 무엇을 표상한다고 할 수 있다. 파커가 묘사하는 대립은 반인종주의나 흑인 전통과 채식주의 사이의 갈등이 아니라 표상으로서 고기의 기능과 실재로서 육식 사이의 대립이다. 파커에게 고기는 선조들이 먹던 음식을 대표하는데, 파커는 고기를 매개로 자기와 선조들이 연결돼 있다고 생각한다. 그런데 이 선조들을 육식인으로 분류할 수는 있지만, 파커가 옹호하는 고기는 선조들이 소비한 고기하고 똑같지 않다. 지금 파커가 먹고 있는 고기는 상품으로 판매되는 고기다. 다시 말해 자본주의 세계에서 육식의 지배적 단계는 넷째 단계다. 동물을 한곳에 가두고 막대한 양의 항생제를 투여하는 현대의 공장식 육류 생산 방식은, 파커의 선조들이 먹던 죽은 동물의 고기와 파커가 먹는 고기 사이의 극명한 차이를 만들어낸다.

파커는 부재 지시 대상의 기능을 입증하는 단어들로 육식의 의미를 설명한다. 곱창, 목뼈, 꼬리 등은 원래 한덩어리로 있던 동물을 지시하지 않고, 오히려 파커처럼 백인우월주의 체제에서 억압받던 선조들과 파커가 연결돼 있다는 사실을 은유적으로 지시한다. 파커는 제의의 의미가 지니는 중요성을 제기한다. 물론 나는 제의의 중요성을 부정하지 않는다. 그러나 고기라는 단어를 동물이 아닌 다른 무엇을 지시하는 의미를 지닌 말로 간주하면, 곧 고기를 파커와 파커의 선조 사이를 잇는 연속성으로 기능하게 하면 부재 지시 대상의 구조에 관여하게 된다. 물론 나는 제의에 쓰이는 음식이 억압적 체제에 희생된 선조들과 파커를 연결하는 기능을 할 수도 있다고 주장할 생각은 없다. 그러나 고기의 의미를 동물의 생명에서 분리시키지 않는다는 면에서는 의미가 있다. 사실 한 무리의 채식주의 문학은 소울 푸드*가 채소를 말하는 단어일 수도 있다고, 그리고 노예로 살며 억압받던 조상을 기리기 위해 억압받는 동물을 제물로 희생시킬 필요는 없다고 주장한다(Burgess 1976; 1973을 볼 것).

백인이 유색인의 문화와 경험을 무시한 채 백인의 규범과 우선순위를 강제했듯이, 모든 종족, 성별, 계급에 속한 육식인들은 자기가 하는 행위가 그 행위 자체로 규범이며 중심이라고 생각했다. 여성 저술가와 활동가들이 대안적 시각을 갖고 있기는 했지만, 결과적으로 페미니스트 역사가와 문학 비평가들은 채식주의에 관련해서 지배 문화의 시각을 그대로 수용한다.

나는 이 책이 페미니스트-행동주의 사상가들과 채식주의가 오랫동안 매우 흥미로운 연관을 맺어온 역사를 제대로 소개할 수 있기를 바란다. 행동주의를 통해서든 윤리적 이유에서 개인적으로 채식주의를 선택하든 여성들이 동물에 관심을 갖고 있다는 사실을 보여주는 기본적인 자료들을 접할 기회가 많은 학자들 스스로 이런 역사적 사실들을 간과하기 때문에, 연관의 역사를 구체적으로 기술하는 저술은 아직 없다. 그렇다면 어떻게 나는 그런 책을 쓸 수 있을까? 아래에서 나는 그런 여성들에게 직접 질문을 던지거나 관련 저술을 참고하면서 연관의 역사를 탐구하려 한다.

나는 1970년대에 등장한 급진 정치 운동에 아직까지 관여하는 어느 여성 참정권 운동가의 구술사를 기록하면서, 친구인 아그네스 라이언을 만나 채식주의에 관해 이야기를 나눈 적이 있는지 물었다. 그 운동가는 그런 적이 없다고 대답했고, 채식주의에 관해서 별반 생각이 없는 듯했다. 나는 1차 대전 기간 동안 활동한 여성 평화주의자들에 관한 자료를 수집하고 있던 저명한 페미니스트 역사가를 만난 자리에서는 이 여성들이 주고받은 편지에 채식주의를 말하는 부분이 있는지 물었다. 그 사람은 기억할 수 없다고 솔직히 대답했다. 모두 여섯 권인 《여성 참정권 운동사History of Woman Suffrage》(1887~1992)** 의 4권

* 미국 남부 흑인들이 즐기는 특유의 음식 — 옮긴이.

** 이 책의 1~3권은 1887년에 엘리자베스 캐디 스탠턴, 수선 앤서니(Susan B. Anthony), 마틸다 조슬린 게이지(Matilda Joslyn Gage)가 편집했고, 4권은 1902년에 수잔 앤서니와 이다 하퍼가 편집했다 — 옮긴이.

과 5권을 편집한 이다 하퍼Ida Husted Harper는 채식주의자인 어느 여성 모자 제조업자와 미국여성참정권협회National American Women's Suffrage Association의 어느 회원이 백로 깃털로 장식한 모자를 쓴 페미니스트들이 닭고기를 먹는 문제를 둘러싸고 설전을 벌인 역사적 일화를 기록하지 않고 있다. 나는 1907년 미국여성참정권협회 전국대회 기간에 이 여성 모자 제조업자가 동물을 위해 한 열정적 연설을 하퍼가 기록할 수도 있었다고 생각한다. 그 여성 모자 제조업자는 말했다. "닭고기를 먹거나 가죽을 얻으려고 순진한 동물들에게 공포를 안기는 행위를 묵과하는 어떤 행동도 납득할 수 없다. 여성 참정권 회의에 참가하러 와서 개인적 취향이라며 무시무시한 도살의 전리품들을 입은 여성들을 볼 때, 온 몸에 소름이 돋았다"(Vegetarian Magazine 1907, 16). 그러나 하퍼는 침묵했다.

역사에서, 그리고 문학 작품에서 여성과 채식주의의 동맹 관계는 꽤나 왜곡돼 있다. 그 결과 네트워크를 형성한 페미니스트 채식주의자들 사이의 관계가 제대로 그려지지 못한다. 페미니스트 이론가인 과거의 여성 채식주의자들은 자기가 페미니스트 이론가라는 사실을 숨긴다. 우리는 두 개의 감춰진 역사를 가지고 있다. 하나는 감춰진 여성의 역사이고, 다른 하나는 혼동하기 쉬운 동물 행동주의와 여성 채식주의의 역사다. 역사가들과 문학 비평가들이 채식주의를 언급조차 하지 않는 상황이 지금 여성사가 맞닥트린 현실이다. 그러나 역사와 문학 비평에서 일어나는 왜곡은 역사가와 문학 비평가들이 텍스트에서 마주치는 채식주의를 진지하게 받아들이지 않을 뿐 아니라 자기들이 유지하는 육식을 심각한 문제로 생각하지 않기 때문에 생겨난다. 역사가와 문학 비평가들은 채식주의 신체가 갖는 의미에 관심이 없다.

페미니즘-채식주의의 텍스트들은 페미니스트 비평과 역사에서 부재 지시 대상이다. 페미니스트 비평에서 채식주의는 하찮은 문제로 간주되고, 역사와 전기 문학에서는 부차적이고 주변적인 요소로 여겨진다. 또는 순전히 개인적인 문제로 치부되거나 남성의 시선으로 바라보게 된다. 그리고 여성의 성적 관심(성욕), 정치, 가족, 노동, 인종주의, 성폭력과 가정 폭력 등 어려운 문제들을 대하는 태도하고 정반대로 채식주의 문제는 여성의 삶을 연구하는 데 별 상관이 없는 사안으로 여겨진다. 물론 페미니즘-채식주의 텍스트와 그 역사가 우리에게는 상실된 무엇이기 때문에 역설적으로 여성의 채식주의에 침묵하는 이런 태도 자체는 비판 이론적 행위가 된다. 따라서 침묵은 새로운 통찰을 위한 토대가 된다. 페미니즘-채식주의의 텍스트에 관한 이런 침묵은 나 자신의 침묵하고도 일치한다. 다시 말해 이 책을 준비하면서 13년 동안 쓴 일지는 지금 이 장에서 다루는 문제의식에 기초해 작업한 결과다.

우리는 왜 채식주의 신체에 관한 왜곡을 인정하게 됐을까? 첫째, 우리의 역사적 기록은 불완전하기 때문이다. 둘째, 채식주의 같은 역사적 개혁 운동을 정당하지 못한 흐름으로 몰아붙이는 한 가지 방법이 그 운동을 잠깐 지나가는 유행쯤으로 치부하는 방식이기 때문이다. 이런 주장을 펴는 대부분의 책에서 가장 자주 눈에 띄는 문구가 바로 "채식주의는 일시적 유행"이라는 말이다. 그러나 짧은 시간 동안만 대중적인 관심을 끌어 일시적 유행이라고 할 수 있는 어떤 흐름이 역사적 기록을 거쳐 숱하게 반복된다면, 과연 일시적 유행이라고 치부해야 할까? 《미국을 빛낸 여성》에 실린 여성 참정권론자이자 노예제 폐지론자인 아비게일 켈리 포스터Abigail Kelley Foster에 관한 기록에서, 이 책의 저자가 포스터의 인생에서 가장 '중심' 목표라고 할 수 있는 여성 참정권 운동에 견줘 채식주의를 어떻게 서술하는지 주목해보자. "그 시기의 많은 개혁가들처럼 포스터도 새로운 식이 요법, 수치료법水治療法, 유사 요법, 골상학, 심령주의 등에 관심이 많았다. 그러나 이런 일들은 일시적인 유행일 뿐이어서 포스터가 세워놓은 인생의 주요 목표를 바꾸지는 못했다"(Melder 1971, 649).

오늘날 페미니즘과 채식주의의 관련성을 둘러싼 논의가 어느 정도 진척되면서, 페미니즘과 채식주의의 역사가 현대의 문화를 해석하는 데 중요한 변수가 되고 있다. 또한 채식주의에 침묵을 강요하는 태도는 여성에 연관된 더 거대한 침묵에 관련되며, 지배 문화가 지배를 강제하는 방식에 관해 그 침묵이 무엇을 밝혀줄 수 있을지에 관심이 쏠린다. 자기의 신체를 중시하는 사람들은 지배적 도덕에 따라 강제된 분리들을 극복할 수 있다. 이어서 나는 채식주의에 관한 전통적인 해석에 좀더 실증적으로 접근해보려 한다. 신체를 매개로 한 지식의 중요성을 인정하지 못하고 그 지식이 채식주의 신체에 전달되는 과정을 밝혀내지 못한 잘못이 우리가 과거를 왜곡하고 여성들이 채식주의자가 된 이유를 잘못 이해하게 된 원인이라는 점을 밝히겠다.

섹슈얼리티와과 채식주의 신체

빅토리아 시대의 순결은 육체적이고 사회적인 통제인 절제, 채식주의, 보건과 식품 개혁, 골상학에 기반을 둔 우생학의 융합을 포함하는 모든 개혁을 지지한 자기기만적인 남성 개혁가 집단의 창조물이었다. …… 사실 이 모든 개혁은 개혁의 대상으로 신체를 선택했다.

— 캐롤 스미스-로젠버그Carroll Smith-Rosenberg, 《터닝 포인트 — 가족에 관한 역사사회학 에세이Turning Point: Historical and Sociological Essays on the Family》, 1978, S213쪽

육식은 포기하면서, 왜 우리는 우리를 구속하고 불편하게 만드는 것들에서는 자기 자신을 해방시키지 못하는 걸까?

— 에스메 윈타이슨Esmé Wynne-Tyson, 《포르피리오스Porphyry on Abstinence from Animal Food》, 1965, 53쪽

채식 위주 식사가 건강에 좋다는 채식주의자들의 주장이 입증된 사실이라고 하면, 의학이 발전하지 않은 지난 시대의 여성들이 채식주의 신체에 관해 갖고

있던 관념들은 다른 시각에서 분석할 수 있을까? 먼저 해부학적 건강학에 기초한 채식주의자의 이런 주장은 인체의 본질적 구성 부분으로서 성 기관을 물신화하지 않는다는 점에서 흥미롭다. 채식주의 신체에 관한 이론들은 여성/남성이라는 본질주의적인 구조에는 관심이 없다. 그리고 이 이론들과 그 실천이 인간의 신체 구조에 조화되지 않는다는 비판에도 강하게 저항한다.

19세기에 채식주의를 널리 보급한 실베스터 그레이엄은 페미니즘의 역사에서 혼합된 유산을 남겼다. 한편으로 널리 유행해서 명성과 평판을 안겨준 그레이엄의 채식주의 식사는 페미니스트 개혁가들에게 인기가 많았다. 다른 한편으로 그레이엄과 동료 의료진은 고기가 남성의 성 기관에 안 좋은 영향을 준다고 주장하는 바람에 이 주장에 동조하지 않는 많은 사람에게 또 다른 비판의 구실을 줬다. 그레이엄의 추종자들이 고기를 '동물화된 단백질'로 부르자 비판가들은 채식주의자들을 향해 동물적 본성을 부정하고 있다는 비판을 제기했다. 다시 말해 채식주의자들이 '동물적' 본성의 다른 측면, 곧 섹슈얼리티를 두려워하고 있다는 비판이었다. 그 뒤 신체에 관련된 두려움은 그레이엄이 지배적인 남성 섹슈얼리티에 초점을 두면서 확인됐다.

그레이엄, 그레이엄의 채식주의 식사, 그레이엄의 이론, 이런 문제들에 페미니스트가 보이는 반응은 우리가 전통적으로 찾아낸 정도보다 더 복잡하고 의미심장하다. 고기가 남성의 성 기관에 지나친 압박을 가한다는 도덕 개혁가다운 주장은 엄청난 사회적 반향을 불러일으켰다. 역설적으로 이런 주장은 식단에서 고기를 제거하려는 사람들이 지나칠 정도로 성적인 문제에 집착하고 있을 수도 있다는 함의를 지닌다. 따라서 '육식과 성적인 문제는 전혀 관련이 없다'는 단순화된 등식은 육식이 삶에서 중요한 부분을 차지하는 많은 역사가들에게 안도감을 가져다줬다. 이런 역사적 왜곡을 한 올 한 올 풀어 헤쳐가면서 역사적으로 채식주의자들이 고기를 멀리하게 된 이유, 특히 여성이 고기를 멀리하게 된 이유를 밝혀낼 수 있는 대안적인 페미니스트적 접근도 명확해진다. 고기가 남성의 성 기관에 영향을 준다고 강조하는 주장은 다른 어떤 이유보다도 청교도주의와 도덕적 통제라는 면에서 여성들에게 호소력 있게 다가온다. 육식은 다른 많은 징후 사이에서 타인의 통제에 항복하는 또 하나의 징후였다. 반면 채식주의는 자아 정체성과 페미니스트 의식의 정수였다.

그러나 남성의 섹슈얼리티를 그것 자체로 스스로 통제하려 한 초기 페미니스트들의 시도는 잘못된 목표였다. 특히 남성의 섹슈얼리티가 여성의 다산성을 반영한 측면에서 더 그랬다. 한편으로 남편의 성폭력, 포르노그래피, 아동 성 학대에 초점을 두는 현재의 운동에 견줘 초기 페미니스트들이 남성의 섹슈얼리티를 통제하려 한 시도는 여성의 온전함을 보존하려는 운동 차원에서는 정당하고 본질적인 목표였다. 그러나 이런 초기 목표가 임시방편이라는 비판을 받는 이유는 고기를 부자연스런 성욕의 원인으로 강조하고 자위행위를 같은 범주에 포함시키기 때문이다. 그레이엄은 "부적절한 식사"는 "폭넓고 지나친 자기 오염의 여러 원인 중" 하나라고 주장했다. "제철 식재료, 풍성한 음식, 고기"를 자극적으로 지나치게 많이 섭취하는 식사도 "생식기를 지나치게 흥분시키거나 민감하게 만들"(Graham 1837, 152~153; Trall 1853)* 수 있다고 했다. 그레이엄에게 신체는 폐쇄된 에너지 시스템이었다. 캐롤 스미스-로젠버그는 그레이엄의 주장을 이런 시각에서 바라본다.

> 개개인은 제한된 양의 신경 에너지와 영양 에너지를 갖고 있고, 신체는 신진대사를 거쳐 이 에너지를 각 기관에 적절히 배분한다. 도덕 개혁가들은 성적 흥분과 오르가즘이 혈액과 에너지를 가장 낮은 수준으로, 그리고 성 기관 같은 인간의 각 기관들이 필요로 하는 수준보다 낮은 수준으로 끌어내려서 자연적 질서에 혼란을 가져온다고 주장했다. (Smith-Rosenberg 1978, S222~223)

고기는 알코올처럼 자극적인 물질일 뿐 아니라 변비를 일으키는 원인으로 여겨지기도 했으며, 따라서 인간에게 자위행위를 유발한다고 여겨졌다.

그레이엄의 고기 반대 운동은 미국의 고기 소비량에 연관돼 있다. 미국인의 고기 소비량은 유럽인보다 편차가 더 크다. 역사가 대니얼 부어스틴이 선언한 대로 "미국인들은 세계에서 가장 거대한 육식인들이다"(Boorstin 1973, 5). 미국을 방문하는 유럽인은 미국인의 엄청난 고기 소비량에 입을 다물지 못한다. 《미국인의 가정생활Domestic Manners of the Americans》(1832)을 쓴 호기심 많은 영국 여성 프랜시스 트롤로프는 1827년부터 1831년까지 미국을 여행한 뒤 "미국인들은 엄청난 양의 베이컨을 소비한다. 삼시 세끼 내내 햄과 소고기 스테이크를 먹어 치운다"(Trollope 1949, 297)고 기록하고 있다. 1830년부터 1839년까지 10년 동안 미국의 연간 일인당 고기 소비량은 80킬로그램 정도로 추정됐다(Cummings 1941, 15). 프랜시스 트롤로프의 아들이자 소설가인 앤서니 트롤로프도 미국인의 소고기 소비량이 영국인의 두 배에 이른다는 결과를 보고 무척 놀라워했다. 1846년 어느 채식주의자는 정제 돼지기름인 라드로 파이 껍질을 만드는 모습을 목격한 뒤 "아브라함이 소돔인의 방탕함과 죄악을 위해 기도했듯이 미국인, 특히 양키의 지방 남용을 비난하는 기도를 올려야 할지도 모르겠다"(Loomis 1846, 115)는 심정을 토로했다. 미국 남부에 사는 의사인 존 윌슨은 미국인의 돼지고기 소비량이 유럽인의 세 배라고 추산하면서 "미국을 순전히 호그이팅 연합Hog-eating Confederacy, 포크돔 공화국Republic of Porkdom으로 불러도 된다"(Hilliard 1972, 42)고 비난했다. 신세계로 이주한 유럽인이 구세계의 친지들에게 보내는 많은 편지에는 "우리는 매일 세 번 고기를 먹습니다"**는 말이 자주 쓰였다고 한다. 어느 이주자는 자기가 소비하는 고기 양을 말해도 유럽에

---

* 채식주의자들만 고기를 자극적이라고 본 것은 아니었다. 이런 인식은 전통적이었다. 워싱턴 대학교 의과대학 의학사와 윤리학 교수 제임스 훠튼은 이렇게 말한다. "의사들은 고기의 자극성이 건강에 기여하기도 하지만 해도 입힌다고 봤다. 그러나 어느 정도의 자극은 필요했다"(Whorton 1982, 78).

** "'하루 세끼 내내 고기를 먹어요'라는 구절은 〈미국인의 편지(American Letter)〉에서 반복해 나온다"(Bilington 1981, 233).

남은 친지들이 믿지 않을 수 있다며 걱정했다. 생각 끝에 그 이주자는 고기 먹는 횟수를 일부러 줄여서 말했다고 한다.

19세기 여성들은 기름기 많은 음식을 만들고 뜨거운 스토브 옆에서 일하는 시간에서 벗어나게 해준다며 채식주의를 반겼다. 페미니스트이자 노예제 폐지론자인 새러 그림케Sarah Grimké와 앤젤리너 그림케Angelina Grimké 자매는 자기들이 받아들인 실베스터 그레이엄의 채식이 "'건강에 이로울 뿐 아니라 …… 여성이 고된 부엌일에서 해방되는 데 가장 크게 기여'했다"(Lerner 1971, 253)고 생각했다. 자매의 전기를 쓴 작가는 "과식과 과음의 시대에 많은 여성이 젊은 날의 호시절을 매일 음식을 조리하고 준비하면서 보내던 때, 그레이엄식 식사가 가사를 단순하게 하고 영양학 면에서도 많은 향상을 가져온 사실은 의심의 여지가 없다"(Lerner 1971, 253)고 썼다. 19세기 많은 미국 여성들이 기름에 튀긴 음식과 고기가 주요 식단이 되면서 소화 불량에 걸린 시대에 아이를 낳고 돌본 탓에 채식주의가 건강을 보장한다고 생각했다. 여성의 사회적 지위 향상을 위해 힘쓴 캐서린 비처와 비처의 동생 해리엇 비처 스토는 고기 소비량 감소가 "열병, 발진, 두통, 담즙성 발작, 과식 때문에 생기거나 악화되는 많은 질병의 발병률을 크게 줄일 수 있다. …… 고기가 빵보다 영양가가 높다는 생각은 잘못이다. 갓 구운 빵에는 고기보다 더 많은 영양 성분이 들어 있다"(Beecher and Stowe 1971, 132~133)고 주장했다.

채식주의는 식단에서 고기와 튀김 음식을 빼 음식과 육아라는 여성의 이중 부담을 덜어줬다. 1853년에 발행된 《미국의 채식주의와 건강American Vegetarian and Health Journal》은 여성이 자기 자신을 치료하는 방법을 배워야 한다고 주장하는 게일 여사가 천연두에 걸린 여섯 자녀를 의사의 도움 없이 채식으로 치료한 과정을 기록하고 있다. 게일 여사에 따르면 "여성은 유행과 식욕의 노예이고, 남성의 노예이고, 특히 의사의 노예다"(Gale 1853, 100). 2차 대전 뒤 전시에 도입한 배급 제도를 계속 시행하고 있던 영국에서 여성들은 적게 먹고도 건강을 유지할 수 있는 대안 음식을 찾았다. 어떤 여성은 채식주의자로 전환한 어머니를 회고한다. "아주 나쁜 환경 탓에 우리가 먹는 식사는 허기만 가까스로 달랠 수 있을 뿐이었다. 식품개혁위원회는 몇몇 절차 문제만 충족되면 이런 상황을 끝낼 수 있다고 약속했다." 그리고 물론 19세기의 그림케 자매 같은 여성 개혁가들이 지적한 대로 싼값에 잘 먹을 수 있는 방법이 있다(Steedman 1985, 115; Lerner 1971, 253). 그레이엄주의는 채식주의가 가정 안의 억압뿐 아니라 건강해진 만큼 이제 더는 의지할 필요가 없는 의학 전문가들이 휘두르는 전횡에서 여성을 해방시킬 수 있다고 약속했다. 게다가 채식주의는 여성 네트워크의 한 형태가 됐다.

여성들이 채식주의자가 되기로 결심하는 순간부터 선택적으로 사용하는 언어는 페미니스트적 의미를 반사한다. 다시 말해 그림케 자매는 식사를 채식으로 바꾸고 나서 "해방됐다"고 말했다. 그리고 게일 여사는 지배 문화에 예속된 사람들의 해방자를 자처했다. 1852년에 발행된 《미국의 채식주의와 건강》에 실린 〈여성의 권리Rights of Women〉라는 논문에서 앤 덴튼은 여성들에게 스스로 지식을 쌓고, 생리학을 배우고, 채식주의자가 되라고 촉구했다. 그리고 부르주아식 행태를 벗어버리라고 요구했다. "여성들은 취미, 외모, 값비싼 가구, 고급 장신구보다 더 고귀한 무엇을 위해 살아야 한다." 19세기 페미니스트이자 채식주의자인 메리 고브 니콜스는 남편에게 쓴 편지에서 앞으로 나타날 신여성에 관한 견해를 밝혔다. "신여성은 탐욕스런 남편을 위해 돼지고기나 다른 음식을 만들면서 고립된 가정에서 일 하고 싶어하지 않을 거예요. 대신에 신여성은 수치료법을 잘 이해하고, 훌륭한 의사이자 간호사가 될 겁니다. 또한 순전히, 오직 채식에만 의지해 살아갈 테고, 술도 전혀 입에 대지 않을 거예요." 그리고 이런 결론을 내렸다. "그런 많은 여성들이 지금 우리들 사이에서 성장하고 있습니다"(Nichols and Nichols 1854, 212, 214).

건강 개선, 조리 시간의 단축과 해방이라는 이점 말고도 많은 사람은 채식주의가 태아 분만을 손쉽게 해준다고 주장했다. 물론 이런 주장은 오로지 여성에게만, 그리고 종종 가임기에 접어든 여성들이 분만의 고통을 두려워하면서 채식주의로 전환하는 데 관심을 갖는다는 경험적 사실에 기반해 호소력을 지닌다. 낙태 반대론자이자 사회 개혁가인 앨리스 스톡햄은 《출산 과학 — 모든 여성을 위한 책Tokology: A Book for Every Woman》(1911)에서 임신한 여성들에게 채식주의 식사를 권장했고, 이 권고를 따른 덕에 아이를 순산한 여성들의 사례를 수록했다(Stockham 1911). 스톡햄의 채식주의가 산모들에게 발휘한 호소력은 그 무렵 《베지테리언 매거진Vegetarian Magazine》에 실린 이 책에 관한 많은 호평을 보면 확인할 수 있다. 버지니아 울프의 가까운 친구인 마거릿 르웰린 데이비스가 편집한 《모성애 — 노동하는 여성들이 보낸 편지들Maternity: Letters from Working-Women》(1915)에는 "채식주의 덕에 더 깨끗하고, 더 건강한 아이를 출산할 수 있었다"(Davies ed. 1978, 178, Letter no. 151)고 쓴 편지가 실려 있다.

이렇게 심정적으로 채식주의에 호소하는 특수한 여성의 처지에서, 채식주의와 남성 성욕의 통제 사이의 연관성을 주장하는 논의들을 살펴보자. 고기가 자극적인 음식일 뿐 아니라 남성 생식기에 무리한 압박을 가하는 요인으로 밝혀지면서, 이 연관성에 관련된 주장들이 남성의 성욕을 통제하려 한 여성의 견해에 힘을 실어줬다. 그리고 고기를 뺀 식단이 남성의 욕정을 억제하는 방식으로 장려됐다. 출산 통제가 불완전한 상황 아래 여성들은 셀 수 없을 정도로 많은 아이들을 출산했는데, 이런 현실에서 그레이엄주의는 해방의 약속이었고 여성이 섹슈얼리티 통제를 수중에 넣을 수 있는 가능성을 보여줬다. 많은 채식주의 지도자가 산아 제한과 낙태를 인정했을 뿐 아니라 몇몇 사람은 여성이 섹스를 즐길 권리가 있다고 밝혔다.*

따라서 우리는 두 가지 사실을 알게 된다. 한편으로 채식주의는 통제 불가능한 남성의 섹슈얼리티를 치유할 수 있는 방식이지만, 다른 한편으로 자유연애의 수정된 방식들을 실천하는 유토피아 공동체의 선택받은 식사이기도 하다.** 역사가 수전 케이레프는 "19세기 미국에서 고기 없는 식사는 사회적으로나 도덕적으로 정당했다"(Cayleff 1987, 119)고 지적한다. 이렇게 채식주의는 직접 여성들을 상대로 여성의 사회적 위상을 언급했고, 사회적이고 도덕적으로 정당한 근거들을 제시하면서 여성들에게 호소했다.

고기 공포증?

때로 10대들은 가족의 식습관하고 전혀 다른 내용을 담고 있는 사상들에 집착한다. 채식 위주 식사는 세계를 굶주림에서 구해내려 하는, 또는 그런 잘못이 육식에 있다고 믿고 있는, 또는 고기에 포함돼 있다고 생각하는 '독'을 피하려 하는, 이상주의를 꿈꾸는 젊은이들 사이에서 특히 인기가 많다. 채식 위주의 식사에는 어떤 잘못된 요소도 없다.

— 제인 브로디, 《제인 브로디의 영양서Jane Brody's Nutrition Book》, 1981, 400쪽

살과 피는 인간의 동물적 삶에 가장 가까우며, 인간에게 적합한 음식이다. 마치 '근친혼'처럼.

— 토머스 트라이온, 《건강, 장수, 행복에 이르는 길The way to health, long life and happiness》, 1683, 396쪽

---

* 채식주의자이자 도덕 개혁가인 루신다 챈들러는 온건한 자유연애를 주장했다. 이 문제는 러셀 새처 트롤 박사의 주장을 다룬 수전 케이레프의 논문을 볼 것(Cayleff 1987, 56~58).

** 역사가 스테판 니센바움은 그레이엄의 이론이 자유연애 옹호자인 퍼시 셸리의 이론하고 매우 비슷하다고 주장한다. "그레이엄처럼 셸리는 급상승하던 자본주의 질서와 자본주의가 전통적인 사회적 가치들에 가하는 위협을 의심쩍어했다. 그레이엄처럼 셸리도 새로운 질서를 노년석 나락뿐 아니라 육체적 타락에 연관 지었다. 결국 셸리와 그레이엄은 이런 타락의 원인을 인간이 고기를 먹게 된 탓으로 돌리고 있다"(Nissenbaum 1980, 48).

《미국 역사 유산 사전》에 '공포증phobia' 항목은 '어떤 특수한 대상이나 특수한 상황에 관한 지속적이며 보통하고는 다른, 또는 논리적으로 설명할 수 없는 공포'라고 정의돼 있다. 만약 고기가 누군가를 구역질나고 소름 끼치고 불안하게 한다면, 이런 감정 반응은 지배 사회에서 논리적으로 설명될 수 없으며 비정상적 요소로 간주될 수도 있다. 결국 지배 사회는 고기를 먹을 수 있으며 식욕을 자극하는 대상으로 여긴다. 그렇다면 채식주의는 음식이 지닌 심리학적인 문제에 관심을 가질까? 음식을 향한 이런 반응이 문화적, 상징적, 정치적일 수도 있을 때, '혐오'라는 용어를 써서 애써 표현하려는 시도는 여러 가지 해석의 여지를 통제하려는 지배 문화의 충동을 보여준다. 육식을 거부하는 행동에 혐오라는 딱지를 붙일 때, 지배 사회는 육식 거부에 관한 해석을 왜곡한다. 그리고 지배 사회는 육식 거부가 내포하는 긍정적 의미를 인정하지 않는다. 어떤 사람이 육식은 구역질난다고 하면 역사가나 동시대의 문화 해석자들은 그 말을 개인적 견해로 치부하는데, 오히려 이런 태도는 그 역사가나 문화 해석자의 심리 상태를 반영할 뿐이다. 또한 육식 거부를 부당한 행동이라고 판단하는 관점은 육식을 적절한 행위로 전제하는 견해다. 따라서 지배적인 견해는 소수의 견해를 묵살하는 한편 개인적이고 정상을 벗어난 사고로 분류해서 지배적 견해에 흡수해버린다.

19세기 채식주의의 언어는 육식 혐오를 직접 드러낸다는데, 정말 그랬을까? 페미니스트 채식주의자인 메리 고브 니콜스는 1840년대의 소풍 풍경을 이렇게 묘사한다. "소풍은 햄, 삶고 구운 닭고기, 소시지, 민스 미트를 넣은 파이, 동물의 시체로 만든 혐오스런 음식들로 넘쳐났다"(Gove-Nichols 1855, 180). 20세기에 들어서도 영양학 전문가 조시아 올드필드의 말에서 비슷한 표현을 찾을 수 있다. "바로 이 순간 육식 습관의 위험과 혐오감, 무미건조함 같은 전반적인 문제가 남성들의 머릿속에 뚜렷하게 새겨진다"(Oldfield 1906, 195). 반대로 그저 평범한 젊은 여성이 전문가들의 이런 용어를 똑같은 맥락에서 사용한다면 어떤 일이 벌어질까? 지금부터 나는 평범한 젊은 여성이 드러내는 고기 거부 반응에 관한 논의가 육식을 면밀히 조사하는 과정에서 제기되는 여러 문제점을 왜곡하는 심리학적 용어들에 가려져 있던 사실을 보여주는 특수한 사례를 살피려 한다. 이 사례는 고기 거부에 관한 역사적 왜곡에 관련이 있다.

여성 중심 비평gynocriticism*이라는 분야를 개척한 페미니즘 비평가 일레인 쇼월터는 《여성의 질병The Female Malady》(1985)에서 이렇게 주장한다.

> 고기, '옛 잉글랜드의 로스트비프'를 사람들은 전사와 침략자의 전통 음식일 뿐 아니라 분노와 욕망의 원인으로 믿어왔다. 고기 혐오는 빅토리아 시대의 여자아이들에게 공통된 현상이었으며, 육식은 성적 조숙함, 특히 월경 때의 과다 출혈과 여성 음란증에 연관됐다. (Showalter 1985, 129)

쇼월터는 존 제이콥스 브룸버그가 1984년에 쓴 〈위황병에 걸린 여자아이들Chlorotic Girls 1870~1920〉이라는 논문을 이런 주장의 근거로 삼는다(Brumberg 1984, 186~195).** 위황병은 빈혈 증상의 하나다. 이 증상을 보이는 여자아이들이 음식에 보인 공통된 반응이 고기 혐오였다. 브룸버그는 1897년에 보고된 이 질병의 증상을 이렇게 기록했다. "위황병에 걸린 여자아이들은 거의 모두 비스킷과 감자 등을 좋아한다. 한편 대개 고기를 멀리하고, 고기를 먹을 때는 대부분 겉의 그슬린 부분을 좋아한다." 한 여자아이가 주치의에게 "고기를 못 먹겠어요"라고 자기 증세를 설명했다. 의학 관련 도서를 보면 위황병 환자 중에

* 여성 비평이라고 부르기도 한다. 쇼월터는 1981년에 쓴 〈황무지에 있는 페미니스트 비평〉에서 페미니스트 비평과 여성 중심 비평을 구분한다. 전자가 보통 남성 작가들의 작품을 대상으로 하는 여성 독자에 초점을 맞춘 비평이라면, 후자는 역사적으로 전자의 다음 단계로서 여성 작가나 여성이 쓴 작품을 대상으로 이미지, 주제, 플롯, 장르 등 고유한 특징을 확인하고 여성 문학을 분석하기 위한 틀을 형성하려 한다 — 옮긴이.

** 브룸버그는 음식 거부 증세를 수반하는 질병에 걸린 여자아이들을 계속 조사하고 있다. 또한 《단식하는 여자아이들(Fasting Girls: The Emergence of Anorexia Nervosa as a Modern Disease)》(1988)에서는 특히 고기를 싫어하는 이유와 원인을 조사했다.

"고기를 먹고 싶은 식욕이 완전히 없어지는 경우가 더러 있다"(Brumberg 1984, 191)고 써 있다. 이런 증세들은 여자아이들 말고도 보통 사람들의 신체에서 흔히 일어날 수 있는 생리적 반응이다. 그러나 이런 증세를 보이는 여자아이들은 주체할 수 없는 성욕과 음란증을 두려워한다는 심리학적 해석이 내려졌다. "지나친 육식이 사춘기의 정신적 이상과 여성 음란증에 결부돼 있다"는 이런 주장은 여성과 월경, 19세기 의학을 다룬 어느 논문(1857년 출간)에서 발견할 수 있다(Brumberg 1988, 176).* 1857년은 성욕과 육식의 상관성을 다룬 그레이엄 모델이 대중적인 인기를 끈 시대이기도 하다. 물론 브룸버그는 1890년대에 위황병에 걸린 여자아이들이 1850년대하고는 다른 시각, 곧 앞에서 묘사한 대로 자율적인 여성 정체성이 채식주의에 연관된다는 시각을 갖고 있을지도 모른다는 점은 전혀 고려하지 않는다.**

고기 혐오를 고찰하는 또 다른 시각은 그런 혐오감을 표현하는 사람이 고기를 부재 지시 대상, 곧 죽은 동물에 연관시킬 수도 있다고 인정하는 관점이다. 따라서 이 여자아이들이 육식을 거부하는 행동은 동물을 잡아먹는다는 생각 그 자체를 싫어하는 감정에 연관될 수 있다. 브룸버그는 몇몇 여자아이들이 이런 연관을 맺고 있었다는 증거를 제시한다. "많은 사람들에게 오랫동안 육식은 회복에 좋다는 인식 때문에 받아들여졌지만, 도덕적이고 심미적인 행위 면에서는 경멸받았다"(Brumberg 1988, 177). 마치 여자아이들이 고기를 미적으로 안 좋게 본다는 생각을 확신이라도 한다는 듯이 1893년에 월브 파제 여사는 이렇게 쓰고 있다. "나는 평생 미학적 관점에서 육식을 거부했다. 어릴 때 큼지막한 고깃덩어리를 손으로 집어 커다란 접시 위에 올려주던 기억은 내 미적 감각에 전혀 맞지 않았다"(Paget 1893, 94). 브룸버그는 계속 "그때를 묘사하고 있는 글들을 보면 몇몇 젊은 여성이 고기와 죽은 동물 사이의 연관성 때문에 육식을 혐오했을 수도 있다는 사실이 드러난다"는 말을 인용하면서, 이 인용의 출처로 1907년에 발표된 어느 논문을 거론한다.

그중 공통된 이야기는, 모든 사람은 평생 여러 번 고기를 먹지만 (신체 기능상 많은 지방이 필요한데 — 원문) 고기를 생각하면 위에 경련을 일으키는 여자아이가 있다는 사실이다. 엄마는 설득하고 애원도 해보고 위협도 하고 벌을 주기도 한다. 그러나 입속에 죽은 동물의 살점을 넣는다고 생각만 해도 거부감을 느끼는 여자아이의 기질을 개선할 여지는 없다. (Brumberg 1988, 177)***

채식주의자가 조시아 올드필드 박사의 주장에 응답하는 형식으로 쓴 이 논문의 저자는 위황병에 걸린 여자아이들에게 관심이 없다. 대신 올드필드 박사가 제기한 "죽은 시체를 먹는다는 바로 그 생각이 심미적인 모든 남성과 여성에게 거부감을 주는 무엇이다"는 문제를 고찰한다. 논문을 쓴 저자는 여자아이들이 죽은 동물을 먹는 행위에 "심미적인" 반응을 보였다고 단정적으로 말한다. 그리고 이 논문은 육식이 여자아이들에게 억지로 강제되고 있다고 주장하지도 않는다. 대신 그런 여자아이들이 고기가 아닌 다른 음식에서 필요한 지방을 섭취할 수 있다는 사실을 지적한다.**** 이 논문에서 가장 두드러진 점은 "심미적인 남성들과 여성들"을 비롯해 많은 여자아이들이 부재 지시 대상을

---

* 위황병에 걸린 여자아이들에 관한 논문에 이 문장이 들어 있다. 브룸버그가 참고한 자료는 Vern Bullough and Martha Voght, "Women, Menstruation, and Nineteenth-Century Medicine," *Bulletin of the History of Medicine* 47(1973), pp. 66~82.

** 《단식하는 여자아이들》이 기본적으로 〈위황병에 걸린 여자아이들〉에서 다룬 똑같은 내용을 수정하고 보완해서 출간한 책이라는 사실은 브룸버그가 육식에 관련된 여러 다양한 자료를 발굴하는 데 실패한 현실을 반증한다. 위황병에 걸린 여자아이들이 고기에 관해 가진 견해를 알아내기 위해 의학적 분석을 무시하고 문화적 맥락을 주어진 상수로 놓을 수는 있다. 그러나 여자아이들이 고기를 원하지 않는 이유에 관한 브룸버그의 해석은 비교 연구 차원에서 분명히 문제가 있다. 브룸버그는 "19세기의 마지막 10년은 서구 세계 전반에 걸친 영양사에서 중요한 이행기일 수 있다"고 지적한다(Blumberg 1984, 195). 그리고 "1880~1890년에 섭취된 동물 단백질은 총 단백질의 25퍼센트에 지나지 않는다"는 내용을 담은 프랑스에서 발표된 조사 보고서를 인용한다. 그러나 우리는 그때 미국의 고기 소비가 적어도 유럽의 2배에 이른 사실을 알고 있다. 유럽의 경험 자료에 토대를 둔 영양학 연구는 미국에 그대로 적용될 수 없다. 그리고 브룸버그는 채식주의를 받아들이지 않은 듯하다(어느 주석에서 브룸버그는 바이런과 셸리를 식성이 까다로운 이, 채식주의자, 소식에 관련된 이야기에 결부시킨다(Blumberg 1984, 329의 주 60)). 육식에 관해 브룸버그는 다른 많은 신중한 학자들이 지배 문화에 보이는 태도, 곧 자기 견해를 말하기보다는 침묵으로 일관하는 태도를 유지한다.

*** 괄호 안의 인용은 1906년 논문에는 있지만 《단식하는 여자아이들》에는 빠졌다.

**** 1863년 초 에드워드 스미스 박사는 고기를 먹어 지방을 섭취하는 많은 아이들이 고기에 보이는 거부감을 다루면서 육식을 향한 거부감을 극복하는 방법을 제시했다. 다시 말해 고기를 거부하는 태도는 위황병에 걸리거나 식욕 부진에 시달리는 사춘기 여자아이들에게만 해당되지는 않았다(Smith 1864, 135~136).

회복하며, 자기가 고기가 아니라 죽은 동물을 먹고 있다는 사실을 인식한다는 주장이다.

그렇다면 부재 지시 대상을 회복하는 행동이 고기 혐오의 증거일까? 앞의 인용에 묘사된 여자아이는 몸에서 일어나는 어떤 증상을 과대망상 하고 있지 않을까? 그러나 이런 해석상의 논란은 몇몇 의학 전문가와 현대의 역사가들이 고기를 기피하는 행동이 단지 사춘기 여자아이들의 신체에서 일어나는 증세에 연관된다고 가정하기 때문에 생기는 듯하다. 고기가 여자아이들의 섹슈얼리티에 관련이 있을까? 또는 몸에서 일어나는 출혈, 곧 월경에 관련이 있을까? 아니면 부재 지시 대상, 곧 동물의 신체를 회복했을까? 아마 사춘기 여자아이들은 고기가 자기들의 세계에서 특별한 의미를 지니기 때문에, 그리고 스스로 부재 지시 대상의 구조를 극복한 덕에 고기를 먹지 않은 듯하다. 게다가 고기를 싫어하는 태도가 위황병에 걸린 여자아이들에게 국한되지 않은 현실은 무슨 의미를 지닐까? 앞의 논문이 암시하듯 많은 여자아이들은 고기가 자기 입맛에 맞지 않다는 사실을 발견하지만, 이런 고기 거부 반응은 문화적으로 '위황병에 걸린 여자아이들'에게 나타나는 증상으로 규정된 다른 반응들하고 맞아떨어진 측면이 있다. 그렇다면 이런 의문을 제기할 수 있다. "음식에 관련해 심리적 문제를 지닌 사람도 사회나 문화 차원에서 고기를 거부할 만한 합당한 이유를 가질 수 있을까?"

체화된 의미들

"한 여자가 음식을 먹으려 하지 않을 때 의사는 매질이 약이라는 진단을 내린다."

당신은 죽은 동물의 여러 부위, 그 근육에 파묻혀 있는 정맥의 끄트머리, 내장, 골, 혀가 내동댕이쳐진 파이프, 개울, 수로와 도랑을 생각하고 있으면 머릿속에서 역류하는 피를 참을 수 없다고 말하려던 참이었다. 국물이 펄펄 끓는, 부엌에 놓아 둔 양철통 안에는 양의 머리가 들어 있었다. 매달 피 묻은 흰옷이 세탁 바구니에 넘쳐났다. 당신은 당신 앞에 차려진 모든 음식을 아무 소리 없이 먹어야 했다.

— 데니스 라일리, 〈기다림〉, 1985, 224쪽

가부장제 문화에서 여성의 의미는 어디로 나아갈까? 언어로 구성된 세계라는 점에서 아무데도 갈 곳이 없다면, 그 의미들은 어디로 갈까? 아마 여성의 의미는 스스로 침묵하고 있는 현실을 발견하는 바로 그 시점에서 다르게 말해질 듯하다. 음식은 거부의 뜻을 담은 입말이 될 수 있을까? 서구 문화에서 주로 여성이 음식을 준비하고 고기는 남자의 음식으로 간주되기 때문에, 채식주의는 침묵에서 벗어나려 하는 여성의 언어를 통해서만 의미를 전달할 수 있다. 만약 "여성들이 언어라는 수단을 다른 사람의 주장을 반박하는 데 쓰기보다는 더 건설적으로 쓰려는 경향이 있다면"(Bernard 1981, 381), '음식 선택'은 다른 사람의 주장을 직접 반박하기보다는 서로 동떨어진 듯한 이야기의 경계를 허물어트리는 수단이 될 수 있다. 여성들은 여성적인 음식을 선택해서 지배적인 세계 질서를 향한 자기들의 비판을 코드화할 수 있다. 이때 여성의 신체는 채식주의를 통해 지배적인 세계 질서를 향한 이의 제기를 직접 기록해놓는 텍스트가 된다. 혐오라고 불리는 사춘기 여자아이들의 육식 거부는 여성들의 의미가 아무데도 더는 나아갈 곳이 없는 절박한 상황을 그대로 보여준다. 그리고 의미의 모호함은 음식 선택으로 코드화된다.

몇몇 학자는 여성의 의미와 음식 선택이라는 상징적 행위 사이의 연관을 밝힌다. 중세 문화사와 종교사를 연구한 캐롤린 바이넘의 《신성한 축제와 신성한 단식Holy Feast and Holy Fast》(1987)은 중세 여성의 경험을 해석하는 데 갇히지 않는 몇 가지 의미 있는 관찰을 제시한다. 바이넘은 음식이 남성보다는 여성에게 더 상징적으로 작용한다는 사실을 발견했다. "음식 관행과 음식 상징은 남성보다는 여성의 경험을 부각시킨다"고 분석한 뒤 바이넘은 "음식 행태는 여자아이가 주변 환경뿐 아니라 자기 자신을 통제할 수 있게 도왔다. 단식을 통해 여성은 가부장제적인 가족과 종교 구조를 벗어나 그 구조를 직접 조종할 뿐 아니라 내면화했다"(Bynum 1987, xiv, 298)고 결론짓는다. 브룸버그는 음식은 "개인의 정체성을 구성하는 필수 요소로, 특히 여성에게 어떻게 먹느냐 하는 문제는 기본적 품격에 관련된 사안이었다"고 주장한다(Brumsberg 1988, 178).

신체가 여성들의 자유를 위한 투쟁에서 초점이 될 때, 먹는 음식은 논리상 독립을 선포하는 최초의 대상이 된다. 음식 선택에서 남성이 만들어놓은 가부장제 질서를 거부하면서, 여성들은 자기의 신체를 통해, 그리고 채식주의를 선택하는 행동을 통해 페미니즘 이론을 실천했다.

이런 개인적 또는 심리적 상태에 상관없이 육식에 관한 개념과 사실을 떠올리는 일만으로 거북해하는 사례도 있을 수 있다. 성역할, 남성 지배, 월경 같은 여성의 경험에서 비롯된 몇 가지 문제는 동물의 운명에는 관심조차 없는 우리의 육식 신화에 밀접히 연결돼 있다. 다시 말해 우리는 다른 시각에서 사춘기 여자아이들의 고기 거부 반응을 살펴볼 수 있다. 여자아이들은 고기를 남성 지배의 상징으로 바라봤다. 여자아이들의 삶에 남성이 미치는 통제는 성인이 될수록 더욱 강화됐다. 따라서 여자아이들은 남성의 에로스가 아니라 남성 권력을 거부했다. 이런 결론은 전혀 비논리적이거나 비역사적이지 않다. 일반적으로 보면 겉으로 나타나지는 않지만, 여자아이들의 육식 거부를 근원적인 페미니스트적 적의라고 보는 페미니스트적이고 채식주의적인 통찰들이 서로 교차하고 있는 모습을 보여주는 사례는 많다. 자기가 지닌 급진주의의 기원을 설명하려고 어린 시절을 회고하는 여성 참정권 운동가이자 소설가인 이너즈 어윈의 말을 떠올려보자.

돌이켜보면, 주일날 점심 식사는 내가 싫어하고 두려워하기도 한 중간 계급 여성의 생활 전반을 상징적으로 보여줄 수 있을 만큼 유별났다. 과하게 차린 식탁, 가장이 고기를 썰 때마다 피가 흘러내리는 큼지막한 로스트비프, 김을 푹푹 내뿜는 채소, 커다란 푸딩. 그리고 단연코 나를 전율하게 한 혐오스런 식탁에서 진행된 식사가 끝나면, 남자들은 포식에 만족한 듯 쿠션 의자에 기대어 주말판 신문을 읽다가 낮잠을 자고, 여자들은 이 혐오스런 식탁을 오랫동안 치워야 했다. 주일날 식사는 다 그래! 그 기억은 내 영혼에 상처를 남겼다. 나는 여전히 그때만 생각하면 부들부들 떨린다. …… 이런 유년 시절의 정신적 혼란이 글을 쓰고 싶어하는 내 안의 욕구를 자극했다. …… 이 지구상에서 내가 살아온 50여 년의 삶을 돌아볼 때, 홀로 자립하려는 욕구가 생기게 된 실질적이 원인이 무엇이었는지 궁금하다. 싸움, 조상, 자유주의의 영향 등이 떠오른다. 아니면 논쟁으로 일관한 젊은 날 때문일까? 아마 그 시절의 주일날 식사 때문인 듯하다! (Irwin 1978, 39, 40)

어윈은 분명히 19세기 후반, 곧 사춘기 여자아이들이 고기에 거부 반응을 보이는 시기에 집필 활동을 시작했다. 어윈이 묘사하는 전통적인 주일 식사는 사춘기 여자아이들이 거부감을 느낄 수 있는 식단으로 구성돼 있다. 어윈은 뒤따르는 고기의 텍스트들에 당황한다. 피가 흘러내리는 로스트비프, 고기를 써는 남자, 고깃덩어리 같은 남성들, 혐오스런 식탁을 치워야 하는 여성의 지위에 당황한다. 어윈이 주일 식사에 혐오감을 가진 사실과 이 식사가 자기 영혼에 상처를 안긴 경험을 고백하는 모습은, 비슷한 상황에 직면한, 생각하는, 반응하는 누군가를 전율하게 할 만한 어떤 일이 가정에서 벌어질 수 있다고 암시한다. 이런 혐오감 때문에 어떤 사람은 저항의 한 방식으로 글을 쓰고, 사춘기 여자아이들은 고기를 거부하지 않았을까.

가부장제 문화를 향한 혐오가 여성이 고기에 식욕을 느끼지 못하는 원인일 수도 있다. 여성이 쓴 일기나 편지에서 이렇게 음식을 언급하는 구절을 찾아볼 수 있을까? 채식주의가 여성들에게 부여하는 의미를 해석하려면 채식주의를 남성과 육식의 상관성, 그리고 여성과 월경의 상관성이라는 맥락에 놓아야 한다. 그렇다면 여성은 남성보다 피에 더 밀접한 연관을 맺고 있기 때문에 채식주의자가 되는 걸까? 그러나 여성의 피 흘림 대 동물의 피 흘림 사이의 연관 때문이라는 주장하고 반대로, 우리는 여성의 반복되는 월경 대 통제와 폭력을 선포하는 가부장제 지배 과정 사이의 연관 때문에 채식주의자가 된다. 게다가 월경에 관련된 우리의 신체적 경험은 식사에 고기가 들어가느냐 빠지느냐에 따라 달라질 수 있다. 바버라 시먼과 기드온 시먼 박사는 이렇게 썼다. "우리는 고기에 여성의 갱년기 장애나 생리통을 악화하는 요소가 들어 있다고 확신하지는 않는다. 그러나 어떤 경우에도 이 두 가지 증세는 채식주의 사회에서는 보기 드문 현상이고, 고기를 끊은 미국 여성들이 종종 증세가 호전된다는 보고가 있다"(Seaman and Seaman 1977, 142). 신체를 매개로 한 지식의 암호나 명성을 깨부술 준비가 돼 있지 않다면, 어떻게 지금까지 살펴본 코드화된 거부 반응들이 여성이나 여자아이들의 체험에서 비롯된 사실을 밝힐 수 있을까?

동물의 신체는 의미를 수반한다. 이런 의미는 동물이 고기로 전환될 때도 지각될 수 있다. 우리의 신체는 음식 선택을 통해 의미를 발산한다. 음식을 얻으려고 동물을 죽이는 행위는 페미니즘의 문제다. 페미니스트들은 음식 선택의 긴장된 분위기와 부재 지시 대상의 구조 때문에 이런 문제를 제대로 주장하지 못했다. 채식주의 신체를 가까이하면 부재 지시 대상을, 그리고 신체에 매개된 지식을 회복할 수 있다.

페미니즘-채식주의 비판 이론을 위하여

채식주의 소설을 다루지 않는 언론들이 페미니스트 소설은 다룰까?

— 아그네스 라이언, 〈혼자만의 메모Note to Herself〉

하루 종일 자유와 정의에 관한 이야기를 나누면서 스테이크를 먹었어. 스테이크 한 점을 썰어 입에 넣는 순간 이런 생각이 들었지. 내가 불행을 씹고 있다고. 그래서 얼른 뱉어버렸어.

— 앨리스 워커, 〈나 우울해?Am I Blue?〉, 《미즈Ms》 7월호, 1986, 30쪽

쌀을 먹는 것이 여성을 믿는 것
지금 모르는 것이 있다면
계속 배우면 돼.

— 프랜 위넌트, 〈쌀을 먹는 것이 여성을 믿는 것〉, 《다이크 재킷Dyke Jacket》, 1980

어디에서 채식주의가 끝나고 페미니즘이 시작되는가, 또는 어디에서 페미니즘

이 끝나고 채식주의가 시작되는가? 물론 앞의 문구들 중에서 어느 것도 작가가 주제를 바꾸고 있다는 사실을 지시하지는 않는다. 비슷한 방식으로 페미니스트 역사에서 중요한 순간과 여성 문학의 주요 등장인물은 불연속성이 아니라 연속성을 선언하는 방식으로 페미니즘과 채식주의를 결합했다.

페미니즘-채식주의 이론의 발전은 이런 연속성을 인정하는 과정을 포함한다. 우리의 식사는 음식 선택에 따라 페미니스트적 원리들을 체현하거나 부정한다. 소설가와 개인들은 의미심장한 페미니스트적 주장들을 채식주의의 맥락 안에 새겨넣는다. 육식을 향한 혐오감이 남성 지배에 반감을 지닌 여성의 심정을 대변하듯, 여성 작가의 소설과 삶에서 채식주의는 여성의 자립성을 대신 나타낸다. 채식주의는 자율적인 여성의 정체성을 구성하는 일부분이 될 수 있다. 채식주의는 가부장제 구조에 맞선 저항으로 말해지든 말해지지 않든 지배 문화에 맞서는 저항이다. 채식주의는 부재 지시 대상의 구조에 저항하며, 이 구조는 여성과 동물을 대상으로 간주한다.

이 장에서는 동물 옹호가 이론이라면 채식주의가 그 이론의 실천이라는 점, 페미니즘이 이론이라면 채식주의가 그 실천의 일부라는 점을 구체적으로 다루려 한다. 육식은 남성 지배의 통합된 일부다. 채식주의는 가부장제 문화의 심기를 불편하게 만드는 무엇이다. 나는 이 심기를 불편하게 만드는 무엇을 고기의 무의미성에 관한 고발, 남성 지배와 육식 사이의 연관성에 관한 명명, 가부장제와 육식 세계를 향한 비판 등 세 가지 양상으로 표현하는 모델을 제시할 생각이다. 마지막으로 역사와 문학에 관한 페미니즘-채식주의 독해를 위해 필요한 기본 규칙을 제시하려 한다.

채식주의적 삶의 물적 조건을 다루는 작업은 과거와 현재의 채식주의 이론을 분명하게 한다. 근대 초부터 저술 활동을 해온 저명한 많은 페미니스트들이 동물에 관심을 가지고 채식주의에 흥미를 느낀 사실을 어떻게 생각할 수 있을까? 17세기의 페미니스트 저술가 메리 아스텔Mary Astell은 어느 날 갑자기 육식을 포기한다.* 캐서린 필립스와 마거릿 캐븐디쉬Margaret Cavendish는 황금시대를 채식주의 시대라고 생각했을 뿐 아니라 육식을 직접 다룬 시를 쓰기도 했다. 4장에서 이미 살핀 대로 《아프라Aphra》라는 잡지 이름의 출발점인 아프라 벤은 채식주의자 토머스 트라이온의 작품을 칭송하는 많은 시를 남겼다. 아스텔이 육식을 포기하게 된 계기는 17세기 인물인 트라이온이 쓴 채식주의에 관한 글들이었다. 유토피아 사회를 그린 새러 스콧의 소설 《밀레니엄 홀A Description of Millenium Hall》(1762)은 인간이 동물의 폭군으로 군림하지 않는 동물 보호 구역을 묘사한다. 그리고 동물이 육식에서 보호받는 사실을 재차 강조하기 위해 알렉산더 포프의 에덴동산 이야기도 언급한다(Scott 1974, 20). 우리는 메리 울스턴크래프트 셸리가 《프랑켄슈타인》에서 이 세계하고 잘 어울리지 않는 채식주의자 피조물을 만들어낸 일도 알고 있다.

우리는 유토피아를 그린 소설과 유토피아 사회, 동물 실험 반대 운동, 절제와 여성 참정권 운동, 20세기 평화주의를 통해 페미니즘과 채식주의가 역사적으로 동맹을 맺어온 사실을 추적할 수 있다. 채식 요법을 채택한 19세기 수치료 기관들은 수전 앤서니와 엘리자베스 캐디 스탠턴, 소저너 트루스Sojourner Truth 등 노예제 폐지와 여성의 권리를 위해 싸운 많은 여성들이 자주 애용하는 곳이었다. 1853년에 열린 한 채식주의자 연회에 참석한 사람들은 '철저한 절제 의식, 여성권, 채식주의'라는 구호 아래 모든 주류를 삼간 채 만찬으로 토스트만을 먹었다. 1865년에 사망한 의사 제임스 베리James Barry는 44년 넘게 군의관으로 재직했고, 채식주의자였고, 몇몇 사람을 메리 울스턴크래프트의 열렬한 추종자로 만들었다. 특히 흥미롭게도 닥터 베리는 여성이라는 사실을 숨긴 채 평생을 살았다. 물론 생전에 닥터 베리가 여성일지도 모른다고 줄곧 의심한

---

* "메리 아스텔은 고기를 멀리했는데, 동시대 런던 사람들보다 자주 고기를 먹지 않으려 한 점은 확실하다"(Perry 1986, 286).

몇몇 사람이 있었는데, 반려동물을 좋아하고 채식을 한다는 이유 때문이었다 (Rae 1958, 93). 적십자의 창립자인 클레러 바튼Clara Barton, (엘리자베스 캐디 스탠턴, 수전 앤서니하고 함께 《여성 참정권 운동사》 4권 중 1~3권을 공동 편집한) 마틸다 조슬린 게이지, 19세기 의복 개혁 운동의 몇몇 지도자는 채식주의자였다. 페미니스트이자 채식주의자인 앨리스 스톡햄은 영국의 사회주의자이자 동물 실험 반대자이고 채식주의자인 에드워드 카펜터의 책을 낸 미국의 출판업자였다.

1910년에 캐나다의 여성 참정권론자들은 운동 본부가 자리한 토론토에 채식 전문 레스토랑을 개업했다. 20세기 초에 출간된 《베지테리언 매거진》은 〈여성참정권협회The Circle of Women's Enfranchisement〉라는 칼럼을 실었다. 1914년에 출간된 《잡문집Potpourri Mixed by Two》에는 두 여성이 채소 음식, 여성 참정권, 그 밖의 다른 공통 관심사에 관한 이야기를 나누는 글이 실려 있다. 여성 조각가 루이즈 네벨슨Louise Nevelson, 루 안드레아스 살로메 같은 20세기의 저명한 비혼 여성들도 채식주의자였다.* 이런 사례에서 다음 사실이 드러난다. 페미니즘-채식주의에는 문학적이고 역사적인 전통이 있다는 사실 말이다. 그렇다면 이 전통을 찾아내 해석하는 작업은 어떤 의미를 지닐까?

페미니즘과 채식주의 역사의 재구성

왜 우리는 모든 운동을 포괄하는 개혁가가 될 수 없을까? 왜 우리는 취미 정도로 한 가지 개혁만을 화두에 올리면서 다른 모든 개혁은 생각하지 않는가? 자비, 금지, 채식주의, 여성 참정권, 평화가 오래된 지구를 천국으로 만들 수도 있다. 그렇지만 대부분의 사람은 이 중 하나만을, 물론 지지자가 있다는 전제에서, 지지한다.

— 플로라 네프Flora T. Neff, 《베지테리언 매거진》, 1907, 16~17쪽

앞서 살핀 대로 페미니즘-채식주의 비판 이론은 여성과 동물이 가부장제 세계에서 비슷한 처지에 놓여 있다는 지각, 곧 주체가 아닌 대상으로 취급된다는 사실에서 시작한다. 남성들은 십계명에 따라 여성과 동물을 어떻게 대해야 하는지 배운다. 인간의 타락이 여성과 동물의 탓으로 돌려진 뒤, 인간의 형제애는 여성과 동물을 배제했다. 《샤프트Shafts》(1892)에서 에디스 워드Edith Ward는 헨리 솔트의 《동물권》을 비판한 뒤 영국 노동 계급, 페미니스트, 1890년대의 채식주의 신문을 공격하면서, "동물의 경우는 곧 여성의 경우"라고 주장한다. 이어서 워드는 이렇게 설명했다. "정도가 다르기는 하지만, 여성과 하등 동물 사이의 유사성은 동물의 실존 조건을 개선하려는 모든 운동에 여성이 단호하고 강력한 지지를 보내는 토대가 될 수 있다. 이 사례가 그런 경우가 아닐까?"(Shafts 1892)

더 최근에는 채식주의자이자 페미니스트인 브리지드 브로피가 이런 지적을 하고 있다. "실제로 오늘날 산업화된 서구 세계의 여성들은 현대식 동물원에 갇혀 있는 동물이나 마찬가지다. 동물을 가두는 우리와 창살만 없을 뿐이다. 그런데도 현실적으로 여성들은 울타리로 둘러싸인 우리 안에 갇힌 동물만큼이나 자기에게 부여된 지위에 사로잡혀 있다"(Brophy 1966, 38). 한편 《여성 참정권 운동사》에 나온 이런 선언을 살펴보자. "과거의 문명은, 말 못하는 피조물이든 말하는 여성이든 무슨 일을 맡길지 큰 고민을 하지 않았다"(Anthony and Harper 1969, 245). '동물학대 방지 왕립 학술원Royal Society for the Prevention of Cruelty to Animals · RSPCA'의 150년 역사를 기록한 《누가 동물을 돌보는가?Who Cares for the Animals?》는 동물을 돌보는 사람이 여성이라는 현실을 보여준다. 동물 보호 활동가인 어머니에 관해 이야기하면서 마거릿 미드는 어머니가 자주 입에 담은

* "그 여자는 결코 낭비하지 않았고, 말년을 검소하게 보냈다. 멀리 여행을 다니기보다는 대부분의 시간을 집 안과 정원에서 지내거나 혼자 산책을 하면서 보냈고, 방에 혼자 앉아 소박하게 차린 채소 음식을 먹었다"(Peters, 1962, 296).

말을 이렇게 전한다. "어머니는 당신이 지지하는 주장들을 열심히 실천했다. …… 어머니는 모피를 입지 않는다는 철칙을 정했고, 타조 깃털이 아닌 깃털로 장식한 옷은 모두 입지 않았다. 나는 이런 일들이 무슨 의미인지 의식하기 오래전에 이미 깃털 장식이 무고한 생명을 대상으로 하는 살인을 의미한다는 현실을 배웠다. 물론 어머니가 내게 말하지 않는 유형의 사람들, 그러니까 여성 참정권론자를 비판하는 이들이 있다는 현실도 알게 됐다"(Mead 1972, 25).

여성과 동물을 주체로서 부재하는 존재로 간주하고, 이 둘의 교차점들을 파괴하고, 중첩된 억압을 불러오는 가부장제적 부재 지시 대상의 구조에 저항하려면 페미니즘과 채식주의가 결합해야 한다. 그러나 부재 지시 대상의 구조에 통합돼 있다고 하더라도, 여성과 동물이 당하는 중첩된 억압은 여성과 동물에게는 분리된 현실, 곧 서로 다른 현실로 경험된다. 따라서 여성과 동물이 당하는 가부장제적 억압이 지각될 때 그런 현실은 종종 파편화된 현실로 받아들여지며, 결과적으로 이런 억압적 구조에 맞선 저항도 파편화된 방식으로, 곧 몇몇 여성은 자기들의 해방을 위해 투쟁하고 다른 여성과 남성들은 동물 억압에 저항하는 식으로 진행되고 만다.

이런 억압이 가부장제적 억압의 파편에 지나지 않는다는 징후는 고기 없는 식사를 선택하는 여성들 때문에 위협받는 가부장제 문화가 이 여성들을 통제하려 할 때마다 등장한다. 1장에서 이미 살핀 대로 이런 징후는 가정이라는 공간에서 남성들이 식사할 때 고기를 내놓지 않았다는 이유로 아내에게 폭력을 행사하는 현실에서 엿볼 수 있다. 게다가 여성들이 고기 없는 식사를 선택하면서 위협받는 세계관은 여성의 권리 요구가 결국은 동물의 권리 요구로 확대된다고 주장하면서 이런 억압의 통일성을 스스로 증명한다. 19세기 여성 참정권 운동을 지켜본 어느 남성은 "다음에 이 여자들은 무엇을 하려고 달려들까, 소를 가르치려 들지 않을까?"라고 비꼬았다. 물론 이런 반응은 메리 울스턴크래프트의 《여성의 권리 옹호》에 대응해 처음 제기된 반발이 《짐승의 권리 옹호》라는 점에서 이미 예상됐다. 그러나 이 패러디는 채식주의 관련 텍스트들에서 고전에 속하는 그리스 철학자 포르피리오스Porphyrios의 《고기 절제On Abstinence from Animal Food》를 바탕으로 한다. 따라서 우리는 여성과 동물이 당하는 억압이 가부장제 구조에서 비롯되기 때문에, 역사의 특정 시점에서 얼마간의 사람들이 여성권과 동물권을 통합한 방식으로 이 구조에 저항하지 않았을까 생각해볼 수 있다. 페미니즘과 채식주의의 교차, 그러니까 울스턴크래프트의 주장과 포르피리오스의 주장이 통합된 형식을 발견할 수도 있다는 말이다. 따라서 《샤프트》에서 에디스 워드는 이렇게 주장한다.

> 이를테면 오랫동안 이어진 야만적인 동물 학대보다 더 잔인한 부인 폭행(자)이 증가한다고 추정할 수 있는 근거는 무엇인가? 그리고 다른 한편으로 인류에게 정의란 소나 양의 동등한 권리였다는 생각을 일깨우기보다는 여성들에게 더 시급히 필요하다는 점을 각인시킬 수 있는 방법은 무엇인가? (Shafts 1892, 41)*

채식주의는 많은 사람, 특히 여성들이 "나는 이 피조물에 관심이 있습니다. 나는 이 피조물을 먹지 않을 겁니다"라고 선언하면서 자기하고 특정한 동물, 곧 고기가 될 운명에 놓인 동물 사이의 연관성을 표현하는 방식이었다. 또한 채식주의는 여성과 동물을 대상화하는 남성적 세계를 거부하는 방식이었다. 여성은 동물과 자기 자신의 연관성을 선포했을 뿐 아니라 여성 자신이 윤리적 결정을 내리고 실천할 수 있는 권리를 지닌 주체라는 점을 분명히 했다. 그리고 이렇게 해서 동물을 대상이 아니라 주체로 규정했다. 윤리적 채식주의는 글자 그대로, 또한 상징적으로 동물하고 적절한 관계를 확립했다.

* 애니 베전트가 남편에게 폭행을 당한 뒤에 열렬한 동물 실험 반대 운동가이자 채식주의자가 된 사실을 주목해야 한다.

페미니즘과 채식주의의 기본 양상들은 서로 교차한다. 채식주의자들이 타락을 채식주의 시대인 황금시대의 타락으로 본다면, 페미니스트들은 여성의 권력이 제한받지 않던 비슷한 시기, 곧 모계제에 기반한 인간 실존의 시대에 관심을 쏟는다. 물론 이 시대가 역사적으로 실재하는 시기가 아니라 페미니즘을 자극한 신화 시대라고 할 때, 이 시기와 채식주의 황금시대가 서로 교차한다는 점은 분명하다. 결국 위대한 여신들은 무엇을 위한 위대한 여신이었을까? 역사적으로 오랫동안 곡물과 채소는 여성하고 연관을 맺어왔다.

20세기 이전부터 우리는 모계제 권력과 채식주의가 등식을 구성하고 가부장제 권력과 육식이 등식을 구성한 사실, 이 등식이 오늘날 페미니스트의 신화가 형성되는 과정에 긴밀히 연결된 사실을 발견할 수 있다. 영국의 문화인류학자 제인 해리슨은 1903년에 초판을 낸 《그리스 종교 연구 서설Prolegomena to the Study of Greek Religion》(1975)에서 여신 숭배와 채식주의 사이의 연관을 증명할 수 있는 실마리를 찾아냈다. 해리슨의 책에서 우리는 지역의 관습에 따라 여신 데메테르의 제물이 되는 파우사니아스Pausanias*가 남긴 기록을 접할 수 있다. "나는 이 나라 사람에게 관례적 존재인 여신의 제물로 희생되지 않았다. 대신 직접 키운 포도와 다른 과일나무들의 열매, 벌집과 모직물을 제물로 바쳤다." 해리슨은 이런 목록이 "피타고라스도 충족시키는 의례였다"고 언급한다. 이런 의례뿐 아니라 여성만의 축제에서 사용된 음식 재료도 피타고라스의 기준을 거의 만족시켰다. "여성들의 향연에 쓰이는 음식 재료는 정말 흥미롭다. 향연의 식사는 곡물류와 어류, 가금류는 가능했지만, 그 밖의 고기는 금지됐다. 이런 습관은 육식을 하는 아카이아인Achaeans이 등장하기 이전의 옛 펠라스기족Old Pelasgian**이 지닌 특징이다"(Harrison 1975, 94, 149). 사실 해리슨이 채식주의에 근거해서 이런 주장을 했다고 할 수는 없다. 그렇지만 포르피리오스가 쓴 《고기 절제》를 언급하고 있으며 채식주의 여신 숭배자들을 정복한 육식하는 남성 신 숭배자들의 침입을 강조한다는 점에서 보면, 20세기 초의 페미니스트 채식주의자들을 역사적 또는 신화적 관점에서 바라볼 수 있는 중요한 역사적 연구다. 그렇다면 그때의 페미니스트 채식주의자들은 이런 시각을 갖고 있었을까? 우리는 해리슨이 버지니아 울프에게 영향을 준 사실을 안다. 페미니스트 채식주의자들이 채식주의에 많은 관심을 둔 만큼 해리슨이 특별히 영향을 끼친 또 다른 사람은 없을까? 그때 페미니즘-채식주의 사상에 빠져 있었든 아니든, 해리슨은 오늘날 펼쳐지는 페미니즘-채식주의 운동에 동화돼 있다(7장에서 준 브린델의 《아리아드네》에 관한 논의를 볼 것). 최근 모계제 시대 연구자들은 이 시기가 채식주의 시대라는 점을 인정한다(Davis 1972; Reed 1975).

근래의 페미니즘과 채식주의의 역사 또한 서로 교차점들을 제공한다. 페미니즘과 채식주의는 둘 다 프랑스 혁명 이후에 나온 저술들을 거쳐 재탄생했다. 두 흐름이 모두 1840년대에 열린 회의를 각각의 역사에서 중요한 시기로 본다. 채식주의는 1847년 램스게이트 회의***를 중시한다. 이 회의에서 '채식주의vegetarianism'라는 용어가 만들어지고 승인됐다. 페미니즘에 관련해서 1848년 세네카 폴스 회의****는 미국 여성들이 제기한 권리 요구가 역사적 토대를 다지는 계기였다. 몇몇 역사적 분석에 따르면 이 두 운동의 연관성이 조금씩 모호해졌다. 실제로 1920년에 여성 참정권이 성취된 뒤 페미니즘과 채식주의는 각자의 정체성을 찾는 운동으로 떨어져 나갔다.

페미니즘-채식주의의 역사를 재구성하려면 채식주의에 관련해 건강이나 식

---

* 스파르타 출신의 장군. 2세기 무렵 활약한 그리스의 여행가이자 지리학자인 파우사니아스하고 동명이인이다 — 옮긴이.

** 아카이아인은 인도-아리안 인종으로, 기원전 2000년경 그리스 북방에서 본토로 침입해 선주민의 발달된 농업 문화를 흡수하면서 기원전 16세기 이후 미케네 시대의 번영을 일군 청동기 시대의 그리스인이다. 펠라스기족은 인도-유럽계 유목민으로, 에게 문명의 시초를 형성한다 — 옮긴이.

*** 정확히 1847년 9월 30일에 영국 켄트 주 램스게이트에서 열린 이 채식주의자 회의 이후 영국채식주의협회(Vegetarian Society of the United Kingdom)가 창립했다 — 옮긴이.

**** 1848년 7월 19일 엘리자베스 캐디 스탠턴 등 전업주부 다섯 명이 주축이 돼 남녀 300여 명이 모여 여성 참정권을 요구한 세계 최초의 여성 집회. 세네카 폴스는 국립 여성권 사적 공원(Women s Right National Historic Park)으로 지정돼 페미니스트들의 '성지'가 됐다 — 옮긴이.

사를 언급하는 말들 이면에 감추어진 함의에도 많은 관심을 기울여야 한다. 이를테면 1970년대에 아직 살아 있던 여성 참정권 운동가 구술 인터뷰를 기록한 어떤 책에서, 우리는 채식주의에 관한 단서를 함의하는 말들을 발견할 수 있다. 여성 참정권 운동가이자 저술가인 제시 하버 버틀러Jessie Haver Butler는 어린 시절을 이야기하면서 이렇게 말한다. "그런데 어머니는 매우 똑똑한 분이셨지요. 매우 두꺼운 건강 서적을 지니고 계셨어요. 《약 없이 환자를 치료하는 방법How to Treat the Sick without Medicine》(1870)인데, 그 책 내용을 전부 숙지하고 계신 듯했습니다. 변덕스런 면도 있었어요. 그래서 그런지 저도 자연스럽게 변덕쟁이가 된 듯합니다. 어머니는 닥터 잭슨이라는 남자가 쓴 책을 모두 소장하고 계셨는데, 그 사람은 전혀 새로운 식사 체제를 주장했습니다"(Gluck 1976, 65). 버틀러의 어머니가 채식(주의)를 언급하고 있다는 사실을 알려주는 단서는 '변덕스러움'을 지적하는 부분으로, 채식주의를 변덕스러움에 결부해 기억한다. '새로운 식사 체제'라는 말은 이런 사실을 확증한다. 그리고 이 확증을 궁극적으로 확인해주는 증거는 닥터 잭슨이라는 이름이다. 노예제 폐지론자이자 수치료법 의사인 제임스 칼렙 잭슨James Caleb Jackson은 뉴욕 주 댄스빌에서 수치료 기관을 운영하는 의사였다.

잭슨은 고기 없는 식사를 권장했다. 잭슨이 세운 수치료 기관인 '언덕 위의 집'을 자주 방문한 엘런 굴드 화이트Ellen G. White*는 1864년 9월 14일 록우드 남매에게 보낸 편지에서 "닥터 잭슨이 식사에 관련해 지켜야 할 원칙을 편지에 적어 보내옵니다. 식탁에 버터나 소금을 올려놓지 말고, 고기나 지방도 전혀 먹지 말라고 합니다"(Numbers 1976, 203)라고 썼다.** 클레러 바튼은 언덕 위의 집을 방문한 뒤에 채식주의를 "환경에 큰 변화를 가져온 철저한 삶의 철학"이라고 평가한다. 그리고 곧바로 댄스빌로 이사해 채식주의를 받아들였다(Ross 1956, 128).

잭슨은 음식에 관련해서는 실베스터 그레이엄의 원칙을 고수했다. 이를테면 그레이엄은 식사는 여섯 시간마다 먹어야 하고, 잠자리에 들기 전에는 절대 먹지 말라고 권고했다. 댄스빌의 수치료 기관에서는 하루에 두 끼만 먹는데, 아침 식사는 8시에 하고 저녁 식사는 2시 30분에 했다. 버틀러는 식사가 문제였다고 말한다. "잭슨은 농장 생활에 잘 맞지 않는 조금 이상한 아이디어들을 실천했지요. 그중 하나가 밤참을 없애는 조치였습니다." 버틀러의 어머니는 잭슨이 편지에 적은 권고를 충실히 따랐지만, 버틀러는 농장 노동자들이 겪은 고충을 떠올린다. "아침 식사 때까지, 그러니까 전날 오후 2시 30분에 저녁을 먹고 다음날 아침 식사까지 중간에 밤참을 먹지 않고 지내는 일은 큰 고역이 분명했습니다."

잭슨이 쓴 책 중에서 대중적인 인기를 끈 《약 없이 환자를 치료하는 방법》은 콜로라도 주에 살던 버틀러의 어머니에게 여러 측면에서 영향을 끼쳤다. '매우 두꺼운 건강 서적'이라는 버틀러의 말은 정확하다. 537쪽에 이르는 두꺼운 책이었다. 버틀러는 기계충, 홍역, 눈의 염증, 정신 착란, 당뇨병이든 알코올 중독이든 상관없이 병을 치료하려면 공통적으로, 그리고 기본적으로 '육식 금지'를 처방으로 내린다. 이 책이 출간된 뒤 서부 콜로라도 주의 어느 대목초지 농장에서는, 동부에서 출현한 이런 개혁들에 관련된 집회와 단체 활동을 금지했다. 그러나 버틀러의 어머니는 농장 노동자들을 위해 식사를 준비하고 아이 넷을 기르는 바쁜 나날을 보내면서도 여성 참정권 운동을 지지하고 닥터 잭슨의 책에 나오는 모든 지침을 배우려 노력했다. 버틀러의 어머니는 버틀러가 새로운 식사 체제라고 기억하는 방식을 철저히 실천했다.

사실 버틀러의 어머니가 채식주의를 받아들인 이유는 닥터 잭슨이 여성 참정권 운동을 지지한다는 사실을 알기 때문일 수도 있었다. 잭슨은 많은 여성

---

* 미국의 시한부 종말론자인 윌리엄 밀러(William Millar)의 사상을 이어받았으며, 안식교의 창시자다 — 옮긴이.

** 로널드 넘버스(Ronald L. Numbers)에 따르면 화이트는 환각 상태에서 계시를 받는 순간까지 잭슨의 수치료 기관에 자주 들렀고, 환각 상태에서도 잭슨의 식사 원칙을 지킬 뿐 아니라 채식을 제칠일안식일예수재림교 신도를 위해 신이 내린 식사라고 설파했다.

참정권 운동가들하고 좋은 친분 관계를 맺었다. 처음으로 바지 같은 기능적 여성복을 디자인한 아멜리아 블루머Amelia Bloomer가 댄스빌에서 여성 참정권에 관한 강의를 했고, 엘리자베스 캐디 스탠턴은 휴식과 요양 차 댄스빌에 머문 적이 있다.* 댄스빌 주민들은 1872년 불법 선거 운동 혐의로 재판에 회부된 수전 앤서니를 위해 기금을 마련했다. 잭슨은 여성 참정권 운동 대회가 열리면 성의를 다해 메시지를 보냈다. 그리고 1896년 여성 참정권 대회에서는 잭슨을 추모하는 행사가 같이 열려 고인에게 많은 찬사를 보냈다.

그 뒤 많은 여성 참정권 운동가들이 채식주의를 수용했다. 여성 참정권 운동가이자 채식주의자인 제시카 헨더슨Jessica Henderson의 부고는 아그네스 라이언의 논문에서 찾아볼 수 있다. 글로리아 스타이넘Gloria Steinem**은 채식주의자이자 참정권 운동가인 자기의 할머니를 언급했다. 할머니는 채식주의자이자 여성 참정권론자였지만, 반페미니스트이자 육식인인 아들을 위해 늘 고기를 내놓았다(Stinem 1986, 163). 사회주의자인 애나 빈터는 1917년 다른 참정권 운동가들하고 함께 수감됐는데, 감옥에서 고기 거부에 관련한 글을 썼다(Stevens 1976, 148). 1910년에 채식 전문 레스토랑을 개업한 캐나다 여성 참정권 운동가들은 이런 모험적인 사업에 많은 사람이 관심을 가지게 되리라고 확신했다.

미국여성참정권협회의 1907년 회의에서 채식주의자인 어느 여성 모자 제조업자와 이 협회 회원 사이에서 벌어진 설전은 페미니즘-채식주의 이론을 재구성하려는 시도라고 할 수 있다. 앞에서 이미 지적한 대로 이 설전은 여성 참정권 운동사의 공식 기록물인 《여성 참정권 운동사》에는 실려 있지 않다. 그러나 이 사건은 그때 몇몇 사람이 다양한 개혁 운동을 하나의 운동으로 통합하려 한 사실을 보여준다. 기금 모금을 호소하면서 협회의 회계를 맡은 해리엇 테일러 업튼은 이 회의 기간 동안 깃털 장식 모자를 쓰지 말라는 요구를 받았다고 기록하고 있다. 이 요구에 업튼은 이렇게 대답했다. "닭고기나 소고기, 생선을 먹는 사람이라면 아무도 다른 사람이 앵무새나 여우, 바다표범을 죽이는 행동에 뭐라고 말할 권리가 없습니다. 이러나저러나 나쁘다니까요. 그렇지만 나는 우리 모두 닭고기를 먹는다고 생각해요!" 물론 여기에서 업튼이 하고 싶은 말은 페미니스트 채식주의자인 이 여성 모자 제조업자가 화를 내면서 회담을 방해한 사실이다. 여성 모자 제조업자는 비판의 핵심을 벗어난 업튼의 힐난을 이렇게 되받아쳤다. "이런 말도 안 되는 억지 주장을 그냥 듣고만 있을 수 없어요. 닭고기를 먹거나 가죽을 얻으려고 순진한 동물을 공포에 떨게 하는 짓을 묵과하는 어떤 행동도 납득할 수 없거든요. 여성 참정권 회의에 참가해서 개인적 취향에 따라 무시무시한 도살의 전리품을 입은 여성들을 볼 때, 온몸에 소름이 돋았고요."

페미니즘과 채식주의의 중첩은 절제라는 문제를 고려하면 더 복잡해진다. 여성기독교절제연맹Women's Christian Temperance Union의 보건위생국은 채식주의자인 엘라 켈로그Ella Kellogg가 담당한 부서였다. 켈로그의 남편인 존 켈로그John Harvey Kellogg***와 닥터 잭슨 같은 수치료법 의사는 고기의 자극성이 알코올 의존증을 일으킨다는 견해를 밝혔다. 결과적으로 채식주의는 알코올 의존증을 치유하는 데 필요한 처방이었다. 잭슨은 이렇게 권고했다. "대체로 나는 알코올 의존증 환자의 상태가 많이 호전됐다는 이야기를 믿지 않는다. 환자들은 완치된 뒤에도 정상인들하고 똑같이 갖은 양념을 한 고기를 먹으면 안 된다. 그러면 치료된 상태가 오래 지속될 수 없다"(Jackson 1870, 235). 이런 견해가 사회적으로 영향을 미쳤다면, 여성기독교절제연맹의 활동가들에게는 어떤 영향을 줬을

* "늦가을 독감과 우울증에 걸려 나는 댄스빌 요양소로 갈 결심을 했다. …… 그곳에서 6주를 머물면서 안마, 지압, 김 쐬기, 스웨덴식 팔, 손, 다리, 발 운동을 했다. 그리고 다이어트, 마사지, 자기 전기 치료를 받았다. 나 자신이 새롭게 태어나는 듯했다"(Stanton and Blatch 1969, 332).

** 글로리아 스타이넘은 1972년에 잡지 《미즈》를 창간했다. 남성은 결혼에 상관없이 '미스터(Mr.)'로 칭해지지만 여성은 결혼 전에는 '미스(Miss)'로 불리다가 결혼 뒤에는 '미세스(Mrs.)'로 불리는 현실을 비판하면서 호칭을 '미즈(Ms)'로 통일해야 한다고 주장했다. 스타이넘이 초판에서 임신 중단 사실을 공개하는 등 출산의 자유와 선택의 자유를 모토로 삼은 이 잡지는 초판 매진을 기록하는 등 돌풍을 일으키면서 미국 페미니즘 운동의 주요한 발언대가 됐다 — 옮긴이.

*** 수치료법 의사. 미국 미시건 주 배틀 크릭에 요양원을 개설해 운영했으며, 시리얼로 유명한 기업 켈로그의 설립자다 — 옮긴이.

까? 여성기독교절제연맹의 회장이자 금욕 운동을 펼친 프랜시스 윌러드와 후임자인 릴리안 스티븐스는 채식주의자였다. 이 두 사람은 1895년 영국 런던에서 열린 세계절제기구World Temperance Organization 회의에서 만났는데, 이 만남이 계기가 돼 여성채식주의자연맹Women's Vegetarian Union이 설립됐다.

페미니스트-채식주의자-레즈비언(또는 동성사회적homosocial*)은 어떤 연관이 있을까? 역사적으로 동성사회적 관계는 종종 채식주의를 수용했다.** 따라서 블랭시 쿡이 쓴 〈동성애의 역사적 부정The Historical Denial of Lesbianism〉을 제외하더라도 채식주의의 역사적 부정이라는 말이 있다. 이 말은 이런 동성애적 유대들이 공유한 채식주의를 역사적으로 간과하는 현상을 의미한다. 이를테면 쿡은 《막스 양과 울리 양Miss Marks and Miss Woolley》(1978)을 쓴 애나 메리 웰스Anna Mary Wells가 이 작품에서 47년 동안 알고 지내온 두 여성 사이에 성적인 욕구가 일어날 가능성을 일절 부정하고 있다고 지적한다. 이런 부정 때문에 웰스는 "불가피하게 함께한 삶의 특성을 폄하한다." 게다가 쿡은 "두 사람의 인생 자체라고 할 수도 있는 정치적 차원, 곧 사회주의, 페미니즘, 국제주의의 본질은 연구되지 않은 채 남아 있다"(Cook 1979, 63)고 지적한다. 그러나 쿡은 웰스하고 똑같은 함정에 빠져 있는데, 이 커플이 채식주의에 꽤 관심을 가진 사실을 간과하기 때문이다. 쿡은 사적인 삶의 형식이 갖는 중요성과 정당성을 인정하지 않는다. 실제로 재닛 막스(앞의 막스 양)가 존 켈로그가 운영한 배틀 크릭 요양원에서 돌아왔을 때 메리 엠마 울리(앞의 울리 양)는 "견과류, 건포도, 보스턴의 에스에스 피어스 사S. S. Pierce Co.가 만든 곡물 시리얼을 내놓았다"(Wells 1978, 107; 이 둘의 관계를 채식주의로 보는 시각은 Cayleff 1987, 153).

그 밖에도 여성들의 우정에서 채식주의가 공통 관심사인 사례는 많다. 페미니스트이자 의복 개혁가, 남북 전쟁의 영웅인 메리 워커Mary Walker***는 채식주의자였다. 워커가 말하는 "아담 없는 에덴동산"이 대부분의 사람들이 원래 에덴동산은 그러리라고 생각한 대로 채식주의자인 여성들의 은신처였을까? 채식주의자인 메리 워커하고 잠깐 함께 지낸 페미니스트 법률가 벨바 록우드Belva Lockwood****가 채식주의를 받아들이려 했을까? 적십자의 설립자이자 잭슨이 만든 언덕 위의 집에서 요양한 클레러 바튼과 이 수치료 기관에서 수치료법 의사로 일한 채식주의자 헤리엇 오스틴의 끈끈한 우정은 바튼이 댄스빌에서 살 결심을 하고 채식주의를 받아들이는 데 영향을 줬을까? 1893년 프랜시스 윌러드는 여성기독교절제연맹 영국 지부 회장으로 있던 레이디 헨리 서머셋을 만났고, 이 만남을 계기로 영국 페이비언 협회와 런던 채식주의자협회에 가입했다. 그렇다면 채식주의는 윌러드와 레이디 서머셋의 관계를 유지시킨 요인이었을까? 그리고 영국 여성기독교절제연맹과 페미니스트 운동가들의 동성사회적 세계는 윌러드를 끌어들이려고 채식주의를 강조했을까? 그림케 자매는 한 사람이 아니라 두 사람이기 때문에, 그리고 채식주의를 지지하기 때문에 채식주의를 지속적으로 실천할 수 있었을까?

만약 과거의 여성이 채식을 했다면, 우리는 이렇게 질문을 던져야 한다.

어디에서 먹었나? 토론토에 본부를 둔 여성 참정권 운동가들이 운영한 채식 전문 레스토랑에서? 런던의 휘트쉬프Wheatsheaf나 오렌지 그로브Orange Grove 레스토랑,

---

* '동성연대적'이라고 하기도 함. 미국의 여성 비평가인 이브 세지윅(Eve Sedgwick)이 《남자들 사이에서(Between Men)》(1985)에서 '남성의 동성사회적 욕망(male homosocial desire)'에 관해 논의하며 쓴 개념. 성별이 같은 사람들끼리 맺는 사회적 유대를 뜻한다. 세지윅은 '남성의 연대'와 남성 동성애를 동일한 연속체로 파악하면서, 이런 연속이 현대 가부장제 사회에서는 강하게 부정되고 있다고 평가한다. 다시 말해 현재 가부장제 사회에서 나타나는 많은 남성 간의 연대가 동성사회적 관계를 사전에 배제한다고 주장한다. 실제로 남성들은 서로 친밀감을 느낄수록 동성애에 관한 혐오와 두려움, 동성애 혐오증을 강하게 표현하는 경향이 있다고 한다. 한편 세지윅은 여성의 동성사회적 유대가 여성의 동성애적 유대하고 크게 다르지 않다고 주장한다. 다시 말해 동성애적 유대, 곧 레즈비언 관계는 모녀 관계, 여성 친구, 동료 사이의 정당하다고 인정된 관계하고 연속된 개념이라는 말이다. 이 개념은 페미니즘 이론가이자 시인인 에이드리언 리치(Adrienne Rich)가 쓴 '레즈비언 연속체(lesbian continnum)'라는 용어하고 비슷한 의미를 지닌다. 레즈비언 연속체란 성기적 성애의 경험, 욕망을 수반하는 관계부터 모녀 관계, 여성 친구, 여성들 사이의 정치적 연대에 이르기까지 여성 간의 친밀한 관계를 가리킨다 — 옮긴이.

** 이런 흥미로운 연관성에 관해 맬컴 머거리지는, 새무얼 버틀러가 《에레혼》에서 자기의 동성애를 보상받으려고 채식주의를 비난한다고 주장한다. 맬컴 머거리지와 린 베리 주니어의 인터뷰를 볼 것(Berry Jr. 1979, 94).

*** 남북전쟁 때 군대가 여성은 의사로 고용하지 않은 탓에 간호사로 활동했다 — 옮긴이.

**** 마흔 살에 법률 공부를 시작해 변호사 자격증을 땄다. 미국 최초의 여성 대통령 후보다 — 옮긴이.

시카고에 있는 존 맥스웰John Maxwell이 소유한 레스토랑, 아니면 뉴욕시티에 있는 버나 맥페든Bernarr Macfadden* 소유의 피지컬 컬처 앤 스트렝스 푸드Physical Culture and Strength Food 레스토랑에서?

어디에서 정보를 얻었나? 《샤프트》 같은 채식주의-페미니스트 잡지? 밀레니엄 길드의 회원 자격으로? 《베지테리언 매거진》? 채식주의 전문 음식책? 닥터 잭슨의 그 두꺼운 건강 서적에서?

동기는 무엇이었나? 동물권? 유토피아 협회? 여성기독교절제연맹? 채식주의가 조리 시간을 줄여주기 때문에?

채식주의는 자율적인 여성 정체성에 밀접히 연결돼 있었다. 반항이라 불리든 아니든 상관없이, 사실상 채식주의는 지배 문화에 맞선 반항이었다. 많은 여성들이 지배 문화에 맞선 채식주의의 반항적 측면을 강조했다. 앞서 메리 알렌 홉킨스가 1920년대에 저술 활동을 하면서 자기 인생의 한 단면을 "결혼, 체벌, 육식, 감옥, 전쟁, 공립 학교, 정부 형태 같은 모든 기성 제도들에 맞선 저항"(Hopkins 1978, 44)이라고 말한 사실을 떠올리자.

채식주의 탐색

1922년 5월 1일

당신들을 만나 식사에 관해 이야기를 나누고 싶습니다. 물론 일방적 통보는 아닙니다. 저는 저를 뺀 다른 모든 채식주의자들이 목표로 하는 채식 비율 문제에 관해 이야기하고 싶습니다(채식주의자들에게 채식은 100퍼센트 삶의 목표이고, 육식은 100퍼센트 잘못된 목표입니다. 이 비율은 식사말고는 인체에 어떤 영향도 미치지 않습니다). 나는 채식주의를 "부정하게 비방"하려는 의도는 없습니다. 육식과 채식주의말고도 세상에는 인과 관계를 맺고 있는 일들이 많다고 말하고 싶을 뿐입니다.**

1936년 12월 31일
그러나 선전과 선동에 관한 한 나는 언제나 페미니즘을 최우선으로 생각합니다. 이 문제에 관해 당신을 만나 이야기를 나눌 기회가 있기를 바랍니다.

1941년 2월 5일
그러나 고기가 가장 큰 또는 유일한 악이라고 주장하는 채식주의자들의 편협성을 경계해야 합니다.
— 앨리스 파크가 아그네스 라이언과 헨리 베일리 스티븐스에게 보낸 편지, 《베지테리언 매거진》, file nos. 62, 66

《깊이 잠수해 떠오르기Diving Deep and Surfacing》(1986)에서 캐롤 크리스트는 여성들의 영적 탐구를 위한 유형학을 제시한다(Christ 1986). 이 유형학을 채식주의에 도입할 때, 내가 '채식주의 탐색'이라고 부르는 특정 유형들이 명확해진다. 채식주의 탐색은 다음 세 부분으로 구성된다. 고기의 무의미성을 폭로하는 과정에서 일어나는 각성, 우리가 동물하고 맺는 관계에 이름을 부여하기, 육식 세계를 비난하기.

채식주의 탐색의 첫째 단계는 식품 품목으로서 고기의 무의미성을 폭로하는 과정이다. 고기의 무의미성은 고기가 어떤 것, 아니 오히려 어떤 사람에게

* 채식주의자로, 《피지컬 컬처 매거진(Physical Culture Magazine)》을 창간했다 — 옮긴이.

** 채식주의자는 채식이나 동물 옹호(육식)와 채식주의 사이의 인과 관계만을 주장한다고 비판한다. 이 편지를 쓴 사람은 채식주의와 페미니즘도 인과 관계가 있다고 주장한다 — 옮긴이.

서 유래한 사실, 사물이 아닌 것no-thing, 신체가 아닌 것no-body으로 만들어져 있다는 사실을 알아차리게 되면서 폭로된다. 이런 폭로는 부재 지시 대상의 구조를 인정하는 과정이며, 또한 고기가 긍정적 특성들을 상실할 때 촉발될 수 있다. 고기의 무의미성을 깨달은 뒤 우리는 고기의 사치성이 소스, 고기 국물, 마리네이드,* 음식 등으로 겉모습을 감추려 하는 데에서 비롯한다는 사실, 고기가 우리 몸에 필요한 단백질의 유일한 공급원도 아니고 대체 불가능한 요소도 아니라는 사실을 알게 된다. 이렇게 고기의 무의미성을 경험하면서 우리는 음식이 아니라 죽은 시체를 먹은 사실을 깨닫게 된다. 그래서 조르주 상드George Sand**는 치열한 전투 끝에 널브러져 썩어가는 시체들을 자기집 창문으로 본 뒤 2주 동안이나 붉은 고기를 전혀 입에 댈 수 없었다(Cate 1975, 204). 많은 작가들이 고기를 멀리하게 된 갑작스런 경험을 쓰고 있다. "고기를 먹으면서 나는 무엇을 하고 있을까?"라는 생각이 드는 순간이 바로 깨달음의 순간이다. 바버라 쿡은 "사랑에 눈을 뜨고" 동물권 행동주의에 눈을 뜬 계기를 작은 송아지를 품에 안은 바로 그 순간으로 기억한다. 그리고 쿡은 "이 송아지가 이 세상에 태어난 모든 새로운 창조물을 상징하는 듯했다"고 말한다. 그러나 쿡은 이런 상징이 종종 송아지고기가 된 사실도 알았다. 이렇게 해서 쿡은 고기의 무의미성을 깨달았다. "나는 그 송아지를 생각하면서 여러 달을 슬퍼했다. 식당에서 우유 급식 송아지***고기로 만든 음식이 보이면 슬퍼서 눈물이 났다. 슈퍼마켓에 셀로판지로 말끔하게 포장해 진열해놓은 핏기 없는 고깃덩어리는, 누군가 먹어 없애게 된다"(Cook 1985, 30~31).

아그네스 라이언은 미간행 자서전에 포함된 〈나는 새로운 힘을 만난다〉라는 장에서 채식주의에 관해 쓰고 있다. 라이언이 채식주의자가 된 과정을 회고하는 부분은 고기의 무의미성을 폭로하는 좋은 사례다. 몇 가지 고기 요리를 준비하던 라이언은 순간 고기가 썩은 사실을 알아차리게 된다.

> 고깃조각은 썩어 있었다. 사 올 때는 꽁꽁 얼어 있었지만, 방의 온기 때문에 녹은 모양이다. 나는 혐오감을 느꼈고, 오랫동안 그 썩는 냄새가 코끝에서 가시지 않았다. 소름 끼치고 구역질나는 생각들이 밀려오기 시작했다. 가슴 가득 내 인생에서 진정한 무엇이 폭발하려 하고 있었다. 놀랍게도 머릿속으로 지난날의 순간들이 스쳐지나가듯 떠올랐다. (Ryan unpublished autobiography, 309. 아래 인용은 같은 책의 311~316 참조)

기억, 반항, 감정의 급격한 변동, 반성이 부패한 고기 때문에 일어난다. "육식이 살아 있는 피조물의 생명을 빼앗는다는 사실을 생각할 수 있었다면, 정말 평생 고기를 먹을 수 있었을까?"

라이언은 세상의 절반을 차지하는 신여성의 시각에서 고기를 고찰했다. "나는 남성들이 별 생각 없이 살인을 저지른다는 사실을 알고 있었다. 역사를 보면 학살자, 군인, 교수형 집행인은 대개 남자가 아니었는가?" 라이언은 남편에게 말했다. "나는 평생 고기나 생선은 입에 대지 않았다. 무엇으로 만들어지고 어떻게 만들어지는지 자꾸 떠오르기 때문이었다. 그리고 남편에게 육식이 가져오는 폭력, 공포, 타락 등에 관해 말했다." 라이언은 채식주의자에 관한 이야기는 들어본 적이 전혀 없다고 기록하고 있지만, "나는 나처럼 고기를 몹시 싫어하는, 별 수 없이 육류가 신체의 건강과 힘을 기르는 데 필수적이라고 믿고 있을 여자아이들과 여성들을 생각해봤다"고 쓰고 있다. 그 뒤 라이언은 밀레니엄 길드의 회장인 이머럴 프레셸이 육식을 비난하는 연설을 하는 모습을 보게 된다. 프레셸이 하는 육식 비판이 라이언에게 육식 거부의 새로운 맥락

---

* 식초와 포도주에 향료를 넣은 양념으로, 여기에 고기나 생선을 담근다 — 옮긴이.

** 19세기 프랑스의 여성 소설가. 본명은 루실 오로르 뒤팽으로 여성의 해방과 정열, 사회 개혁에 관한 글을 썼다 — 옮긴이.

*** 어미소의 젖을 먹고 자란 자연 급식 송아지(nature fed veal)의 반대로, 어미소에서 분리돼 분유를 먹고 자란 송아지 — 옮긴이.

을 부여한다. "(프레셸은) 새로운 유형의 여성이었다. 보편적으로 작동하는 새로운 정신적 힘이었다. …… 생명을 빼앗는 행위, 죽이는 행위를 정당화할 수 있다는 믿음이 인간의 의식에서 완전히 뿌리 뽑힐 때까지 전쟁은 결코 극복될 수 없다는 점을 강조했다." 이런 경험을 재구성하는 라이언에 따르면, 육식에 관한 폭로는 서구 문화에서 젠더 역할 기대를 고찰할 수 있는 맥락이 된다. 프레셸을 여성의 역할 모델로 치켜세우면서 라이언은 서로 싸우는 세계에서 고기의 무의미성을 해석할 수 있는 맥락을 발견한다. 고기의 무의미성에 관한 라이언의 폭로는 페미니즘, 채식주의, 평화주의 사이의 연관이 뒷받침됐다.

그러나 라이언이 하는 이야기와 남편인 헨리 베일리 스티븐스가 하는 이야기는 사뭇 다르다. 우선 스티븐스는 자기가 처음에는 채식주의에 회의적이었다고 주장한다. 그러나 라이언은 남편이 처음부터 채식주의를 수용한 듯이 그리고 있다. 또한 스티븐스는 고기를 샀다는 말만 한다. 라이언은 고기가 얼어 있었다고 말한다. 라이언은 자기가 프레셸을 만난 일을 우연한 사건으로 그리는 한편으로 그 만남에 필연적인 의미를 부여한다. 라이언은 "내가 전에 모르고 있던 사실을 깨닫게 해준, 그 주일날에 열린 밀레니엄 길드 회의에 우연히 나를 인도한 계기는 보이지 않는 어떤 힘이었다." 그러나 스티븐스는 라이언의 이런 말을 인용한다. "나는 그 회의에서 채식주의에 관해 강연하던 어떤 여성을 알게 됐을 뿐이다"(Vegetarian World 4, 1975, 6).* 라이언이 이 일과 고기를 거부하게 된 선택을 강력하게 결부시키고 있기 때문에, 그 거부의 강도와 결과가 기록하고 있는 내용하고 같은지는 확인하지 않고 넘어간다. 그러나 라이언은 이 사건이 그 뒤 40여 년 동안 자기가 지녀온 모든 중요한 주장의 근원이 됐다고 보는 듯하다. 자기가 지녀온 모든 중요한 주장이 채식주의자가 된 그 순간에 시작됐다고 본다는 사실은 라이언의 이런 기록이 고기의 무의미성에 관한 폭로라는 점을 입증한다.

고기의 무의미성을 경험하는 사건은 일종의 전환 경험, 곧 채식주의를 향한 적극적인 전환을 수반하는 육식 거부라고 할 수 있다. 이런 전환자들이 채식주의에 뜨거운 관심을 보이는 모습은 앞에서 인용한 경구에서 볼 수 있듯이 페미니스트-채식주의자인 앨리스 파크하고 관련이 있다. 파크가 라이언과 스티븐스에게 말하려 한 내용은 채식주의가 하나의 맥락, 곧 페미니즘의 맥락을 갖는다는 주장이었다.

고기의 무의미성에 관한 폭로는 앞서 다룬 대로 그렇게 극적이지도 않고 정교하게 재구성되지도 않았다. 그러나 계기가 무엇이든 간에, 그러니까 도살된 동물하고 맺는 연관, 동물의 눈빛을 떠올리기, 고기와 인간의 송장을 연관 짓기, 도살장을 바라보기, 다른 사람의 견해에 관심을 갖기 등 촉매가 무엇이든 간에, 그 폭로는 고기를 먹으려는 욕구에서 벗어나는 선택을 의미한다.

고기의 무의미성을 경험했다고 해서 자동으로 채식주의로 나아가지는 않는다. 여기에는 하나의 맥락과 해석이 필요하다. 따라서 채식주의 탐색의 둘째 단계는 우리가 동물하고 맺는 관계들에 이름을 부여하기다. 이런 관계들은 다음 같은 맥락, 곧 식탁에 차려지는 고기와 살아 있는 동물 사이의 연관, 자기와 다른 동물 사이의 연관, 우리의 윤리와 식사 사이의 연관, 육식의 불필요한 폭력에 관한 인정 등을 포함한다. 그리고 채식주의 신체에 관한 해석은 고기의 무의미성에서 동물을 살해하는 행위가 잘못됐다는 신념으로 옮겨간다. 이런 전환은 프레셸이 라이언에게 보여준 대로 가부장제 세계 안에서 전쟁과 육식 사이의 연속성을 깨닫는 일일 수도 있다. 또한 조르주 상드처럼 인간의 시체를 보고 느끼는 불쾌감이 동물의 시체를 거부하는 행동으로 나타날 수도 있다. 여성의 운명과 동물의 운명을 동일시하는 관점도 이름을 부여하는 이 단계에서 등장한다. 마치 자기가 고깃덩어리처럼 취급받는다며 불만을 터

* 스티븐스가 58년 전의 경험을 이렇게 생생하게 기억할 수 있는 이유는, 구체적인 내용에서 다르기는 하지만 그 경험이 두 사람에게는 하나의 계시 같은 사건이기 때문이다.

트릴 때 여성들은 자기의 무의미를 동물의 무의미성하고 동일시한다. 7장에서 살핀 대로 마지 피어시가 쓴 《작은 변화들》을 보면, 자기 인생의 본질을 직관하게 되는 순간을 묘사하는 대목에서 주인공 베스는 두 가지 무의미성을 연관 짓는다. 베스는 "죽은 동물을 잡아먹는 덫에 걸린 동물"(Piercy 1973, 41)이었다. 이것은 얼마나 많은 여성이 가부장제에서 자기가 당하는 취급과 동물이 당하는 취급을 비교하면서 채식주의자가 됐는지를 보여준다.

고기에 딱 맞는 적절한 단어를 선택하는 일이 이런 관계들에 이름을 부여하기 위한 선결 조건이다. 그러나 이런 단어들은 완곡어법, 왜곡된 말, 틀린 이름 등에 의존하지 않는다. 고기에 새로운 이름을 붙이는 행위를 통해 채식주의자들은 고기를 다시 정의하며, 또한 동물들하고 맺는 관계에서 인간이 자기 자신을 어떻게 바라봐야 하는지에 관한 전망을 제시한다.

채식주의 탐색은 종종 시간이 지날수록 더 강력해진다. 1905년 교육자이자 여성 참정권 운동가인 메이 라이트 시월May Wright Sewall은 이렇게 썼다. "나는 갈수록 열정적인 채식주의자가 돼간다"(Vegetarian Magazine 1905, 174). 10년 뒤 '포드 평화의 배'에 함께 탄 사람 중 한 명인 헨리 베일리 스티븐스의 열정은 시월처럼 채식주의에만 국한되지 않았다. 스티븐스는 채식주의자가 된 일을 계기로 책을 한 권 쓰기 시작하는데, 이 책이 30년 뒤에 《문화의 회복》이라는 제목으로 출간됐다. 이 책에서 스티븐스는 채식주의, 여신 숭배, 평화주의의 관계를 밝히고 각각에 이름을 붙였다(7장을 볼 것).

육식의 세계를 향한 비난이 채식주의 탐색의 최종 단계다. 이 단계에서 채식주의는 채식이 육식의 대안으로 존재하며 제대로 작동하고 있다는 점을 입증하면서 육식 사회를 고발한다. 현재 서구 세계에서 대부분의 채식주의자들은 심장 발작, 고혈압, 암 등에 걸릴 걱정 없이 살아가고 있다. 채식주의의 실천이 채식주의 신체가 주장하는 내용들을 확증하는 듯하다. 그러나 많은 채식주의자들이 채식주의 신체가 건강에 이롭다는 이유로 채식주의를 실천하지는 않는다. 채식주의자들은 육식 세계를 변화시키려 한다. 이를테면 글로리아 스타이넘의 할머니처럼 자기는 채식주의자이면서도 가족들에게는 고기를 준 사람도 있지만, 개별 채식주의자들은 종종 주위 사람들의 육식 습관을 바꾸려 했다. 우리는 채식주의자, 평화주의자, 페미니스트인 샬롯 데스파드를 알고 있다. 데스파드는 1차 대전 기간 동안 재산을 털어 어려운 이들에게 식사를 무료 제공할 때도 고기가 들어간 음식은 주지 않았다. 아그네스 라이언은 작고 손에 들고 다니기 좋은 《베지테리언 포켓 먼슬리》를 창간했다. 라이언은 이 소책자를 통해 채식주의에 관심을 가진 사람들에게 채식주의에 관해 조언하고 채식주의에 관련된 사상을 널리 알릴 수 있었다.

채식주의는 육식 사회를 향한 비난을 넘어선다. 육식이 남성 권력에 연관돼 있다는 점에서 채식주의는 가부장제 사회를 향한 비난이기도 하다. 만약 당신이 소고기 취식, 남성 통제, 식민주의를 인정하지 않는다면, 식민주의자인 영국의 육식인들은 당신을 온전한 사람으로 보지 않는다. 또한 채식주의가 남성이나 남성 지배를 반대하는 편견을 지니지 않았을까 하는 의심만 품고 있기 때문에, 남성 지배는 아직 채식주의를 소리 높여 비난할 만한 단어들을 갖고 있지 않다. 고기의 무의미성을 살펴보는 과정에서 우리는 고기의 남근 중심적 의미를 밝혀내고, 부재 지시 대상을 필요로 하는 상징적이고 가부장제적인 의미를 부정한다. 스티븐스의 《문화의 회복》은 남성 지배와 육식을 동시에 비난하는 텍스트였다.

물론 집단적 차원이 아니라 개인적 차원에서 육식의 가부장제 세계를 비난하는 시도를 과소평가하면 안 된다. 2차 대전 뒤와 1970년대에 일어난 고기 불매 운동은 함께 뭔가 보여주기를 바란 개개인들의 힘이 모아진 덕에 가능했다. 이 사람들은 식료품점에서 고기를 사지 말자는 데 의견 일치를 본 뒤 음식으로 도살되는 동물의 수를 줄이라고 당국에 압력을 가했다. 윤리적 채식주의의 주장이 아니라 소비자 통제를 획득하려는 동기에서 시작되기는 했지만,

불매 운동은 마치 모든 사람이 채식주의자가 되는 상황하고 똑같은 효과를 냈으며 개개인이 각자의 판단에 따라 동참하는 특징을 드러냈다. 또한 여성들이 남편들보다 불매 운동에 더 적극적이라는 사실이 흥미로웠다.

채식주의의 탐색 과정이나 단계가 존재한다는 사실을 인정하면 개별 여성들의 행동은 자기의 행동을 이해할 수 있는 맥락* 안에 자리잡게 된다. 이런 맥락에서 시작해 채식주의 관련 소설과 여성의 삶을 섬세하게 독해할 수 있다. 채식주의 탐색 모델은 채식주의 신체를 왜곡하기보다는 더 많은 해석의 여지를 열어준다.

채식주의의 의미와 문학 비평

요정들은 채식주의자일걸!

— 주디 그랜Judy Grahn, 《검의 여왕The Queen of Swords》, 1978, 78쪽

현대 여성 작가들은 소설에서 육식을 어떻게 그리고 있을까? 먹을 수 있는 신체로서 동물의 규범적 대상화는 치환, 부정, 배제될 때도 있고, 고기의 텍스트들이 페미니스트 텍스트들로 극복될 때도 있다.

채식주의는 상상력의 작용이다. 고기의 텍스트들을 대체할 수 있는 대안을 상상할 수 있는 능력이다. 문학 비평은 채식주의가 여성 작가들의 소설에 표현되는 방식을 비판해야 한다. 5장에서 살핀 대로 여성 작가들의 소설에서 채식주의는 이전의 채식주의 단어들을 언급하거나 암시하는 형태로 나타난다. 또한 역사적 채식주의자들을 환기시키는 소설 속 인물들, 채식주의자가 쓴 텍스트를 직접 인용하거나 언급하는 구절, 부재 지시 대상의 구조가 작동하는 방식을 확언하는 언어를 통해 채식주의는 모습을 드러낸다. 앨리스 워커의 《메리

디안Meridian》(1996)**이 "민주적 이상주의에 기반을 둔 미국에 관한 예언시인 진 투머Jean Toomer의 《푸른 자오선The Blue Meridian》(1931)의 제목을 연상시킨다고 흑인 페미니스트 비평가인 바버라 크리스천이 말할 때, 우리는 워커의 소설에 등장하는 메리디안의 친구가 실천하는 채식주의가 투머의 채식주의를 반향하지 않느냐는 의문을 던질 수도 있다(Christian 1980, 207; Walker 1977, Lewis 1982, 63).

우리는 여성 작가들이 쓴 저술에서 채식주의 탐색, 여성 억압의 비유로 등장하는 고기, 여성들이 채식주의를 수용하는 선택을 거쳐 자율성을 획득한다고 말하는 비유적 표현을 발견할 수 있다. 앤 비티가 쓴 《쌀쌀한 겨울 풍경들Chilly Scenes of Winter》(1976)의 등장인물인 파멜라 스미스가 보이는 모순들은 여성의 자율적 행동과 채식주의 사이의 연관성으로 설명될 수 있다. 파멜라는 닭고기를 먹는 채식주의자이면서 남자들하고 잠자리를 하는 레즈비언이다. 앞의 행위는 뒤의 행위를 통해 성취한 자율성을 상실하는 행동으로 볼 수 있을까?(Beattie 1976)

페미니스트의 저술에서 채식주의의 문제는 정치와 영성이 교차하는 지점에서 발견된다. 이런 소설에서 그 교차점은 '신화 창조의 정치학politics of mythmaking'으로 표현된다. 여성 작가가 쓴 많은 소설에서 채식주의 문제는 새로운 신화 창조라는 맥락 아래 다뤄진다. 페미니스트적 가치들을 발산하는 우주론 안에서 자기들을 새롭게 창조하는 과정에서 채식주의가 등장한다. 그런 까닭에 우리는 이야기를 통제하는 사람이 기억과 미래를 통제하는 모습을 본다. 이것이 엘리엥 라 투레트가 쓴 《늑대의 울부짖음Cry Wolf》(1986)***의 한 단면이다(La Tourette 1986). 이 소설의 주인공이 전하는 전쟁 경험 이야기에서 페미니스트 정

---

* 이를테면 고기와 살아 있는 동물의 연관성, 자기하고 다른 동물의 연관성, 우리의 윤리와 식사의 연관성, 육식에 수반되는 불필요한 폭력 등을 말한다 — 옮긴이.

** 자기를 희생하면서 공동체를 지켜가는 남부 흑인 여성을 그린 소설 — 옮긴이.

*** 핵전쟁에서 살아남은 한 여성이 죽기 전에 새로운 공동체의 성원들에게 지난 경험을 전하는 형식의 과학 소설 — 옮긴이.

치의식은 인간과 동물의 연관, 그리고 인간 세계와 비인간 세계의 연관을 포함한다. 여기에서 인간과 동물의 관계는 여성, 여성적 시각, 하느님 아버지, 반핵 활동을 면밀히 조사하는 급진적 구상에 내포돼 있다.

채식주의를 포함하는 페미니스트 신화 창조는 페미니스트 레즈비언인 주디 그랜의 《검의 여왕》에서도 발견할 수 있다. 이 책은 고깃덩어리를 이용해 구타당한 주인공 이나나의 '두들겨 맞은 육체'를 소생시키는 채식주의 요정들을 소재로 한다. 자기 이야기에 관심을 가져달라고 호소할 때 작가들은 신화 창조가 독자도 참여할 수 있는 공유된 과정이라는 점을 암시한다. 작가들은 고기의 텍스트들뿐 아니라 권위 있는 저자들의 지배력에서 벗어나는 해방의 과정을 독자들에게 안겨준다.

재닛 윈터슨이 쓴 《오렌지만이 과일은 아니다Oranges Are Not the Only Fruit》(1985)는 복음 전도사가 되려던 어느 젊은 여성의 바람이 동성애가 발각되는 바람에 꺾이는 과정을 그린 고통스런 성장 소설로, 신화 창조의 필연성을 드러낸다. 가족에게 외면당하고 교회에서 추방되면서 갑작스럽게 찾아든 정신적이고 심리적인 혼란은 마법사의 힘이라는 신화를 통해 그려진다. 채식주의자인 이 방랑자는 마법사가 걸어놓은 마법을 스스로 풀어야 한다. 마법사의 힘은 이 여성이 가장 좋아하는 음식이 콩으로 만든 아두키 빈 스튜라는 비밀을 마법사가 알고 있다는 사실이 드러나는 장면에서 밝혀진다. 주인공인 여성은 채식주의를 선언하며 마법에서 벗어나 자율성을 찾으려 하지만, 마법사는 이 여성의 채식주의도 자기가 걸어놓은 마법이라고 말한다. 교회에서 추방된 이야기와 마법사의 통제를 이야기하는 신화를 병행하면서 주인공은 교회를 향한 충성, 전통, 의미를 추구할지, 아니면 마법에서 풀려나 자기의 본래 모습을 찾을지를 결정해야 한다(Winterson 1987).

앨리스 토머스 엘리스의 《하늘을 나는 새The Birds of the Air》(1980)는 상실과 재기의 과정에 의미를 부여하면서 신화 창조가 하는 구실을 중요하게 묘사하고 있다. 메리는 아들 로빈의 죽음을 슬퍼하는 여성이다. 메리는 어머니 집에서 크리스마스를 보낸다. 죽은 새들의 부활을 특징으로 하는 고대의 축제 이야기를 상상한다. 고대 축제의 상징은 백조였다. 크리스마스에 먹는 칠면조 요리를 상징화한 백조는 몸안에 "다른 새들을 품고 있었고, 각각의 새들은 백조보다 작은 새들을 품고 있었다. 그리고 한때는 백조의 간이 있던 곳에 삶은 굴뚝새의 알이 놓여 있었다." 축제의 주재자가 칼을 들어 고기를 자르려는 순간에 더러운 옷을 입은 낯선 사람이 나타나면서 움직임이 멈춘다. 어떤 사람은 그 낯선 사람이 "그런 부류의 사람들만 알고 있는 견과류와 장과류, 근채류를 먹고" 사는 성자라고 말한다. 메리가 그 남자에게 다가가 자기가 누구인지 말해달라고 부탁하지만, 남자는 부탁을 들어주는 대신에 이야기를 한 개 보여주려 한다. 삶은 굴뚝새 알이 밖으로 굴러떨어져 깨진다. 굴뚝새 새끼가 비틀거리며 걸어 나온다. 백조는 "그을리고, 털이 뽑히고, 다리가 잘리고, 날개가 잘려 나간 큰 물닭"을 뱃속에서 꺼내 들어올린다. 그리고 소스의 주요 재료인 고기를 원래 주인인 암소들에게 되돌려줬다. 암소들은 "젖통이 양파 맛이 나는 따뜻한 우유로 가득차자 놀라서 울부짖었다."

모든 음식이 자연 상태로 되돌아갔다. 아몬드는 아몬드나무에 걸리고, 양파는 땅에 심겼다. 건포도는 포도로 돌아갔고, 꿀은 벌집에 다시 담겼고, 밀가루는 밀이 됐다. 비둘기, 암탉, 오리, 왜가리, 홍머리오리, 능에, 두루미 등 새들은 백조의 뱃속에서 나와 자유롭게 날아갔다. 마지막으로 백조는 마르멜로, 생강이 든 빵, 타임*을 헤치고 날아올라 지붕 위에 앉는다. 메리는 고기 타는 냄새가 난다는 어머니의 말을 듣고서야 이 '백일몽'에서 깨어난다. "메리는 '뭔가에 사로잡혀 있는 어떤 사람은 칠면조가 오븐을 열고서 나올 수 있기를, 스

* 꿀풀과 백리향속에 속하는 식물. 잎과 줄기를 향신료로 쓴다 — 옮긴이.

물네 마리의 티티새들*처럼 자유롭게 날 수 있기를, 불사조처럼 솟구쳐 오른 뒤 숲속으로 들어가 큰 소리로 울 수 있기를 바라면서, 육식인들에게 눈을 녹여 마시고 국화를 따서 먹게 내버려두기를 바랄 거예요'라고 말했다." 그러나 메리는 자기가 상상하는 하늘을 나는 새들은 모두 죽어 있기 때문에, 곧 크리스마스에 먹을 칠면조, 백일몽 속의 백조, 아들 로빈은 죽었기 때문에 그렇게 할 수 없다(Ellis 1981, 90~98).

이런 신화 창조에서 부재 지시 대상의 기능은 소생한 새들, 고기가 될 운명에서 벗어난 새들이라는 상상을 통해 분명히 드러난다. 새의 몸은 고기가 되는 과정에서 소나 돼지나 양의 몸보다 변화가 적다. 1825년에 어느 피타고라스주의자는 이렇게 말했다.

> 새 한 마리 …… 당신은 당신 앞에 한때 살아 숨쉬었을 생명, 하늘을 나는 데 쓰는 날개, 뛰거나 나무에 앉는 데 필요한 다리, 먹고 노래하는 데 필요한 기관인 머리와 부리를 지닌 온전한 새를 보고 있다. 따라서 당신은 새를 잡아먹으면서 한때는 살아 있던 창조물의 이미지를 소유하게 된다. 당신은 그 새를, 그 새의 기능을 파괴하고 있다는 사실을 알게 된다. (T. H. 1825, 382)

살아 있는 새와 죽은 새의 닮은 점은 부재 지시 대상의 구조를 변화시키는데, 왜냐하면 살아 있는 새의 신체가 계속해서 죽은 새의 신체를 지시하기 때문이다. 그 신체는 소비되기 전까지는 부재하는 존재가 아니다. 이렇듯 현대 여성 작가들의 소설이 지닌 특징의 하나는 죽은 새의 이미지다.

채식주의 탐색이 고기의 무의미성을 입증한다면, 페미니스트 소설에서 죽은 새들의 이미지는 살아 있는 새들의 단일성을 어느 정도 드러낸다. 생명의 연관을 나타내는 기호들, 특히 이 연관을 인정하도록 자극하는 새들의 구실은 많은 여성 작가의 저술에서 발견할 수 있다. 지금 이 책에서도 동물 소비,

고기 소비, 여성 소비 등 소비의 문제 또는 새들을 죽이는 행위를 계속 사례로 드는 점을 떠올릴 수 있다. 이를테면 히치콕의 영화 《새》에 등장한 글자 그대로 해석되는 닭고기chickenmeat(3장 참조), 철학자인 아버지에게 사람이 칠면조를 먹는 이유와 살려고 발버둥치는 칠면조를 죽인 이유를 물어보는 두 살짜리 꼬마 아이(3장 참조), 심장 발작으로 죽은 불쌍한 꿩을 잡아먹는 데 반대하는 이야기(5장 참조), 미국여성참정권협회 1907년 회의에서 페미니스트들이 백로 깃털을 장식한 모자를 쓰고 닭고기를 먹는 여성을 두고 벌인 언쟁(8장 참조), 《사냥 대회》에서 살해된 새 수백 마리(5장 참조) 등이다. 이런 사례들을 가슴 깊이 새기면서, 먼저 죽은 새들의 이미지를 대면하게 될 때 드는 의문들을 다룬 역사적으로 중요한 저술 몇 편을 살펴보자. 새들의 현존, 특히 닭들의 현존은 동물의 생명을 죽이는 과정에서 부재 지시 대상의 기능을 명확히 한다.

전미유색인지위향상협회National Association for the Advancement of Colored People · NAACP)’의 공동 설립자이자 여성 참정권 운동가이며 《백인 사회의 흑인 여성A Colored Woman in a White World》(1940)을 쓴 메리 처치 테럴Mary Church Terrell은 손수 기른 닭고기를 먹을 수 있고 전혀 생각하지 못해서 닭을 기르는 계획을 포기해야 했다. 결국 테럴은 닭을 팔았다. 테럴은 이때 일을 이렇게 기억한다. “닭들을 잡아 다리를 묶으면서 마음속으로 눈물을 흘렸습니다. 닭들은 깃털 달린 내 자식이나 마찬가지였죠. 제가 직접 닭을 길렀습니다”(Sterling 1979, 151).** 베스 브랜트는 달걀을 얻으려고 닭을 기르기로 한 할아버지하고 함께 닭에게 모호크족 말로 사위를 뜻하는 ‘아티오Atyo’라는 이름을 붙여준 일을 떠올린다. “그러나 처음으로

---

* 1장에 나온 〈6펜스의 노래〉 이야기를 참조할 것 — 옮긴이.

** 앨리스 워커도 비슷한 말을 한다. “어느 날인지는 확실하지 않지만 저는 제 딸, 제 친구하고 같이 길을 건너고 있었습니다. 비가 와서 집으로 돌아오는 중이었죠. 집으로 오다가 어미닭과 병아리들이 함께 있는 모습을 봤습니다. 순간 페미니스트들이 ‘번뜩임’이라고 말하는 그런 깨달음이 떠올랐습니다. 인간이라는 동물과 비인간 동물들이 서로 연결돼 있으며 우리는 하나라는 깨달음이었죠. 나는 엄마였습니다. 어미닭도 엄마였죠”(Bring, 1988, 8~9).

닭을 잡아야 하는 날, 할아버지는 잘 죽이지 못하셨다. 할아버지는 꼭 가족을 죽이는 것 같다고 하셨다. 그럼 아티오는 정말 사위처럼 할아버지를 똑바로 쳐다보지도 못하고, 자기 머리를 자르지 말라고 애걸했을까?"(Brant 1985, 27)*

소설가 플래너리 오코너는 공작새를 좋아했는데, 공작새가 나오는 꿈을 꾸다가 부재 지시 대상의 의미를 깨닫는다. 오코너는 "요즘 같은 꿈을 계속 꿨다"고 쓰고 있다. "나는 다섯 살 먹은 백조다. 한 사진사가 뉴욕에서 사진을 찍으러 왔고, 긴 테이블에는 축하 인사말이 써 있다. 식사는 특별 메뉴다. 바로 나다. 나는 소리친다. '도와주세요! 도와주세요!' 그리고 깜짝 놀라 벌떡 일어난다"(O'conner 1970, 20).

프랑스의 소설가 콜레트는 죽은 새, 죽음, 소비될 수 있는, 그러나 소비될지 알 수 없는 새의 이미지를 우리에게 소개한다.

> 비알이 닭들을 바라보고 있었고, 나도 그러고 있었다. 정말 장관이군! 털이 뽑히고 목이 잘려 나간 닭들의 다리 관절 마디마디에 불그스레한 피가 남아 있었다. 닭의 날개 모양을 자세히 살펴볼 수도 있었고, 아침에는 모이를 먹으러 돌아다니고 땅을 파헤치고 했을 작은 다리를 뒤덮고 있는 얇은 껍질도 보였다. 왜 어린 닭은 잡지 않지? 내 장광설이 끝나갔지만, 비알은 한마디도 하지 않았다. 나는 냄새나고 기름이 둥둥 떠다니는 소스를 저으면서 한숨을 내쉬었지만, 숯을 떨어트리자마자 곧 맛있는 고기 냄새에 군침이 돌았다. 나는 내가 곧 동물의 고기를 먹지 않게 될지도 모른다고 생각했다. 구체적으로 언제일지는 말할 수 없지만. (Colette 1983, 28~29)**

마거릿 애트우드는 《캐츠아이Cat's Eye》(1989)에서 다음 같은 말로 칠면조와 아기의 유사성을 인정한다. "팔다리를 묶은 칠면조의 모습은 머리가 없는 아기를 닮았다. 칠면조는 식사로 자기 정체를 드러내며, 내게 커다란 죽은 새로 자기를 내보인다"(Atwood 1989, 138~139). 애트우드는 부재 지시 대상을 회복한다. 애트우드의 《떠오르는 집Surfacing》(1972)에서 죽은 왜가리는 목적 없는 살해를 의미하며, 다른 무의미한 죽음을 생각나게 한다. 죽은 새의 이미지는 앨리스 토머스 엘리스가 가장 최근에 쓴 《불가사의한 웃음소리Unexplained Laughter》(1985)에도 등장한다. 이 작품에는 말을 할 수 없는 인물, 말을 하지 않는 인물, 결국에는 말을 할 수밖에 없는 인물들이 등장해 침묵이라는 문제를 날카롭게 제기하는데, 이 침묵이 노상에서 살해된 꿩하고 무슨 관련이 있느냐는 의문을 던진다. 리디아는 휴일에 채식주의자인 베티를 웨일스에 있는 별장에 초대한다. 베티는 건강과 동물 학대 문제 때문에 채식주의에 관심이 있었지만, 여전히 스테이크 앤드 키드니 파이나 소시지를 즐겨 먹었다. 그래서 그런지 이 소설에서 베티의 존재 의미는 육식 문제를 상징적으로 보여주는 죽은 꿩만큼 중요하지는 않다. 장례식이 있던 날 저녁에 한 친구가 죽은 꿩을 들고 온다. 리디아는 그 여자(꿩)를 음식 재료로 쓰려고 일주일 동안 부엌에 매달아놓기로 한다. 베티는 그 여자(꿩)를 땅에 묻어주자고 말한다. "리디아는 베티의 의중을 알고 있었다. 때로 인간의 죽음은, 이를테면 이런 가엾은 피조물하고 비슷한 어떤 것을 하찮다고 무시하거나 잔인하게 죽여버리는 의례 때문에 초래되기 때문이었다"(Ellis 1985, 76). 그러나 리디아는 재빨리 마음을 바꿔 꿩을 잡아먹은 뒤에 남은 잔해만 묻어주자고 제안한다.

앤 타일러의 《태엽 감는 사람The Clock Wider》(1972)은 칠면조 소비라는 문제를 통해 부재 지시 대상의 구조가 갖는 기능을 파헤친다. 이 소설의 한 장은 에머

* 닭이 늙어 자연사한 때 닭을 잡아먹을 수 있었다.

** 비슷한 경험이 미국의 영화배우 클로리스 리치먼(Cloris Leachman)의 채식주의를 설명해준다. 리치먼은 어느 인터뷰에서 이런 질문을 받았다. "당신이 수도꼭지에 대고 닭을 헹구다가 그런 행동이 아이를 목욕시키는 행동하고 전혀 다르지 않다는 생각이 들었다고 말한 적이 있다고 아는데, 사실인가요?" 리치먼은 이렇게 대답했다. "그때 갓 태어난 아기를 키우고 있었는데, 정말 똑같은 경험이었습니다. 예, 맞습니다." 린 베리 주니어와 클로리스 리치먼의 인터뷰(Berry, Jr. 1979, 17).

슨 가족의 집에서 잡일을 돕던 엘리자베스가 추수감사절 만찬에 쓸 칠면조를 잡으려고 뛰어드는 상황을 설명한다. "창밖을 내다보던 엘리자베스는 페인트칠을 하느라 접어 올린 소매를 풀어 내리면서 에머슨 가족이 먹을 칠면조를 대신 잡아주면 고기를 좀 얻을 수 있을지 곰곰이 따져봤다. 그런데 칠면조 고기를 주면 사양해야 할까? 아니면 채식주의자라고 말해야 할까?"(Tyler 1972, 35) 엘리자베스는 추수감사절에 쓰려고 살아 있는 칠면조를 죽이고 싶지는 않았지만, 슈퍼마켓에 가 칠면조 고기를 살 형편도 아니었다. 살아 있는 칠면조를 죽이는 행위와 죽은 칠면조를 사는 행위의 차이는 부재 지시 대상의 구조에서 발견된다.

이렇게 채식주의에 관련된지도 모를 의문들이 타일러가 쓴 다른 소설에서도 반복된다. 그래서 타일러의 소설에 불가사의하지 않는 채식주의자가 있느냐는 질문이 많이 제기됐다. 채식주의는 과거 또는 잠재적으로 미래의 어떤 것이지, 현재의 어떤 것은 아니다. 이를테면 《우연한 방문객The Accidental Tourist》(1985)에는 채식 전문점이 될 수도 있는 어느 레스토랑이 등장한다. 그리고 《내일 아침에는If Morning Ever Comes》(1964)에서는 분별없는 채식주의 탓에 주인공 벤 조의 몸이 야위게 된다. 《빈 깡통 나무The Tin Can Tree》(1965)에서 우연한 사고 때문에 비참하게 죽는 어린 아이 제니 로즈는 채식주의자였다(각각 Tyler 1985; 1986; 1965).

이런 문학적 의식이 채식주의 의식을 예증한다고 할 수 있을까? 채식주의의 현상학은 쓰기의 현상학, 곧 소설에 사용된 언어의 의미를 파악하고 대화의 간격과 침묵을 동일시하는 과정의 의미를 개괄해 보여준다. 이런 채식주의의 현상학은 동물들 또는 동물의 운명을 여성의 상태하고 동일시한다. 그리고 접합의 문제들, 곧 크게 말해야 할 때 또는 침묵해야 할 때의 문제, 음식 선택을 통제하는 문제, 육식을 승인하는 가부장제 신화들에 도전하는 저항의 문제를 동일시한다. 파괴와 타락의 폭력적 성격에 물든 가부장제 문화하고 반대로, 여성 작가들의 저술에 등장하는 채식주의는 세상을 상대로 관계를 맺는 다른 방식으로 제시된다. 우리는 동물과 우리의 관계에 관해 은유적으로 교훈적인 뭔가가 있다고 말한다. 페미니스트들은 종종 이런 은유적 관계의 중요성을 전달하려고 이야기 전개 구조(스토리텔링)를 이용한다. 이런 이야기 전개 구조는 우리가 핵 절멸을 위해 행사할 권력 또는 경직된 사회적 관행에 근거한 개개인의 잔혹 행위에 맞서 행사할 권력을 고려하게 되면서 채식주의가 가부장제의 도덕 질서를 바로잡는 핵심이 될 수도 있다는 가능성을 제시한다.

채식주의 신체에 관한 페미니즘–채식주의 독해를 위해

페미니스트가 되려면 먼저 이런 사람이 돼야 한다. …… 페미니스트들은 페미니스트가 아닌 사람들보다도 사물이 서로 다르다는 사실을 알지 못한다. 그러나 페미니스트들은 똑같아 보이는 사물이 똑같지 않다는 사실을 알고 있다. 따라서 페미니스트의 의식은 모험일 수도 있고, '사실'을 '모순'으로 바꾸는 일일 수도 있다.

— 샌드라 리 바트키, 《페미니즘과 철학Feminism and Philosophy》, 1977, 22쪽, 26쪽

만약 지배 문화에 반대하는 식사 선택의 문제를 진지하게 받아들이지 않는다면, 우리는 여성들의 삶에 관해 진실을 말할 수 없다. 채식주의는 여성들에게 호소력이 있었다. 만약 채식주의가 삶에 긍정적인 영향을 가져오지 않았다면, 여성들은 채식주의를 수용하지도 않고 지속하지도 않았을 테고, 아예 채식주의로 전환하지도 않았다. 이 점은 여성의 삶과 문학을 연구하는 학자라면 반드시 관심을 가져야 하는 역사적 사실이다.

채식주의자 여성들의 행동주의와 그 여성들이 쓴 저술은 여성이 육식에 관해서 다른 뭔가를 말하고 행동하는 중이라는 사실을 인식하지 못하는 지배

문학과 역사적 페미니스트 정전에 흡수돼 있었다. 그림케 자매부터 프랜시스 윌러드, 클레러 바튼, 애니 베전트, 마틸다 조슬린 게이지, 메이 라이트 시월, 메리 워커까지 채식주의자인 페미니스트들은, 가부장제 문화가 여성을 부재하는 존재로 만들 뿐 아니라 동물을 부재하는 존재로 만들었기 때문에 채식주의가 가부장제에 저항하는 한 형식이라는 점을 분명히 한다. 여성이 자기를 주체로 표현하고 탐구하게 되면서, 자연스럽게 동물도 가부장제 문화에 갇힌 대상이라는 범주에서 해방됐다. 결과적으로 맥신 쿠민Maxine Kumin, 앨리스 워커, 브리지드 브로피, 모린 퍼트리셔 더피Maureen Patricia Duffy 같은 여성 작가들은 동물권을 적극적으로 옹호한다. 이런 맥락에서 우리는 시인이자 극작가이면서 소설가이고, 처음 출간한 희곡으로 흑인 창작 문학상Black Creation Literary Contest을 받고, 아이티의 빈곤 실태를 증언하고, 고기를 먹지 않기로 마음먹은 일이 삶에서 일곱 가지 전환점의 하나라고 말하는 알렉시스 드보에게 채식주의가 어떤 영향을 미쳤는지 물어볼 수 있다(DeVeaux 1980, 16).

채식주의가 여성들에게 호소력을 지니는 이유와 여성들이 채식주의에 보이는 반응을 꼼꼼히 살펴야 한다. 페미니스트-채식주의자들은 자기가 하는 일에 관해 어떤 생각을 하고 있었을까? 페미니스트-채식주의자들이 기꺼이 채식주의를 받아들일 수 있는 이유는 무엇일까? 글로리아 스타이넘의 채식주의자 할머니처럼 가족에게는 고기를 먹일까? 스타이넘은 고기 식사가 나오는 순간에 불편한 느낌을 억누르고 있어야 했을까? 사람들은 자기가 채식주의 식사를 선택하면서 초래되는 결과를 어떻게 받아들일까? 얼마나 많은 작가와 행동가가 채식주의자였을까, 또는 자기가 쓴 글에서 채식주의를 언급했을까? 어떤 채식주의-페미니스트 네트워크가 존재했을까? 육식을 즐긴 페미니스트들은 이런 현상을 어떻게 생각했을까? 이를테면 우리는 페미니스트인 수전 앤서니가 채식주의자들하고 이틀을 함께 지내고 난 다음에 스테이크를 먹으러 곧장 뉴욕으로 간 사실을 알고 있다.

육식이 우리의 지배 문화에서 의미가 있기 때문에 많은 역사가와 문학 비평가가 은유적으로 스테이크를 먹으러 달려드는지도 모른다. 그러나 페미니즘-채식주의 비판 이론을 발전시키려면 전통적인 해석하고 다른 문학적 의미와 역사적 의미에 민감하게 반응해야 한다. 일상화된 관습에 반대되는 행위는 혁신, 저항, 동기가 필요하다.

《떠오르는 집》에서 애트우드는 동물을 잡아먹는 행위에 관해 이런 생각을 밝힌다. "동물은 우리가 살아 있는 한 죽어가고, 동물은 인간의 몸을 대체한다. …… 그리고 우리는 동물들을 통조림으로 만들거나 다른 방식으로 먹는다. 우리는 죽음을 먹는 포식자들, 우리 안에서 부활하고, 우리에게 생명을 가져다주는 죽은 그리스도의 육신을 먹는 포식자들이다"(Atwood 1972, 165). 채식주의 행위는 가부장제의 소비를 거부하고 죽음의 소비에 저항한다. 페미니즘-채식주의 행위는 죽음을 소비하기보다는 생명의 소중함을 기리는, 우리 몸에서 부활한 동물(육신인)이 아니라 권한을 부여받은 사람들(페미니스트-채식주의자)에 의존하는 대안의 세계관이 있다고 선언한다.

에필로그

가부장제의 소비문화 뒤흔들기

동물의 살점을 먹는 행위는 의례적인 경고 때문에 복잡한 문제가 벌어지지 않는 한 대부분의 사람에게는 식은 죽 먹기지만, 지금까지 인류가 동물을 잡아먹는 무장한 사냥꾼의 모습을 하고 있었다는 사실에서 초래되는 안팎의 결과들, 그리고 실제적인 면에서나 감정적인 면에서 우리를 몰아넣은 막다른 골목들을 검토하고 재평가할 때 결국 심리-사회적 진화의 문제라는 사실이 밝혀질 수도 있다. 이럴 때만 채식주의가 지닌 미신적이고, 신경증적이고, 일시적 유행이라는 측면을 채식주의의 가능한 윤리적 설득력에서 분리할 수 있다.

— 에릭 에릭슨Erick Erikson, 《간디의 진실Gandhi's Truth》, 1969, 142쪽

함축적 표현으로 고기에 관한 비판을 우회적으로 전하는 에릭 에릭슨은 채식주의가 윤리적 의미가 있다는 점을 인정한다. 여기서 채식주의의 의미는 동물 살해가 갖는 함의들에, 그리고 동물 살해가 내부적이고 외부적으로 겪게 되는 결과들에 연결돼 있다. 다른 많은 육식인처럼 에릭슨은 채식주의가 많은 연관들, 곧 채식이 미신적이고, 신경증적이고, 일시적 유행에 지나지 않는다는 인식

에 사로잡혀 있다는 사실을 잘 알고 있다. 그래서 에릭슨은 육식을 인정하지 않는다. 오히려 동물의 살점을 먹는 행위는 우리에게 동물성 단백질이 필요하다는 미신, 그리고 고기와 힘이 비례한다는 미신에 따른 결과다. 육식이 드러내는 신경증적인 반응들은 육식인들이 채식주의의 위협에 반발하고 있다는 사실에서 드러난다. 음식으로 먹으려고 동물을 죽이는 행위에 문제의 소지가 있다는 점을 인정하더라도, 그런 점 때문에 우리 문화가 더는 필요 없는데도 무장한 사냥꾼이 되고 있다는 에릭슨의 주장은 어느 누구도 자기가 하는 육식에 관한 객관적인 감독관이 될 수 없다는 사실을 예증한다. 따라서 에릭슨은 고기의 텍스트들에 관한 분석에 한정해서 육식을 향해 의문을 제기한다.

육식을 승인하는 지배 담론 때문에 우리는 우리가 죽은 동물을 소비하고 있다는 사실을 받아들이라고, 나아가 그런 사실을 수용하고, 묵과하고, 중화하고, 거부 감정을 억제하라고 강요당한다. 이런 강요의 대가는 무엇일까? 죽음을 통해 육식을 가능하게 하는 부재 지시 대상에 관련해서 드러난 사실들을 억제하는 일은 어떤 함의를 지닐까?

가부장제 문화에 둘러싸인 여성들에게도 우리는 더 많은 관심을 기울여야 한다. 왜냐하면 우리 여성들은 남성들에게 먹히는 사람이고, 한편으로는 고기를 먹는 사람이기 때문이다. 우리는 소비자이자 소비 대상이다. 우리는 귀가 없어서 듣지 못하는 위를 가진 사람들이고, 귀가 달려 있지 않은 위를 통해 들으려 하는 사람들이다.

동물을 잡아먹는 행위는 가부장제적 가치들의 거울이자 표상으로 작용한다. 육식은 모든 식사에 남성 권력을 다시 각인시킨다. 가장이 주시하는 대상은 죽은 동물의 살점이 아니라 식욕을 자극하는 음식이다. 만약 우리의 식욕이 가부장제를 다시 각인시킨다면, 육식에 관련해서 우리는 이미 수용된 가부장제 문화를 구체화하거나 반대하는 행동을 할 수 있다. 만약 고기가 남성 지배의 상징이라면, 고기의 현존은 여성 권리의 박탈을 의미한다.

많은 문화 비평가들이 전근대 사회에서 고기를 제물로 바치는 의례가 등장한 이유는 육식이 아버지 살해를 의미하기 때문이라고 지적한다. 이때 소비되는 대상은 아버지다. 다시 말해 남자들은 동물 살해를 통해 아버지를 향한 적의를 해소한다.* 죽은 동물은 아버지를 나타내며, 아버지의 권력은 의례를 통해 조상의 용서를 받는 형태로 자식들이 이어받는다. 이런 유형학에서는 가부장제에서 가장 염려되는 일, 곧 아버지들이 아들에 떠밀려 권좌에서 물러나는 사태가 의례와 동물 살해를 거쳐 제거된다. 고기는 아버지와 아들 사이의 권력 갈등을 해결하는 은유가 된다. 고기는 남성적인 것으로 간주된다. 그러나 이런 문제를 제기할 수 있다. 그렇다면 고기를 먹을 때마다 우리는 의례적으로 원시적인 아버지 살해를 저지르는 걸까?(Berry Jr. 1979, 83)

지금 '아버지-음식father-food'을 먹고 있다고는 해도, 우리는 아버지를 소비하지 않는다. 다 자란 동물 수컷은 좀처럼 잡아먹지 않는데, 어떻게 우리가 먹는 대상이 아버지라고 할 수 있는가? 살해되는 대상이 무엇이든 아버지가 되고 마는 은유는 그 은유 이면에 존재하는 실체를 반영한다. 실체는 부재 지시 대상의 구조다. 우리는 계속 어머니들을 잡아먹는다. 사실 우리는 여성화된 고깃덩어리들을 먹는 행위를 통해 남성 지배를 선언하고 재강화한다.

케이트 밀렛은 남성이 '권력에 동원되는 모든 수단'을 지배해왔다고 주장했다. 여기에는 우리가 피를 흘리며 죽어가는 희생자들에게서 흡수한다고 생각하는 '힘'도 포함된다. 고기는 죽은 동물의 힘이 소비자에게 전이된다고 간주하는 면에서 "권력-구조화된 관계"다(Millet 1979, 23, 25). 고기가 물리적 힘을 가져다준다는 생각은 이런 상징적 권력에서 기인한다. 고기는 소비되는 남성 권

---

* 이를테면 헝가리 출신의 인류학자이자 프로이트주의자인 게자 로하임(Géza Róheim)의 이런 주장을 인용하는 조지프 캠벨(Joseph Campbell)을 볼 것. 로하임은 "죽게 되는 존재가 무엇이든 그것은 아버지가 된다는 말이 자기들이 숭배하는 토템 짐승들을 살해하고 잡아먹는 구석기 시대 사냥꾼들의 의례"를 설명한다고 말한다(Campbell 1987, 77, 129).

력의 원기를 매번 되돌려준다. 상징적으로 패배한 여성들에게서 승자에 동화되게 이끄는 상상된 권력이 나온다. 따라서 고기는 동물화되고 남성화된다.

여기에서 권력의 재개념화가 발생한다. 권력, 그리고 만나manna*는 죽은 동물의 몸안에 존재한다고 상상됐다. 권력은 동물의 소비를 통해 흡수될 수 있었고, 아버지들이 권력을 쥐고 있기 때문에 흡수될 수 있는 권력도 아버지의 권력으로 여겨졌다. 앞서 본 대로 우리는 우리 권력 개념의 일부가 소비될 수 있는 죽은 동물에게 이전된다고 확신할 수 있었다. 이때 우리는 그 죽은 동물을 소비하면서 이 권력을 우리가 다시 흡수한다고 생각한다. 우리는 그 희생물 안에 존재한다고 생각한 권력을 육식을 통해 우리 자신에게 되돌리고 있다.

가부장제 권력의 상징을 먹으면서 어떻게 그 권력을 전복할 수 있을까? 자율적인 반가부장제적 존재는 분명 채식주의자다. 가부장제 소비문화를 뒤흔들려면 가부장제 육식을 중단해야 한다.

버지니아 울프는 우리가 여성을 생각할 때 고기의 존재를 잊어버릴 수 있다고 주장하는 듯하다. 울프가 쓴 《야곱의 방》에서 펼쳐지는 주요 사건들 속에는 어머니와 아들이 잠깐 나눈 대화가 파묻혀 있다. 베티 플랜더스가 이렇게 생각하고 있었다고 울프는 우리에게 말한다.

베티는 책임과 위험을 생각했다. 아들인 아처의 손을 꼭 잡았다. 그러고는 언덕 위로 터벅터벅 걸어 올라갔다.

"내가 뭘 기억하고 있으랬지?" 베티가 말했다.

"뭐였더라." 아처가 대답했다.

"하기는, 엄마도 기억이 나지 않네." 베티가 짧고 익살스럽게 말했다. 그리고 누가 이런 공허함을, 풍부함, 상식, 늙은 과부의 추억, 우연한 방식들, 놀라울 정도로 대담한 순간들, 유머와 감상벽에 결합될 때 이런 공허함을 부정할 수 있을까? 누가 이런 면에서 모든 여성이 그 어떤 남성보다 더 낫다는 사실을 부정할 수 있을까?

일단 베티 플랜더스부터 그렇다.

베티는 정원 문에 손을 얹는다.

"고기다!" 베티는 소리치면서 정원 문을 쾅 닫았다.

베티는 고기를 잊고 있었다. (Woolf 1971, 9)

그러나 정확히 말해서 입맛이 고기에 길들여진 다음에 우리가 어떻게 그 여자를 잊을 수 있을까? 남아메리카의 야노마노족이 쓰는 말에는 배고픔을 표현하는 단어가 둘 있다. 하나는 글자 그대로 배가 고프다는 뜻이고, 다른 하나는 배가 부른데도 고기를 갈망한다는 뜻이다. 콜레트의 《동틀 녘Break of Day》(1961)에서 주인공은 목탄을 몇 방울 떨어트리자마자 풍겨 나온 맛있는 고기 냄새에 군침을 흘린다. 그 냄새는 자기가 고기를 거부하고 있다는 사실조차 잊게 할 정도라는 현실도 알아차린다. 고기의 실체, 부러진 뼈마디, 절단을 보고, 오늘 아침에 뜰을 달리고 땅을 헤치고 다닌 생명을 상상하고, 이런 살아 있는 닭과 조리되고 있는 어린 닭의 차이를 결정하려 하는데도 말이다.

고기의 텍스트들이 갖는 코드들도 파괴돼야 한다. 그 코드들은 고기가 기성의 모든 낡은 코드들을 구체화하도록 존재하는 동안에는 파괴될 수 없다. 또한 우리는 지금 우리가 아는 식사의 즐거움도 파괴될 수 있다고 인정해야 한다. 그러나 채식의 즐거움을 발견하는 기쁨이 우리를 기다리고 있다.

고기를 잊으려는 우리는 부재 지시 대상에 이름을 부여하거나 승인을 요구하는 일, 동물을 개별적 존재로 복원하는 일에서 시작한다. 우리는 우리 자신의 식욕을, 그리고 우리가 그 식욕에 의존하고 싶어할 수도 있다는 점을 고려해야 한다. 따라서 우리는 이런 식욕에 순응하는 행위의 중요성을 그 식욕을

---

* 이스라엘 민족이 모세의 인도로 이집트에서 탈출해 가나안 땅으로 가는 도중에 광야에서 먹을 음식과 마실 물이 없어 방황하고 있을 때 야훼가 하늘에서 날마다 내려줬다는 기적의 음식 — 옮긴이.

받아들일 수도 있고 식욕에 저항할 수도 있는 상징적 가부장제 질서 속에 자리잡게 한다.

우리는 상징적 질서, 곧 우주론의 창조를 통해 동물의 살점을 먹는 행위를 수용할 수 있다. 이 상징적 질서가 육식을 구체화한다. 가부장제의 가치들은 동물의 죽음이 갖는 이미지들이 우리의 상징체계에 수용되면서 표현된다. 조지프 캠벨은 이런 이미지 형상을 이렇게 묘사한다.

> 가장 중요한 체험 대상은 짐승이다. 살해되고 도살되는 짐승은 우리의 실체가 되는 살, 우리의 장식품이 되는 이빨, 옷과 텐트의 재료가 되는 가죽, 밧줄의 재료가 되는 힘줄, 연장이 되는 뼈를 인간들에게 남긴다. 동물의 생명은 죽음, 도살, 그리고 조리, 무두질, 바느질 과정을 거쳐 인간의 생명으로 탈바꿈한다.

또한 살해되고 도살된 동물들은 사나움, 영역 보존, 무장한 사냥, 공격적 행동, 육식의 생명력과 생식력이라는 이미지 형상들을 낳는다. 육식성 동물은 남성적 행동의 패러다임을 제공한다. 동물 살해에 토대를 둔 상징체계를 통해 우리는 병합, 통제, 지배, 그리고 폭력의 필연성이라는 정치적으로 부과된 이미지들을 마주한다. 이런 남성 지배의 메시지는 육식의 상징주의와 육식의 실체를 통해 전수된다.

캠벨에 따르면 동물 세계하고 다르게 초목 세계는 "역사 이전부터 인간에게 음식, 의복, 은신처를 제공했을 뿐 아니라 우리의 불가사의한 생명의 모델이 됐다. 성장과 죽음, 꽃 피고 열매 맺는 주기를 통해 죽음과 삶은 하나의 단일한 상위 개념으로, 결코 파괴될 수 없는 힘의 변화로 나타난다"(Campbell 1987, 129, 137). 초목 세계는 보호, 양육, 서서히 진행되는 진화적 변화, 계절의 조화라는 이미지 형상을 낳는다. 초목 세계가 갖는 정치적 함의는 분열이 아닌 유기적 통합, 폭력이 아닌 조화, 지배가 아닌 조화로운 삶이다. 이런 함의는 페미니즘의 통찰과 채식주의의 통찰을 통합하는 과정이 가져다주는 도전, 곧 초목 세계에서 비롯된 채식주의 식사를 확증하는 데 기반한 정치적 상징체계다.

식물의 이미지 형상에 의미를 부여하면서, 우리는 고기를 먹으면 우리가 시들어 죽게 된다고 말할 수 있다. 우리는 채소의 우아함을 먹을 수 있다. 버지니아 드 아라우조는 찬장 가득 "셀러리, 근대 줄기, 아보카도 나무껍질"을 넣어두고 축연과 은총을 베푸는 친구를 이렇게 묘사한다.

그리고 말하지. 나는 이런 은총을 먹고산다고.
내 영혼은 고기를 먹으면 시들어 죽게 될 거야. 돼지를 풀어주고,
토끼를 풀어주고, 소를 방목하고,
달걀을 깨고 병아리가 나오면 마음대로 모이를 쪼게 해야지. (de Araújo 1982, 17)

채식의 은총을 축하하는 채식주의 의례들을 만들면 가부장제 소비문화를 뒤흔드는 데 기여하게 된다. 집을 뛰쳐나간 아들이 돌아오기를 기원하면서 살찐 송아지를 제물로 바치듯, 돌아온 딸을 축하하기 위해 채소를 바칠 수 있다. 맥신 홍 킹스턴은 집으로 돌아온 딸을 축하하려고 자기 부모가 한 일을 묘사하면서 이렇게 주장한다. "부모님은 닭을 잡아 통째로 삶았다. 부모님은 아들이 집으로 돌아오기라도 한 듯 대하셨지만, 나는 육식 습관을 포기한 지 오래였다." 킹스턴은 닭 대신에 쌀과 채소를 먹었다(Kingston 1977, 34).

가부장제 소비문화를 뒤흔들기 위해 쌀을 먹는 것은 여성을 믿는 것이다. 그렇게 해서 우리는 메티스를 포함해 제우스가 삼킨 모든 것을 풀어주게 된다. 우리는 우리 각자의 파편화된 관계를, 다른 동물하고 우리의 파편화된 관계를 온전히 회복한다. 결국 우리 앞에는 이런 질문이 놓인다. 우주, 권력, 동물, 자기의 이미지를 우리가 먹는 음식으로 설명할 수 있을까? 우리에 앞서 존재한 것 중 무엇이 남아 있을까?

쌀을 먹는 것은 여성을 믿는 것. 채식주의 식사 선택은 우리의 우주론, 우리의 정치를 반영하고 재강화한다. 마치 "쌀을 먹는 것이 여성을 믿는 것"이라고 우리가 말할 수 있듯이 말이다.

우리 모두 이런 은총을 먹을 수 있다.

쌀을 먹는 것은 여성을 믿는 것. 채식주의 식사 선택은 우리의 우주론, 우리의 정치를 반영하고 재강화한다. 마치 "쌀을 먹는 것이 여성을 믿는 것"이라고 우리가 말할 수 있듯이 말이다.

우리 모두 이런 은총을 먹을 수 있다.

이것을 사랑하라

그레첸 프리마크

당신이 이 악을 허락한다면, 무슨 소용이 있을까
당신 삶의 선이라는 것은
— 스탠리 커니츠

화학 물질이 넘쳐흐르는 몸은 말한다. 이것을 사랑하라.
여자는 사랑을 하고, 생명을 낳는다. 생명은 소년이다.
여자는 소년을 깨끗이 닦아주고 냄새를 맡기 시작하지만, 아들은 끌려가며
뒷다리로 버틴다. 여자는 아들을 다시는
만져볼 수 없다. 울부짖는 소리를 듣고 또다시 불러대는
많은 날들.

여자의 모유는 다른 사람들을 위해 저장된다. 여자의 아들은
품에서 떼어져 자기 몸을 누일 상자에 놓인다.
도살을 당해 포장될 운명이다. 얼마나 기발한가
우리는! 부산물로 제품 만들기.
아이를 이용해서
죽이고 포장해 접시 위로 실어나르기.

그리고 눈금이 늦게 올라가면, 우리는 다시 시작하고,
여자의 몸은 말한다. 이것을 사랑하라! 그리고 여자는 그렇게 한다.
여자가 결코 아들을 다시 만질 수 없는
그 순간. 아들을 먹일 모유는 아들을 위한 우유가 아니다.

그리고 우유가 너무 천천히 나올 때면,
여자는 아들을 만난다. 라인 위에서, 몇 파운드의 분쇄육으로.
그리고 우리가 먹게 될 근사한 만찬!
그러면 우리의 윤기 나는 개들에 관해서도 말하자! 그 여자의 몸은
우리가 든 포크 위에서 부서진다. 어머니는
우리에게 자기들을 실컷 먹일 곡물을 달라고 간청하고,
아이들은 우리에게 공장 벽의 피를 닦아낼
물을 달라고 간청한다.

그리고 여자의 배설물과 방귀와 공포가
우리가 숨쉬는 공기를 너무 뜨겁게 달궈서 우리의 세계는 숨쉬기를
멈춘다 — 그때 우리는 멈출까?
그때 우리가 인정 많은 사람으로 자라면,
공기는 시원해지고 어머니들은 숨을 쉬게 될까?

25주년 기념판 후기

지난 25년 동안 지배적인 문화의 한 기능으로서 육식의 성정치는 불평등과 폭력을 구성해왔다. 전세계의 독자들은 육식의 성정치를 강화하는 이미지들에 담긴 메시지에 저항했고, 나도 그런 저항의 움직임에 관심을 갖게 됐다. 그런 움직임들을 조사해보면, 우리는 남성/여성, 남자/여자, 남성적/여성적이라는 젠더 이원론을 강화하려는 거의 필사적인 시도뿐 아니라 비지배적 존재들을 둘러싼 권력의 적나라한 가정을 알아챌 수 있다.

1990년에 나는 육식이 개인으로 살아가는 소비자에게 남성성에 관한 생각을 심어주는 과정을 확인했다. 25년이라는 시간이 흘렀고, 우리는 잡지 《에스콰이어》가 낸 음식 책 《남자처럼 먹자Eat Like a Man》(2011)의 표지에 실린 잘 조리된 스테이크 한 조각을 만난다. 잡지 《패밀리 핸디맨Family Handyman》 2011년 5월호에 실린 그릴 만들기에 관한 기사에는 '남자. 고기. 쏴! (그리고 맥주)'라는 제목이 붙었다. 《에이에이아르피 매거진AARP Magazine》 2011년 1·2월호는 〈숭고한 스테이크 — 부자 사이를 이어주는 빅 올 립아이〉라는 기사를 실었다.* 2015년, 페이스북 밈은 이런 발표를 했다. "사람의 심장으로 가는 길은 위로 통한

그림 6. 육식의 성정치의 사례를 찾아 '좋아요, 심지어 수컷들도 우리 샐러드를 좋아해요'라고 주장하는 스내피 샐러드의 광고 입간판 앞에 선 저자 캐럴 애덤스. 2014년 6월, 텍사스 주 리처드슨(사진 출처: © Benjamin Buchanan).

그림 7. 잡지 《머슬 앤 피트니스(Muscle and Fitness)》 2009년 6월호 표지. 고기를 먹는 것, 남성성, 근육의 힘을 연상시키는 피곤한 상투어들이 가득하다.

다. 그 사람이 채식주의자가 아니라면 말이다. 그렇다면 당신은 그 사람의 질을 거쳐 위에 도달할 수 있다."

《육식의 성정치》의 초판이 나온 1990년부터 남성에게는 육식이 필요하다는 개념을 단언하는 퇴행적인 모습이 나타났다. 잡지 《배너티 페어Vanity Fair》 2013년 5월호에 실린 글에서 에런 에드워드 허츠너는 이런 말을 했다. "스테이크는 우리에게, 그리고 우리에 관해 무슨 말을 할까? 그런데 이 점이 중요하다. 음식에 젠더 호칭이 딸려 붙는다면, 스테이크는 명확하게 우뚝 선 물건의 꼭대기를 가리킨다."**

허츠너는 계속한다. "스테이크는 승리의 느낌과 모양과 맛이다. 두 발로 걷는 우리 선조들에 곧장 이어진다. 승리자가 얻는 원초적인 보상."*** (실제로 아주 초기의 두 발 걷기 선조들은 아마도 곤충을 먹거나 육식 동물이 먹고 남긴 죽은 동물의 시체 같은 썩은 고기를 먹은 동물이지 싶다.) 허츠너의 어리석은 인류학 다시 쓰기는 '사냥꾼 인간'을 찬미한 1960년대의 대중적 인류학자들을 떠올리게 한다. 처음 허츠너가 쓴 글을 읽고 나는 육식과 남성다움을 신화화하고 비아냥거리는 한바탕 농담이겠거니 생각했다. 특히 다음 같은 구절은 얼마나 어리석은가. "스테이크는 부치 식도락가의 성찬이 됐다. 좀 재미있게 말하면, 냉혹한 눈빛에 아르마니를 차려입은 비즈니스맨인 척하는 비겟덩어리가 아니라, 소를 도살해 자기의 문화적 테스토스테론을 '강화beef up'하고 싶어하는 메트로섹슈얼 말이다."**** 육식은 남성들이 쓰는 남성적 방식이라는 생각을 한층 강화하는 데 이런 말들이 왜 필요한 걸까?

---

* Daniel Duane, "The Steaks Were High: A big ol' rib eye bridges the gap between a father and son," *AARP Magazine*(January-February 2011), p. 65.

** A. E. Hotchner, "Steak Shows Its Muscle," *Vanity Fair*(May 2013). Available at http://www.vanityfair.com/culture/2013/05/aa-gill-bull-blood-steak(accessed January 31, 2015).

*** Hotchner, "Steak Shows Its Muscle."

**** Hotchner, "Steak Shows Its Muscle."

그림 8. 리처드 트윈은 2012년 11월 뉴욕 지하철에서 전통적 성역할과 육식을 강화하는 광고를 봤다(사진 출처: © Richard Twine).

그림 9. 'BBQ를 함께 놓은'이라는 문구 속의 숫자는 남성성의 불안하고 불안정한 성격을 보여준다.

우리는 남성 소비자에게 호소하는 제품들에 따라붙는 광고 속에 나타난 '대부분의 행위'와 육식 사이의 관련성을 곧 찾아낸다. 라이언 레드 맥주의 광고 포스터(**그림 9**)는 남성성을 위협하는 두부의 힘을 알려준다. 대부분의 행위들은 매우 불안정해서 두부(두부는 규범적 남성성을 불안정하게 만드는 모든 채식주의를 뜻하는 제유提喩다)를 조리하면 미완성인 채로 남아 있게 될 정도일까? 도서 대출증하고 다르게 '인간 카드'는 날마다 갱신돼야 할까?

남성 지배의 표시로서 육식은 불안하게 반복돼야만 한다. 이 공격적인 재접

합은 정체성이 얼마나 불안하고 동요하는지를 보여준다. 확실히 당신은 동물을 먹는 행동을 통해 육식과 남성성이 둘 다 불안정하며 아직도 규범적이라고 증명하면서 남성다움이 구축되는 데 계속 가담하고 있다.

《뉴욕 타임스》는 미드타운에 있는 스트립 클럽에 자리한 스테이크 하우스 '펜트하우스 이그제큐티브 클럽'에 관한 비평을 실었다. 놀림조이기는 하지만 진지한 리뷰였다. 비평가(그렇지만 곧 《뉴욕 타임스》 최초의 커밍아웃한 게이 칼럼니스트가 된다)인 프랭크 브루니는 이렇게 썼다. "기사를 쓰러 잡지 《펜트하우스Penthouse》에 들어간다는 말은 농담일 수도 있다. 스테이크를 먹으러 펜트하우스 이그제큐티브 클럽에 갔다고 한 말은 농담이 아니다."* 여성의 대상화가 이제는 너무 정상적이 된 탓에 브루니는 반문했다. "당신은 스트립 몰의 영혼 없는 요람에서 행복을 찾을 수 있다. 스트립 클럽의 토플리스 클러치는 왜 안 되는가? 그래서 이달 초에 나는 펜트하우스 클럽으로 첫 체험(감히 '처녀항해'라고 부를 수 있을까?)을 떠나려고 친구 세 명을 불러모았다. 아니, 좀 더 정확히 말하면, 로버트 스테이크하우스라는 음식점에 가서 기분 좋게 몸을 뉘었다."** 브루니는 깨달았다. "나는 출입구에 서서 속옷만 입고 과다 노출을 한 젊은 여성들을 보는 여흥side show보다는 곁들임 음식side dish에 더 끌렸다."*** 브루니는 자기를 위해서 옷을 벗을 수 있다는 한 여성의 제안을 거절했지만, "그 소고기를, 숨을 헐떡이며 황홀경에 빠져 먹어 치웠다."**** 그러고는 덧붙인다. "여러분은 얇게 썰린 고기의 육질에 흥분하게 된다." 글의 제목은? '샐러드만 제대로 입을 수 있는 곳.'*****

---

* Frank Bruni, "Where Only the Salad Is Properly Dressed," *New York Times*(February 28, 2007). Available at http://www.nytimes.com/2007/02/28/dining/reviews/28rest.html?pagewanted=all(accessed January 31, 2015).

** Bruni, "Where Only the Salad is Properly Dressed."

*** Bruni, "Where Only the Salad is Properly Dressed."

**** Bruni, "Where Only the Salad is Properly Dressed."

***** Bruni, "Where Only the Salad is Properly Dressed."

그림 10. 소는 성애화되고 여성화됐다. 2014년 8월 30일, 이탈리아 빌라 과르디아(사진 출처: © Eva Lisa Negro).

그림 11. 브라질판 《플레이보이》의 홍보 광고.

폴 레비는 《타임스 리터러리 서플리먼트Times Literary Supplement》에 유명 셰프인 휴 펀리-위팅스톨Hugh Fearnley-Whittingstall이 낸 《리버 코티지 미트 북The River Cottage Meat Book》를 읽고서 쓴 서평에 '섹스할 여자A Bit of Skirt'*라는 제목을 붙였다.

우리는 다른 것을 대상으로 보는 행동과 다른 것을 대상으로 믿는 행동은 사실 다른 행동이라는 점을 인식하지 못한다. 우리의 문화는 그 둘을 붕괴시켜 하나로 뒤섞었다. 데이비드 루빈David Lubin은 이렇게 주장한다. "여성을 관음증의 시선으로 바라보는 일은 남성이 자기의 활력과 정력과 그 안에 함축된 사회적 가치를 경험하고, 반복하는, 또는 환상 속에서 경험하게 될지도 모를 수단이다. 어떤 정의에 따르든 관음증은 먼 곳에서 실행하는 분리, 소외, 응시를 암시한다."**

2015년에 슈퍼마켓 체인인 트레이더 조의 로스앤젤레스 지점에 진열된 죽은 동물을 자른 조각들 위에 놓인 포스터에는 이런 문구가 적혀 있었다. "'고기' 먹는 사람이면 모두 인정할 최상급 부위." 포스터는 모자에 리본으로 고기를 묶은 여자를 남자들이 곁눈질하는 모습을 보여준다. 그 이미지는 다른 사람들에게 소비하는 방법을 가르쳐주는 관음증에 관한 관음증을 제공한다.

《컬러 사진 — 인종과 시각적 표현Colored Pictures: Race and Visual Representation》에서 마이클 해리스는 한 사회가 자기들의 가치와 사회적 위계를 웅장하고 미묘한 많은 방식으로 시각적으로 표현한다고 지적한다. 해리스는 서양 미술에서 반복되는 여성에 관한 세 가지 양상, 곧 가부장적 구조의 증거, 백인 남성 관점의 보편성이라는 가정, 여성의 몸에 관한 전유를 묘사한다.*** 트레이더 조는 죽은 몸들을 판매하는 행위에 덧붙여 우리에게 이 세 가지를 모두 제공했다.

---

* Paul Levy, "A Bit of Skirt," Review of *The River Cottage Meat Book*, *Times Literary Supplement*(December 24 and 31, 2004), p. 11.

** Michael Harris, *Colored Pictures: Race and Representation*(Chapel Hill and London: The University of North Carolina Press, 2003), p. 134에서 인용했다.

*** Harris, *Colored Pictures*, p. 126.

《문화와 광고Culture and the Ad》에서 윌리엄 오바William O'Barr는 위계, 지배, 종속이 광고에서 가장 자주 묘사되는 사회적 관계의 특성이라고 지적한다. 평등한 광고는 매우 드물다. 광고는 누군가를 어떤 것에 앞서게 만든다. 포스트모던 시대의 광고 전략은 예술과 뉴스 미디어에 영향을 미치는 시각 영역을 포화시켜 이미지들을 겹치게 하고, 한때 서로 별개로 여겨지던 분야들을 가로질러 참조성을 만들어냈다.*

2장에서 나는 '아담의 갈비'라고 불리는 뉴저지 주의 어느 스테이크 하우스에 관해 말하면서 이런 물음을 던졌다. "그 사람들은 자기들이 먹는 것이 누구라고 생각하는가?" 이런 수사(와 나쁜 신화)은 계속된다. 2015년 2월, 가정 폭력 범죄 법안에 관련된 회의를 하려고 카우보이 브라질리언 스테이크하우스에 들른 사우스캐롤라이나 주 상원 의원인 실리(주의회에 단 한 명뿐인 여성 의원)는 여성을 공격하는 동료 의원 톰 코빈에게 도전했다. 코빈은 어떻게 대답했을까? "그런데 의원님은 신이 남자를 먼저 창조한 사실을 아시죠." 코빈은 계속 능글맞게 웃으면서 말했다. "그다음 남자의 갈비뼈를 뽑아 여자를 만들었고요. 알다시피 갈비는 고기를 덜 자른 겁니다."**

2013년 하이파와 네스 지오나에 문을 연 이스라엘식 스테이크 하우스인 안구스는 금발 여성의 알몸 사진을 내걸고 홍보를 했다. 여성의 신체 부위가 마치 고기인 듯 히브리어로 표시돼 있다(사진은 옆모습을 찍었다). 이 광고는 묻는다. "당신이 고른 고깃조각을 베어 물고 싶은 욕망을 느낀 적 있나요?"

2014년에 개봉한 영화 〈그랜드 부다페스트 호텔The Grand Budapest Hotel〉에서 구스타브는 로비 보이인 제로에게 말한다. "그 여자는 자루에 담긴 다이너마이트 같았지. …… 젊을 때는 다들 등심 스테이크를 먹지만, 해가 갈수록 더 싼 부위를 먹어야 하지." 감독인 웨스 앤더슨은 이 대사를 1985년에 말하는 사랑받는 작가의 입에 넣는데, 표면적으로는 1932년에 이미 시대에 뒤떨어진 남자이던 구스타브에게서 이 말을 들은 나이든 호텔 주인이 1968년에 한 말을 인용하는 식이다. 그 영화는 육식의 성정치가 전달되는 모습을 잘 보여준다. 마치 구스타브가 이 책 《육식의 성정치》의 1부를 여는 성매매 여성에게 19세기 가이드북을 읽어준 듯이 말이다.

2013년 오스트레일리아에서 집행된 '붐 햄버거' 광고는 햄버거 번에 찍힌 여성의 궁둥이를 보여줬고, 성차별이라는 이유로 이의 신청의 대상이 됐다. 광고심의국이 낸 사례 보고서는 이 사안을 이렇게 요약했다. "그 광고는 비키니를 입고 해변에 누워 있는 여성을 다룬다. 사진은 둔부의 양쪽 궁둥이 사이에 상추, 토마토, 치즈, 고기 패티 등 햄버거의 내용물이 들어 있는 여성의 아랫도리에 초점을 맞춘다. '쾌락을 주는 햄버거'와 '둥근 빵 사이의 가장 신선한 즐거움'이라는 문구도 적혀 있다."

불만 사항의 하나는 햄버거 패티와 여기에 딸려 나오는 상추 등이 여성의 음부에 들어가 있고, 여성의 몸과 음부는 사람(아마도 남성)들이 먹을 수 있는 대상으로 여겨지는 점이었다.*** 미국의 햄버거 체인인 칼 주니어도 비슷한 광고를 냈지만, 미국에는 이런 광고에 이의를 제기하는 제도가 없다. 사실 여성 혐오 광고에 문제를 제기하는 일은 보통 그 광고를 홍보하는 결과를 낳는다.

2014년에는 필라델피아에서 여성 셰프 다섯 명이 다섯 개 코스로 짠 '최고급 돼지고기와 맥주로 차린 만찬' 앞에서 판촉 촬영을 하느라 포즈를 취했다. 그중 인체 해부도 무늬를 새긴 레오타드를 입은 한 명이 항문을 드러내 보인 채로 누운 죽은 돼지의 엉덩이 옆에 서서 궁둥이를 내밀었다. 《필라델피아 매거진Philadelphia Magazine》의 빅터 피오릴로 기자는 이 사진을 언급하면서 '돼지 궁

---

* 나는 미디어에서 육식의 성정치에 관련된 사례들을 찾아내 논의한다. "Consumer Vision: Speciesism, Misogyny, and Media," in *Critical Animal and Media Studies*, ed. N. Almiron, M. Cole, and C. P. Freeman(New York: Routledge, 2015)를 볼 것.

** http://www.fitsnews.com/2015/02/11/sc-senator-women-lesser-cut-meat/(accessed February 20, 2015)를 볼 것.

*** Advertising Standards Bureau Case Report, Case Number 0416/13. Date of determination, November 12, 2013. Available at http://ms.standards.com.au_cases_0416-13.pdf(accessed January 31, 2015).

둥이'라는 제목을 붙였다.* 필라델피아의 여성 셰프들은 냉동고 안에서 동물화됐다(포르노 사진으로 유명한 정육점에서, 그리고 텔레비전 쇼인 〈아메리카 넥스트 톱 모델America's Next Top Model〉의 경연장에서 생고기로 만든 팬티와 브라를 입어야 했다). 여성 셰프들은 이렇게 고백하는 듯했다. "우리를 고기로 보세요. 아니면 우리가 여는 행사에 오세요."

우리 문화에서 '고기'는 전체 동물종을 정의하는 불가산의 질량 명사로 작동한다.** 질량 명사는 물이나 색깔 같은 사물에 연관된다. 물을 예로 들어보자. 당신이 얼마나 많이 가지고 있든, 어떤 종류의 용기에 담겨 있든, 그 사물은 여전히 물이다. 여러분은 물을 조금도 변화시키지 않은 채 물웅덩이에 물 한 양동이를 부을 수 있다. 질량 명사에 따라서 연관된 물체들은 개성도, 독특함도, 특수성도, 당파성도 없다. 우리가 동물을 '고기'로 바꿀 때, 매우 특별하고 조건 지워진 삶을 살아가는 어느 독특한 존재는 구별할 수 없고, 독특성이 없고, 개성이 없는 어떤 사물로 뒤바뀐다.

우리 앞 탁자 위에 놓인 대상은 특이성이 결여돼 있지 않다. 그 대상은 한때 감정을 지닌 존재로 살아가던 한 생명의 죽은 살이다. 우리는 유일한 존재이므로 질량 명사의 적절한 지시 대상이 아닌 누군가를 질량 명사의 적절한 지시 대상인 어떤 것으로 만든다.

농장 사육 동물들에 관해서는 소비 가능성이 치료 여부를 결정하는데, 농장 동물들이 죽은 뒤에 정부는 그 동물들의 삶을 기업형 농장 안에 가둬 가공할 수 있게 허가한다. 《인간도 아니고 야수도 아닌Neither Man nor Beast》에서 나는 신조어 '말단 동물terminal animals'을 만들었다. 도살할 목적으로 길러져 소비자에게 팔릴 죽은 살코기가 되는 사육 동물을 가리키는 용어다. 인간이 지닌 예외주의, 특권 의식, 무례함의 태도는 다른 동물들이 중요하다는 생각을 사회적으로 거부하는 데 핵심적인 구실을 하는데, 그러나 그런 똑같은 방식으로 현 상태는 유지된다. "그 밖에 왜 그 동물들은 존재할까?"***

그림 12. 죽은 닭의 몸의 일부분을 말하다가 여성의 몸으로, 그리고 다시 닭의 몸으로 돌아오는 식으로 옮겨가는 조각난 언어의 유동성. 2013년 6월, 로스앤젤레스(사진 출처: © Carolyn Merino Mullin).

'가정폭력 반대 로드아일랜드 연합'은 2009년에 '여성을 여성처럼 다루는 것은 허용되지 않는다'는 내용의 캠페인을 벌였다. 어느 공공 서비스 광고는 펀칭백을 보여줬다. 그러나 다른 광고는 탱크톱과 짧은 데님 치마를 입고 후크에 매달린 '소고기'의 옆모습을 보여줬다. 다시 말해 여성을 고깃조각처럼 다루는 일은 허용되지 않지만, 비인간 동물을 여성으로 다루는 일은 허용된다. 앰네스티를 포함한 유럽 인권 운동가들은 셀로판지로 덮인 여성들을 마치 고기처럼 포장한 듯 보여주면서 인신매매에 반대하는 공공 서비스 광고를 여러 편 제작했다. 다시 한 번 강조하지만, 이 메시지는 이렇게 말한다. "여성들을 말단 동물처럼 다루지 않는다. 그러나 당신은 말단 동물을 다루는 자신의 행동을 방해할 필요는 없다."

---

* Victor Fiorillo, "Lots of Dead Pigs in Photos for Tap Room Fine Swine Pig Dinner," *Philadelphia Magazine*(January 16, 2014). Available at http://www.phillymag.com/foobooz/2014/01/16/dead-pigs-tap-room-fine-swine-pigdinner/#EPw8Z7sFr2OrwbY0.99(accessed January 31, 2015).

** Willard Van Orman Quine, *Word and Object*(Cambridge: MIT Press, 1960), p. 99.

*** Carol J. Adams, "The War on Compassion," *The Feminist Care Tradition in Animal Ethics*, ed. Josephine Donovan and Carol J. Adams(New York: Columbia, 2007), pp. 21~36.

성적 참조는 죽은 살을 두 배로 소비될 수 있는 물건으로 조작하며, '엉덩이 조각', '가슴 남자', '다리 남자' 등 여성의 파편화를 언급한다.

미디어는 과잉 공급된 문화의 포화에 가담하고 있으며, 비인간 동물의 소비와 여성 혐오를 함께 규범화하고 완성한다. 《댈러스 모닝 뉴스The Dallas Morning News》의 경제면 맨 앞에 〈트윈 픽스 확대에 도움이 되는 후터스 동창생Hooters alum to help augment Twin Peaks〉이라는 기사가 실렸다(지시 대상이 된 가슴 '확대'). '확대'라는 단어는 여성의 몸을 통해 탱크톱과 핫팬츠로 대표되는 '브레스토랑breastaurant'(특히 '남성' 고객에게 '집밥'처럼 느껴지는 죽은 동물로 만든 음식)을 재현하고 재각인하면서 미디어의 시각과 후터스와 트윈 픽스라는 관점이 지닌 완결성을 보여준다.*

2014년 9월, 《폭스 뉴스》의 뉴스 진행자 에릭 볼링은 아랍에미리트 역사상 첫 여성 조종사가 몬 비행기가 착륙한 사건을 전한 동료 진행자 킴벌리 길포일에게 물었다. "젖통이 바닥에 붙을까요? 안 붙을까요?" 전문성을 지닌 여성 조종사를 바라보는 자기의 견해를 전할 뿐 아니라 함께 일하는 동료인 여성 뉴스 진행자를 여성의 신체 부위로 환원시키는 질문이었다. '여우 위의 수탉cocks on fox'을 조롱하면서 이 장면에 반응을 보인 방송 진행자 스티븐 콜버트는, '하늘 위의 빵빵한 젖가슴', '이라크 하늘을 덮은 푹신한 침대', '아부 더블 다비의 이 빵빵한 젖가슴처럼 당신이 지금껏 본 적 없는 대량 살상 무기' 같은 말들을 쏟아내면서 그 여성 조종사를 성애화하고 분해하는 데 더 많은 시간을 들였다. (시카고의 어느 레스토랑은 '더블 디 컵 가슴으로 만든 터키 샌드위치'라는 특색 있는 메뉴를 판다).

볼링은 두 번이나 사과해야만 했다. 처음 한 사과는 별다른 효과가 없었다. 다시 사과를 하면서 볼링은 진지한 표정으로 말했다. "제가 한 말은 킴벌리의 명예를 해치려는 의도는 아니었지만, 결과적으로 그렇게 받아들여졌습니다." 그렇지만 콜버트는 한 여성의 명예를 해쳐 우스운 사람으로 만들어버린 잘못을 사과할 필요가 없었고, 파편화된 신체 부위를 제공한 레스토랑도 마찬가지로 사과하지 않았다.

일단 분해되면, 소비가 발생한다. 한 존재에 관한 소비이고, 그 존재의 삶이 지니는 의미에 관한 소비이며, 그래서 참조점이 바뀐다.

2013년에 어느 지역 경찰국은 이상한 소리가 들린다는 주민들의 전화를 받기 시작했다. 경찰서장은 지역 신문에 이렇게 설명했다. "그 이상한 소리는 송아지를 잃어버린 어미소들의 울음소리로 밝혀졌다. 그러니까 송아지와 새끼들을 강제로 떼어버려야 하는 자기 신세를 한탄하는 어미소들이 내는 소리다."** 〈육식의 성정치 슬라이드 쇼〉를 본 뒤 어느 젊은 여성이 내게 다가왔다. 그러고는 자기가 낳은 아기가 태어나자마자 세상을 떠났는데, 퉁퉁 불은 젖가슴은 아기에게 줄 모유로 가득하지만 죽은 아기는 먹을 수 없다는 현실이 얼마나 끔찍한지를 말했다. 사람들이 채식주의자가 된 이유를 물을 때, 그 여성은 그런 변화는 비극을 통해 알려진 개인적인 결정이라고, 그 일에 관해 이야기하기가 버겁다고 느낀다. 그렇지만 그 젊은 여성은 슬픔에 잠긴 어머니에게서 모유가 어떻게 나오는지 알고 있다.

여성형 단백질은 암컷 동물의 생식 주기를 남용해서 생산되는 식물성 단백질이다. 인간은 비좁은 아파트식 닭장 안에 갇힌 닭에게, 그리고 일정한 강제 임신과 수유 주기에 시달리며 우리에 갇혀 살아가는 젖소에게 성적 예속을 요구한다. 동물을 위한 자비Mercy for Animals라는 단체의 대표인 네이선 렁클Nathan Runkle은 말한다. "선택 교배와 인공 호르몬이 이런 동물들의 몸을 한계에 이르게 하는 데 자주 쓰인다. 젖소는 최대 25년을 살 수 있지만, 낙농업에서는 반

---

* Karen Robinson-Jacobs, "Hooters Alum to Help Augment Twin Peaks," *Dallas Morning News*(August 23, 2011), p. D1.

** Dave Rogers, "Strange Noises Turn Out to be Cows Missing Their Calves," *Newbury Port News*(October 23, 2013). Available at http://www.newburyportnews.com/news/local_news/strange-noises-turn-out-to-be-cowsmissing-their-calves/article_d872e4da-b318-5e90-870e-51266f8eea7f.html(accessed January 31, 2015).

그림 13. 2015년 2월, 플로리다 주 새러소타에서 산 도미노 피자의 포장 상자. 비어트리스 프리드랜더가 보내줬다. "거짓된 우정의 구성 요소는 병원 직원들이 나이들고 병든 사람들을 부를 때 '미스터'나 '미스'라는 말 대신에 이름을 쓰는 행동하고 비슷하다. '사랑스러운 숙녀들'에 관한 언급은 매우 장려된다. 그리고 부정 관사 'a'에 뒤따르는 세 개의 부가적인 이름들(당신이 '베시, 버터컵 또는 데이지'를 만날 때)은 품위를 떨어트리며, 자기들의 개별성을 부인하게 된다"(사진 출처: ⓒ Margo Miller).

복된 임신과 비정상적으로 높은 우유 생산량에 너무 시달려서 대개 5살이나 6살이면 '소비'되는 물건으로 여겨진다. 대부분의 '소비'된 소들은 결국 분쇄육이 되느라 죽음을 맞이하는데, 이런 가공 방식은 나쁜 고기 상태를 감추는 데 도움이 된다. 유제품 생산을 지속하는 데 필요한 일정한 임신 주기는 공장식 축산 농장에서 태어난 '잉여' 새끼 송아지가 많아지는 현실을 뜻하게 된다. 대부분의 농장에서 송아지는 보통 태어나자마자 어미소에게서 떨어져 인공 우유를 먹는다. 어미소의 모유를 몽땅 돈을 받고 팔아야 하기 때문이다."

렁클은 계속 말한다. "어떤 암송아지들은 다 자란 뒤 젖소 무리에서 '소비된' 소의 대체물로 사용되는 반면, 그중 많은 수는 송아지 때 소고기를 얻느라 도살된다. 수컷들은 절대 우유를 생산할 수 없기 때문에 보통 아기 때 소고기나 송아지고기용으로 팔린다. 송아지 산업에서 송아지들은 아주 작은 나무상자에 쑤셔 넣어져 목이 묶인 채 지내는데, 심지어 죽을 때까지 몇 달 동안 뒤로 돌아서거나 편안히 누워보지도 못한다."*

낙농업의 고유한 위험성말고도, 동물을 위한 자비를 비롯한 다른 동물 보호 단체들이 벌인 비밀 조사는 공장식 농장에서 일하면서 감수성이 무뎌진 노동자들이 저지르는 가학적인 동물 학대 행위를 지속적으로 폭로한다. 미국 곳곳의 공장식 축산 농장을 찍은 많은 비밀 동영상 속에서 노동자, 관리자, 농장주는 이 온순한 동물들의 얼굴과 몸을 거칠게 걷어차고 때리고 찌르거나, 트랙터에 부착된 사슬을 목에 묶은 채로 끌고 다닌다. 동물을 위한 자비는 얼마 전 세계 최대의 피자치즈 제조업체인 레프리노 푸드의 납품업체이자 피자헛(그리고 도미노 피자와 파파존스 피자)에 치즈를 납품하는, 뉴멕시코 주에 자리한 대규모 유가공품 공장에서 비밀 조사를 실시했다. 피자헛의 원료 공급망에서 소를 대하는 방식은 두려움, 착취, 노골적인 학대로 가득했다(이 비밀 동영상은 슬라이스오브크루얼티닷컴www.sliceofcruelty.com에서 볼 수 있다). 여성 비인간 동물이 살아 있다고 해도, 유제품과 달걀은 희생자 없는 음식이 아니다. 여성 비인간 동물은 유제품/달걀의 소비에서 부재 지시 대상이다.

육식주의자들은 종종 이렇게 말하면서 자기 행동을 정당화한다. "내가 고기를 안 먹으면 그 동물들은 존재하지 못해." 사실 여성 비인간 동물들이 지속적으로 임신하지 않았으면 다른 동물의 살을 먹는 일은 불가능했을 수도 있

---

* Email to author, February 12, 2015.

다. 여성 동물들은 생식 남용을 거쳐 생산을 위한 '고기'를 강제로 만들어내야 한다. 소외된 노동을 말하라! 생식은 평가 절하되고, 차가운 우리 속에 갇혔다. 바버라 노스케는 이렇게 설명한다.

> 남자들은 집과 직장이 별개고 여자들은 일도 집 안에서 하지만, 동물 '노동자들'은 전혀 집에 갈 수 없다. 현대 동물 산업은 노동자들이 집에 갈 수 있게 허락하지 않는다. 하루 24시간을 착취당하는 셈이다. 동물들의 '집' 자체가 공장식 통제를 받아왔다. …… 사실대로 말하면 동물들은 종종 자본가가 착취하려 시도하는 생식 영역(짝짓기, 번식, 알 낳기)에 자리한다.*

여성 농장 동물들을 날마다 괴롭히는 고통 속에서 우리를 위해 고통받는 여성들은 아주 하찮은 취급을 받고 있다는 경멸이 생겨난다. 여성 생식 체제에 연관된 이름들은 일종의 모욕이 된다. 암소cow(살찌고 주책맞은 여자), 돼지pig(불결한 여자), 암퇘지sow(추녀), 암탉hen(수다쟁이 여자), 병아리old biddy(말 많은 노파), 암캐bitch(화냥년) 등이 모두 부정적인 함의를 지닌다. 이런 단어들은 재생산에 관련된 선택을 전혀 통제할 수 없는 여성에게서 유래했다.

재생산 노예제는 어떻게 규범화되고 자연스러워진 걸까? 직관에 어긋나는 듯 느껴질 수 있지만, 한 가지 좋은 방법은 눈으로 볼 수 있게 전시하기다. 지난날 여기에는 공개 경매에서 노예가 된 아프리카계 미국인을 사고팔거나 '오달리스크'(오토만 제국의 여자 노예)에 관한 예술적 묘사를 장려하는 행위가 포함됐다.** 이제 암퇘지는 캘리포니아 주 박람회로 옮겨져 새끼들하고 함께 분만틀 안에 전시돼 있다. 이런 출산 노예제의 형태는 암퇘지의 임신과 출산을 동기화(노동의 유도를 포함)하는 데서 시작된다. 새끼를 낳은 뒤 암퇘지는 분만틀 안에 놓인다. 표면적으로 분만틀은 암퇘지가 자기 새끼를 옆으로 굴리거나 짓밟지 못하게 하는 장치다. 돼지들이 이 몸에 꽉 끼는 우리가 탄생하

그림 14. 캐나다 출신 사진작가인 조앤 맥아서는 소규모 낙농가와 송아지 농장에서 하루 종일 시간을 보내면서, 우유 생산 라인, 인공 수정, 육우용 소로 태어나 15분도 채 안 되는 시간 동안 어미소 품에 머물다가 제거되는 송아지의 탄생 과정을 지켜봤다. 암컷 송아지는 외바퀴 손수레에 부려진 뒤 새집인 송아지 상자로 옮겨졌다. 육우용 송아지가 처음 먹은 음식은 젖병에 담긴 초유다. 맥아서는 소규모 농장에 있는 소들이 목초지를 전혀 모른다고 말한다. 그런 소들은 단단한 바닥 위에 서서 하루를 보낸다. 발굽이 고통스러울 정도로 길어지는데, 앉아서 지내는 나날들과 평생 동안 살아가는 시멘트 바닥 때문이다. 이 사진은 고통스럽게 부풀어오른 발굽으로 서서 꼼꼼하게 기계화된 컴퓨터 시스템을 거쳐 젖을 짜고 있는 어미소들을 보여준다. 맥아서가 이 소규모 낙농가에서 보낸 시간을 기록한 사진들은 〈목장과 육우 농장〉(www.weanimals.org)을 볼 것(사진 출처: © Jo-Anne McArthur).

기 전에 시작된 모든 세기 동안 어떻게 멸종을 피할 수 있었는지 궁금하다.

분만틀은 여성의 재-생산성을 나타낸다. 존경받는다고 추정되는 어머니의 몸은 통제되고, 지배받고, 전시되고, 대상화된다. 사실 이 포획된 번식은 새끼돼지들을 보살피고 사람들 손에서 멀어지게 하려는 암퇘지의 모성 본능을 표현하지 못하게 만든다.

지배되고, 임신하고, 소비되기를 바라는 존재로 전시되는 성차별적인 문화

---

* Barbara Noske, *Beyond Boundaries: Humans and Animals*(Montreal/New York/London: Black Rose Books, 1997), p. 17.

** Nell Painter, *The History of White People*(New York: W. W. Norton, 2010), pp. 43~58.

적 재현 때문에 암퇘지는 부담을 느낀다. 해마다 열리는 '돼지고기 생산자' 총회에서 마련하는 전시회의 한 부분인 '리사'를 생각해보자. (그 암퇘지는 자기의 의지를 거스르는 진정한 '돼지고기 생산자'다.) 양말, 발뒤꿈치, 양말대님, 립스틱을 가진 풍만한 몸매의 만화 주인공인 리사는 의약품 전시용 광고에 들어간 이미지였다. 183센티미터 높이인 이 광고에서, 인간 사이즈의 리사는 광고하는 약을 손으로 만지면서 전시회 출품자들을 바라본다. 대규모 전시회는 '리사가 당신에게 1년에 1마리의 돼지를 더 준다'고 알린다. 리사에게 생산과 생식은 같은 행위이고, 리사의 몸은 생산의 원료다. '돼지고기'와 '베이컨'을 지닌 암퇘지이기 때문이다. 리사는 지위가 너무 낮은 탓에 고통스럽고 비좁은 모성의 집에서 모습을 드러낼 수 있다. 리사를 전시하는 행위는 그런 대우가 괜찮다는 확신을 준다. 이를테면 미국 횡단 비행을 마친 뒤 우리는 몸 상태를 상담할 수 있으며, 한정된 공간에 머물거나 움직임이 제한된 채 지내는 일이 불편하다는 사실을 알 수 있다. 지상에 착륙하자마자 사람들은 머리 위에 집어넣은 짐을 꺼내려고 손을 뻗는 한편 좌석에서 일어나 기지개를 켠다.

분만틀 안에 있는 암퇘지는 우리가 넋을 잃고 바라보고, 그러면서 확신할 수 있기를 바란다. 불편한가? 괴로운가? 리사와 여동생들은 결코 스트레칭을 하지 않는다. 대신에 섹시한 자세를 취한 채 이렇게 권유한다. "당신이 나를 이용해주시기를 바라요."

리사의 이미지는 담론적 폭력을 저질렀지만, 그 이미지는 폭력의 물질적 형태를 뒷받침하기 위해 존재했다. 캘리포니아 주 박람회에서 암퇘지는 단순한 재현이 아니라, 동물을 위한 자비가 실행한 비밀 조사에서 밝혀진 암퇘지 같은 현실의 존재다.

아이를 밴 암퇘지에 관해 이야기하는 담론은 생식 능력을 통해 또 다른 아기를 주고 '싶어하는' 성애화된 여성에서 '뚱뚱하고 이기적인 쌍년'으로 나아간다. 이런 담론의 흐름은 그 여성들의 삶에 강제되며, 여성들에게 적용되는

그림 15. 미국에서 가장 큰 공장식 돼지 농장인 아이오와 셀렉트 팜스를 대상으로 동물을 위한 자비가 실시한 비밀 조사에서 목격된 문구인 '뚱뚱하고 이기적인 쌍년.' 네이선 렁클은 지적한다. "암퇘지의 임신틀 위에 걸린 게시판에 한 노동자가 '뚱뚱한/이기적인 쌍년'이라는 말을 써놨다. 그런 설명은 이 시설에서 일하는 노동자들의 사고방식을 언뜻 보여준다. 직업의 일부분으로 폭력과 지배와 억압을 영속시키는 곳에서 벌어지는 상황에 투입될 때 모든 노동자가 인간다움을 자주 잃어버린다." 사진은 동물을 위한 자비의 대표인 네이선 렁클의 허가를 받았다. 조사 과정을 찍은 동영상은 그 단체의 웹사이트(www.mercyforanimals.org/pigabuse)에서 볼 수 있다.

고통스럽고 퇴행적인 몇몇 고정 관념은 영속화된다. 뚱뚱하고 이기적인 쌍년? 어쩌면 그 여자는 스트레칭을 하고 싶었을지도 모른다.

병들거나 몇 달 또는 몇 년 동안 갇혀 있던 포획된 동물을 옮기는 작업은 산업화된 농장에서 일하는 저임금 노동자들이 잘 처리할 준비를 하지 못한 과제일 듯하다. 비밀 동물 보호 활동가들은 학대 행위 사례를 많이 폭로한다. 노스캐롤라이나 주에서 찍은 비밀 동영상은 노동자들이 돼지의 귀를 잡아끌고, 쇠로 만든 출입문 막대로 돼지를 때리고, 돼지의 눈을 도려내는 모습을 보여준다. 이런 모든 행동은 다루기 어려운 암퇘지들을 임신틀에서 꺼내어 새끼들을 낳아 젖을 먹일 분만틀로 옮기려 시도하는 과정에서 벌어진다.*

동물의 살을 생산하는 일이 산업화되면서 살해 라인뿐 아니라 모든 것이

* Ted Genoways, *The Chain: Farm, Factory, and the Fate of Our Food*(New York: HarperCollins, 2014), p. 124.

빨라졌다. 만약 도살장 라인이 공장 라인에 영향을 미쳤다면, 증속 공장 라인과 통합 산업형 생산 접근 방식은 죽은 살의 생산에 영향을 줬다. 도살장에서 생산 라인의 속도를 높여 공급을 늘려야 한다는 압박, 그리고 노동자와 동물에게 끼치는 고통과 엄청난 비용은 에릭 슐로서Eric Schlosser의 《패스트푸드의 제국Fast Food nation》과 테드 제노웨이스Ted Genoways의 《체인The Chain》에 자세히 설명돼 있다. 비밀 촬영된 동영상을 보면 동물을 공장식 축사에서 강제로 살게 하는 행위 자체가 부당하다는 사실을 알게 된다.

게다가 공장식 축산 농장 안의 삶에 내재된 혹사는 다루기 힘들고, 겁에 질리고, 아픈 동물들에게 가해지는 엄청난 학대다. 동물 보호 단체 페타는 비밀 조사관 두 명을 아이오와 주에 있는 공장식 축산 농장에 보냈다. 그곳에는 암퇘지 6000마리와 새끼 돼지 1만 마리가 수용돼 있었다. 조사관들은 가차없이 등짝을 맞고 있는 암퇘지를 발견했다.* "또 다른 동영상을 보면 노동자들이 불구가 된 암퇘지를 전기 막대기로 찌르고 임신한 암퇘지의 배를 반복해서 발로 찼다. 근접 촬영 영상은 지친 암퇘지를 발로 차는 모습을 보여줬다. '돼지를 약에 취하게 하려고' 시도하는 중이라고 말한 어느 노동자가 프라이마 테크에서 생산한 불변색 염료를 뿌린 돼지의 얼굴은 콧구멍까지 감청색이었다. 가장 충격적인 장면의 하나는 한 노동자가 기준 중량에 못 미치는 새끼 돼지를 안락사시키는 방법을 시연하는 모습이었다. 새끼 돼지들의 뒷다리를 잡아 들어올린 뒤 콘크리트 바닥에 대가리를 후려쳤다."

페타의 비밀 조사관인 로버트 루더만은 말했다. "번식 축사에서 나와 분만틀에 도착한 많은 암퇘지들에게 학대의 흔적이 보였다. 감독용 막대기로 맞은 듯한 붉은 자국이 등짝을 가로질러 뚜렷했고, 둔부에는 원인을 알 수 없는 핏빛의 동그란 구멍이 보였다."

또 다른 페타의 비밀 조사관 마이클 스타인버그는 리처드 랠스턴이 한 진술을 기록했다. "랠스턴은 출입문 막대와 감독용 막대기를 암퇘지의 항문에 박아 넣는 등 학대 행위를 저지른 사실을 인정했다. 동영상에서 그 사람은 이렇게 말했다. '내가 오줌을 쌀 때, 다칠 때, 그 망할 년이 안 움직이려 할 때면, 그 막대기들 중에 하나를 집어 들어서 그년 똥구멍에 쑤셔넣어요.'"

겁을 먹고 뒷걸음질치는, 아직 새끼도 안 낳아본 어린 암퇘지를 번식 축사로 옮기느라 스타인버그가 어려워하고 있을 때, "랠스턴과 또 다른 농장 노동자인 션 라이언즈가 뛰어 들어오더니 흥분한 돼지를 발로 차기 시작했다. 마침내 스타인버그를 돌아보며 랠스턴이 말했다. '궁둥이를 손가락으로 찔러.'"

랠스턴은 또한 '막대기로 암퇘지 찌르는' 솜씨를 자랑했다. "나는 막대기를 그년 보지에다가 쑤셔넣고 있었어요."

부지배인 앨런 레티그는 암퇘지의 등에 막대기를 내리치다가 두 번이나 부수는데, 그때마다 축사가 울릴 정도로 허풍을 떨었다. "레티그가 소리쳤다. '그 년들 해칠까봐 벌벌 떨지 마!' 또 한 번은 랠스턴을 타일렀다. '세게 쳐! 네 얼간이를 보여줘! 네 자지를 보여주라고!'"**

공장식 축사에서 벌어지는 일을 폭로하는 비밀 캠페인에 대응해 미국의 여러 주들은 공장식 농장의 내부를 촬영하는 행위나 공장식 농장에 들어가려고 허위 사실을 제시하는 행위를 불법으로 규정하는 '애그개그 법ag-gag law'을 통과시키고 있다. 관련법은 소비자가 동물 생산물을 소비하는 과정에서 드러내는 무관심을 없애버리는 이미지가 지닌 힘을 인정하는데, 그런 이미지는 접시 위에서 최후를 맞이하기 전에, 또는 우유가 누군가의 커피 크리머가 되기 전에 이 '상품'도 하나의 생명이었다는 사실을 경고하는 구실을 한다. 애그개그 법은 특정한 종류의 시각적 경험이자 특정한

* Genoways, *The Chain*, p. [illegible]

** Genoways, *The Chain*, pp. 120~121.

종류의 재현, 곧 농장 사육 동물의 현실적인 삶과 죽음에 관한 재현을 방지하려고 통과됐다.*

우리가 종종 보는 바비큐에 관련된 이미지들은 성적으로 자유롭고 성적 매력을 발산하고 싶어하는, 성폭행을 당하거나 소비되기를 바라는 여성화된 주체들을 보여준다. 그 사람들은 '우르슬라'의 자매이고, 우르슬라의 운명을 함께한다. '우르슬라 햄드레스'는 아마 인류학적 포르노그래피anthropornography를 대표하는 초창기 이미지의 하나일 듯하다. 인류학적 포르노그래피는 아미 햄린Amie Hamlin이 만든 신조어인데, 2003년에 《고기의 포르노그래피The Pornography of Meat》에서 동물, 특히 음식으로 소비되는 가축들을 성애화하고 여성화하는 특정한 방식을 확인하기 위해 도입됐다. 노예 상태의 동물, 특히 농장에서 기르는 동물은 '아름다운' 여성이 '자유로운' 존재로 묘사되듯이 '자유로워' 보이고, 마치 관람객이 원하는 유일한 욕망은 그 동물들의 몸이라는 듯이 성적으로 이용할 수 있게 배치된다. 돼지들은 폭력적인 죽음에 앞서서 이미 죄수이기 때문에, 여성들에 관한 메시지에 담긴 적대감은 분명하다. 우리들 여성과 돼지는 모두 종속되고 소비되기를 바란다.

카툰 돼지들은 죽은 살을 파는 캐나다 웹 사이트에서 벗는 모습을 보여준다. 아니면 '칠면조 갈고리'가 있다(오븐에서 칠면조 시체를 꺼낼 때 쓰는, 커다란 후크 선장식 굽은 갈고리. 이 제품 광고는 '팬에서 접시로 쉽게 집어 옮길 수 있다'고 약속한다). 2011년, 《뉴욕 타임스》에 실린 '미디어 디코더Media Decoder'라는 연재물은 유기농 정육점들 사이에 벌어진 홍보 경쟁을 문제로 다루는 대신에 관련 업체들을 홍보했다.** 승리자들은 '더 좋은 고기를 향한 욕망'이라는 뻔뻔한 주제를 담은 캠페인을 벌였다. "그 캠페인은 모든 것을 드러내느라 정육점 운영자들이 쏟은 헌신(달리 말해 고객들하고 정보를 공유해서 고기의 생산 관행과 판매 관행을 투명하게 만들기)을 강조하려고 동음이의어와 이중

그림 16. 폭력적인 죽음을 당한 동물은 마치 성적 기쁨을 느낀 양 폭력적인 죽음을 축하하는 모습으로 묘사됐다. 2013년 7월, 플로리다 주 베로 비치(사진 출처: ⓒ Adam Sugalski).

의미 표현으로 가득한 해학적 주제를 사용한다.

한 광고 포스터는 란제리를 입은 닭을 보여주면서 '관능적인 닭고기Sultry Poultry'라는 헤드 카피 아래 '우리는 우리 가슴을 완전히 자연스럽게 사랑한다'고 선언한다. 또 다른 포스터 광고는 캉캉 춤을 추는 양이 등장하는데, 헤드 카피는 '암양 보니 후끈Hot for Ewe'이다. 셋째 포스터 광고는 '엉덩이살과 허리 돌

---

* Will Potter, *Green is the New Red: An Insider's Account of a Social Movement Under Siege*(San Francisco: City Lights Books, 2011).

** Stuart Elliott, "Ads Promote Butcher Shop's 'Sultry Poultry,'" *New York Times*(September 16, 2011).

그림 17. 2013년, 멤피스 5월 축제 때 열린 세계 바비큐 콘테스트 포스터. 멤피스 지역 여성위원회는 여기에 성차별 이미지가 담겨 있다고 비판했다. '록 콘서트 포스터의 아버지'인 웨스 윌슨(Wes Wilson)이 1966년에 만든 팝아트 포스터를 바탕으로 (여성을 돼지로 바꿔놓았지만) 직접 그린 이미지였다. 바비큐 포스터는 페미니스트 비평에 맞선 예술이라는 미명 아래 변호됐다. 멤피스 5월 축제의 부위원장인 다이앤 햄튼은 《멤피스 커머셜 어필(Memphis Commercial Appeal)》에 이렇게 말했다. "그 포스터는 예술이고, 예술은 바비큐를 먹는 것만큼이나 주관적이다." 같은 신문 기사에 관련해 인터뷰를 하면서 나는 기자에게 그런 말은 혐오 발언이라고 생각한다고 강조했다.*

리기rump and grind'라는 이름을 붙인, 누드 부채춤을 추는 수송아지를 묘사한다." 성애화된 농장 동물들을 묘사하면서 여성 혐오를 표현했다.

그런 표현은 이 광고 캠페인이 《뉴욕 타임스》를 읽는 최고급 독자까지 확산시키고 있는 파편화되고 파편화하는 문화의 징후다. 그렇지만 그런 표현은 육식의 성정치가 지닌 강점이다. 레스토랑의 메뉴부터 텔레비전 광고까지, 지역의 정육점에서 미국을 대표하는 신문에 이르기까지 모든 문화 수준에 걸쳐 빈틈없이 채택되고 있다.

바비큐는 육식의 성정치를 여러 방식으로 강화하는데, 도살자가 하는 구실에 남성성을 포함시킬 뿐 아니라 여성성을 강조하기도 한다.

인류학적 포르노그래피에 따라 종의 불평등은 젠더 불평등을 전달한다. 삶의 특징으로 보이는 현실은 사실 한쪽으로 향하는 구조다. 광고, 신문 삽화,

포르노그래피와 대중문화의 융합을 통해 반복된 완전한 문화라는 관점은 특수한 관점일 뿐이다. 인류학적 포르노그래피는 남성들이 곳곳에 도사린 여성 혐오에 드러내놓고 결합될 수 있는 방법을 제시한다. 사람들은 보통 사적이라고 여기는 대상을 공공연히 소비할 수 있다. 그런 생각은 여성들의 이미지를 깎아내리고 소비하는 행위를 그저 장난스럽고 해롭지 않은 행동("그냥 농담이야")으로 만들어버린다(결코 비하는 아니라는 뜻이다). 여성들은 보통 묘사되지 않기 때문에, 아무도 상처받은 듯 보이지 않아서 누구도 책임지지 않는다. 모든 사람이 솔직해지지 않으면서도 추락한 여성 이미지를 즐길 수 있다. "우리는 그냥 돼지를 보고 있을 뿐이다." "우리는 그저 후터스나 펜트하우스에서 밥을 먹을 뿐이다." "이건 그냥 광고 포스터다."

어쩌면 바비큐 동영상만큼 인종, 성, 생물종을 교차하는 재현의 영역은 없을지도 모른다. 《백인다움 만들기Making Whiteness》에서 그레이스 엘리자베스 헤일은 20세기 초에 나타난 '새로운 남쪽'이 흑인 중산층이 거둔 성공에 대응하는 정체성으로 백인다움(과 그 시행자인 짐 크로 법)을 형성했다고 주장한다.** 헤일의 작업은 인종 차별에 관련된다. 완전체인 백인 여성의 성적 이미지를 사용하는 바비큐 파티는 이 구성된 백인다움이 남긴 이상한 유산이다. 돼지는 피부색이 여러 가지지만, 흰색은 백인 여성들의 지위 하락을 보여주는 인간 중심적 고정 장치가 된다. 흰색은 또한 계급에 관련된다. 바비큐 파티를 연다고 알리는 많은 카툰 돼지들은 마치 남부의 백인 쓰레기가 된 듯한 옷을 입는다. 바비큐 파티를 광고하는 이미지들을 보면서 당신은 반복되는 계급/인종의 표지에 더해 완전체인 여성의 몸을 시각과 문자의 형태로 소비하게 된다.

---

* Samantha Bryson, "Memphis BBQ Contest Poster Prompts Criticism from Women's Groups,"[Memphis] *Commercial Appeal*(April 8, 2013).

** Grace Elizabeth Hale, *Making Whiteness: The Culture of Segregation in the South: 1890-1940*(New York: Vintage Books, 1998).

그림 18. 이 그림은 2014년 여름에 노스캐롤라이나 주 낵스헤드에 있는 더티 딕스 크랩 하우스에서 찍었다(사진 출처: © Mitch Goldsmith).

그림 19. 2012년 여름, 와이오밍 주 코디에 있는 티셔츠 가게에 걸린 옷(사진 출처: © Jasmin Singer).

인간이 아닌 다른 몸에 강요되는 성, 인종, 계급에 관한 태도는 퇴행적이고 억압적이지만, 이런 태도들은 인간에게 재현이 강요될 때 인간이 감당해야 할 일종의 감시를 피한다. ("왜 돼지일까?"에서 더 충분히 논의된다)*

인류학적 포르노그래피는 혐오 발언이다. 죽은 동물을 여성화하고 성애화하면서 여성과 동물을 향한 폭력이 정상화되기 때문이다. 육식의 성정치하고 함께 특권이 관점을 만들어낸다. 그러고 나서 특권은 사라지는데, 그 특권이 접근을 허락하는 것, 곧 다른 동물들의 몸을 즐기는 행위는 개인적 선택으로 나타날 뿐이다. 불평등, 이미 섹시해진 불평등은 또한 맛도 있다.

구속에 관해 말하는 이중 의미 표현으로 채워진 《치킨의 50가지 그림자50 Shades of Chicken》라는 음식 책은 베스트셀러 《그레이의 50가지 그림자》에 묻어가는 부메랑일 뿐이지만, 매혹적인 진실을 드러낸다. '죽은 닭=아나스타샤 스틸'이고, '죽은 닭을 묶고, 꿰고, 조리하는 셰프=아나스타샤 스틸의 연인'이라는 진실 말이다.

조리사는 단순한 남자가 아니라 인간이고, 소비되는 대상은 단지 여자가 아니라 동물이다. 그러므로 패러디는 남성-여성이라는 젠더 이원론이 인간-동물 이원론과 지배-종속 이원론하고 교차하는 방식을 상기시킨다. '섹시하다'와 '맛있다'는 둘 다 불평등하다.

서구의 전통 안에서 인간/동물이 아니라 인간화된 인간, 동물화된 인간, 인간화된 동물, 동물화된 동물이라는 견지 아래 생각할 필요가 있다고 캐리 울프는 제안한다.** 울프가 인간화된 인간과 동물화된 동물이 이데올로기적 허

---

* Carol J. Adams, "Why a Pig? A Reclining Nude Reveals the Intersections of Race, Sex, Slavery, and Species," in *Ecofeminism: Feminist Intersections with Other Animals and the Earth*, ed. Carol J. Adams and Lori Gruen(New York and London: Bloomsbury, 2014).

** Cary Wolfe, *Animal Rites: American Culture, the Discourse of Species, and Posthumanist Theory*(Chicago and London: University of Chicago Press, 2003), p. 101.

그림 20. 이탈리아의 한 식당이 제작한 그림. 페미니스트들이 항의하자 그 식당은 이 이미지를 없애버렸다.

그림 21. 육식의 성정치 의미망

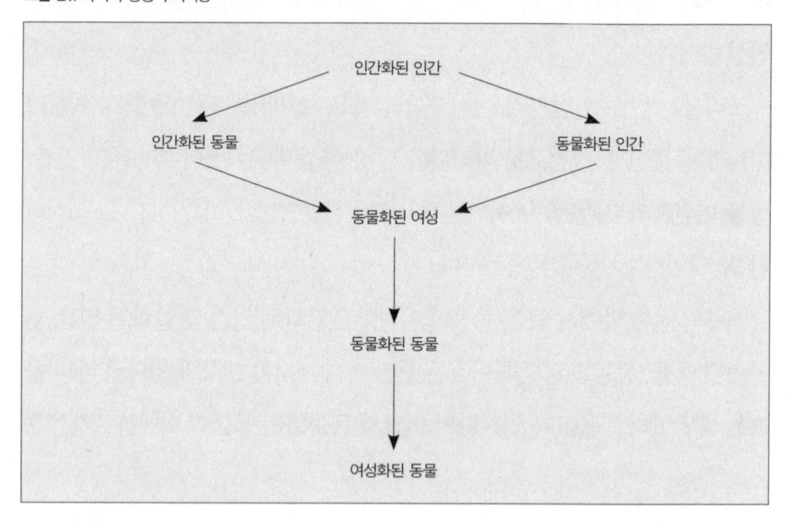

구라고 봤고, 이런 혼성 호칭이 인간주의적 가정들을 설명하는 구실을 많이 수행하기는 했지만, 나는 육식의 성정치를 해명하는 (유연한 개입의) 기능을 지닌 울프의 의미망을 본다. 서구 문화에서 인간화된 인간은 대개 투표권과 자산을 가진 백인 남성이었다. 개인을 동물화된 인간으로 만드는 것은 보통 인종, 성, 계급의 영향을 받는다. 동물화 담론은 억압의 강력한 도구다.* 또한 동물화 담론은 종종 여성을 대상으로 삼은 폭력이 발생하는 이유에 관한 분석을 대체한다. 곧 폭력 행위를 저지르는 성폭행범과 학대자 등은 자주 동물화된다('야수', '짐승 같은 인간' 등). 그런 폭력이 의도적이거나 종종 계획된 행동이라는 점에서 실제로 그 범죄자들은 인간처럼 행동하고 있다.

인간화된 동물에 관해 말해보자. 인간화된 동물은 종종 일종의 동물 예외주의로 나타난다. 캐리 울프가 든 사례를 보면 인간화된 동물은 반려동물이다. 양들이 명확히 인간화되지 않은 탓에 《양들의 침묵Silence of the Lambs》에서 구출될 수 있는 동물은 반려동물이었다. 훌륭한 민권 운동가 패니 루 해머Fannie Lou Hamer는 1944년에 농장에서 일했다. 농장 주인인 농부가 기르는 개는 실내 화장실을 쓰고, 해머는 실내 화장실이 없는 작은 집에서 살았다.** 해머는 동물화된 인간처럼 대접받았고, 개는 인간화된 동물이었다. 다른 동물들이 우리 인간처럼 느끼고 고통받을 수 있다는 점을 보여주는 동물 해방과 동물권에 관한 전통적 논쟁은 또한 동물을 인간화하려는 시도이기도 하다. 인간중심주의는 중요한 존재가 된다는 것이 무엇인지를 여전히 결정한다. 동물화된 동물은 버려지거나 먹힐 수 있다. 어쩌면 그 두 행위는 똑같은 행위겠다.

기본적인 젠더 범주는 우리가 다른 동물들을 재현하고 대우하는 데 중요한 구실을 하며, 다른 종들을 향한 종차별주의적 태도는 여성들을 대우하는 태

---

* Adams, "The War on Compassion."

** Kay Mills, *This Little Light of Mine: The Life of Fannie Lou Hamer*(New York: Plume Books, 1993), p. 14.

그림 22. 영국 맨체스터에 있는 레스토랑인 피프티 카우는 죽어서 햄버거가 되는 소를 착취하는 행위를 성애화하는 곳이다. 여성화된 동물을 보여주는 사례다.

그림 23. 2013년 8월, 독일. 동물화된 여성을 보여주는 사례다(사진 출처: ⓒ Matteo Andreozzi).

도에 영향을 준다. 육식의 성정치를 인식할 때, 우리는 추가적인 범주들이 필요하다는 점을 알 수 있다. 동물화된 여성과 여성화된 동물 말이다.*

칼, 버거킹, 하디스 같은 패스트푸드 체인점들은 햄버거를 먹거나 먹고 싶은 식욕을 느끼는 동안 대상화되는 거의 벌거벗은 여성들을 보여주는 새로운 방식을 찾으려 시도하다가 서로 부딪쳐 나뒹군다. 여기에 육식의 성정치가 지닌 또 다른 측면이 있다. 옆에 놓인 큰 햄버거가 몸에 견줘 커다란 위용을 뽐내거나 큼직한 햄버거를 입속으로 밀어넣는 모습 등 비지배적 위치에 자리한 여성들을 묘사하면서 여성의 탈권력은 시각적으로 각인된다(**그림 23** 참조).

햄버거는 여성 자체를 지배하거나 여성을 둘러싼 시각적 공간을 지배한다. 햄버거는 여성의 커다란 입과 우리가 삼킬 수 있는 것에 관한 환상을 드러내고 연기한다. 여성은 자기의 입을 본질적이고 근원적인 가부장적 권력과 폭력의 상징인 살코기로 메우면서 상징적으로 침묵한다.

2010년 4월, 드라마 시리즈 〈로 앤드 오더 — 스페셜 빅팀스 유니트Law and Order: SVU〉의 '소고기' 사건이 《엔비시NBC》에서 방영됐다. 방송을 안내하면서 동물권 옹호 단체들은 회원들에게 이 드라마를 보라고 권했다. "비밀 조사 과정을 찍은 동영상이 내일 밤 〈로 앤드 오더〉에 나온대! 채널 고정."**

이 에피소드에서 〈로 앤드 오더〉 팀은 여성을 찍은 슬라이드를 보여주는 작가 사인회에 참석해 이렇게 말한다. "우리 사회는 여성과 동물을 …… 고깃덩어리랑 거의 똑같이 봐요." 마우스를 클릭하고 다음 슬라이드로 이동하면서 그 여자는 계속 말한다. "육식과 가부장적 세계는 서로 협조합니다. 다리가 네 개이고 날개가 달린 형제자매를 그만 먹게 될 때 우리는 여성의 대상화를 멈

---

* 의미망과 분석은 다음을 참조할 것. Carol J. Adams, "Why Feminist-Vegan Now?" *Feminism & Psychology*: Special Issue: Feminism, Psychology and Nonhuman Animals, ed. Annie Potts, 20(2010), pp. 302~317.

** https://www.facebook.com/humanesociety/posts/120231324658868(accessed January 31, 2015).

그림 24. '잘 듣고 가장 멋진 축제에 열심히 갈 수 있는 티켓을 득템하라'(이 표현은 네덜란드어로 써도 똑같이 어색하다)는 내용의 네덜란드 광고에 대응해 채식주의 페미니스트들이 쓴 (지울 수 있는) 낙서. 낙서를 읽어보자. '병적이라는 생각이 들지 않나요? 페미니스트가 되자! 채식주의자가 되자! 《육식의 성정치》를 읽자!' 사진가(와 그래피티 작가)는 내게 말했다. "그 책(《육식의 성정치》)을 읽기 전에는 이 광고를 보고 불쾌해했을 듯하다. 그렇지만 나는 그런 이유를 정확히 지적할 수 없었을 테고, 이런 현상을 내가 살아가는 문화의 징후로 바라보지도 않았지 싶다. 아니, 이런 종류의 시각 언어는 젠더나 성에 관계없이 모든 사람에게 상처를 준다."

그림 25. 《고기 먹는 사람들 사이에서 살아가기(Living Among Meat Eaters)》에서, 나는 비채식주의자들은 자기가 무슨 행동을 하고 있는지 모르는 한 채식주의 음식을 먹으면서 더할 나위 없이 행복해한다고 주장한다. 육식의 성정치를 비판하는 또 다른 25년이 되는 또 다른 날로 한걸음 더 나아갈 수 있도록, 저항은 훌륭한 채식주의 음식을 즐기는 행동을 포함 해야 한다. 첫째 줄은 왼쪽부터 아보카도를 넣은 김치 햄버거, 피자, 스크램블 두부와 해시 브라운과 소시지, 둘째 줄은 파에야, 클럽 샌드위치, 에티오피아식 베지 콤보 플래터(사진 출처: © Carol J. Adams(햄버거, 피자, 파에야)).

출 수 있어요." 〈로 앤드 오더 — 스페셜 빅팀스 유니트〉는 수사 중인 여성 살해 사건에 그럴듯한 성적 측면을 제공하기 때문에 구성상 이런 줄거리가 필요했다. 이 시리즈는 성범죄 전담팀에 초점을 맞추고 있다. 그러나 살을 먹는 데 초점을 맞추면 상호 교차가 늘 벌어지기 때문에 성정치에 관한 논의가 필요해진다는 사실을 〈로 앤드 오더〉는 보여줬다.

나처럼, 내가 지닌 〈로 앤드 오더〉의 기능적 대응물은 육식의 성정치하고 함께 우리 문화가 물질적 형태의 폭력을 허용하는 담론의 폭력을 자행하고 있다고 말한다. 나처럼, 그 여자는 자기 말을 듣는 시청자들이 이미지 소비 행위를 자기만의 방식으로 거부하기를 바라지만, 그러면서도 저항을 하면서 잘 살피기를, 그리고 이미지들이 지시 대상에, 살아 있는 존재에, 대상이 아닌 주체에, 우리 자신의 삶에 고정된다는 사실을 깨닫기를 바란다.

참고 자료

1장. 육식의 성정치

Aaron M. Altschul, *Proteins: Their Chemistry and Politics*(New York: Basic Books, Inc., 1965).

American Oriental Cookery, Chun King and Mazola Corn Oil. Consol. Books Publishing., 1962.

B. S. Rowntree and May Kendall, *How the Labourer Lives: A Study of the Rural Labour Problem*(London: Thomas Nelson and Sons, 1913).

Blanch W. Cook, Clare Coss, Alice Kessler-Harris, Rosalind P. Petchesky, and Amy Swerdlow, Women, *Hostory and Theory: The Essays of Joan Kelly*, (Chicago: University of Chicago Press, 1984).

Bridget O'Laughlin, "Mediation of Contradiction: Why Mbum Women do not eat Chicken", *Woman, Culture, and Society*, ed. Michelle Zimbalist Rosaldo and Louise Lamphere(Stanford: Sanford University Press, 1974).

Carolyne Steedman, "Landscape for a Good Woman", in *Truth, Dare or Promise: Girls Growing Up in the Fifties*, ed. Liz Heron(London: Virago Press, 1985).

Cicely Hamilton, *Marriage as a Trade*(1909, London: The Women's Press, 1981).

Dudley Giehl, *Vegetarianism: A Way of Life*, (New York: Harper & Row, 1979).

Editorial, *New York Times*, 17 August 1981.

Edward Smith, M. D., *Practical Dietary for Families, Schools and the Labouring Classes*(London: Walton and Maberly, 1864).

Elizabeth Cady Stanton, *The Woman's Bible: Part I*(New York: European Publishing Co., 1898, Seattle: Coalition Task Force on Women and Religion, 1974).

Erin Pizzy, *Scream Quietly or the Neighbours will Hear*, Hammondsworth(England: Penguin Books, 1974).

Frances Moore Lappé, *Diet for a Small Planet: Tenth Anniversary Edition*, (New York: Ballantine Books, 1982).

Frank Gerrard, *Meat Technology: A Practical Textbook for Student and Butcher*(London: Northwood Publications, Inc., 1945, 1977).

Frederick J. Simoons, *Eat Not This Flesh: Food Avoidances in the Old World*(Madison: University of Wisconsin, 1961, 1967).

From a catalog from Northern Sun Merchandising, 2916 E. Lake Street, Minneapolis, MN, 55406.

George M. Beard, M. D., *Sexual Neurasthenia [Nervous Exhaustion] Its Hygiene, Causes, Symtoms and Treatment with a Chapter On Diet for the Nervous*(NEw York: E. B. Treat & Co., 1898, New York: Arno Press, 1972).

George Wilhelm Friedrich Hegel, *Philosophy of Right*(Oxford: Clarendon, 1942)

Helen Hunscher and Marqueta Huyck, "Nutrition", in *Consumer Problems in Wartime, ed. Kenneth Dameron*(New York and London: McGraw-Hill, 1944).

Irving Fisher, "The Influence of Flesh Eating on Endurance", *Yale Medical Journal* 13, no. 5(March 1907).

Isaac Bashevis Singer, *Enemies: A Love Story*(New York: Farrar, Straus and Giroux, 1972).

James C. Whorton, "'Tempest in a Flesh-Pot': The Formulation of a Physiological Rationale for Vegetarianism", *Journal of the History of Medicine and Allied Sciences* 32, no. 2(April 1977).

Jane Brody, *Jane Brody's Nutrition*, (New York: W. W. Norton & Co., 1981).

Jean Mayer, "Red Meat: American Man's Last Symbol of Machismo", *National Observer* 10 July 1976.

Laura Oren, "The Welfare of Women in Laboring Families: England, 1860-1950", *Feminist Studies 1*, no. 3-4(Winter-Spring 1973).

Lisa Leghorn and Mary Roodkowsky, *Who Really Starves: Women and World Hunger*(New York: Friendship Press, 1977).

Lloyd Shearer, "Intelligence Report: Does Diet Determine Sex?", summarizing the conclusions of Dr. Joseph Stolkowski, *Parade* 27 June 1982.

Marabel Morgan, *Marabel Morgan's Handbook for Kitchen Survival: The Total Woman Cookbook*(New Jersey: Fleming H. Revell. Company, 1980).

Mary Douglas, "Deciphering a Meal", in *Implicit meanings: Essays in anthropology*(London: Routlege & Kegan Paul, 1975).
Mary McCarthy, *Birds of America*, New York: New American Library(1965, New York: Harcourt Brace Jovanovich, 1972).
Maud Pember Reeves, *Round About a Pound a Week*(London: G. Bell & Sons, 1913, London: Virago Press, 1979).
Nancy Tuana, *The Less Noble Sex: Scientific, Religious, and Philosophical Conceptions of Woman's Nature*(Bloomington and London: Indiana University Press, 1944).
New York Times 15 April 1973.
P. Thomas Ziegler, *The Meat We Eat*(Danville, IL: The Interstate Printers and Publishers, 1964).
Peggy Sanday, *Female power and male dominance: On the origins of sexual inequality*(Cambridge and New York: Cambridge University Press, 1981).
R. Emerson Dobash and Russell Dobash, *Violence Against Wives: A Case Against the Patriarchy*(New York: The Free Press, 1979).
Richard E. Leakey and Roger Lewin, *People of the Lake: Mankind and Its Beginnings*(New York: Doubleday & Co., 1978, New York: Avon Books, 1979).
Robert B. Hinman and Robert B. Harris 1942(original edition은 1939), *The Story of Meat*, Chicago: Swift & Company.
______________________, "The Man of Pleasure's Pocket Book", quoted in Ronald Pearsall, *The Worm in the Bud: The World of Victorian Sexuality*(Toronto: The Macmillan Co., 1969).
Robert B. Hinman and Robert B. Harris, *The Story of Meat*(Chicago: Swift & Co., 1939, 1942).
Russell Baker, "Red Meat Decadence", *New York Times* 3 April 1973.
Rynn Berry, Jr., *The Vegetarians*(Brookline, MA: Autumn Press, 1979).
Sandy Grady, "The Duke as Boring as Spinach", *Buffalo News* 26 March 1988.
Sunset Books and Sunset Magazine, *Sunset Menu Cook Book*(Menlo Park, CA: Lane Magazine and Book Company, 1969).
Thelma Barer-Stein, *You Eat What Are: A Study of Canadian Ethnic Food Traditions*(Toronto: McClelland and Stewart, 1979).
Thoma A. Sebeok, "Poetics in the Lion's Den: The Circus Act as a Text", *Modern Language Notes* 86, no. 6(December 1971).
Todd L. Savitt, *Medicine and Slavery: The Diseases and Health Care of Blacks in Antebellum Virginia*(Urbana and Chicago: University of Illinois Press, 1978).
W. Arens, *The Man-Eating Myth: Anthropology and Anthropophagy*(New York: Oxford University Press, 1979).
Waverley Root and Mary Roodkowsky, *Who Really Starves: Women and World Hunger*(New York: Friendship Press, 1977).
William S. Baring-Gould and Ceil Baring-Gould, *The Annotated Mother Goose*(New York: Bramhall House, 1962).

2장. 동물 성폭행, 여성 도살

Allan Nevins, *Ford: The Times, The Man, The Company*(New York: Charles Scribner's Sons, 1954).
Andrea Dworkin, *Pornography: Men Possessing Woman*(New York: Perigee Books, 1918).
__________, *Woman Hating*(New York: E. P. Dutton & Company, 1974).
Annette Kuhn, *The Power of the image: Essays on representation and sexuality*(London: Routledge and Kegan Paul, 1985).
Apostolos Athanassakis, *Theogony*(Baltimore: Johns Hopkins University Press, 1983).
Bell Hooks, *Ain't I a Woman: black women and feminism*(Boston: South End Press, 1981).
Bertolt Brecht, "Writing the Truth: Five Difficulties", in *Civil Liberties and the Arts: Selections "From Twice A Year, 1938-1948"*, ed. William Wasserstrom, Syracuse(NY: Syracuse University Press, 1964).
__________, Brecht, *Saint Joan of the Stockyards*, trans. Frank Jones(Bloomington and London: Indiana University Press, 1971).
Beverly LaBelle, "*Snuff* — The Ultimate in Woman-Hating", in Laura Lederer ed., *Take Back the Night*(New York: William Morrow, 1980).
Carol J. Adams, "Bringing Peace Home: A Feminist Philosophical Perspective on the Abuse of Women, Children, and Pet Animals", in *Neither Manor Beast: Feminism and the Defence of Animals*(New York: Continuum Publishing Company, 1994).
Carol J. Adams, "Woman-Battering and Harm to Animals", in *Animals and Women: Feminist Theoretical Explorations*, ed. Carol J. Adams and Josephine Donovan(Durham and London: Duke University Press, 1995).

Carolyn Merchant, *The Death of Nature: Women, Ecology, and the Scientific Revolution*(New York: Harper & Row, 1980).

Coral Lansbury, *The Old Brown Dog: Women, Workers and Vivisection in Edwardian England*(Madison: University of Wisconsin, 1985).

Dario Fo and Franca Rame 1981, "A Woman Alone", *Female Parts: One Woman Plays*, Adapted by Olwen Wywark, trans. Margaret Kunzle, London: Pluto Press.

Dick Gregory, *The Shadow That Scares Me*, ed. James R. McGraw, Garden City(NY: Doubleday & Co., Inc., 1968).

G. J. Barker-Benfield, *The Horrors of the Half-Known Life: Male Attitudes Toward Women and Sexuality in Nineteenth-Century America*(New York: Harper and Row, 1976).

Gena Corea, *The Hidden Malpractice: How American Medicine Mistreats Women*, New York: Jove-Harcourt Brace Jovanovich Books(New York: William Co., 1977, New York: Jove-Harcourt Brace Jovanovich Books, 1978).

Gena Corea, *The Mother Machine: Reproductive Technologies from Artificial Insemination to Artificial Wombs*(New York: Harper & Row, 1985).

Hannah Arendt, *On Violence*(New York: Harcourt, Brace & World, 1970)(김정한 옮김, 《폭력의 세기》, 이후, 1999).

Hannah Meara Marshall, "Structural Constraints on Learning: Butchers' Apprentices", *American Behavioral Scientist* 16, no. 1(September/October).

Harry Braverman, *Labor and Monopoly Capital: The Degradation of Work in the Twentieth Century*(New York and London: Monthly Review Press, 1974).

Henry Ford, *My life and Work*(New York: Garden City Publishing, 1922).

James Barrett, *Work and Community in the Jungle: Chicago's Packinghouse Workers, 1894-1922*(Urbana and Chicago: University of Illinois Press, 1987).

John Berger, *About Looking*(New York: Pantheon, 1980).

John Robbins, *Diet for a New America*, Walpole(NH: Stillpoint Publishing, 1987).

Judith R. Walkowitz, "Jack the Ripper and the Myth of Male Violence", *Feminist Studies* 8. no. 3 1982.

Kaja Silverman, *The Subject of Semiotics*(New York: Oxford University Press, 1983).

Kate Millet, *Sexual Politics*, Garden City(NY: Doubleday & Company, 1970)(정의숙·조정호 공역, 《성의 정치학》, V. 1-2, 현대사상사, 1976).

Kathy Barry, *Female Sexual Slavery*, Englewood liffs(NJ: Prentice Hall, 1979).

Keith Thomas, *Man and the Natural World: A History of the Modern Sensibility*(New York: Pantheon, 1983).

Lenore E. Walker, *The Battered Woman*(New York: Harper & Row, 1979).

Leslie Frieman Goldstein, The Constitutional Rights of Women: Cases in Law and Social Change(New York and London: Lonman, 1979)

Linda Lovelace with Mike McGrady, *Ordeal*(New York: Citadel Press, 1980, Berkley Books, 1981)

Magaret Homans, *Bearing the Word: Language and Female Experience in Nineteenth-Century Women's Writing*(Chicago: University of Chicago Press, 1986).

Marabel Morgan, "365 Ways to Fix Hamburger", *Total Joy*(New Jersey: Fleming H. Revell Company, 1917).

Marge Piercy, "In the men's room(s)", *Circles on the Water*(New York: Alfred A. Knopf, Inc, 1982).

Marjorie Spiegel, *The Dreaded Comparison: Human and Animal Slavery* 2nd Edition(New York: Mirror Books, 1989).

Mary Daly, *Beyond God the Father: Toward a Philosophy of Women's Liberation*(Boston: Beacon Press, 1973).

_________, *Gyn/Ecology: The Metaethics of Ratical Feminism*(Boston: Beacon Press, 1978).

Mary Gordon, *Final Payments*(New York: Random House, 1978).

Michael Brewster Folsom, "Upton Sinclair's Escape from *The Jungle*: The Narrative Strategy and Suppressed Conclusion of America's First Proletarian Novel", *Prospects* 4 1979.

Milan Kundera, *The Book of Laughter and Forgetting*(New York: Alfred A. Knopf, 1980, New York: Penguin Books).

Norma Benney, "All of One Flesh: The Rights of Animals", in Reclaim the Earth: Women Speak out for Life on Earth, ed. Léonie Caldecott and Stephanie Leland(London: The Women's Press, 1983).

P. Thomas Zeigler, *The Meat We Eat*(Danville, IL: The Interstate Printers and Publishers, 1966).

People for the Ethical Treatment of Animals, *PETA News*, 1, no. 8 1986.

Peter H. Wood, *Black Majority: Negros in Colonial South Carolina From 1670 through the Stono Revellion*(New York: Alfred A. Knopf, 1974).

Peter Singer, *Animal Liberation: A New Ethics for Our Treatment of Animals* 2nd Edition(New York: A New York Review

Book, 1990.
Philip Roth, *Portnoy's Complaint*, (New York: Random House, 1969, New York: Bantam Books, 1970).
Phyllis Chesler, "Men and Pornography: Why They Use It", in *Take Back the Night: Women on Pornography*, ed. Laura Lederer(New York: William Morrow and Company, Inc., 1980).
Plutarch, "Essay on Flesh Eating", in *The Ethics of Diet: A Catena of Authorities Deprecatory of the Practice of Flesh-Eating*, ed. Howard Williams(London, 1883).
R, Emerson Dobash and Russell Dobash, *Violence Against Wives: A Case Against the Patriarchy*(New York: The Free Press, 1979).
Ray Allen Billington, *Land of Savagery Land of Promise: The European Image of the American Frontier in the Nineteenth Century*(New York: W. W. Norton & Company, 1981).
Richard Selzer, "How to Build a Slaughterhouse", *Taking the World in for Repairs*(New York: Morrow, 1986).
Robert B. Hinman and Robert B. Harris, *The Story of Meat*(Chicago: Swift & Co., 1939, 1942).
Robert Graves, *The Greek Myths: 1*(Baltimore: Penguin Books, 1955).
Roberta kalechofsky, "Shechitah — The Ritual Slaughter of Animals",(www.micahbooks.com를 볼 것).
Ronald Pearsall, *The Worm in the Bud: The World of Victorian Sexuality*(Toronto: The Maxmillan Company, 1969).
Samuel Butler, *Erewhon*, Hammondsworth(1872, England: Penguin, 1970)).
Simone de Beauvoir, *The Second Sex*, trans. and ed. H. M. Parshley(Hammondsworth, England: Penguin, 1972).
Stephen Knight, *Jack the Ripper: The Final Solution*(London: Granada Publishing Limited, 1977).
Susan Glaspell, *A Jury of Her Peers*(London: Ernest Benn, Ltd, 1927).
Susan Griffin, *Rape: The Power of Consciousness*(San Francisco: Harper & Row, 1979).
__________, *Woman and Nature: The Roaring Inside Her*(New York: Harper & Row, 1978).
Teresa de Lauretis, *Alice Doesn't: Feminism, Semiotics, Cinema*(Bloomington: Indiana University Press, 1984).
The Beast: *The Magazine That Bites Back 10*(Summer 1981).
Ti-Grace Atkinson, *Amazon Odyssey*(New York: Links Books, 1974).
Tillie Olsen, *Yonnondio: From the Thirties*(New York: Dell, 1974).
Travers Moncure Evans and David Greene, *The Meat Book*, New York: Charles Scribner's Sons.
Upton Sinclair, *The Jungle*(New York: New American Library, 1906)(채광석 옮김, 《정글》, 동녘, 1991)
Val Plumwood, *Feminism and the Mastery of Nature*(London and New York: Routledge, 1993).
Vincent Harding, *There Is a River: The Black Struggle for Freedom in America*(New York: Vintage Books(New York: Harcourt Brace Jovanovich, 1981, New York: Harcourt Brace Jovanovich, 1983).
William Morris ed., *The American Heritage Dictionary of the English Language*(Boston: American Heritage Publishing Co., Inc. and Houghton Mifflin Co., 1969)
Allice Thomas Ellis, *The Sin Eater*(London: Duckworth, 1977).

3장. 은폐된 폭력, 침묵의 목소리

A. R. Miller, *Meat Hygiene*(Philadelphia: Lea & Febiger, 1951, 1958).
André Joly, "Toward a Theory of Gender in Modern English", in *Studies in English Grammar*, ed. A. Joly and T. Fraser(Paris: Editons Universitaires, 1975).
Audre Lord, *Sister Outsider: Essays and Speeches*(Trumansburg, NY: The Crossing Press, 1984).
Barbara Christian, *Black Women Novelists: The Development of a Tradition, 1892-1976*(Westport, CT and London: Greenwood Press, 1980).
Benedict de Spinoza, Ethics, trans. W. Hale White, 4th ed(London: Oxford, 1910).
Bernard Shaw in Dudley Giehl, *Vegetarianism: A Way of Life*(New York: Harper & Row, 1979).
Beverly Wildung Harrison, "Sexism and the Language of Christian Ethics", in *Making the Connections: Essays in Feminist Social Ethics*, ed. Carol S. Robb(Boston: Beacon Press, 1985).
Brigid Brophy, "In Pursuit of a Fantasy", in *Animals, Men and Morals: An Enquiry into the Maltratment of Non-Humans*, ed. Stanley Godlovitch, Roslind Godlovitch, and John Harris(New York: Taplinger, 1972).
Cheris Kramarae and Paula A. Treichler, *A Feminist Dictionary*(Boston, London and Henley: Pandora Press, 1985).

Colman McCarthy, "Sins of the Flesh", *Washington Post*, March 25 1990.
Dale Spender, *Man Made Language*(London, Boston and Henley: Routledge & Kegan Paul, 1980).
Dr. Alan Long and Rynn Berry, *The Vegetarians*(Brookline, MA: Autumn Press, 1979).
E. B. White, Charlotte's Web(New York: Harper & Row 1952, 1973).
E. P. Evans, *The Criminal Prosecution and Capital Punishment of Animals*(London: William Heinemann, New York: E. P. Dutton and Compnay, 1906).
Elaine Showalter, "Feminist Criticism in the Wilderness", in *The New Feminist Criticism: Essays on Women, Literature, and Theory*, ed. Elaine Showalter(New York: Pantheon Books, 1985).
Ellen G. White, Letter 72, *Counsels on Diet and Foods*(Takoma Park: Review and Herald Publishing Association, 1938, 1976).
Elsa Lanchester, *Herself*(New York: St. Martin's Press, 1983).
Geoffrey L. Rudd, *Why Kill for Food?*(Madras, India: The Indian Vegetarian Congress, 1973).
Isabel Giberne Sieveking, *Memoir and Letters of Francis W. Newman*(London: K. Paul, Trench, Trubner & Company, 1909).
J. Byrnes, "Raising Pigs by the Calendar at Maplewood Farm", *Hog Farm Management*(September 1976).
James Serpell, *In the Company of Animals: A Study of Human-Animal Relationships*(New York: Basil Blackwell, 1986).
Jim Mason and Peter Singer, *Animal Factories*(New York: Crown Publishers, 1980).
Joseph Ritson, "A new Dictionary for the Orthography, Prounuciation, and Etymology, of the English Language", in Bertrand H. Bronson, *Joseph Ritson: Scholar-at-Arms* volume 1(Berkeley: University of California Press, 1938).
Keith Thomas, *Man and the Natural World: A History of the Modern Sensibility*(New York: Pantheon Book, 1983).
Leonard W. Labaree, Ralph L. Ketcham, Helen Boatfield, and Helene Fineman, *The Autobiography of Benjamin Franklin*(New Haven: Yale University Press, 1964).
Lorraine Bethel, "'This Infinity of Conscious Pain': Zora Neale Hurston and the Black Female Literary Tradition", In *All the Women are White, All the Blacks are Men, But Some of Us Are Brave. Black Women's Studies*, ed. Gloria T. Hull, Patricia Bell Scott, and Barbara Smith(Old Westbury, NY: The Feminist Press, 1982).
Lynn Meyer, *Paperback Thriller*(New York: Random House, 1975).
M. R. L. Sharpe, [later Freshel] *The Golden Rule Cookbook: 600 Recipes for Meatless Dishes*(Cambridge, MA: The University Press, 1908).
Mary Chruch Terrell, *A Colored Woman in a White World*(Washington, DC: Ransdell, Inc., 1940, New York: Arno Press, 1980)
Mary Daly and Jane Caputi, *Websters' First New Integalactic Wickedary of the English Language*(Boston: Beacon Press, 1987)
Mary Daly, *Beyond God the Father: Toward a Philosophy of Women's Liberation*(Boston: Beacon Press, 1973).
Mary Helen Washington, *Invented Lives: Narratives of Black Women 1860-1960*(Garden City: NY: Doubleday & Company, 1987).
Mary Rayner, *Garth Pig and the Ice Cream Lady*(New York: Atheneum, 1977).
Maureen Duffy, "Beast for Pleasure", in *Animals, Men and Morals: An Enquiry into the Maltratment of Non-Humans*, ed. Stanley Godlovitch, Roslind Godlovitch, and John Harris(New York: Taplinger, 1972).
Nancy F. Cott, *The Grounding of Modern Feminism*(New Haven and London: Yale University Press, 1987).
P. Thomas Ziegler, *The Meat We Eat*, Danville(IL: The Interestate Printers and Publishers, 1966).
Paul M. Postal, "Anaphoric Islands", in *Papers from the Fifth Regional Meeting of the Chicago Linguistic Society*, April 18-19, 1969, ed. Robert I. Binnick, Alice Davison, Georgia M. Green, Jerry L. Morgan(Chicago: Department of Linguistics, University of Chicago, 1969).
Paul Shepard, *The Tender Carnivore and the Sacred Game*(New York: Charles Scribner's Sons, 1973).
Paula Gunn Allen, *The Sacred Hoop: Recovering the Feminine in American Indian Tradition*(Boston: Beacon Press, 1986).
People for the Ethical Treatment of Animals, "Living without Cruelty", *Animal Place News*(Summer 4, no. 2 1999).
PETA News 1, no. 9(Winter 1986).
Peter Singer, *Animal Liberation: A New Ethics for Our Treatment of Animals*(New York: New York Review Book, 1975).
Plutarch, "Of Eating of Flesh", in *Animal Rights and Human Obligations*, ed. Tom Regan and Peter Singer, Englewood Cliffs(NJ: Prentice-Hall, Inc, 1976).
Richard Holmes, *Shelley: The Pursuit*(New York: E. P. Dutton and Company, 1975).
Richard Selzer, "How to Build a Slaughterhouse", *Taking the World in for Repairs*(New York: Morrow, 1986).

Simone Weil, *The Iliad, or the Poem of Force*, 1940, Trans. Mary McCarthy(Wallingford, PA: Pendle Hill, 1955, 1970).
T. H., "Pythagorean Objections against Animal Food", *London Magazine*(November 1825).
Vic Sussman, *The Vegetarian Alternative: A Guide to a Healthful and Humane Diet*(Emmaus, PA: Rodale Press, 1978).
Vladamir Estragon, Waiting for Dessert(New York: The Viking Press, 1982).
W. D. Snodgrass, "The Boy Made of Meat: A Poem for Children", in *Selected Poems: 1957-1987*(New York: Soho Press, 1987).
Zora Neale Hurston, *Their Eyes Were Watching God*(Greenwich, CT: Fawcett Premier, 1965)(태혜숙 옮김, 《기다려도 신은 오지 않는다》, 예문, 1989; 이시영 옮김, 《그들의 눈은 신을 보고 있었다》, 문학과 지성사, 2001)

4장. 말이 살이 되어

Alice B. Toklas, *The Alice B. Toklas Cook Book*(1954, Garden City, NY: Anchor Books, 1960).
Aphra Behn, "On the Author of that excellent and learned book, entitled, The Way to Health, long Life and Happiness", in Thomas Tryon, *The Way to Make All People Rich: or, Widdoms Call to Temperence and Frugality . . .* [sic](London, 1685).
Bernard Mandeville, *The Fable of the Bees: or, Private Vices, Public Benefits*(Oxford: Clarendon Press, 1911).
Bertrand H. Bronson, *Joseph Ritson: Scholar-at-Arms* vol. 1(Berkeley: University of California Press, 1983).
Brian Hill, "Vegetables and Distilled Water: William Lambe, M. D.(1765-1847), *Practitioner* 194(1965).
Brigid Brophy, "The Way of no Flesh", in *The Genius of Shaw*, ed. Michael Holroyd(New York: Holt Rinehart and Winston, 1979)
Dudley Giehl, *Vegetarianmism: A Way of Life*(New York: Harper & Row, 1979).
Elbridge Colby, *The Life of Thomas Holcroft by Himself Continued to the Time of His Death from his Diary Notes & Other Papers by William Hazlitt* vol. 2(New York: Benjamin Blom 1928, 1968, 1980).
Frederick A. Pottle, *Shelley and Browning: A Myth and Some Facts*(Hamden, CT: Archon Books, 1965).
George Borrow, *Lavengro: The Scholar, the Gypsy, the Priest*, ed. George F. Whicher(New York: The MacMillan Company, 1927).
Isabel Colegate, *The Shooting Party*(New York: The Viking Press, 1980, New York: Avon Books, 1982).
James Turner, *Reckoning with the Beast: Animals, Pain and Humanity in the Victorian Mind*(Baltimore and London: Johns Hopkins University Press, 1980).
John Oswald, *The Cry of Nature; or, an Appeal to Mercy and to Justice, on Behalf of the Persecuted nimals*(London, 1971).
Joseph Ritson, *An Essay on Abstinence from Animal Food as a Moral Duty*(London: Phillips, 1802).
Keith Alkers, *A Vegetarian Sourcebook: The Nutrition, Ecology, and Ethics of a Natural Foods Diet*(New York: G. P. Putnam's Sons, 1983).
Keith Thomas, *Man and the Natural World: A History of the Modern Sensibility*(New York: Pantheon, 1983).
Leonard W. Labaree, Ralph L. Ketcham, Helen Boatfield, and Helene Fineman ed., *The Autobiography of Benjamin Franklin*(New Haven: Yale University Press, 1964).
Mohandas K. Gandhi, *An Autobiography: The Story of My Experiments with Truth*(1927, 1929, Boston: Beacon Press, 1956, 1972)
Ovid, *Metamorphoses*, trans. Rolfe Humphries(Bloomington: Indiana University Press, 1955, 1971).(김명복 옮김, 《변신이야기》, 솔, 1993).
Roland Barthes, "Introduction to the Structural Analysis of Narratives", Image-Music-Text, trans. Stephen Heath(New York: Hill and Wang, 1977).
Sheila Rowbotham, *Women, Resistance and Revolution: A History of Women and Revolution in the Modern World*(New York: Pantheon Books, 1972).
Tereas de Lauretis, *Alice Doesn't: Feminism, Semiotics, Cinema*(Bloomington: Indiana University Press, 1984).
Thomas H. Johnson ed., *The Poems of Emily Dickinson*, ed. Thomas H. Johnson(Cambridge: The Belknap Press of Harvard University Press, 1951).
Vic Sussman, *The Vegetarian Alternative: A Guide to a Healthful and Humane Diet*(Emmaus, PA: Rodale Press, 1978).
William Cobbett, *Journal of a Year's Residence in the United States of America*(1819, Gloucester: Alan Sutton, 1983).

5장. 해체된 텍스트들, 분해된 동물들

Alice Walker, "One Child of One's Own: A Meaningful Digression within the Work(s)", in Walker, In *Search of Our Mother Gardens: Womanist Prose*(San Diego, New York: Harvest/Harcourt Brace Jovanovich, 1983)

Annette B. Hopkins, "Ritson's Life of King Arthur", *PMLA* 43(Marxh 1928).

Barbara Smith, "Toward a Black Feminist Criticism", in *All the Women are White, All the Blacks are Men, But Some of Us Are Brave: Black Women's Studies*, ed. Gloria T. Hull, Patricia Bell Scott, and Barbara Smith(Old Westbury, NY: The Feminist Press, 1982).

Bernard Shaw letter to Sidney Webb(October 18, 1898), *Bernard Shaw: Collected Letters 1898-1910*, ed. Dan H. Laurence(New York: Dodd, Mead & Co., 1972).

Bertrand H. Bronson, *Joseph Ritson: Scholar-at-Arms*, vol. 2(Berkeley: University of California Press, 1938, 1966).

British Critic 22 (November 1803)

Cheris Kramarae and Treichler, *A Feminist Dictionary*(Boston: Pandora Press, 1985).

David Perkins ed., *English Romantic Writers*(New York: Harcourt, Brace and World, Inc, 1967).

Deborah E. McDowell, "New Directions for Black Feminist Criticism", *Black American Literature Forum*(Winter 1980).

Edinburgh Review 2(April 803)

Elizabeth Robins, Ancilla's Share(1924, Westport, CT: Hyperion, 1976).

George Hendrick, *Henry Salt, Humanitarian Reformer and Man of Letters*(Urbana, Chicago, London: University of Illinois Press, 1977).

H. S. V. Jones, "Joseph Ritson: A Romantic Antiquarian", *Sewanee Review Quarterly* 22, no. 3(July 1941).

Helen and Scott Nearing, *Living the Good Life: How to Live Sanely and Simply in a Troubled World*(New York: Shocken Books, 1954, 1970).

Helen Nearing, *Simple Food for the Good Life: An Alternative Cook Book*(New York: Dell Publishing Company, 1980).

Helen Yglesias, *The Saviors*(Boston: Houghton Mifflin Company, 1987).

Henry S. Salt, *Animal's Rights Considered in Relation to Social Progress*(1892, Clarks Summit, PA: Society for Animal Rights, Inc., 1980).

___________, *The Creed of Kinship*(New York: E. P. Dutton and Company, 1935).

Henry Salt, *Seventy Years Among Savages*(London: George Allen and Unwin, 1921).

Heywood Broun, "The Passing of Shaw's Mentor", *New Republic*, 98(May 3, 1939).

Iris Murdoch, *The Good Apprentice*(New York and Hammondsworth: Penguin Book, 1987).

Isabel Colegate, *The Shooting Party*(New York: E. P. Dutton and Co., 1935).

Laura Huxley, "The Cooking Meta Toy", in *Between Heaven and Earth: Recipes for Living and Loving*(New York: Farrar, Straus and Giroux, 1979).

Lillian S. Robinson, "Treason Our Text: Feminist Challengers to Literary Canon", *Tulsa Studies in Women's Literature*(Spring 1983).

Lorraine Bethel, "'This Infinity of Conscious Pain': Zora Neale Hurston and the Black Female Literary Tradition", in ed. Gloria T. Hull, Patricia Bell Scott, and Barbara Smith(Old Westbury, NY: The Feminist Press, 1982).

Margaret Brabble, *The Ice Age*(New York and Scarborough, Ontario: New American Library, 1977).

Mary Louise Pratt, "Scratches on the Face of the Country: or, What Mr. Barrow Saw in the Land of the Bushmen", *Critical Inquiry* 12(1985).

Mary Woolstonecraft Shelley, F*rankenstein; or, The Modern Prometheus: The 1818 Text*, ed. James REgier(Indianapolis: Bobbs-Merrill, 1874; Chicago: University of Chicago Press, 1982).

Patrick Brantlinger, "Victorians and Africans: The Genealogy of the Myth of the Dark Continent", *Critical Inquiry* 12(1985).

Robert Graves, *The Greek Myths: Volume 1*(Middlesex, England and Baltimore, MD: Penguin Books, 1955, 1974).

Sheila Rowbotham and Jeffrey Weeks, *Socialism and the New Life: The Personal and Sexual Politics of Edward Carpenter and Havelock Ellis*(London: Pluto Press, 1977).

Sidney Lee, "Joseph Ritson", *Dictionary of National Biography Volume 16*, ed. Sir Leslie Stephen and Sir Sidney Lee(London: Oxford University Press).

Simone Weil, *The Need for Roots: Prelude to a Declaration of Duties toward Mankind*(New York: G. P. Putman's Sons, 1952).

Stephen Winsten, *Salt and His Circle*(London: Hutchinson and Co., Ltd., 1951).

Susan Gubar and Sandra Gilbert, The Norton Anthology of Literature by Women(New York and London: W. W. Norton and Co., 1985).

The Letters of Joseph Ritson, Esq.(London: William Pickering, 1833).

Tom P. Cross, "Review of Joseph Ritson, A Critical Biography by Henry Alfred Burd", *Modern Philosophy 17*(1919-1920).

William Godwin, *Fleetwood or, The New Man of Feeling*(London, 1805, New York and London: Garland Publishing Inc., 1979).

6장. 빅터 프랑켄슈타인이 창조한 채식주의자 괴물

Alexander Pope, Epistle Ⅲ, "An Essay on Man", 11. 152-54, in *Poetry and Prose of Alexander Pope*, ed. Aubrey Williams(Boston: Houghton Mifflin Company, 1969).

Carolyn Heilbrun and Catharine Stimpson, "Theories of Feminist Criticism: A Dialogue", in *Feminist Literary Criticism: Explorations in Theory*, ed. Josephine Donovan(Lexington: University Press of Kentucky, 1975).

David Erdman, *Commerce des lumières: John Oswald and the British in Paris, 1790-1793*(Columbia: University of Missouri Press, 1986).

David Ketterer, *Frankenstein's Creation: The Book, the Monster and Human Reality*(University of Victoria: English Literary Studies, 1979).

Denise Riley, "Waiting", in *Truth, Dare or Promise: Girls Growing Up in the Fifties*, ed. Liz Heron(London: Virago Press, 1985).

George Levine and U. C. Knoepflmacher ed., *The Endurance of Frankenstein*(Berkeley and Los Angeles: University of California Press, 1979).

Henry Salt, *The Humanities of Diet: Some Reasonings and Rhymings*(Manchester: The Vegerarian Society, 1941).

Howard Williams ed., *The Ethics of Diet: A Catena of Authorities Deprecatory of the Practice of Flesh-Eating*(London, 1883).

James Turner, *Reckoning with the Beast: Animals, Pain, and Humanity in the Victorian Mind*(Baltimore: John Hopkins University Press, 1980).

John Frank Newton, *The Return to Natur; or, A Defence of the Vegetable Regimen*(London, 1811).

John Milton, *Paradise Lost*, Book 5, 11. 303-4, in *John Milton: Complete Poems and Major Prose*, ed. Merritt Y. Hughes(1667, New York: The Bobbs-Merrill Co., Inc., 1957).

John Oswald, *The Cry of Natur; or an Appeal to Mercy and to Justice, on Behalf of the Persecuted Animals*(London, 1791).

JJoseph Ritson, *An Essay on Abstinence from Animal Food as a Moral Duty*(London: Phillips, 1802).

Keith Thomas, *Man and the Natural World: A History of the Modern Sensibility*(New York: Pantheon Books, 1983).

Kenneth Neill Cameron, *The Young Shelley: Genesis of a Radical*(New York: Macmillan, 1950; Octagon Books, 1973).

Madeleine A. Simons, "Rousseau's Natural Diet", Romantic Review 45(1 Feb. 1954).

Marc A. Rubenstein, "'My Accursed Origin': The Search for the Mother in Frankenstein", *Studies in Romanticism 15*(Spring 1976).

Marcia Tilloston, "'A Forced Solitude': Mary Shelley and the Creation of Frankenstein's Monster", in *The Female Gothic*, ed. by Juliann E. Fleenor(Montreal and London: Eden Press, 1983).

Mary Midgley, *Animals and Why They Matter*(Athens: University of Georgia Press, 1984).

Mary Wollstonecraft Shelley, *Frankenstein or, The Modern Prometheus The 1818 Text*, ed. James Rieger(Indianapolis: Bobbs-Merrill, 1974, Chicago and London: University of Chicago Press, 1982).

Mary Wollstonecraft, *A Vindication of the Rights of Woman*, ed. Charles W. Hagelman, Jr.(1792: New York: W. W. Norton & Company, 1967).

Medical Journal July 27, 1811.

Ovid, *Metamorphoses*, Book 1, ed. Sir Samuel Garth, trans. John Dryden(London, 1729).

Penelope Brown, "How and Why Are Women More Polite? Some Evidence from a Mayan Community", in *Women and Language in Literature and Society*, ed. Sally McConnell-Ginet, Ruth Borker, and Nelly Furman(New York: Praeger, 1980).

Percy Shelley, *A Vindication of Natural Diet, in The Complete Works of Percy Shelley, Volume 6*, Prose, ed. Roger Ingpen and

Walter E. Peck(New York: Gordian Press, 1965a).
Plato, *The Republic of Plato*, trans. Francis MacDonald Cornford(New York: Oxford University Press, 1966).
Sandra Gilbert and Susan Gubar, *The Madwoman in the Attic: The Woman Writer and the Nineteenth-Century Literary Imagination*(New Haven: Yale University Press, 1979).
William Paley, *The Principles of Moral and Political Philosophy*(1785, New York and London: Garland Publishing Inc., 1978).

7장. 페미니즘, 1차 대전, 현재의 채식주의

Agnes Ryan, "For the Church Door", March 1943, Box 2.
__________, "Who Can Fear Too Many Stars?", Box 3, file no. 35.
__________, "The Hear to Sing", unpublished autobiography.
Amanda Cross, *The James Joyce Murders*(New York: Macmillan Company, 1967)
Andro Linklater, *An Unhusbanded Life: Charlotte Despard, Suffragette, Socialist and Sinn Feiner*(London: Hutchinson, 1980).
Axel Strøm M.D. and R. Adelsten Jensen M.D., "Mortality from Circulatory Diseases in Norway 1940-1945", *The Lancet* 260(Jan. 2, 1951).
Brigid Brophy, "An Anecdote of the Golden Age[Homage to *Back to Methuselah*]", in *The Adventures of God in his Search for the Black Girl*(Boston: Little, Brown & Co., 1968).
___________, "In Pursuit of Fantsay", in *Animals, Men, and Morals: An Enquiry into the Maltreatment of Non-Humans*, ed. Stanley Godlovitch, Roslind Godlovitch, and John Harris(London: Gollancz, and New York: Taplinger, 1972).
___________, "The Rights of Animals" and "Women" in *Don't Never Forget: Collected Views and Reviews*(New York: Holt, Rinehart and Winston, 1966).
___________, *Hackenfeller's Ape*(London: Allison and Busby, 1953, 1979).
C. Roland Marchand, *The American Peace Movement and Social Reform, 1898-1918*(Princeton: Princeton University Press, 1972).
Charlotte Perkins Gilman, *Herland*(New York: Pantheon Books, 1979)(손영미 옮김, 《여자만의 나라》, 지호, 1995).
Dale Spender, *Man Made Language*(London: Routledge & Kegan Paul, 1980).
Dorothy Bryant, *The Kin of Ata are Waiting for You*(1971, Berkeley: Moon Books, 1976).
Douglas Goldring, *The Nineteenwenties: A General Survey and some Personal Memories*(London: Nicholson and Watson, 1945: reprinted by Folcroft Library Editions, 1975).
Edward Carpenter and George Barnefield, *The Psychology of the Poet Shelley*(London: George Allen & Unwin Ltd., 1925).
Edward Maitland, *Anna Kingsford: Her Life, Letters, Diary and Work*, vol. 1(London: Redway, 1896).
Eugene Christian, *Meatless and Wheatless Menus*(New York: Alfred A. Knopf, 1917).
Fran Winant, "Eat Rice Faith in Women", in Winant, *Dyke Jacket: Poems and Songs*(New York: Violet Press, 1980).
Frances Moor Lappé, *Diet for a Small Planet: Tenth Anniversary Edition*(New York: Ballantine Books, 1971, 1982).
Henry Bailey Stevens, *The Recovery of Culture*(New York: Harper & Row, 1949).
Henry Salt, "Sport as a Training for War", in *Killing for Sport: Essays by Various Writers*, ed. Henry Salt(London: G. Bell and Sons. Ltd. for the Humanitarian League, 1914).
_________, *Seventy Years Among the Savages*, quoted in George Hendrick, with the special assistance of John F. Pontin, *Henry Salt: Humanitarian Reformer and Man of Letters*(Urbana, Chicago, London: University of Illinois Press, 1977).
Isabel Colegate, *The Shooting Party*, New York: Avon Books.(New York: The Viking Press, 1980, New York: Avon Books, 1982).
Isadora Duncan, *My Life*(New York: Liveright, 1927, 1955).
James R. McGraw ed., *Dick Gregory's Diet for Folks Who Eat: Cookin' with Mother Nature*(New York: Harper & Row, 1973).
James Sully, *Studies of Childhood*(New York: D. Appleton and Company, 1914).
Janet Barkas, *The Vegetable Passion: A History of the Vegetarian State of Mind*(New York: Charles Scribner's Sons, 1975).
Jean Bethke Elshtain, *Women and War*(New York: Basic Books, Inc, 1987).
June Rachuy Brindel, *Ariadne: A Novel of Ancient Crete*(New York: St. Martin's Press, 1980).
________________, *Phaedra: A Novel of Ancient Athens*(New York: St. Martins's Press, 1985).

L. F. Easterbrook, "Alcohol and Meat", *Nineteenth Century and After 95*(February 1924).
Lawrence Kohlberg, Essays on Moral Development, Volume Ⅰ: The Philosophy of Moral Development(New York: Harper & Row, 1981)(김민남 옮김, 《도덕발달의 심리학》, 교육과학사, 1988).
Letter to Freshel, October 14, 1936, Box 6, file no. 81.
Letter, March 23, 1937, Box 4, file no. 82.
Lucio P. Ruotolo, *The Interrupted Moment: A View of Virginia Woolf's Novels*(Stanford: Stanford University Press, 1986).
Margaret Atwood, "An Introduction to The Edible Woman", in *Second Words: Selected Critical Prose*(Boston: Beacon Press, 1982).
_______________, *The Edible Woman*, New York: Warner Books.(Boston: Little Brown and Co., 1969).
Marge Piercy, *Small Changes*(Garden City: Boubleday and Company, 1972, Greenwich, Conn: A Fawcett Crest Book, 1973).
Mary Alden Hopkins, "Why I Earn My Own Living", in *These Modern Women: Autobiographical Essays from the Twenties*(Originally published 1926-1927 in *The Nation*), ed. Elaine Showalter(Old Westbury, NY: The Feminist Press, 1978).
Mary Daly, *Beyond God the Father: Toward a Philosophy of Women's Liberation*(Boston: Beacon Press, 1973).
Mary Midgley, *Animals and Why They Matter*(Athens: The University of Georgia Press, 1983).
Matthew Lipman, *Lisa*(Upper Montclair, New Jersey: Institute for the Advancement of Philosophy for Children, 1983).
Max Davis, *The Case for the Vegetarian Conscientious Objector*(Brooklyn, NY: Tolstoy Peace Group, 1944).
Mervyn G. Hardinge and Hulda Crooks, "Non-Flesh dietaries. 1. Historical Background", *Journal of the American Dietetic Association* 43(December 1963).
Mikkel Hindhede, "The Effect of Food Restriction During War on Mortality in Copenhagen." *Journal of the American Medical Society*, 74 No. 6(February 1920).
Olive Schreiner, *Woman and Labour*(1911, London: Virago, 1978).
Paul Fussell, *The Great War and Modern Memory*(London, Oxford, New York: Oxford University Press, 1975).
Percy Shelley, *On the Vegetable System of Diet*, in The Complete Works of Percy Bysshe Shelley, Volume 6, ed. Rober Ingpen and Walter E. Peck(New York: Gordian Press, 1965b).
Plato, *The Republic of Plato*, trans. Francis MacDonald Cornford(New York and London: Oxford University Press, 1966).
Quincy Wright, *A Study of War*, Volume 1(Chicago: University of Chicago Press, 1942).
Rachel Blau DuPlessis, *Writing beyond the Ending: Narrative Strategies of Twentieth-Century Women Writers*(Bloomington: Indiana University Press, 1985).
Raynes Minns, *Bombers and Mash: The Domestic Front 1939-1945*(London: Virago, 1980)
Robert Graves, Good-bye to All that(Jonathan Cape: 1929, Hammondsmith, UK.: Penguin Books, 1957).
Ruth Bordin, *France Willard: A Biography*(Chapel Hill and London: University of North Carolina Press, 1986).
Rynn Berry, Jr., *The Vegetarians*(Brookline, MA: Autumn Press, 1979).
Susan Schweik, "A Word No Man Can Say for Us: American Women Writers and the Second World War"(Ph.D. dissertation, Yale University, 1984).
Virginia Woolf, *Three Guineas*(London: The Hogarth Press, 1938, 1968).
Walter de la Mare, "Dry August Burned", *The Complete Poems of Walter de la Mare*(New York: Alfred A. Knopf, 1970).
William O'Neill, Introduction to *The Home* by Charlotte Perkins Gilman(Urbana: University of Illinois Press, 1972).

8장. 채식주의 신체에 관한 왜곡

Alice Stockham, *Tokology: A Book for Every Woman*(New York: Fenno and Co., 1911).
Barbara Seaman and Gideon Seaman, M.D., *Women and the Crisis in Sex Hormones*(New York: Rawson Associates Publishers, Inc., 1977).
Bernard Shaw, *Complete Plays with Preface: Vol. 1*(New York: Dodd, Mead & Co., 1962).
Beverly Harrison, "The Power of Anger in the Work of Love: Christian Ethics for Women and Other Strangers", in *Making the Connections: Essays in Feminist Social Ethics*, ed. Carol S. Robb(Boston: Beacon Press, 1985).
Caroline Walker Bynum, *Holy Feast and Holy Fast: The Religious Significance of Food to Medieval Women*(Berkeley and Los

Angeles: University of California Press, 1987).
Carroll Smith-Rosenberg, "Sex as Symbol in Victorian Purity: An Ethno-historical Analysis of Jacksonian America", *Turning Points: Historical and Sociological Essays on the Family*, ed. John Demos and Sarane Spence Boocock, American Journal of Sociology 84, Supplement(1987)(Chicago and London: University of Chicago Press, 1978).
Catherine Beecher and Harriet Beecher Stowe, *The American Woman's Home or Principles of Domestic Science*(New York: J. B. Ford and Co., 1869; reprint New York: Arno Press and The New York Times, 1971).
Colin Spencer, The Heretic's Feast: A History of Vegetarianism(Hanover and London: University Press of New England, 1996).
Daniel J. Boorstin, *The Americans: The Democratic Experience*(New York: Random House, 1973).
Edward Maitland, *Anna Kingsford: Her Life, Letters, Diary and Work* vol. 2(London: Redway).
Edward Smith, M.D., *Practical Dietary for Families, Schools, and the Labouring Classes*(London: Walton and Maberly, 1864).
Elaine Showalter, *The Female Malady: Women, Madness, and English Culture, 1830-1980*(New York: Pantheon Books, 1985).
F. Gale, *American Vegetarian and Health Journal* 3, no. 5(May 1853).
Frances Trollope, *Domestic Manners of the American*(1832, New York: Alfred A. Knopf, 1949).
Gerda Lerner, *The Grimké Sisters from South Carolina: Pioneers for Woman's Rights and Abolition*(New York: Schocken Books, 1971).
Henry Salt, *The Logic of Vegetarianism*(London: Ideal Publishing, 1899).
Inez Haynes Irwin, "The Making of a Militant", in *These Modern Women: Autobiographical Essays from the Twenties*, ed. Elaine Showalter(Old Westbury, NY: The Feminist Press, 1978).
James Whorton, *Crusaders for fitness: the history of American health reformers*(Princeton: Princeton University Press, 1982).
Jane Brody, *Jane Brody's Nutrition Book*(New York: W. W. Norton & Company, 1981).
Jessie Bernard, *The Female World*(New York: The Free Press, 1981).
Joan Jacobs Brumberg, "Chlorotic Girls, 1870-1920: A Historical Perspective on Female Adolescence", in *Women and Health in America*, ed. Judith Walzer Leavitt(Madison, WI: The University of Wisconsin Press, 1984).
________________, *Fasting Girls: The Emergence of Anorexia Nervosa as a Modern Disease*(Cambridge and London: Harvard University Press, 1988).
Josiah Oldfield, "The Dangers of Meat Eating", *Westminster Review* 166, no. 2(August 1906).
Keith E. Melder, "Abigail Kelley Foster", *Notable American Women 1607-1950*, vol. 1, ed. Edward T. James and Janet James(Cambridge, MA: The Belknap Press of Harvard University Press, 1971).
Lady Walb. Paget, "Vegetable Diet", *Popular Science Monthly* 44(1893).
Margaret Llewelyn Davies ed., "Systematic Preparation", in *Maternity: Letters from Working-Women*(London: G. Bell and Sons, 1915, reprint, New York: W. W. Norton & Co., 1978).
Maria Loomis, *The Communitist* 1, no. 22(April 9, 1845).
__________, *The Communitist* 2, no. 29(March 5, 1846).
Mary Gove-Nichols, *Mary Lyndon or, Revelations of a Life: An Autobiography*(New York: Stringer and Townsend, 1855).
Mary Keyes Burgess, *Soul to Soul: A Soul Food Vegetarian Cookbook*(Santa Barbara, CA: Woodbridge Publishing Co., 1976)
Mary Keys Burgess, *Dick Gregory's Natural Diet for Folks Who Eat: Cookin' with Mother Nature*, ed. James R. McGraw with Alvenia M. Fulton(New York: Harper & Row, 1973).
Nancy Makepeace Tanner, *On Becoming Human: A Model of the Transition from Ape to Human and the Reconstruction of Early Human Social Life*(Cambridge and New York: Cambridge University Press, 1981).
Pat Parker, "To a Vegetarian Friend", *Womanslaughter*(Oakland, CA: Diana Press, 1978).
Porphyry on Abstinence from Animal Food, ed. Esmé Wynee-Tyson, trans. Thomas Taylor(n.p.: Centaur Press, 1965: Barnes & Noble).
R. T. Trall, *Home Treatment for Sexual Abuses. A Practical Treatise*(New York: Fowlers and Wells, 1853).
Ray Allen Billington, *Land of Savagery, Land of Promise: The European Image of the American Frontier*(New York: W. W. Norton & Co., 1981).
Richard Osborn Cummings, *The American and His Food: A History of Food Habits in the United States* 2nd ed.(Chicago: University of Chicago Press, 1941).
Robert Proctor, *Racial Hygiene: Medicine under the Nazis*(Cambridge, MA and London: Harvard University Press, 1988).
Rynn Berry, Jr., "Hitler and Vegetarianism", in The Way of Compassion, ed. Martin Rowe(New York: Stealth Technologies,

1999).
Sam Bowers Hilliard, *Hog Meat and Hoecake: Food Supply in the Old South, 1840-1860*(Carbondale: Southern Illinois University Press, 1972).
Sarah N. Cleghorn, *Threescore: The Autobiography of Sarah N. Cleghorn*(New York: H. Smith and R. Hass, 1936, reprint New York: Arno Press, 1980).
Stephen Nissenbaum, *Sex, Diet and Debility in Jacksonian America: Sylvester Graham and Health Reform*(Westport, CT: Greenwood Press, 1980).
Susan Cayleff, *Wash and Be Healed: The Water-Cure Movement and Women's Health*(Philadelphia: Temple University Press, 1987).
Sylvester Graham, *Lecture to Young Men on Chastity* 3rd ed.(Boston, 1834, 1837).
T. L. Cleave, G. D. Campbell, N. S. Painter, *Diabletes, Coronary Thrombosis, and the Saccharine Disease* 2nd ed.(Bristol, England: John Wright & Sons, 1969).
The Vegetarian Magazine 10, no. 11(March 1907).
The Vegetarian Magazine 14, no. 5(January 1911).
The Vegetarians(Brookline, Mass: Autumn Press, 1979).
Thomas L. Nichols and Mary Gove Nichols, *Marrage: Its History, Character and Results: Its Sanctities and Its Profaities: Its Science and Its Facts*(New York: T. L. Nichols, 1854).
Thomas Tryon, *The way to health, long life and happiness*(London, 1683).

9장. 페미니즘-채식주의 비판 이론을 위하여

"Some Reminiscences of Henry Bailey Stevens", *Vegetarian World* 4(1975).
Agnes Ryan, "The Heart to Sing, an Autobiography", unpublished manuscript, Agnes Ryan Collection,
Aileen La Tourette, *Cry Wolf*(London: Virago Press, 1986)
Alexis DeVeaux, "The Riddles of Egypt Brownstone", in *Midnight Birds: Stories of Contemporary Black Women Writers*, ed. Mary Helen Washington(Garden City, New York: Anchor Books, 1980).
Alice Ellis, *Unexplained Laughter*(London: Duckworth, 1985).
Alice Thomas Ellis, *The Birds of the Air*(New York: The Viking Press, 1981).
Alice Walker, "Am I Blue?" *Ms.* July 1986.
__________, *Meridian*(New York: Jarcourt Brace Jovanovich, 1976, New York: Washington Square Press, 1977).
Ann Beattie, *Chilly Scenes of Winter*(Garden City, NY: Doubleday & Co., 1976).
Anna Mary Wells, *Miss Marks and Miss Woolley*(Boston: Houghton Mifflin Co., 1978).
Anne Tyler, If Morning Ever Comes(1964, New York: Berkley Books, 1986)(장성호 옮김, 《내일 아침엔》, 강천, 1990).
Anne Tyler, The Accicental Tourist(1985, New York: Berkley Books, 1986).
_________, *The Clock Winder*(New York: Alfred Knopf, 1972).
_________, The Tin Can Tree(1965, New York: Berkley Books, 1986).
Barbara Christian, *Black Women Novelists: The Development of a Tradition, 1892-1976*(Westport, CT: Greenwood Press, 1980).
Barbara Cook, "The Awakening", *The Animal's Agenda* 5, no. 8(November 1985).
Beth Brant, (Degonwadonti)*Mohawk Trail*(Ithaca, NY: Firebrand Books, 1985).
Blanche Cook, "The Historical Denial of Lesbianism", *Radical History Review* 20(1979).
Brigid Brophy, "Women", *Don't Never Forget: Collected Views and Review*(New York: Holt, Rinehart and Winston, 1966).
Carol Christ, *Diving Deep and Surfacing: Women Writers on Spiritual Quest*(Boston: Beacon Press, 1980, 1986).
Colette, Break of Day(New York: Farrar, Strauss and Giroux, Inc., 1961, New York: Ballantine Books, 1983).
Curtis Cate, *Geroge Sand: A Biography*(Boston: Houghton Mifflin Co., 1975).
David Levering Lewis, *When Harlem Was in Vogue*(New York: Alfred A. Knops, 1981, New York: Vintage Books, 1982).
Doris Stevens, *Jailed for Freedom: The Story of the Militant American Suffragist Movement*(New York: Boni and Liveright, 1920, reprint New York: Shocken Books, 1976).
Dorothy Sterling, *Black Foremothers: Three Lives*(Old Westbury, NY: The Feminist Press, New York: McGraw-Hill Book

Company, 1979).
Elizabeth Gould Davis, *The First Sex*(New York: G. P. Putnam's Sons, 1971, Baltimore, MD: Penguin Books, 1972).
Ellen Bring, "Moving towards Coexistence: An Interview with Alice Walker", *Animals' Agenda* 8, no. 3(April 1988).
Evelyn Reed, *Women's Evolution: from matriarchal clan to patriarchal family*(New York: Pathfinder Press, Inc., 1975).
Flannery O'Conner, "The King of the Birds", in *Mystery and Manners: Occasional Prose*, ed. Sally and Robert Fitzgerald(New York: Farrar, Straus & Giroux, 1957, 1970).
Flora T. Neff, Letter to the Editor, *The Vegetarian Magazine* 10, no. 12(April 1907).
Fran Winant, "Eat Rice Have Faith in Women", in Winant, *Dyke Jacket: Poems and Songs*(New York: Violet Press, 1980).
Gloria Steinem, *Outrageous Acts and Everyday Rebellions*(New York: Holt, Rinehart and Winston, 1983, reprint New York: New American Library, 1986).
H. F. Peters, *My Sister, My Spouse: A Biography of Lou Andreas-Salome*(New York: Norton & Co., 1962).
Isobel Rae, *The Strange Story of Dr. James Barry: Army Sugeon, Inspector-General of Hospitals, Discovered on death to be a Woman*(London: Longmans, Gree & Co., 1958).
James C. Jackson, *How to Treat the Sick without Medicine*(Dansville, NY: Austin, Jackson & Co., 1870).
Jane Ellen Harrison, *Prolegomena to the Study of Greek Religion*(Cambridge University Press, 1903, 1922, New York: Arno Press, 1975).
Jeanette Winterson, *Oranges are not the Only Fruit*(New York: The Atlantic Monthly Press, 1985, 1987).
Judy Grahn, *The Queen of Swords*(Boston: Beacon Press, 1987).
Margaret Atwood, *Cat's Eye*(New York: Doubleday, 1989).
______________, *Surfacing*(New York: Simon and Schuster, New York: Popular Library, 1972).
Margaret Mead, *Blackberry Winter: My Earlier Years*(New York: William Morrow & Co., New York: Touchstone Books, 1972).
Mary Alden Hopkins, "Why I Earn My Own Living", in *These Modern Women: Autobiographical Essays from the Twenties*, ed. Elaine Showalter(Old Westbury: The Feminist Press, 1978).
Ronald L. Numbers, *Prophetess of Health: A Study of Ellen G. White*(New York: Harper & Row, 1976).
Ruth Perry, *The Celebrated Mary Astell: An Early English Feminist*(Chicago and London: University of Chicago Press, 1986).
Sandra Lee Bartky, "Toward a Phenomenology Feminist Consciousness", in *Feminism and Philosophy*, ed. by Mary Vetterling-Braggin, Grederick A. Ellistion, and Jane English,(Totowa, New Jersey: Littlefield, Adams & Co.).
Sarah Scott, *A Description of Millenium Hall*(London, 1762; New York and London: Garland Publishing Inc., 1974).
Shafts 1, no. 3(November 19, 1892).
Sherna Gluck, ed., *From Parlor to Prison: Five American Suffragists Talk about Their Lives: An Oral History*(New York: Vintage Books, 1976).
Susan E. Cayleff, *Wash and Be Healed: The Water-Cure Movement and Women's Health*(Philadelphia: Temple University Press, 1987).
T. H., "Pythagorean Objections Against Animal Food", *London Magazine*(November 1825).
Theodore Stanton and Harriot Stanton Blatch ed., *Elizabeth Cady Stanton as Revealed in Her Letters, Diary and Reminiscence*, vol. 1(1922, New York: Arno Press Reprint, 1969).
Vegetarian Magazine 9, no. 10(August 1905).

에필로그. 가부장제의 소비문화 흔들기

Erik H. Erikson, Gandhi's Truth: On the Origins of Militant Nonviolence(New York: W. W. Norton & Co. Inc., 1969).
Joseph Campbell, *The Masks of God: Volume I Primitive Mythology*(New York: The Viking Press, 1959, New York: Penguin Books, 1978).
Maxine Hong Kinston, *The Woman Warrior: Memoirs of a Girlhood among Chosts*(New York: Alfred A. Knopf, 1977).
Virginia de de Araújo, "The Friend...." *Sinister Wisdom* no. 20(1982).
Virginia Wollf, *Jacob's Room*(Hogarth Press, 1922, Hammondsworth, England: Penguin Books, 1971).

그 밖의 참고 자료

이 책의 초판을 쓰면서 참고한 자료다. 꽤 많은 자료가 본문에 직접 언급되지 않았다. 물론 본문에 언급되거나 인용된 자료도 여기에 다시 싣는다. 내가 본문에 인용한 페미니즘-채식주의의 선구자인 에이진스 라이언의 저술 자료는 이 책 전반에서 세세하게 다뤘다. 편지, 소설, 시, 〈암의 악령〉, 《월간 채식주의자 포켓북(Vegetarian Pocket Monthly)》에 쓴 글까지 라이언이 남긴 저술은 《아이진스 라이언 전집》으로, '래드클리프-슐레징어 도서관'(정확히 말하면 케임브리지 래드클리프 대학교 '아서 슐레징어와 엘리자베스 슐레징어 여성사 도서관'이다)에 소장돼 있다. 10주년 기념판을 출간하면서 새로 참고한 자료들은 '10주년 기념판 참고 자료'로 따로 모았다.

채식주의 관련 저술

Akers, Keith., *A Vegetarian Sourcebook: The Nutrition, Ecology and Ethics of a Natural Foods Diet*(New York: G. P. Putnam's Sons, 1983).

Axon, Willian E. A., Shelley's Vegetarianism, Read at a Meeting of the Shelley society, November 12, 1891. Reprint(New York: Haskell House Publishers Ltd., 1971).

Berry, Rynn, Jr., *The Vegetarinans*(Brookline, Mass: Autumn Press, 1979).

Bloodroot Collective, *The Political Palate: A Feminist Vegetarian Cookbook*(Bridgeport, Connecticut: Sanguinaria Publishing, 1980).

________________, *The Second Seasonal Political Palate: A Feminist Vegetarian Cookbook*(Bridgeport, Connectiut: Sanguinaria Publishing, 1984).

Braunstein, Mark Matthew, *Radical Vegetarianism: A Dialetic of Diet and Ethics*(Los Angeles: Panjandrum Books, 1981).

Burgess, Mary Keyes, *Soul to Soul: A Soul Food Vegetarian Cookbook*(Santa Barbara: Woodbridge Publishing Company, 1976).

Davis, Max, *The Case for the Vegetarian Conscientious Objector* with a foreword by Scott Nearing(Brooklyn, New York: Tolstoy Peace Group, 1944).

Dombrowski, Daniel A, *The Philosophy of Vegetarianism*(Amherst: The University of Massachusetts Press, 1984).

Dyer, Judith *Vegetarianism: An Annotated Bibliography*(Metuchen, New Jersey and London: Scarecrow Press, 1982).

Easterbook, L. F., "Alcohol and Meat", *Nineteenth Century and After* 96(February 1924), pp. 306-14.

Giehl, Dudley, Vegetarianism: A Way of Life(New York: Harper & Row, 1979).

Gregory, Dick, *Dick Gregory's Natural Diet for Folks Who Eat: Cookin' with Mother Nature*, Edited by James R. McGraw(New York: Harper & Row, 1973).

T. H., "Pythagorean Objections against Animal Food", *London Magazine*(November 1825). pp. 380-83.

Kingsford, Anna, *The Perfect way in Diet: A Treatise Advocating a Return to the Natural and Ancient Food of Our Race*(London: Kegan Paul, 1892).

Lappé, Frances Moore, *Diet for a Small Planet: Tenth Anniversary Edition*(New York: Ballantine Books, 1982).

Newton, John Frank, *The Return to Nature: or, A Defence of the Vegetable Regimen*(London: 1811).

Oldfield, Josiah, "The Dangers of Meat Eating", *Westminster Review*, 166, no. 2(August 1906). pp. 195-200.

Oswald, John, *The Cry of Nature: or, A Appeal to Mercy and to Justices, on Behalf of the Persecuted Animals*(London, 1791).

Paget, Lady Walb, "Vegetable Diet", *Popular Science Monthly*, 44(1893), pp. 94-102.

Phillips, Sir Richard, *Golden Rules of Social Philosophy: or, a New System of Practical Ethics*(London, 1826).

Ritson, Joseph, *An Essay on Abstinence from Animal Food as a Moral Duty*(London: Phillips, 1802).

Robbins, John, *Diet for a New America*(Walpole, New Hampshire: Stillpoint Publishing, 1987).

Rudd, G. L., *Why kill for Food?*(1956, Madras, India: The Indian Vegetarian Congress, 1973).

Salt, Henry S., *The Creed of Kinship*(New York: E. P. Dutton and Co., 1935).

__________, *The Humanities of Diet: Some Reasonings and Rhymings*(Manchester: The Vegetarian Society, 1914).

__________, *The Logic of Vegetarianism*(London: Ideal Publishing, 1899).

Sharpe, M. R. L.[later Freshel], *The Golden Rule Cookbook: Six Hundred Recipes for Meatless Dishes*(Cambridge, Mass.: The University Press, 1908).

Shelley, Percy, *A Vindication of Percy Bysshe Shelley, Volume VI, Prose*, edited by Roger Ingpen and Walter E. Peck(New York: Grodian Press, 1965).

Stevens, Henry Bailey, *The Recovery of Culture*(New York: Harper & Row, 1949).

Stockham, Alice, *Tokology: A Book for Every Woman*(New York: Fenno and Co., 1911).

Sussman, Vic., *The Vegetarian Alternative: A Guide to a Healthful and Humane Diet*(Emmaus, Pennsylvania: Rodale Press, 1978).

Tryon, Thomas, *The Way to health, long life and happiness*(London, 1683).

Williams, Howard, ed., *The Ethics of Diet: a Catena of Authorities Deprecatory of the Practice of Flesh-Eating*(London: Pitman and Heywood, 1883).

Wynne-Tyson, Esmé, ed., *Porphyry on Abstinence from Animal Food*, Translated by Thomas Taylor(Centaur Press, Barnes & Noble, 1965).

동물 옹호 관련 저술

Amory, Cleveland, *Man Kind? Our Incredible War on Wildlife*(New York: Harper & Row, 1974).

Brophy, Brigid, "The Rights of Animals" in Brophy, *Don't Never Forget: Collected Views and Reviews*(New York: Holt, Rinehart and Winston, 1966), pp. 15-21.

Collard, Andrée with Joyce Contrucci, *Rape of the Wild: Man's Violance against Animals and the Earth*(London: The Women's Press, 1988).

Dombrowski, Daniel A., *Hartshorne and the Metaphysics of Animal Rights*(Albany: State University of New York Press, 1988).

Evans, E. P., *The Criminal Prosecution and Capital Punishment of Animals*(London: William Heinemann, New York: E. P. Dutton and Co., 1906).

Godlovitch, Stanley, Roslind Godlovitch, and John Harris, eds., *Animals, Men and Morals: An Enquiry into the Maltreatment of Non-Humans*(New York: Taplinger, 1972).

Linzey, Andrew, *Christianity and the Rights of Animals*(New York: Crossroad, 1987).

Mason, Jim and Peter Singer, *Animal Factories*(New York: Crown Publishers, Inc., 1980).

Midgley, Mary, *Animals and Why They Matter*(Athens: University of Georgia Press, 1983).

Regan, Tom, *The Case for Animal Rights*(Berkeley, Los Angeles: University of California Press, 1983).

Regan, Tom and Peter Singer, *Animal Rights and Human Obligations*(Englewood Cliffs, New Jersey: Prentice-Hall, Inc., 1976).

Salt, Henry, *Animals' Rights Considered in Relation to Social Progress*(1892, Reprint. Clarks Summit, Pennsylvania: Society for Animal Rights, Inc., 1980).

__________, "Sport as a Training for War", in *Killing for Sport: Essays by Various Writer*, Edited by Henry Salt(London: G. Bell and Sons, Ltd., for the Humanitarian League, 1914).

Serpell, James, *In the Company of Animals: A Study of Human-Animal Relationships*(New York: Basil Blackwell, 1986).

Singer, Peter, *Animal Liberation: A New Ethics for Our Treatment of Animals*(New York: A New York Review Book, 1975).

Spiegel, Marjorie, *The Dreaded Comparison: Human and Animal Slavery*, Philadelphia: New Society Publishers, 1988).

[Taylor, Thomas], *A Vindication of the Rights of Brutes*(London: Jeffery, 1792).

Walker, Alice, "Am I Blue?" *Ms.*, July 1986.

페미니스트 관련 저술

Allen, Paula Gunn, *The Sacred Hoop: Recovering the Feminine in Ameriane Indian Tradition*(Boston: Beacon Press, 1986).

Atkinson, Ti-Grace, *Amazon Odyssey*(New York: Links Books, 1974).

Benney, Norma, "All of One Flesh: The Rights of Animals", In *Recalim the Earth: Women speak out for Life on Earth*, Edited by Léonie Caldecott and Stephanie Leland(London: The Women's Press, 1983).

Bernard, Jessie, *The Female World*(New York: The Free Press, 1981).

Cannon, Katie G., *Black Womanist Ethics*(Atlanta: Scholars Press, 1988).

Corea, Gena, *The Hidden Malpractice: How American Medicine Mistreats Women*(New York: William Morrow and Co., 1977, Jove-Harcourt Brace Jovanovich, 1978).

_________, *The Mother Machine: Reproductive Technologies from Artificial Insemination to Artificial Wombs*(New York: Harper & Row, 1985).

Daly, Mary, *Beyond God the Father: Toward a Philosophy of Women's Liberation*(Boston: Beacon Press, 1973).

_________, *Gyn/Ecology: The Metaethics of Radical Feminism*(Boston: Beacon Press, 1978).

_________, In cahoots with Jane Caputi, *Webster's First New Intergalactic Wickedary of the English Language*(Boston: Beacon Press, 1987).

de Beauvoir, Simone, *The Second Sex*, Translated and edited by H. M. Parshley, Jonathan Cape(1953, Hammondsworth England: Penguin, 1972).

de Lauretis, Teresa, *Alice Doesn't: Feminism, Semiotics, Cinema*(Bloomington: Indiana University Press, 1984).

Dworkin, Andrea, *Pornography: Men Possessing Women*(New York: Perigee Books, 1981)

_____________, *Women Hating*(New York: E. P. Dutton, 1974).

Elshtain, Jean Bethke, *Women and War*(New York: Basic Books, Inc., 1978).

Gilman, Charlotte Perkins, *His Religion and Hers: A Study of the Faith of Our Fathers and the Work of Our Mothers*(London: T. Fisher Unwin, 1924).

Grahn, Judy, *Another Mother Tongue: Gay Words, Gay World*(Boston: Beacon Press, 1984).

Griffin, Susan, *Woman and Nature: The Roaring Inside Her*(New York: Harper & Row, 1978)

Hamilton, Cicely, *Marriage as a Trade*(1909, Reprint, London: The Women's Press, 1981).

Harrison, Beverly, *Making the Connections: Essays in Feminist Social Ethics*, Edited by Carol S. Robb(Boston: Beacon Press, 1985).

Hooks, Bell, *Ain't I a Woman: black Women and Feminism*(Boston: South End Press, 1981).

Kelly, Joan, *Women, History and Theory: The Essays of Joan Kelly*(Chicago: The University of Chicago Press, 1984).

Kramarae, Cheris and Paula A. Treichler, *A Feminist Dictionary*(Boston, London and Henley: Pandora Press, 1985).

Kuhn, Annette, *The Power of the Image: Essays on Representation and Sexuality*(London: Routledge & Kegan Paul, 1985).

Leghorn, Lisa and Mary Roodkowsky, *Who Really Starves? Women and World Hunger*(New York: Friendship Press, 1977).

Lorde, Audre, *Sister Outsider: Essays and Speeches*(Trumansburg, New York: The Crossing Press, 1984).

__________, *Zami: A New Spelling of My Name*(Watertown: Persephone Press, 1982).

Merchant, Carolyn, *The Death of Nature: Women, Ecology, and the Scientific Revolution*(New York: Harper & Row, 1980).

Millet, Kate, *Sexual Politics*(Garden City: Doubleday & Co., 1970).

Morega, Cherie, *Loving in the War Years; lo que nunca pasó por sus labios*(Boston: South End Press, 1983).

___________ and Gloria Anzaldúa, eds., B*ridge Called My Back: Writings By Radical Women of color*(Watertown: Persephone Press, 1981).

Rosaldo, Michelle Zimbalist and Louise Lamphere, *Woman, Culture, and Society*(Stanford: Stanford University Press, 1974).

Sanday, Peggy, *Female Power and Male Dominance: On the Origins of Sexual Inequality*(Cambridge and New York: Cambridge University Press, 1981).

Schreiner, Olive, *Woman and Labour*, T. Fisher Unwin(1911, Reprint, London: Virago, 1978).

Silverman, Kaja, *The Subject of Semiotics*(New York: Oxford University Press, 1983).

Smith, Barbara, ed., *Home Girls: A Black Feminist Anthology*(New York: Kitchen Table: Woman of Color Press, 1983).

Spender, Dale, *Man Made Language*(London: Boston and Henley: Routledge & Kegan Paul, 1980).

Steinem, Gloria, *Outrageous Acts and Everyday Tebellions*(New York: Holt, Rinehart and Winston, 1983. New American Library, 1986).

Vetterling-Braggin, Mary, Frederick A. Elliston, and Jane English, eds., *Feminism and Philosophy*(Totowa, New Jersey: Littlefield, Adams & Co., 1982).

Wollstonecraft, Mary, *A Vindication of the Rights of Woman*, Edited by Charles W. Hagelmen, Jr.(1792, New York: W. W. Norton & Co., 1967).

Woolf, Virginia, *Three Guineas*(London: The Hogarth Press, 1938, 1968).

성폭력과 가정 폭력

Barry, Kathy, *Female Sexual Salvery*(Englewood Cliffs: Prentice Hall, 1979).
Dobash, R. Emerson and Russell Dobash, *Violence Against Wives: A Case Against the Patriarchy*(New York: The Free Press, 1979).
Griffin, Susan, *Rape: The Power of Consciousness*(New York: Harper & Row, 1979).
Lederer, Laura, ed., *Take Back the Night: Women on Pornography*(New York: William Morrow and Company, Inc., 1980).
Lovelace, Linda, with Mike McGrady, *Ordeal*(Citadel Press, 1980. New York: Berkley Books, 1980).
Pizzey, Erin, *Scream Quietly or the Neighbours will Hear*(Hammondsworth, England: Penguin Books, 1974).
Walker, Lenore, *The Battered Woman*(New York: Harper & Row, 1979).

문학 비평

Atwood, Margaret, "An Introduction to *The Edible Woman*", In *Second Words*(Boston: Beacon Press, 1982).
Barthes, Roland, "Introduction to the Structural Analysis of Narratives", In *Image, Music, Text*, Translated by Stephen Heath(New York: Hill and Wang, 1977).
Bethel, Lorraine, "'This Infinity of Conscious Pain': Zora Neale Hurston and the Black Female Literary Tradition", In *All the Women are White, All the Blackes are Men, But Some of Us Are Brave*, Edited by Gloria T. Hull, Patricia Bell Scott, and Barbara Smith(Old Westbury, New York: The Feminist Press, 1982).
Brophy, Brigid, "The Way of no Flesh", In *The Genius of Shaw*, Edited by Michael Holroyd(New York: Holt, Rinehart and Winston, 1979).
Cantor, Paul, *Creature and creator: Myth-making and English Romanticism*(Cambridge: Cambridge University Press, 1981).
Carpenter, Edward and George Barnefield, *The Psychology og the Poet Shelley*(London: George Allen & Unwin Ltd., 1925).
Christ, Carol, *Diving Deep and Surfacing: Women Writers on Spiritual Quest*, Revised Edition(Boston: Beacon Press, 1986).
Christian, Barbara, *Black Women Novelists: The Development of a Tradition, 1892-1976*(Westport, Connecticut and London: Greenwood Press, 1980).
DuPlessis, Rachel Blau, *Writing beyond the Ending: Narrative Strategies of Twentieth-Century Women Writers*(Bloomington: Indiana University Press, 1985).
Fairchild, Hoxie, *The Noble Savage: A Study in Romantic Naturalism*(Columbia University Press, 1928. New York: Russell and Russell, 1961).
Folsom, Michael Brewster, "Upton Sinclair's Escape from *The Jungle*: The Narrative Strategy and Suppressed Conclusion of America's First Proletarian Novel", *Prospects*, 4(1979), pp. 237-66.
Fussell, Paul, *The Great War and Modern Memory*(London: Oxford, New York: Oxford University Press, 1975).
Gates, Henry Louis, Jr., *The Signifying Monkey: A Theory of Afro-American Literary Criticism*(New York and Oxford: Oxford University Press, 1988).
Gilbert, Sandra and Susan Gubar, *The Madwoman in the Attic: The Woman Writer and the Nineteenth-Century Literary Imagination*(New Haven: Yale University Press, 1979).
Greenberg, Caren, "Reading Reading: Echo's Abduction of Language", In *Women and Language in Literature and Society*, Edited by Sally McConnellGinet, Ruth Borker and Nelly Furman(New York: Praeger, 1980).
Heilbrun, Carolyn and Catharine Stimpson, "Theories of Feminist Criticism: A Dialogue", In *Feminist Literary Criticism: Explorations in Theory*, Edited by Josephine Donovan(Luxington: University Press of Kentucky, 1975).
Homans, Margaret, *Bearing the Word: Language and Female Experience in Nineteenth-Century Women's Writing*(Chicago: University of Chicago, 1986).
Joly André, "Toward a Theory of Gender in Modern English", In *Studies in English Grammar*, Edited by A. Joly and T. Fraser(Paris: Editions Universitaires).
Levine, George and U. C. Knoepflmacher, eds., *The Endurance of Frankenstein*(Berkeley and Los Angeles: University of

California Press, 1979).

McDowell, Deborah E., "New Directions for Black Feminist Criticism", *Black American Literature Forum*(Winter 1980), pp. 153-59.

Mellor, Anne, *Marry Shelley: Her Life, Her Fiction, Her Monsters*(New York and London: methuen, 1988).

Moers, Ellen, *Mary Women: The Great Writers*(Garden City, New York: Anchor Books, 1977).

Pryse, Marjorie, *Conjuring: Black Women, Fiction and Literary Tradition*(Bloomington: Indiana University Press, 1985).

Rohrlich, Ruby and Elaine Hoffman Baruch, *Women in Search of Utopia: Mavericks and Mythmakers*(New York: Shocken Books, 1984).

Rubenstein, Marc A., "'My Accursed Origin': The Search for the Mother in Frankenstein", *Studies in Romanticism*, 15(Spring 1976), pp. 165-94.

Ruotolo, Lucio P., *The Interrupted Moment: A View of Virginia Woolf's Novels*, Stanford: Stanford University Press, 1986).

Said, Edward, *The World, the Text, and the Critic*(Cambridge: Harvard University Press, 1983).

Sebeok, Thomas A., "Poetics in the Lion's Den: The Circus Act as a Text", *Modern Language Notes*, 88, no. 6(December 1971), pp. 845-57.

Showalter, Elaine, "Feminist Criticism in the Wilderness", In *New Feminist Criticism: Essays on Women, Literature, and Theory*, Edited by Elaine Showalter(New York: Pantheon Books, 1985).

Simons, Madeleine A., "Rousseau's Natural Diet", *Romantic Review*, 45(February 1954), pp. 18-28.

Smith, Barbara, "Toward a Black Feminist Criticism", In *All the Women are White, All the Blacks Are Men, but Some of Us Are Brave: Black Women's Studies*, Edited by Gloria T. Hull, Patricia Bell Scott, and Barbara Smith(Old Westbury, New York: The Feminist Press, 1982).

Smith, Carl S., *Chicago and the American Literary Imagination: 1880-1920*(Chicago: University of Chicago, 1984).

Tillotson, Marcia, "'A Forced Solitude': Mary Shelley and the Creation of Frankenstein's Monster", In *The Female Gothic*, Edited by Juliann E. Fleenor(Montreal and London: Eden Press, 1983).

Trible, Phyllis, *Text of Terror: Literary-Feminist Readings of Biblical Narratives*(Philadelphia: Fortress Press, 1984).

Veeder, William, *Marry Shelley and Frankenstein: The Fate of Androgyny*(Chicago: University of Chicago, 1986).

Walker, Alice, "One Child of One's Own: A Meaningful Digression within the Work(s)", In *In Search of Our Mothers' Gardens: Womanist Prose*(San Diego, New York: Harvest/Harcourt Brace Jovanovich, 1983).

Washington, Mary Helen, *Invented Lives: Nattarives of Black Women 1860-1960*(Garden City: Doubleday & Co., 1987).

역사, 자서전, 전기

Barker-Benfield, G. J., *The Horrors of the Half-Known Life: Male Attitudes Toward Women and Sexuality in Nineteenth-Century America*(New York: Harper & Row, 1976).

Barrett, James, *Work and community in the Jungle: Chicago's Packinghouse Workers, 1894-1922*(Urbana and chicago: University of Illinois, 1987).

Beard, George M., *Sexual Neurasthenia[Nervous Exhaustion] Its Hygiene*(New York: E. B. Treat & Co., 1898, Reprint, New York: Arno Press, 1972).

Beecher, Catherine and Harriet Beecher Stowe, *American Woman's Home; or, Principles of Domestic Science*(New York: J. B. Ford and Co., 1869, Reprint, New York: Arno Press and the New York Times, 1971).

Bennett, Betty T. ed., *The Letters of Mary Wollstonecraft Shelley*(Baltimore: Johns Hopkins University Press, 1980).

Billington, Ray Allen, *Land of Savagery Land of Promise: The European Image of the American Frontier in the Nineteenth Century*(New York: W. W. Norton & Co., 1981).

Bordian, Ruth, *Frances Willard: A Biography*(Chapel Hill and London: University of North Carolina Press, 1986).

Borrow, George, *Lavengro: The Scholar, the Gypsy, the Priest*, Edited with an introduction by George F. Whicher(New York: The MacMillan Company, 1927).

Bronson, Bertrand H., *Joseph Ritson: Scholar-at-Arms*(Berkely: University of California Press, 1938).

Brumberg, Joan Jacobs, "Chlorotic Girls, 1870-1920: A Historical Perspective on Female Adolescence", In *Women and Health in America*, Edited by Judith Walzer Leavitt, Madison: The University of Wisconsin Press, 1984).

__________________, *Fasting Girls: The Emergence of Anorexia Nervosa as a Modern Disease*(Cambridge and London:

Harvard University Press, 1988).

Burnett, John, *Plenty and Want: A social history of diet in England from 1815 to the present day*(1966, London: Scolar Press, 1979).

Bynum, Caroline, *Holy Feast and Holy Fast: The Religious Significance of Food to Medieval Women*(Berkeley and Los Angeles: University of California Press, 1987).

Cameron, Kenneth Neill, *The Young Shelley: Genesis of a Radical*(Macmillan, 1950, New York: Octagon Books, 1973).

Cayleft, Susan E., *Wash and Be Healed: The Water-Cure Movement and Women's Health*(Philadelphia: Temple University Press, 1987).

Cleghorn, Sarah N., *Threescore: The Autobiography of Sarah N. Cleghorn*(New York: H. Smith and R. Hass, 1936, Reprint, New York: Arno Press, 1980).

Colby, Elbridge, ed., *The Life of Thomas Holcroft, Written by Himself Continued to the Time of His Death from his Diary Notes and Other Papers by William Hazlitt*(1925, New York: Benjamin Blom, 1980).

Cott, Nancy, *The Grounding of Modern Feminism*(New Haven: Yale University Press, 1987).

Cummings, Richard Osborn, *The American and His Food: A History of Food Habits in the United States*, Second Edition(Chicago: University of Chicago Press, 1941).

Davis, Margaret Llewelyn, ed., *Maternity: Letters from Working-Women*(G. Bell & Sons, 1915, New York: W. W. Norton & Co., 1978).

Duncan, Isadora, *My Life*. New York: Liveright, 1927, 1955.

Earhart, Mary, *Frances Willard: From Prayers to Politics*(Chicago: University of Chicago, 1944).

Erdman, David, *Commerce des lumières: John Oswald and the British in Paris 1790-1793*(Columbia: University of Mussouri Press, 1986).

Erikson, Erik H., *Gandhi's Truth: On the Origins of Militant Nonviolence*(New York: W. W. Norton & Co, Inc., 1969).

French, R. D., *Antivivisection and Medical Science in Victorian Society*(Princeton: Princeton University Press, 1975).

Gluck, Sherna, ed., *From Parlor to Prison: Five American Suffragists Talk About 'their Lives: An Oral History*(New York: Vintage Books, 1976).

Goldring, Douglas, *The Nineteen Twenties: A general Survey and some Personal Memories*(London: Nicholson and Watson, 1945, Reprint, Folcroft Library Editions, 1975).

Graham, Sylvester, *Lecture to Young Men on Chastity*, Third Edition(Boston, 1834, 1837).

Graves, Robert, *Good-bye to All That*(Hammondsmith, UK: Penguin Books, 1957).

Harding, Vincent, *There is a River: The Black Struggle for Freedom in America*(New York: Harcourt Brace Jovanovich, 1981; Vintage Books, 1983).

Hendrick, George, With the special assistance of John F. Pontin, *Henry Salt, Humanitarian Reformer and Man of Letters*(Urbana, Chicago, London: University of Illinois Press, 1977).

Heron, Liz, ed., *Truth, Dare, or Promise: Girls Growing Up in the Fifties*(London: Virago Press, 1985).

Hilliard, Sam Bowers, *Hog Meat and Hoecake: Food Supply in the Old South, 1840-1860*(Carbondale: Southern Illinois University Press, 1972).

Hogg, Thomas Jefferson, *The Life of Percy Shelley*(1906, Reprint, London: George Routledge and Sons, Ltd.).

Holmes, Richard, *Shelley: The Pursuit*(New York: E. P. Dutton and Col, 1975).

Hopkins, Mary Alden, "Why I Earn My Own Living", In *These Modern Women: Autobiographical Essays from the Twenties*, Edited by Elaine Showalter, Originally published 1926-27 in *The Nation*(Old Westbury, New York: The Feminist Press, 1978).

Hunt, Harriot Kezia, *Glances and Glimpses; or Fifty Year Social, Including Twenty Years Professional Life*(Boston: John P. Jewett and Co., 1856, Reprint, New York: Source Book Press, 1970).

Jones, Frederick L., ed., *Mary Shelley's Journal*(Norman, Oklahoma: University of Oklahoma Press, 1947).

Labaree, Leonard W., Ralph L. Ketcham, Helen Boatfield, and Helene Fineman, eds., *The Autobiography of Benjamin Franklin*(New Haven: Yale University Press, 1964).

Lanchester, Elsa, *Herself*(New York: St. Martin's Press, 1983).

Lansbury, Coral, *The Old Brown Dog: Women, Workers and Vivisection in Edwardian England*(Madison: The University of Wisconsin Press, 1985).

Lerner, Gerda, *The Grimké Sisters from South Carolina: Pioneers for Woman's Rights and Abolition*(New York: Schocken Books,

1971).

__________, *The Majority Finds Its Past: Placing Women in History*(New York and Oxford: Oxford University Press, 1979).

Lewis, David Levering, *When Harlem Was in Vogue*(New York: Alfred A. Knopf, 1981, Vintage Books, 1982).

Linklater, Andro, *An Unhusbanded Life: Charlotte Despard, Suffragette, Socialist and Sinn Feiner*(London: Hutchinson, 1980).

Lorde, Audre, *The Cancer Journals*(Argyle, New York: Spinsters, Ink, 1980).

Marchand, C. Roland, *The American Peace Movement and Social Reform, 1898-1918*(Princeton: Princeton University Press, 1972).

Maitland, Edward, *Anna Kingsford: Her Life, Letters, Diary and Work*(London: Redway, 1896).

Marable, Manning, *How Capitalism Underdeveloped Black America*(Boston: South End Press, 1983).

Mead, Margaret, *Blackberry Winter: My Earlier Years*(New York: Touchstone Books, 1972).

Nevins, Allan, *Ford: The Times, The Man, The Company*(New York: Charles Scribner;s Sons, 1954).

Nichols, Thomas L. and Mary Gove Nichols, *Marriage: Its History, Character and Results; Its Sanctities and Its Science and Its Facts*(New York: T. L. Nichols, 1854).

Nicolas, Sir Harris, *The Letters of Joseph Ritson, Esq. Edited chiefly from originals in the possession of his nephew. To which is prefixed a Memoir of the Author by Sir Harris Nicholas*(London: William Pickering, 1833).

Nissenbaum, Stephen, *Sex, Diet, and Debility in Jacksonian America: Sylvester Graham and Health Reform*(Westport, Connecticut: Greenwood Press, 1980).

Numbers, Ronald L., *Prophetess of Health: A Study of Ellen G. White*(New York: Harper & Row, 1976).

Oren, Laura, "The Welfare of Women in Laboring Families: England, 1860-1950", *Feminist Studies* 1, no. 3-4(winter-Spring, 1973), pp. 107-25.

Pearsall, Ronald, *The Worm in the Bud: The World of Victorian Sexuality*(Toronto: The Macmillan Company, 1969).

Peters, H. F., *My Sister, My Spouse: A Biography of Lou Andreas-Salome*(New York: Norton & Co., 1962).

Perry, Ruth, *The Celebrated Mary Astell: An Early English Feminist*(Chicago and London: The University of Chicago Press, 1986).

Proctor, Robert, *Racial Hygiene: Medicine under the Nazis*(Cambridge and London: Harvard University Press, 1988).

Rae, Isobel, *The Strange Story of Dr. James Barry: Army Surgeon, Inspector-General of Hospitals, Discovered to Be a Woman*(London: Longmans, Green & Co., 1958).

Reeves, Maud Pemer, *Round About a Pound a Week*(G. Bell & Sons, 1913, Reprint, London: Virago press, 1979).

Ross, Ishbel, *Angel of the Battlefield*(New York: Harper & Brothers, 1956).

Rowbotham, Sheila and Jeffrey Weeks, *Socialism and the New Life: The Personal and Sexual Politics of Edward Carpenter and Havelock Ellis*(London: Pluto Press, 1977).

Ryan, Agnes, "The Heart to Sing", unpublished autobiography.

Salt, Henry Stephens, *Percy Bysshe Shelley: Poet and Pioneer*(1896, Reprint, Port Washington, New York: Kennikat Press, Inc., 1968).

__________, *Seventy Years Among Savages*(London: Geroge Allen and Unwin, 1921).

Savitt, Todd L., *Medicine and Slavery: The Diseases and Health Care of Blacks in Antebellum virginia*(Urbana and Chicago: University of Illinois Press, 1978).

Showalter, Elaine, *The Female Malady: Women, Madness, and English Culture, 1830-1980*(New York: Pantheon Books, 1985).

Sieveking, Isabel Giberne, *Memoir and Letters of Francis W. Newman*(London: K. Paul, Trench, Trubner & Co., 1909).

Smith-Rosenberg, Carroll, *Disorderly Conduct: Visions of Gender in Victorian America*(New York and Oxford: Oxford University Press, 1985, 1986).

__________, "Sex as Symbol in Victorian Purity: An Ethnohistorical Analysis of Jacksonian America", In *Turning Points: Historical and Sociological Essays on the Family*, Edited by John Demos and Sarane Spence Boocock(Chicago and London: The University of Chicago Press, 1978).

Spruill, Julia Cherry, *Women's Life and Work in the Southern Colonies*(1938, Reprint, New York: W. W. Norton and Co., 1972).

Stanton, Elizabeth Cady, *Elizabeth Cady Stanton as Revealed in Her Letters, Diary and Reminiscence*, Edited by Theodore Stanton and Harriot Stanton Blatch, 1922, Reprint, New York: Arno Press, 1969).

Sterling, Dorothy, *Black Foremothers: The Story of the Militant American Suffragist Movement*(New York: Boni and Liveright, 1920, Reprint, New York: Shocken Books, 1976).

Stevens, Doris. *Jailed for Freedom: the Story of the Militant American Suffragist Movement.* New York: Boni and Liveright, 1920. Reprint. New York: Shocken Books, 1976.

Sunstein, Emily W., *Mary Shelley: Romance and Reality*(Boston, Toronto, London: Little, Brown and Co., 1989).

Sward, Keith, *The Legend of Henry Ford*(New York: Russell and Russell, 1948).

Terrell, Mary Church, *A Colored Woman in a White world*(Washington, D.C.: Ransdell, Inc., 1940, Reprint, New York: Arno Press, 1980).

Thomas, Keith, *Man and the Natural World: A History of the Modern Sensibility*(New York: Pantheon, 1983).

Trall, R. T., *Home-Treatment for Sexual Abuses. A Practical Treatise*(New York: Fowler and Wells, 1853).

Trollope, Frances, *Domestic Manners of the Americans*(1832, New York: Alfred A. Knopf, 1949).

Turner, James, *Reckoning with the Beast: Animals, Pain and Humanity in the Victorian Mind*(Baltimore and London: Johns Hopkins University Press, 1980).

Wells, Anna Mary, *Miss Marks and Miss Woolley*(Boston: Houghton Mifflin Co., 1978).

Whorton, James C., *Crusaders for Fitness: The History of American Health Reformers*(Princeton: Princeton University Press, 1982).

________________, "'Tempest in a Flesh-Pot': The Formulation of a Physiological Rationale for Vegetarianism", *Journal of the History of Medicine and Allied Sciences.* 32, no. 2(April 1977), pp. 115-39.

Winsten, Stephen, *Salt and His Circle*(London: Hutchinson and Co., Ltd., 1951).

소설, 시, 드라마

Atwood, Margaret, *Cat's Eye*(New York: Doubleday, 1989).

______________, *The Edible Woman*(Boston: Little, Brown and Co., New York: Warner Books, 1969).

______________, *Surfacing*(New York: Simon and Schuster, Popular Library, 1972).

Beattie, Ann, *Chilly Scenes of Winter*(Garden City, New York: Doubleday & Co., 1976).

Behn, Aphra, "On the Author of that excellent and learned Book, entitled, *The Way to Health, long Life and Happiness*", In Thomas Tryon, *The Way to Make All People Rich; or, Wisdoms Call to Temperance and Frugality* . . . .(London, 1685).

Brant, Beth(Degonwadonti), *Mohawk Trail*(Ithaca, New York: Firebrand Books, 1985).

Brecht, Bertolt, *Saint Joan of the Stockyards*, Translated by Frank Jones, Second Edition(Bloomington and London: Indiana University Press, 1971).

Brindel, June Rachuy, *Ariadne: A Novel of Ancient Crete*(New York: St. Martin's press, 1980).

________________, *Phaedra: A Novel of Ancient Athens*(New York: St. Martin's Press, 1985).

Broner, E. M., *A Weave of Women*(New York: Holt, Rinehart and Winston, 1978).

Brophy, Brigid, "An Anecdote of the Golden Age[Homage to Back to Methuselah]", In *The Adventures of God in his Search for the Black Girl*(Boston: Little, Brown & Co., 1968).

____________, *Hackenfeller's Ape*(London: Allison and Busby, 1953, 1979).

Bryant, Dorothy, *The Kin of Ata are Waiting for You*(1971, Berkeley: Moon Books, 1976, Originally entitled The Comforter.).

Butler, Samuel, *Erewhon*(1872, Hammondsworth, England: Penguin Books, 1970).

Colegate, Isabel, *The Shooting Party*(New York: The Viking Press, 1980; Avon Books, 1982).

Colette, *Break of Day*(New York: Farrar, Straus and Giroux, Inc., 1961; Ballantine Books, 1983).

Cross, Amanda, *The James Joyce Murders*(New York: Macmillan Co., 1967).

de Araújo, Virginia, "The Friend . . . .." *Sinister Wisdom*, no. 20(1982), 17.

Drabble, Margaret, *The Ice Age*(New York: Alfred A. Knopf: New York and Scarborough, Ontario: New American Library, 1977).

Ellis, Alice T., *The Birds of the Air*(New York: The Viking Press, 1980).

___________, *The Sin Eater*(London: Duckworth, 1977).

___________, *The 27th Kingdom*(London: Duckworth, 1982).

___________, *Unexplained Laughter*(London: Duckworth, 1985).

Fo, Dario and Franca Rame, *Female Parts: One Woman Plays*, Adapted by Olwen Wywark. Translated by Margaret

Kunzle(London: Pluto Press, 1918).
Fraser, Antonia, *Your Royal Hostage*(New York: Atheneum, 1988).
Gilman, Charlotte Perkins, *Herland*(New York: Pantheon Books, 1979, First serialized in the Forerunner 6, 1915).
Glaspell, Susan, *A Jury of Her Peers*(London: Ernest Benn, Ltd., 1927).
Gordon, Mary, *Final Payments*(New York: Random House, 1978).
Grahn, Judy, *The Queen of Swards*(Boston: beacon Press, 1987).
Hurston, Zora Neal, *Their Eyes Were Watching God*(1937, Greenwich, Connecticut: A Fawcett Premier Book, 1965).
Jordan, June, *Passion: New Poems, 1977-1980*(Boston: Beacon Press, 1980).
Kingston, Maxine Hong, *The Woman Warrior: Memoirs of a Girlhood Among Ghosts*(New York: Alfred A. Knopf, 1977).
Kundera, Milan, *The Book of Laughter and Forgetting*(New York: Alfred A. Knopf, 1979; Penguin Books, 1985).
La Tourette, Aileen, *Cry Wolf*(London: Virago Press, 1986).
Lorde, Audre, *The Black Unicorn*(New York: W. W. Norton & Co., 1978).
Mackey, Mary, *McCarthy's List*(London: Pan Books Limited, 1981).
McCarthy, Mary, *Birds of America*(New York: Harcourt, Brace Jovanovich, 1965; New American Library, 1965).
Meyer, Lynn, *Paperback Thriller*(New York: random House, 1975).
Murdoch, Iris, *The Good Apprentice*(New York and Hammondsworth: Penguin Books, 1987).
Nichols, Mary Gove, *Mary Lyndon or, Revelations of a Life: An Autobiography*(New York: Stringer and Townsend, 1855).
Olsen, Tillie, *Yonnondio: From the Thirties*(New York: Dell, 1974).
Parker, Pat, "To a Vegetarian Friend", *Womanslaughter*(Oakland, California: Diana Press, 1978).
Piercy, Marge, *Small Changes*(Garden City, New York: Doubleday and Co., 1972; Greenwich, Connecticut: A Fawcett Crest Book, 1973).
Roth, Philip, *Portnoy's Complaint*(New York: Random House, 1967).
Ryan, Agnes, "Who Can Fear Too Many Stars?" unpublished novel.
Scott, Sarah, *A Description of Millenium Hall*(London, 1762, Reprint, New York and London: Garland Publishing Inc., 1974).
Shelley, Mary Wollstonecraft, *Frankenstein or, The Modern Prometheus: The 1818 Text*, Edited by James Rieger(Indianapolis: Bobbs-Merrill, 1974: Chicago and London: University of Chicago Press, 1982).
Sinclair, Upton, *The Jungle*(1906, New York: New American Library, 1973).
Singer, Isaac Bashevis, *Enemies: A Love Story*(New York: Farrar, Straus and Giroux, 1972).
Singer, Rochelle, *The Demeter Flower*(New York: St. Martin's Press, 1980).
Snodgrass, W. D., *Selected Poems: 1957-1987*(New York: Soho Press, 1987).
Tyler, Anne, *The Accidental Tourist*(1985, New York: Berkley Books, 1986).
__________, *If Morning Ever Comes*(1964, New York: Berkley Books, 1986).
__________, *The Tin Can Tree*(1965, New York: Berkley Books, 1986).
__________, *The Clock Winder*(New York: Alfred A. Knopf, 1972).
Walker, Alice, *Meridian*(New York: Harcourt Brace Jovanovich, 1976; Washington Square Press, 1977).
___________, *The Temple of My familiar*(San Diego, New York: Harcourt Brace Jovanovich, 1989).
Washington, Mary Helen, ed., *Midnight Birds: Stories of Contemporary Black Women Writer*(Garden City, New York: Doubleday and Co., 1980).
Winant, Fran, "Eat Rice Have Faith in Women", In Winant, *Dyke Jacket: Poems and Songs*(New York: Violet Press, 1980).
Winterson, Jeanette, *Oranges are not the Only Fruit*(1985, New York: The Atlantic Monthly Press, 1987).
Woolf, Virginia, *Jacob's Room*(Hogarth Press, 1922, Hammondsworth, England: Penguin Books, 1971).
Yglesias, Helen, *The Saviors*(Boston: Houghton Mifflin Co., 1987).

의학과 영양학 관련 저술

Brody, Jane, *Jane Brody's Nutritional Book*(New York: W. W. Norton, 1981).
Burkitt, D. P., "The Protective Value of Plant Fibre Against Many Modern Western Diseases." *Qualitas Plantarum-Plant Foods for Human Nutrition* 29, nos. 1-2(July 1979), pp. 39-48.

Christian, Eugene, *Meatless and Wheatless Menus*(New York: Alfred A. Knopf, 1917).

Cleave, T. L., G. D. Cambell, N. S. Painter, *Diabetes, Coronary Thrombosis, and the Saccharine Disease*, Second Edition, Bristol, England: John Wright and Sons, 1969).

Drummond, Jack, *Nutritional Requirements of Man in the Light of Wartime Experience*(London, 1948).

Fisher, Irving, "The Influence of Flesh Eating on Endurance", *Yale Medical Journal*, 13, no. 5(March 1907), pp. 205-221.

Hardinge, Mervyn G. and Hulda Crooks, "Non-Flesh Dietaries. 1. Historical Background", *Journal of the American Dietetic Association*, 43(December 1963), pp. 545-49.

Hindhede, Mikkel, "The Effect of Food Restriction During War on Mortality in Copenhagen", *Journal of american Medical Society*, 74, no. 6(February 7, 1920), pp. 381-82.

Jackson, James C., *How to Treat the Sick without Medicine*(Dansville, New York: Austin, Jackson & Co., 1870).

Messina, Virginia and Mark, *The Vegetarian Way: Total Health for You and Your Family*(New York: crown, 1996).

National Research Council, *Diet, Nutrition, and Cancer*(Washington, D. C.: National Academy Press, 1982).

Ryan, Agnes, "The Cancer Bogy", unpublished manuscript.

Seaman, Barbara and Gideon Seaman, M.D., *Women and the Crisis in Sex Hormones*(New York: Rawson Associates Publishers Inc., 1977).

Smith, Edward, *Practical Dietary for Families, Schools, and the Labouring Classes*(London: Walton and Maberly, 1864).

Strøm, Axel and R. Adelsten Jensen, "Mortality from Circulatory Diseases in Norway 1940-1945", *The Lancet*, 260(January 2, 1951), pp. 126-29.

기타

Arendt, Hannah, *On Violence*(New York: Harcourt, Brace and World, 1970).

Arens, W., *The Man-Eating Myth: Anthropology and Anthropophagy*(New York: Oxford University Press, 1979).

Barer-Stein, Thelma, *You Eat What You Are: A Study of Canadian Ethnic Food Traditions*(Toronto: McClelland and Stewart, 1979).

Berger, John, *About Looking*(New York: Pantheon, 1980).

Braverman, Harry, *Labor and Monopoly Capital: The Degradation of Work in the Twentieth Century*(New York and London: Monthly Review Press, 1974).

Campbell, Joseph, *The Masks of God: Primitive Mythology, Volume 1*(New York: Penguin Books, 1959, 1978).

Douglas, Mary, "Deciphering a Meal", In *Implicit meanings: Essays in anthropology*(London: Routledge & Kegan Paul, 1968).

Gregory, Dick. *The Shadow that Scares Me*. Edited James R. McGraw. Garden City, New York: Doubleday and Co., Inc., 1968.

Estragon, Vladimir[Geoffrey Stokes], *Waiting for Dessert*(New York: The Viking Press, 1982).

Evans, Travers Moncure and David Greene, *The Meat Book*(New York: Charles Scribner's Sons).

Hinman, Robert B. and Robert B. Harris, *The Story of Meat*(Chicago: Swift & Co., 1939, 1942).

Kohlberg, Lawrence, *Essays on Moral Development, Volume 1, The Philosophy of Moral Development*(New York: Harper & Row, 1981).

Leakey, Richard E. and Roger Lewin, *People of the Lake: Mankind and Its Beginnings*(New York: Doubleday & Co., 1978; Avon Books, 1979).

Miller, A. R., *Meat Hygiene*(Philadelphia: Lea and Febiger, 1951, 1958).

Postal, paul M., "Anaphoric Islands", In *Papers from the Fifth Regional Meeting of the Chicago Linguistic Society*, Edited by Robert I. Binnick, Alice Davison, Georgia M. Green, Jerry L. Morgan(Chicago: Department of Linguistics, University of Chicago, 1969).

Selzer, Richard, "How to Build a Slaughterhouse", In *Taking the World in for Repairs*(New York: Morrow, 1986).

____________. "How to Build a Slaughterhouse." In *Taking the World in for Repairs*(New York: Morrow, 1986).

Shepard, Paul, *The Tender Carnivore and the Sacred Game*(New York: Charles Scribner's Sons, 1973).

Simoons, Frederick, J., *Eat Not This Flesh: Food Avoidances in the Old World*(Madison: University of Wisconsin, 1961, 1967).

Tanner, Nancy Makepeace, *On Becoming Human: A Model of the Transition from Ape to Human and the Reconstruction of Early Human Social Life*(Cambridge and New York: Cambridge University Press, 1981).

Weil, Simone, *The Illiad, or the Poem of Force*, 1940, Translated by Mary McCarthy(Wallingford, Pennsylvania: Pendle Hill, 1956, 1970).

Ziegler, P. Thomas, *The Meat We Eat*(Danville, Illinois: The Interstate Printers and Publishers, Inc., 1962, 1966).

25주년 기념판 참고 자료

Abbott, Jennifer, director, photorapher, and editor, *A Cow at My Table*, Flying Eye Productions, 90 minutes, Color, 1998(Contact: Flying Eye Productions, denman Place Postal Outlet, Po Box 47053, Vancouver, BC, Canada, V6G3EI;〈jawasin@portal.ca〉

Adams, Carol J. *Living Among Meat Eaters: The Vegetarian's Survival Handbook*. New York: Three Rivers Press, 2001; Continuum, 2003; Lantern, 2008. Chinese edition, 2005. German Edition(*Überleben unter Fleischessern: Tipps und Strategien für VegetarierInnen*), 2008.

____________, *Prayers for Animals*. New York: Continuum International, 2004.

____________, *Help! My child stopped eating meat! The Parents' A-Z Guide to Surviving a Conlfict in Diets*. New York: Continuum International, 2004.

____________, *The Pornography of Meat*. New York: Continuum International, 2003/Lantern, 2015.

____________, *The Inner Art of Vegetarianism*. New York: Lantern Books, 2000.

____________, *Woman-Battering*. Creative Pastoral Care and Counseling Series. Minneapolis: Fortress Press, 1994.

____________, *Neither Man nor Beast: Feminism and the Defense of Animals*. New York: Continuum International, 1994/Lantern, 2015.

____________, "Consumer Vision: Speciesism, Misogyny, and Media." In *Critical Animal and Media Studies*, edited by N. Almiron, M. Cole, and C. P. Freeman. New York: Routledge, 2015.

____________, "Why a Pig? A Reclining Nude Reveals the Intersections of Race, Sex, Slavery, and Species." In *Ecofeminism: Feminist Intersections with Other Animals and the Earth*, edited by Carol J. Adams and Lori Gruen. New York and London: Bloomsbury, 2014.

____________, "Why Feminist-Vegan Now?" *Feminism & Psychology*: Special Issue: Feminism, Psychology and Nonhuman Animals, ed. Annie Potts, 20 (2010): 302~317

____________, "God Talk and the Sexual Politics of Meat." In *Weep Not for your Children: Essays on Religion and Violence*, edited by Lisa Isherwood and Rosemary Radford Ruether. London: Equinox Books, 2008.

____________, "The War on Compassion" and "Caring about Suffering: A Feminist Analysis." In *The Feminist Care Tradition in Animal Ethics: A Reader*, edited by Josephine Donovan and Carol J. Adams. New York: Columbia University Press, 2007.

____________, " 'A Very Rare and Difficult Thing': Ecofeminism, Attention to Animal Suffering, and the Disappearance of the Subject." In *A Communion of Subjects: Animals in Religion, Science, and Ethics*, ed. Kimberly Patton and Paul Waldau. New York: Columbia University Press, 2006.

____________, "Robert Morris and a Lost 18th-Century Book: An Introduction to Morris's A Reasonable Plea for the Animal Creation." *Organization and Environment* 18, no. 4 (December 2005): 458~476.

____________, "I just raped my wife! What are you going to do about it, pastor?': The Church and Sexual Violence." In *Transforming a Rape Culture*, edited by Emilie Buchwald, Pamela Fletcher, and Martha Roth. Minneapolis: Milkweed Editions, 2005.

____________, "No Woman Would Die of an Illegal Abortion." In *If Women Ruled the World: How to Create the World We Want to Live In*, edited by Sheila Ellison. Makawao, HI: Inner Ocean, 2004.

____________, "Bitch, Chick, Cow: Women's and (Other) Animals' Rights." In *Sisterhood is Forever: The Women's Anthology for a New Millenium*, edited by Robin Morgan. New York: Washington Square Press, 2003.

____________, "Introduction." In *Howard Williams, The Ethics of Diet: A Catena of Authorities Deprecatory of Flesh Eating*. Urbana and Chicago: University of Illinois Press, 2003.

____________, "Eating Animals." In *Eating Culture*, edited by Ron Scapp and Brian Seitz. Albany, NY: State University of New York Press, 1998.

____________, " 'Mad Cow' Disease and the Animal Industrial Complex: An Ecofeminist Analysis." *Organization and*

Environment, vol. 10, no. 1 (March 1997): 26~51.

_____________, " 'This is not our Fathers' Pornography': Sex, Lies, and Computers." In *Philosophical Perspectives on Computer-Mediated Communications*, edited by Charles Ess. Albany, NY: State University of New York Press, 1996.

_____________, "Woman-Battering and Harm to Animals." In *Animals and Women: Feminist Theoretical Explorations*, edited by Carol J. Adams and Josephine Donovan. Durham, NC: Duke University Press, 1995.

_____________, "Toward a Feminist Theology of Religion and the State." In *Violence Against Women and Children: A Christian Theological Sourcebook*, edited by Carol J. Adams and Marie Fortune. New York: Continuum, 1995.

Adams, Carol J., ed. *Ecofeminism and the Sacred*. New York: Continuum International, 1993.

Adams, Carol and Patti Breitman, *How to Eat Like a Vegetarian Even If You Never Want to Be One*. New York: Lantern Books, 2008.

Adams, Carol J. and Josephine Donovan, eds. *Animals and Women: Feminist Theoretical Explorations*. Durham, NC: Duke University Press, 1995.

Adams, Carol J. and Lori Gruen, eds. *Ecofeminism: Feminist Intersections with Other Animals and the Earth*. New York: Bloomsbury, 2014.

Armstrong, Philip. *What Animals Mean in the Fiction of Modernity*. New York: Routledge, 2008.

Atherton, Peter and Matthew Calarco, eds. *Animal Philosophy: Ethics and Identity*. London and New York: Continuum, 2004.

Atlas, Nava. *Deconstructing Elsie*. New Paltz, NY: Amberwood Press, Inc., 2014.

Bennett, Beverly Lynn and Ray Sammartino, *The Complete Idiot's Guide to Vegan Living*. New York: Alpha Books, 2005.

Bernstein, Marc H. *Without a Tear: Our Tragic Relationship with Animals*. Urbana: University of Illinois Press, 2004.

Birke, Linda, *Feminism, Animals Science: The Naming of the Shrew*(Buckingham, England and Philadelphia: Open University Press, 1994).

Bloodroot Collective, *The Perennial Political Palate: The Third Feminist vegetarina Cookbook*(Bridgeport, Connecticut: Sanguinaria Publishing, 1993).

Calarco, Matthew. *Zoographies: The Questions of the Animal from Heidegger to Derrida*. New York: Columbia, 2008.

Carlson, Peggy, ed. *The Complete Vegetarian: The Essential Guide to Good Health*. Urbana and Chicago: University of Illinois Press, 2009.

Coe, Sue, *Dead Meat*(New York and London: Four Walls Eight Windows, 1995).

Coetzee, J. M. *Elizabeth Costello*. New York: Penguin, 2004.

Consolidated, *Friendly Fascism*(Nettwerk, I.R.S. Records, 3838 Lankdershim Blvd., Universal city, California 91604).

Cronon, William. *Nature's Metropolis: Chicago and the Great West*. New York: Norton, 2001.

Daly, Mary, *Quintessence . . . Realizing the Archaic Future: A Radical Elemental Feminist Manifesto*(Boston: Beacon Press, 1998).

Davis, Karen, *Poisoned Chickens, Poisoned Eggs: An Inside Look at the Modern Poultry Industry*(Summerton, Tennessee: The Book Publishing Company, 1996).

___________, *More Than a Meal: The Turkey in History, Myth, Ritual, and Reality*. New York: Lantern Books, 2001.

___________, *The Holocaust and the Henmaid's Tale*. New York : Lantern Books, 2005.

Dawn, Karen. *Thanking the Monkey: Rethinking the Way We Treat Animals*. New York: Harper, 2008.

Derrida, Jacques. "The Animal that Therefore I Am (More to Follow)". *Critical Inquiry* 28 (Winter): 369~418, 2002.

Donovan, Josephine and Carol J. Adams, eds., *Beyond Animal Rights: A Feminist Caring Ethic for the Treatment of Animals*(New York: Continuum, 1996).

Dunayer, Joan, *Animal Equality: Language and Liberation*(Cheltenham, England: New Clarion, forthcoming).

Faludi, Susan. *The Terror Dream: Fear and Fantasy in Post-9/11 America*. New York: Henry Holt, 2007.

Fausto-Sterling, Anne. *Sexing the Body: Gender Politics and the Construction of Sexuality*. New York: Basic Books, 2000.

Fudge, Erica. Perceiving Animals: Humans and Beasts in Early Modern English Culture. Urbana and Chicago: University of Illinois Press, 2002.

__________, *Brutal Reasoning: Animals, Rationality, and Humanity in Early Modern England*. Cornell: Cornell University Press, 2006.

Gaard, Greta. *The Nature of Home: Taking Root in a Place*. University of Arizona Press, 2007.

__________, "Reproductive Technology, or Reproductive Justice? An Ecofeminist, Environmental Justice Perspective on the Rhetoric of Choice." *Ethics and the Environment* 15, no. 2 (2010): 103~129.

Gaard, Greta, ed., *Ecofeminism: Women, Animals, Nature*(Philadelphia: Temple University Press, 1993).

Gålmark, Lisa, *Skönheter Och Odjur*. Goteberg and Stockholm: Makadam förlag, 2005.

Genoways, Ted. *The Chain: Farm, Factory, and the Fate of Our Food*. New York: HarperCollins, 2014.

Gilmore, Ruth Wilson. *Golden Gulag: Prisons, Surplus, Crisis, and Opposition in Globalizing California*. Berkeley, Los Angeles, and London: University of California, 2007.

Gourevitch, Philip. 1998. *We wish to inform you that tomorrow we will be killed with our families: Stories from Rwanda*. New York: Farrar, Straus and Giroux.

Gregory, James. *Of Victorians and Vegetarians: The Vegetarian Movement in Nineteenth-Century Britain*. London and New York: Tauris Academic Studies, Palgrave/Macmillan, 2007.

Gruen, Lori, "On the Oppression of Women and Animals", *Environmental Ethics* 18, no. 4(Winter 1996), pp. 441-44.

Kheel, Marti, "The Killing Game: An Ecofeminist Critique of Hunting", *Journal of the Philosophy of Sport* 23(1996), pp. 30-44.

Leneman, Leah, "The Awakened Instinct: Vegetarianism and the Women's Suffrage Movement in Britain", *Women's Review*, 5, no. 2(1997): 271-87.

Luke, Brian, "A Critical Analysis of Hunters' Ethics", *Environmental Ethics* 19, no. 1(Spring 1997), pp. 25-44.

MacKinnon, Catharine. *Women's Lives; Men's Laws*. Cambridge: Harvard University Press, 2005.

__________________, *Are Women Human? And Other International Dialogues*. Cambridge: Harvard University, 2006.

Malamud, Randy. *Reading Zoos: Representations of Animals and Captivity*. New York: New York University, 1998.

Mason, Jim. *An Unnatural Order: Roots of Our Destruction of Nature*. New York: Lantern, 2005.

Mills, Kay. *This Little Light of Mine: The Life of Fannie Lou Hamer*. New York: Plume Books, 1993.

Ngai, Mae M. *Impossible Subjects: Illegal Aliens and the Making of Modern America*. Princeton: Princeton University Press, 2004.

Nibert, David. *Animal Rights, Human Rights: Entanglements of Oppression and Liberation*. Lanham, Boulder, and New York: Rowman and Littleifeld, 2002.

Noske, Barbara, *Beyond Boundaries: Humans and Animals*(Montreal: Black Rose Books, 1997).

O'Barr, William. *Culture and the Ad: Exploring Otherness in the World of Advertising*. Boulder: Westview, 1994.

Ozeki, Ruth L., *My Year of Meat*(New York: Viking Penguin, 1999).

Painter, Nell. *The History of White People*. New York: W. W. Norton, 2010.

Potter, Will. *Green is the New Red: An Insider's Account of a Social Movement Under Siege*. San Francisco: City Lights Books, 2011.

Primack, Gretchen. *Kind: Poems*. Woodstock, NY: Post Traumatic Press, 2012.

Rowe, Martin, ed., *The Way of Compassion: Survival Strategies for a World in Crisis*(New York: Stealth Technologies, 1999).

Schlosser, Eric. *Fast Food Nation: The Dark Side of the All-American Meal*. New York: Perennial, 2002.

Scholtmeijer, Marian, *Animal Victims in Modern Fiction: From Sancity to Sacrifice*(Tronto: University of Toronto Press, 1993).

Seager, Joni. *Earth Follies: Coming to Feminist Terms with the Global Environmental Crisis*. New York: Routledge, 1993.

Shiva, Vandana. *Stolen Harvest: The Hijacking of the Global Food Supply*. Boston: South End Press, 2000.

____________, *Staying Alive: Women, Ecology and Development*. Boston: South End Press Classic Series, 2010.

Stanescu, Vasile. "Green Eggs and Ham: Michael Pollan, Locavores, and the Myth of Environmentally Sustainable Meat." *Journal for Critical Animal Studies* 8, nos. 1-2 (2010): 8~32.

Sturgeon, Noel. *Ecofeminist Natures: Race, Gender, Feminist Theory and Political Action*. New York: Routledge, 1997.

____________, *Environmentalism in Popular Culture: Gender, Race, Sexuality, and the Politics of the Natural*. University of Arizona Press, 2008.

Torres, Bob. *Making a Killing: The Political Economy of Animal Rights*. AK Press, 2007.

Twine, Richard. *Animals as Biotechnology: Ethics, Sustainability and Critical Animal Studies*. London: Earthscan, 2010.

Tyler, Tom. "An Animal Manifesto: Gender, Identity, and Vegan-Feminism in the Twenty-First Century: An interview with Carol J. Adams." *Parallax* 12, no. 1 (2006): 120~128.

_________, *CIFERAE: A Bestiary in Five Fingers*. Minneapolis, MN: Minnesota University Press, 2011.

Van Orman Quine, Willard. *Word and Object*. Cambridge: MIT Press, 1960.

Wilson, Tami, director and producer. *Flesh*. Rough Road Productions. 43 minutes. Color. 2006.

Wolfe, Cary. *Animal Rites: American Culture, the Discourse of Species, and Posthumanist Theory*. Chicago: University of Chicago Press, 2003.

저작권 협조에 드리는 감사

아래 저술의 재발행과 인용을 허락해준 저자와 출판사에 진심으로 감사드린다.

The University of North Carolina Press for "Feminism, the Great War and Modern Vegetarianism", which appeared in a somewhat different form in *Arms and the Woman*, edited by Helen Cooper, Adrienne Munich, and Susan Squier, copyright 1989 UNC Press. Reprinted by permission.

The *Animals' Agenda* for "Liberate Your Language", Noreen Mola and the Blacker Family, from the *Animals' Agenda* 6, no.8(October 1986). Reprinted by permission of the *Animals' Agenda*, 1301 S. Baylis Street, Suite 325, P.O. Box 25881, Baltimore, MD., 21224.

The Arthur and Elizabeth Schlesinger Library on the History of Women in America, Radcliffe College, Cambridge, Massachusetts, and the late Henry Bailey Stevens for permission to use material in the Agnes Ryan Collection.

University of California Press for "Ritson as His Contemporaries Saw Him", from Bertrand H. Bronson, *Joseph Ritson: Scholar-at-Arms*, University of California Press, 1938, 1966.

Fran Winant for "Eat Rice Have Faith in Women", from *Dyke Kacket: Poems and Songs*, Violet Press, 1980. Reprinted by permission of the author. Violet Press, Post Office Box 398, New York 10009.

The Heresies Collective for "The Sexual Politics of Meat", which appeared in a somewhat different form in *Heresies 21: Food is a Feminist Issue*(1987). *Heresies*, PO Box 1306, Canal Street Station, New York 10013.

The Program in Women Studies at Princeton University for "The Rape of Animals, the Butchering of Women", which appeared in a somewhat different form in *Violence, Feminism, and the History of Sexuality: Papers from the 4th Annual Graduate Women's Studies Conference: Feminism and its Translations in Critical Matrix: Princeton Working Papers in Women's Studies Special Issue* 1(Spring 1988).

Atheneum Publishers for the text and illustration from page 5 of *Garth Pig and the Ice Cream Lady*. Reprinted with permission of Atheneum Publishers, and imprint of Macmillan Publishing Company from *Garth Pig and the Ice Cream Lady* by Mary Rayner. Copyright © 1977 Mary Rayner.

Alfred A. Knopf, Inc. and Lois Wallace of Wallace Literary Agency, Inc. for permission to quote an excerpt form Marge Piercy's "In the men's room(s)", form *Circles on the Water: Selected Poems of Marge Piercy*, Copyright 1973, 1982 by Marge Piercy.

Macmillan, London and Basingstoke, for permission to use text and illustration from page 5 of *Garth Pig and the Ice Cream Lady* by Mary Rayner.

Gretchen Primack for permission to use "Love This" from Kind: Poems(Woodstock, NY: Post Traumatic Press, 2012).

찾아보기

㉠

㉡

ㄷ

ㅁ

ㅂ

ⓞ

ㅋ

ㅌ

ㅍ

ㅎ